HERA LIND
Für immer deine Tochter

Von Hera Lind sind im Diana Verlag bisher erschienen:
Die Champagner-Diät – Schleuderprogramm – Herzgesteuert – Die Erfolgsmasche – Der Mann, der wirklich liebte – Himmel und Hölle – Der Überraschungsmann – Wenn nur dein Lächeln bleibt – Männer sind wie Schuhe – Gefangen in Afrika – Verwechseljahre – Drachenkinder – Verwandt in alle Ewigkeit – Tausendundein Tag – Eine Handvoll Heldinnen – Die Frau, die zu sehr liebte – Kuckucksnest – Die Sehnsuchtsfalle – Drei Männer und kein Halleluja – Der Prinz aus dem Paradies – Mein Mann, seine Frauen und ich – Hinter den Türen – Die Frau, die frei sein wollte – Über alle Grenzen – Vergib uns unsere Schuld – Die Hölle war der Preis – Die Frau zwischen den Welten – Grenzgängerin aus Liebe – Mit dem Rücken zur Wand – Für immer deine Tochter

HERA LIND

Für immer deine Tochter

Roman nach einer wahren Geschichte

DIANA

Vorbemerkung

Dieses Buch erhebt keinen Faktizitätsanspruch. Es basiert zwar zum Teil auf wahren Begebenheiten und behandelt typisierte Personen, die es so oder so ähnlich gegeben haben könnte. Diese Urbilder wurden jedoch durch künstlerische Gestaltung des Stoffs und dessen Ein- und Unterordnung in den Gesamtorganismus dieses Kunstwerks gegenüber den im Text beschriebenen Abbildern so stark verselbstständigt, dass das Individuelle, Persönlich-Intime zugunsten des Allgemeinen, Zeichenhaften der Figuren objektiviert ist.

Für alle Leser erkennbar erschöpft sich der Text nicht in einer reportagehaften Schilderung von realen Personen und Ereignissen, sondern besitzt eine zweite Ebene hinter der realistischen Ebene. Es findet ein Spiel der Autorin mit der Verschränkung von Wahrheit und Fiktion statt. Sie lässt bewusst Grenzen verschwimmen.

Sollte diese Publikation Links auf Webseiten Dritter enthalten, so übernehmen wir für deren Inhalte keine Haftung, da wir uns diese nicht zu eigen machen, sondern lediglich auf deren Stand zum Zeitpunkt der Erstveröffentlichung verweisen

Penguin Random House Verlagsgruppe FSC® N001967

4. Auflage
Originalausgabe 04/2022
Copyright © 2022 by Diana Verlag
in der Penguin Random House Verlagsgruppe GmbH,
Neumarkter Straße 28, 81673 München
Umschlaggestaltung: t.mutzenbach design, München
Umschlagmotive: © Mark Owen / Trevillion Images;
© Deutsches Historisches Museum / © DHM / Bridgeman Images;
Shutterstock.com (kzww; Tomsickova Tatyana)
Fotos der Autorin: © Erwin Schneider, Schneider-Press
Satz: Leingärtner, Nabburg
Druck und Bindung: GGP Media GmbH, Pößneck
Printed in Germany
Alle Rechte vorbehalten
ISBN 978-3-453-29230-7

www.diana-verlag.de

1

PAULA

Bamberg, 20. April 2004

Nebenan polterte es in der Küche. Da war aber jemand sauer!
»Au! Scheiße! Verdammte Kacke!«
Also *bitte!* Doch nicht aus dem Munde meiner Tochter!
»Rosa? Alles in Ordnung?« Ich erhob mich mit schmerzenden Knien aus meiner unbequemen Position. Das Putzen unter dem klobigen Wohnzimmerschrank von meiner unlängst verstorbenen Mutter war nichts mehr für meine morschen Knochen. Jedenfalls bildete ich mir das ein, sollte ich doch in Kürze sechzig werden. Dieser runde Geburtstag lähmte mich, und jetzt auch noch dieser verdammte Streit mit Rosa. Ja, es war eine vertrackte Situation, in der wir uns da gerade befanden. Rosa und ich hatten gemeinsam Mutters altes Haus geerbt ... und ich hatte Rosas heiß geliebten Opa, meinen Vater Karl, ins Heim gesteckt!

Aber was sollte ich denn machen, jetzt, wo er Witwer war und allein nicht mehr zurechtkam? Schließlich war ich als Oberstudienrätin voll berufstätig. Ich liebte meinen Job und meine Schüler! Rosa hingegen hatte gerade das Referendariat beendet und würde nach den Sommerferien ebenfalls mit einer vollen Stelle an meinem Gymnasium anfangen: am E.T.A.-Hoffmann Gymnasium, wo schon mein Vater Karl und davor sein Vater Karl senior Direktor gewesen waren. Stolz hielten wir die Familientradition hoch, doch wenn Opa Karl zu Hause weiterleben sollte, musste eine von uns beiden den alten Mann pflegen und zu ihm in dieses Haus ziehen.

Rosa befand, dass sie dafür zu jung sei, und ich, dass ich mit sechzig noch lange nicht den Schuldienst quittieren wollte. Das aber verlangte mein Fräulein Tochter dreist von mir!

Darüber waren wir so in Streit geraten, dass wir gerade schweigend das Haus ausräumten, ohne zu wissen, was damit geschehen sollte. Es war doch mein Elternhaus, und Rosa hatte bei ihren geliebten Großeltern ebenfalls eine schöne Kindheit verbracht.

Dass meine Tochter jetzt so fluchte, lag auch an ihrer inneren Zerrissenheit.

Niemand von uns beiden konnte sich um meinen 89-jährigen Vater kümmern, der in letzter Zeit ziemlich dement wirkte. Er redete inzwischen häufig ziemlich wirres Zeug, manchmal sprach er mich sogar mit falschem Vornamen an. Es würde also das Beste sein, das Haus so schnell wie möglich zu verkaufen. Es befand sich nämlich in einer Traumlage, direkt an der Regnitz in Bambergs bezaubernder Altstadt, und Rosas Zukunft würde durch den Hausverkauf ebenso abgesichert sein wie mein späterer Ruhestand. Schließlich wollten Rosa und ich auch noch reisen, solange sie nicht verheiratet war. Also *ich* wollte das. Denn eigentlich standen uns Rosa und ich sehr nahe. Ich hatte sie ganz allein großgezogen, und die Großeltern Anna und Karl hatten sich stets liebevoll um ihre einzige Enkelin gekümmert, sie mit Liebe und Zuneigung überschüttet, wenn ich arbeiten musste. Wir waren eine kleine heile Familie gewesen, immer für den anderen da. Bis Oma Anna ganz plötzlich verstorben war. Und ich Opa Karl schweren Herzens, in Rosas Augen herzlos, »ins Heim gesteckt« hatte.

Stumm wühlten wir uns durch Schränke und Schubladen und wurden von den vielen Erinnerungen förmlich erschlagen.

In der Küche fluchte Rosa gerade, dass sich die Balken bogen, und machte ihrem Herzen auf diese Weise Luft.

Beunruhigt spähte ich um die Ecke. Rosa saß mit Tränen in den Augen vor der alten Küchenkommode und lutschte an ihrem Finger.

»Hast du dich verletzt, Rosa?«

»Das Scheißding hat geklemmt!« Ihr Tonfall klang so vorwurfsvoll, als wäre das meine Schuld. Natürlich. Ich war gerade an allem schuld.

Da lag sie, die alte Schublade, auf dem Gesicht, und um sie herum tausend Krümel, alte Salmiakpastillen, verstaubte Pralinen, ein Nadelkissen, Würfel ... Zeugen eines gelebten Lebens, verstreut auf dem Küchenfußboden.

Habe ich eigentlich jemals so einen Streit mit meiner Mutter gehabt?, fragte ich mich, während ich dieses »Stillleben« betrachtete. Hatte ich es jemals gewagt, sie so anzugreifen? Und von ihr verlangt, dass sie in Frührente ging? Mutter hatte bis zuletzt mit Freude und Fleiß den Kiosk gegenüber unserer Schule betrieben. Und damit tausend Schülerherzen die Geborgenheit geschenkt, die auch Rosa und ich durch sie stets erfahren durften.

»Und jetzt hab ich mir einen Splitter eingezogen!« Rosas Gesicht war schmerzverzerrt. Es ging um die hölzerne Schublade mit der Aufschrift »Feigenkaffee«. Die anderen Schubladen hießen »Mehl«, »Salz« und »Grieß« – sie hatten sich problemlos herausziehen lassen. Die »Feigenkaffee«-Schublade hingegen hatte sich heftig gewehrt, weil sich das vergilbte

Wachspapier, mit dem sie ausgeschlagen war, wohl verkeilt hatte. Das schaute jetzt unter der auf dem Boden liegenden Schublade hervor. Das und etwas Schwarzes. Ein Fotoalbum?

Doch zunächst inspizierte ich den Splitter, der fest im Zeigefinger meiner Tochter steckte.

»Brauchst du einen Arzt?« Ich zog eine spöttische, aber liebevolle Grimasse. »Oder soll ich pusten?«

»Nein. Mit einer desinfizierten Nadel dürften wir den Übeltäter schon loswerden. Du bist gut in so was, Mama. Also mach schon.«

Na also. War das jetzt schon Frieden oder noch Waffenstillstand? Rosa ließ mich wieder an sich heran, nach fast einer Woche Funkstille. Danke, liebe Schublade!

Ich hielt eine Nadel über die Gasherdflamme, und während ich, ganz Mama, vorsichtig den Splitter entfernte, sah ich mich wieder als Kind in dieser Küche stehen und meine eigene Mama Anna für mich sorgen.

Meine Mutter war ebenfalls streng gewesen, konsequent, aber auch fürsorglich und liebevoll. Ich war ihre einzige Tochter gewesen, genau wie Rosa meine einzige Tochter war, und diese weiße Küchenkommode hatte meine Kindheit begleitet. Immer waren köstliche Dinge darin gewesen, angefangen vom duftenden Kakao in der goldenen eckigen Dose über selbst gebackene Kekse in der runden roten Dose bis hin zu Malstiften und Fotoalben, in denen meine sorglose Kindheit erst in Schwarz-Weiß und später in Farbe zwischen knisternden Pergamentseiten festgehalten worden war. Von Pagenkopf bis Petticoat: Es war die typische Zeit der Fünfziger-, Sechzigerjahre.

So. Der Splitter war raus. Kein »Danke, Mama«. Da wurde noch ein bisschen nachgeschmollt.

Ich griff zu einem aus der Schublade gefallenen Album. »Schau mal hier, darin habe ich ja schon ewig nicht mehr geblättert!«

»Mama, willst du jetzt Fotos schauen oder weiter ausräumen?« Rosa hatte den Finger wieder in den Mund gesteckt und sah mich vorwurfsvoll an. »Schließlich willst du dieses Haus ja so schnell wie möglich verkaufen!«

Schon wieder dieser unterschwellige Vorwurf. Sie ahnte wahrscheinlich gar nicht, was so ein Heimplatz in einem privaten Pflegeheim mit Rundumbetreuung kostete! Ich fühlte mich einfach nur erschöpft.

»Gönn deiner alten Mutter doch mal eine kleine Pause!« Versöhnlich legte ich den Arm um sie.

»Schau, das bin ich mit Opa Karl und Oma Anna, an meinem dritten Geburtstag. Ich konnte kaum über den Tisch schauen, um die Kerzen auszublasen.«

Rosa war immer noch mit der kleinen Wunde an ihrem Finger und wahrscheinlich auch an ihrem Herzen beschäftigt. Als ob mir mein Vater nicht auch leidgetan hätte! Bisher hatte er sich noch nicht eingelebt, fragte immer nach seiner Anna oder nach ganz anderen Frauen und wollte nach Hause. Ich versuchte mein schlechtes Gewissen zu verdrängen. Es ging eben nicht anders!

»Und da siehst du mich mit Tante Martha, mein erster Schultag, das war 1950, hier in Bamberg. Ich weiß noch, dass ich das kleinste Kind der Klasse war und die größte Schultüte hatte!«

Rosa schaute mir immerhin über die Schulter. »Logisch, wenn deine Mutter einen Kiosk hatte. Die anderen Kinder müssen ganz schön neidisch gewesen sein!«

»Das stimmt.« Ich grinste meine Tochter über die Schulter

hinweg an. »Niemand hat es je gewagt, mir etwas zuleide zu tun, denn durch mich kam man an Brausepulver und Abziehbildchen, später dann an Zeitschriften wie die *Bravo*, die ich heimlich irgendwo versteckt hatte.«

Rosa lächelte inzwischen und blätterte eine Seite weiter.

»Das Klassenfoto. Gott, wie viele ihr da seid! Das sind ja fast fünfzig Kinder! Welches bist du?«

»Da, ganz außen links in der ersten Reihe. Der blonde Winzling mit den Zöpfen.«

»Mama, du warst aber wirklich klein. Warum wurdest du nicht einfach für ein Jahr zurückgestellt?« Die angehende Lehrerin sah mich missbilligend an. »Haben die keinen Schulreifetest mit dir gemacht?«

Ich zuckte mit den Achseln. »Keine Ahnung. Ich bin im Mai geboren. Damals wurde nicht lange nach Schulreife gefragt. Es gab ja nur eine Klasse pro Jahrgang, so kurz nach dem Krieg.«

»Heute gibt es Kinderpsychologen, die sich ausgiebig mit solchen Fragen beschäftigen.«

»Ich weiß«, sagte ich. »Heute gibt es Vorschulen und Förderprogramme und so was alles.«

Ich hob die Schublade auf, die immer noch auf dem Fußboden lag. »Oh, schau mal, was sich hier noch versteckt!«

Mit spitzen Fingern befreite ich eine alte schwarze Kladde, die von einem Einweckglas-Gummiring zusammengehalten wurde, vom Wachspapier.

»Wieso war das *unter* dem Wachspapier?«

Vorsichtig nahm ich das schwarze Büchlein in die Hand. Ich hatte es noch nie gesehen.

Rosa entriss es mir neugierig und setzte sich im Schneidersitz auf das Küchensofa. »Vielleicht Omas geheime Kochrezepte: Die pommersche Küche. Das könnte ein Bestseller werden!« Schon streiften ihre Finger eifrig den dicken Gummiring ab, der mehrfach darumgeschlungen war, als sollte er ein Geheimnis wahren.

»Das sind keine Kochrezepte.«

Rosa gab mir das Büchlein enttäuscht zurück. Ich musste erst meine Lesebrille suchen. Ächzend ließ ich mich auf das bequeme Sofa fallen, auf dem Opa Karl immer so gern seine Zeitung gelesen hatte.

»Rutsch mal.«

Ich zog die Leselampe näher und fühlte mich plötzlich so wie früher, voller Vorfreude und Neugierde auf eine spannende Geschichte. Wie oft hatte meine Mutter Anna mir hier Märchen vorgelesen! Später hatte Vater mich dann Lateinvokabeln abgefragt und mir mathematische Formeln erklärt.

»Gott, das ist noch ein ganz altes Schulheft mit vorgezeichneten Linien und Löschblatt.«

Ehrfürchtig schlug ich das Büchlein auf. Und entdeckte ein mir vertrautes Kinderlied:

Maikäfer, flieg!
Der Vater ist im Krieg.
Die Mutter ist im Pommerland.
Pommerland ist abgebrannt.
Maikäfer, flieg!

Mit einer merkwürdig heiseren Stimme trug ich es meiner Tochter vor. Wie lange hatte ich es schon nicht mehr gehört? Mich überzog eine Gänsehaut.

»Kennst du das noch? Meine Mama hat es mir oft vorgesungen, als ich klein war.«

»Ist das politisch korrekt? Oder diffamiert es Migranten mit pommerschen Wurzeln?« Rosa rieb sich die Nase. »Was heißt das überhaupt, Pommerland?«

»Damit ist das heutige Polen gemeint.« Ich schüttelte den Kopf. »Über so was haben wir uns damals keine Gedanken gemacht.«

»Pommerland ist abgebrannt, wie traurig. Warum schreibt sie das auf die erste Seite?«, fragte Rosa.

»Meine Eltern sind nach dem Krieg aus Pommern geflohen, aber mehr wollten sie darüber nie erzählen.«

»Warum eigentlich nicht? Hast du nie gefragt?«

»Sie haben das Thema immer gemieden. Es war offensichtlich zu schmerzhaft. Sie haben es verdrängt, wie so viele, die nach dem Krieg neu angefangen haben. Irgendwann habe ich es nicht mehr gewagt zu fragen.«

Ich blätterte weiter und zuckte mit den Schultern. »Aber es ist ein Tagebuch, schau mal.«

Rosa legte die Hand darauf. »Wenn sie es so gut versteckt hat ... meinst du, sie möchte, dass wir das lesen?«

Ich überlegte. »Sie hat uns ihr Haus vererbt, mein Schatz. Dir und mir. Und damit auch diese Küchenkommode. Mitsamt ihrem Tagebuch.«

»Wir könnten es Opa Karl mitbringen, wenn wir ihn nachher im Altersheim besuchen. Und ihm daraus vorlesen. Das freut den alten Herrn vielleicht.«

Merkwürdigerweise spürte ich ein Unbehagen. Er wollte doch nie über die Vergangenheit reden! Wusste er überhaupt von Mutters Tagebuch?

»Opa Karl wird nicht mehr viel davon mitkriegen. Weißt du, Oma Anna war ja bis zuletzt geistig fit. Warum hat sie *uns* wohl das Haus vererbt? Weil sie genau wusste, dass es Opa

Karl nicht alleine schaffen würde. Sie war sehr praktisch veranlagt und hat sich bestimmt gewünscht, was wir jetzt vorhaben: das Haus verkaufen und Opa Karl von dem Erlös ein luxuriöses Pflegeheim finanzieren.«

»Mama, fang jetzt nicht wieder damit an!« Rosa rückte sofort wieder von mir ab. »Das wollte Oma Anna ganz bestimmt nicht, dass du den armen Opa einfach abschiebst.«

»Ich? Oder wir? Du bist doch auch erwachsen, Rosa! Willst du ihn hier zu Hause pflegen? Hm? Und deine Stelle im Gymnasium erst antreten, wenn Opa Karl gestorben ist? Du hast noch keine eigene Klasse. Aber ich schon. Und die steht kurz vor dem Abitur.«

Rosa schüttelte verärgert den Kopf. »Ich bin sechsundzwanzig und muss in den Beruf. Aber *du* musst nicht mehr, Mama. Deine Pension wäre schon jetzt fett genug.«

»Rosa, diesen Ton verbitte ich mir! Das steht dir nicht zu, so mit mir zu sprechen!«

»Streiten wir also doch wieder?«

»Nein. Verschieben wir es auf morgen.«

Wieder warf ich einen Blick auf die Kladde.

»Nachstehendes schreibe ich für meine Tochter Paula,
damit sie in späteren Jahren einmal die Wahrheit erfährt.
In Liebe, immer deine Mutter Anna.«

»Also möchte sie es. Sie hat es für mich geschrieben, Rosa! Machst du uns einen Tee, Liebes?«

»Mama, willst du jetzt von alten Zeiten schwärmen?« Rosa war wieder aufgesprungen. »Wenn du das Haus verkaufen willst, müssen wir es wohl oder übel vorher ausmisten!«

Wollte ich mein Elternhaus wirklich verkaufen? Die vertraute Handschrift meiner Mutter versetzte mir einen merkwürdigen Stich. Nicht auszudenken, wenn Fremde dieses Büchlein gefunden hätten!

Neugierig blätterte ich hin und her. Die Kladde war vollgeschrieben bis zur letzten Seite. »Ich nehme Pfefferminztee, die Schachtel liegt da auf der Erde!«

»Jetzt?« Rosa sah mich an. »Du willst jetzt in dieser Kladde lesen?«

»Jetzt.« Ich hielt ihrem Blick stand. »Gehetzt und nach der Uhr gelebt habe ich mein Leben lang. Und jetzt gönne ich mir ein Lesestündchen. Vielleicht erfahre ich ja etwas über Oma Anna, was wir beide noch gar nicht wussten!« Und vielleicht ändere ich meine Meinung über den Hausverkauf!, dachte ich, sagte aber nichts.

Rosa musste lächeln. Sie stellte zwei dampfende Tassen Tee auf den Tisch, und ich sah ihr an, dass sie mit sich kämpfte, ob sie nun weiterputzen oder sich gemütlich neben mich setzen sollte.

»Komm, Schatz, wir schmökern ein bisschen darin. Leiste mir doch Gesellschaft! Die Zeit mit dir ist so kostbar für mich.«

Bald würde sie nur noch mit ihrem Fabian verreisen. Ich ahnte, dass dies unser letzter gemeinsamer Sommer werden würde – und selbst wenn wir gerade häufig stritten: Ich wollte ihn genießen und mit ihr noch mal nach Amerika reisen. Nur wir zwei.

Rosa ließ sich neben mich fallen und rührte in ihrem Tee.

»Okay. Dann lass mal hören. Vielleicht hatte Oma Anna einen heimlichen Geliebten!«

»Oma Anna doch nicht!« Ich warf ihr einen amüsierten Blick zu. »Oma Anna war die preußische Korrektheit und Anständigkeit in Person!«

»Oder sie hat irgendwo ganz viel Geld versteckt ...«

»Also bitte, Rosa. Reicht es dir nicht, dass sie uns dieses Haus vererbt hat?«

»Oder sie hatte vor Opa Karl schon einen anderen Mann ...«

»Wie kommst du denn darauf?«

»Steht doch da. – Nee. Echt?« Rosa beugte sich mit großen Augen vor und tippte mit dem Finger auf eine bestimmte Stelle. »Wie, sie hat 1944 Egon geheiratet? Wer war Egon?«

Das fragte ich mich allerdings auch. Von einem Egon hatte ich noch nie gehört.

2

ANNA

Auf einem Bauernhof in Pommern, 25. Juni 1943

»Wie, du heiratest Egon? Wer ist Egon?«

Vater saß in seiner bäuerlichen Arbeitskluft am Mittagstisch und ließ sich von Mutter mit der Holzkelle Suppe in den Teller schöpfen. Seine verdreckten Schuhe standen draußen vor der Stube, die ich eben noch ausgekehrt hatte. Trotzdem hatte er den starken Geruch nach Pferd und Landwirtschaft mit in die Stube gebracht.

»Vater, sei bitte nicht besorgt! Aber ich bin jetzt sechsundzwanzig und will keine alte Jungfer werden!«

Mit Herzklopfen drehte ich den Brief in den Händen, den Mutter mir ausgehändigt hatte.

Egon war im letzten Sommer Pensionsgast bei uns gewesen. Ein älterer Junggeselle aus Hannover. Schneidig, zackig, mit modisch kurzem Haarschnitt und angesagtem Schnauzbart. Er war Beamter bei der Post und hatte nie schmutzige Hände, dafür Ärmelschoner. Das hatte mich schwer beeindruckt.

Er hatte deutliches Interesse an mir gezeigt, und wir waren ein paarmal Tanzen gewesen.

»Egon schreibt, er hat eine Wohnung in Hannover für uns, und er mag auch nicht mehr warten. Man weiß schließlich nicht, was kommt, in diesen Zeiten. Er möchte ein tüchtiges, fleißiges deutsches Mädchen heiraten.«

Vaters Mund wurde zu einem schmalen Strich.

»Egon ist erstens viel zu alt für dich und wird zweitens sicherlich noch an die Front einberufen!« Verärgert zupfte er seine Brotscheibe in grobe Stücke und warf sie in die Suppe. »Als überzeugter Nazi.«

Mutter stand mit der Schüssel im Arm daneben und sah mich warnend an.

»Anna, wir sind im Krieg, und nachdem deine Brüder an der Front sind, brauchen wir hier auf dem Hof jede helfende Hand.«

»Ach. Und deswegen soll ich auf Mann und Kind verzichten.« Trotzig hielt ich ihrem Blick stand. Bis eben hatte ich noch unsere zwölf Kühe gemolken und deren Mist weggeschaufelt. In einer groben Schürze und mit Gummistiefeln. Am Nachmittag wartete der Kartoffelacker auf mich. Und am Abend wieder zwölf Kühe. Und so ging das jeden Tag.

»Alle sind verheiratet«, begehrte ich trotzig auf. »Meine Schwester Frieda hat schon zwei Kinder und meine Schwägerin Renate ebenfalls.« Ich schluckte die Tränen herunter. »Nur ich soll als einsamer Blaustrumpf vertrocknen und versauern. Aber das ist euch ja wohl egal.«

Vater schüttelte missbilligend den Kopf. Dieses Gesicht kannte ich aus meiner Kindheit: Immer wenn eines von uns sechs Kindern etwas angestellt hatte, überlegte er auf diese Weise, wie er reagieren sollte. Er war ein ruhiger, bedachter Mann, der selten aus der Haut fuhr.

Ich war das Nesthäkchen, der Nachkömmling, und mir sahen sie so manchen trotzigen Anfall nach. Meine Eltern waren beide schon fast siebzig und rackerten immer noch von früh bis spät.

»Renates Mann ist im Krieg, und Friedas Mann ist verwundet zurückgekommen«, murmelte Vater in seine Suppe hinein. »Der ist ihr im Moment mehr Last als Hilfe. Und mit sechsundzwanzig ist man noch lange keine alte Jungfer.«

»Aber Egon ist gesund und hat zwei Beine«, brauste ich auf. »Und er ist Beamter mit einem sicheren Einkommen. Ich will auch noch Kinder haben!« Selten hatte ich so energisch gegen meine Eltern aufbegehrt. Ich hatte das Gefühl, dass meine Zeit ablief, und das versetzte mich mehr und mehr in Alarmbereitschaft. Mit sechsundzwanzig lief man doch nicht mehr unverheiratet in der Gegend herum, außer man war hässlich wie die Nacht.

»So nimm dir doch wenigstens einen Mann aus unserer Gegend!« Energisch stellte Mutter die Suppenschüssel auf den Tisch, setzte sich und füllte ihren Teller.

»Dieser Egon ist uns einfach nicht sympathisch! Er ist Nationalsozialist, ein Büromensch, der gar nicht richtig zupacken kann. Eine Landwirtschaft ist nichts für den. Und er spricht auch ganz anders als wir. So hochgestochen, so näselnd.«

Mutter setzte einen arroganten Blick auf und sprach mit gekünstelter Stimme: »Der stolpert übern spitzen Stein!« Das entlockte Vater ein harsches Lachen. »Recht hast du, Margret, genau. Der passt doch gar nicht zu uns. Er war bei uns Feriengast, und so wird er sich auch immer benehmen!«

»Ach. Nur weil er kein Bauer ist.« Meine Stimme wurde schriller als beabsichtigt. »Und wen bitte schön soll ich denn in dieser Gegend noch finden? Es sind doch alle brauchbaren Männer an der Front!« Und die Hinkebeine will ich nicht!, schoss es mir durch den Kopf. Ich will tanzen und schöne Blusen tragen!

»Du solltest mitten im Krieg überhaupt nicht ans Heiraten denken.« Vater schaufelte sich die eingeweichten Brotbrocken auf den Löffel. »Ihr Mädels müsst uns Eltern kräftig unterstützen, solange unsere Jungs im Krieg sind. Es fehlt doch jetzt jede Arbeitskraft. Und Frieda muss sich ja auch noch um ihre Kleinen kümmern.«

Ich presste die Lippen zusammen. So war das also. Mein Glück war nichts wert. Ich wurde als billige Arbeitskraft gesehen. Dabei war ich eine blühende junge Frau, die endlich mal wieder leben und Spaß haben wollte! Feriengäste kamen keine mehr. Nur polnische Fremdarbeiter. Bald würde ich verblühen! Und dann würde mich niemand mehr wollen. Warum verstand denn das keiner?

Meine Eltern hatten hier in einem winzigen Dörfchen im Kreis Köslin eine beachtliche Landwirtschaft erarbeitet. Sie waren sehr stolz auf ihren Besitz, denn sie hatten ihn durch jahrelange Entbehrungen vergrößert. Jedes Jahr war ein neues Kind dazugekommen; erst die vier Buben, die nun alle an der Front waren, dann Frieda und drei Jahre später schließlich ich, Anna, das Nesthäkchen. Das Wohnhaus und die Stallgebäude hatten meine Eltern zusammen mit meinen Brüdern im Lauf der letzten Jahre neu erbaut. Mit knapp siebzig wollten sie ihnen den Hof, die Landwirtschaft und die dazugehörige Pferdezucht übergeben und dann ihren wohlverdienten Ruhestand antreten, ihren Lebensabend sorgenfrei beschließen.

Aber dann war der Krieg dazwischengekommen. Und alle Pläne und Träume hatten sich in Luft aufgelöst. Ihre und meine. Und die von Millionen anderen Menschen auch. Hitler hatte Millionen von Männern nach Russland geschickt, wo sie »uns verteidigen« sollten. Damals ahnte noch niemand von uns, was für Dimensionen des Schreckens er und seine Gefolgschaft weltweit anrichteten. Am Ende würden weltweit über sechzig Millionen Kriegstote zu betrauern sein. Allein im benachbarten Polen sollte ein Sechstel der Einwohner getötet werden, sechs Millionen Menschen. Am schlimmsten erging es den Juden. In ihren Familien zählte man nicht die Toten, sondern die Überlebenden.

Aber all das wusste ich als junge Frau damals nicht. Das Einzige, was mich interessierte, war, bald zu heiraten und von dieser schweren körperlichen Arbeit wegzukommen. Ich träumte mich in ein Kleid und Seidenstrümpfe, ich träumte mich in eine Großstadt, ohne zu ahnen, dass Hannover schon bald in Schutt und Asche liegen würde.

»Wenigstens kriegen wir jetzt einen Polen als Zwangsarbeiter.« Vater schob den Teller beiseite. »Die Gauleitung hat uns schon einen zugeteilt. Im Dorf geht es zu wie auf dem Sklavenmarkt. Die anderen Bauern wollten unbedingt die Kräftigsten, für uns blieb nur ein schmales Kerlchen übrig, kaum siebzehn Jahre alt.«

»Warum kriegen wir nur einen, Walter?« Mutter zerknüllte die Serviette auf ihrem Schoß. »Nachdem unsere vier Söhne an der Front sind, sollten wir eigentlich vier kriegen!«

»Dafür kriegen wir noch eine Magd.« Vater wischte sich über den Mund. »Die schönsten Mädchen sind schon weg, aber unsere muss nicht schön sein, sondern anpacken können.« Fragend sah er mich an. »Ist was, Anna?«

»Ich bin keine polnische Magd.« Gekränkt stand ich auf, meine Lippen zitterten vor Empörung. »Und eben deswegen heirate ich den Egon.«

3

Hannover, Herbst 1943

»Mein Gott, wo bleibst du denn! Braucht die gnädige Frau eine Extraeinladung?« Mein Mann Egon riss an meiner Bettdecke und rüttelte mich grob.

Verschreckt fuhr ich aus dem Schlaf. Selbst das nächtliche Sirenengeheul hatte mich nicht aufwecken können. »Was? Wo bin ich? Wohin?«

Grelle Blitze durchzuckten die Nacht, unter schrillem Geheul gingen Bomben zu Boden, Fenster klirrten. Draußen brüllten und schrien die Menschen, und der Himmel war blutrot. Eine ungeheure Hitze erfasste unser Schlafzimmer, und ich hielt mir entsetzt die Decke über den Kopf.

»Mensch, Anna, alle sind schon im Luftschutzkeller, und du träumst hier vor dich hin!«

Egon zerrte mich an den Armen hoch. »Als Blockwart habe ich als Erster unten zu sein, ich habe dich überall gesucht! Meine eigene Frau fehlt! Das fällt alles auf mich zurück!«

»Ja, geh schnell vor, ich komme!« Schlaftrunken schlüpfte ich in meine Sachen, die wie jede Nacht neben dem Bett bereitlagen. Seit einiger Zeit hatten wir hier heftige nächtliche Luftangriffe, und Hannover lag unter einer blutroten Feuerdecke. Wenn mir nur nicht immer so schlecht wäre vor Angst! Seit Tagen musste ich mich ständig übergeben.

Panisch suchte ich nach dem Eimer, den ich vorsichtshalber bereitstehen hatte.

»Quatsch nicht rum, bequem dich endlich runter!« Egon scheuchte mich aus dem Schlafzimmer wie ein bockiges Kalb. Dass er mir nicht noch einen Fußtritt in den Allerwertesten gab, war alles. Ich würgte Galle hinunter und raste mit weichen Knien hinter Egon durchs bebende Treppenhaus, hinaus in den Hof.

»Das Eisenwerk brennt!« Die anderen Mieter und der Hauswirt kamen uns schon hustend entgegengerannt, die Gesichter schwarz vor Ruß.

»Kommt schnell, der Luftschutzkeller ist schon voll, wir müssen in den Keller der Nachbarn!«

Mit Entsetzen starrte ich auf die flüchtenden Menschen, die in Panik durcheinanderstoben.

»Wartet, ich muss mich erst übergeben ...« Vor der Hecke würgte und kotzte ich mir die Seele aus dem Leib.

Unwirsch zog Egon mich am Arm. »Reiß dich zusammen, Anna!«

Direkt neben uns schlug eine Bombe ein, und die Fenster unseres Hauses zerbarsten klirrend. Die Tür zum Waschkeller flog auf, als ob ein Riese daran gezerrt hätte, und Ziegel ratterten vom Dach, einer nach dem anderen zerschellte direkt neben meinen Füßen. Mir war so schlecht.

»Egon, ich habe Angst!«

»Komm weiter und stell dich nicht so an!«

In ihrer Not suchten die Menschen Schutz im Keller, in den Egon mich jetzt zerrte. Frauen mit Kindern duckten sich im Schein der Flammen, die von draußen hereinzüngelten, Babys schrien, Frauen beteten und weinten, alte Männer schimpften. Junge Männer gab es keine. Die waren an der Front.

»Leute, bleibt ruhig, das geht vorbei. Der Führer hat alles im Griff, wir schlagen die Feinde zurück!« Egon schwang sich auf eine Kiste und hielt eine glühende Rede auf das siegreiche Deutschland, während Alte, Kranke, Mütter und Kinder sich panisch unter nassen Decken vor dem hereinbrechenden Feuer zu schützen versuchten. Gellendes Geschrei, Weinen und Stöhnen unterbrachen meinen Ehemann.

»Der Glaube an den Endsieg wird uns auch weiterhin die Kraft geben ...«

Plötzlich malträtierte ein höllisches Krachen unsere Trommelfelle, wir wurden ans andere Ende des Kellers geschleudert. Stechender Qualm drang herein, und aus Angstschreien und Weinen wurde heftiges Husten. In mir zog sich alles zusammen, ich musste mich wieder übergeben, einfach auf meine Schuhe.

»Bringt mehr nasse Decken«, brüllte jemand, und ein paar Männer stürmten in den Hof, rissen Vorhänge und Gardinen von der Stange, tauchten sie in den Brunnen und warfen sie klatschend über uns. »Los, die Frauen und Kinder zuerst, raus hier!« Es stoben die Funken, der schwarze Rauch kroch in jede Ritze. Beißender Phosphor vergiftete unsere Lungen.

Egon stand immer noch auf der Kiste und schwang Reden über den glorreichen Führer, wurde aber einfach umgerannt.

Eine Nachbarin packte mich, und während ich mich im Laufen erneut übergab, zerrte sie mich hinter einen Johannisbeerstrauch. »Los. Duck dich. Atme. Immer schön gleichmäßig atmen.« Entsetzt starrte sie mich an. »Du bist doch nicht etwa schwanger, Anna?«

O Gott! Daran hatte ich noch gar nicht gedacht! Wie schrecklich, ausgerechnet jetzt ... Das konnte doch nicht sein! Ich hatte längst gemerkt, dass ich Egon gar nicht liebte und dass die Heirat ein riesiger Fehler gewesen war. Ich wollte nur noch nach Hause, zu meinen Eltern.

Wie sehr hätte ich mir gewünscht, jetzt einen liebevollen Ehemann an meiner Seite zu haben, der mich tröstete und mir Hoffnung gab, doch er stieß wüste Drohungen aus: »Wer flieht, wird streng bestraft! Vaterlandsverräter werden im Hof an der Teppichstange aufgehängt!«

Von oben regnete es Brandbomben, wir sahen dem Tod ins Auge. Das Schrecklichste waren die Menschen, die auf dem glühend heißen Asphalt kleben blieben und lichterloh brannten. Manche versuchten noch, bis zum Maschsee zu kommen, um sich als lebende Fackeln dort hineinzuwerfen. Andere verglühten vor meinen Augen.

»Eure Wohnung brennt, Anna!« Die Nachbarin schrie es mir zu. Mit zusammengekniffenen Augen wagte ich einen Blick in den Bombenhagel: Ja. Es waren unsere Gardinen, die im dritten Stock brennend aus den Fenstern segelten, und es waren unsere Wohnzimmerbalken, die daraufhin über unserem Ehebett zusammenbrachen. Es krachte und donnerte, während sich in mir neues Leben regte! Das arme Kind würde das Licht der Welt niemals erblicken. Ach, wenn ich doch jetzt mit ihm zusammen sterben könnte!

»Vorschriftsmäßig löschen!« Egon knallte die Hacken zusammen und reckte den rechten Arm so zackig nach oben, dass es aussah wie sein üblicher Hitlergruß. Er konnte schon gar nicht mehr anders. »Laut Verordnung hat in jeder Wohnung Löschwasser zu stehen«, brüllte er die Nachbarn in militärischem Ton an, selbst die, die nur noch schreiend um ihr Leben liefen.

Als es hell wurde, sahen wir die unermessliche Katastrophe, die diese Nacht meiner neuen Heimat gebracht hatte. In unserer Wohnung stand knietief das Löschwasser. Fassungslos wateten wir darin herum und sahen nur noch durchnässte, verdorbene und verfaulte Dinge darin schwimmen. Der Rest war verkohlt, die elektrischen Leitungen waren explodiert.

»Kameraden! Schutt zusammenkehren, Fenster mit Brettern zunageln!«, schnarrte Egon im Hof. Alle, die noch halbwegs bei Sinnen waren, fingen sofort an, emsig zu arbeiten.

»Melde gehorsamst, die Wasserleitungen sind demoliert!«, verkündete jemand.

»Pumpen«, brüllte Egon ihn an.

Am Ende der Nacht waren es einundzwanzig Tote, die in unserem Hof und im Hof der Nachbarn lagen.

Herabgestürzte Giebel hatten Abdrücke in den Straßenbelag gebrannt. Erst am Morgen ließ die unerträgliche Hitze allmählich wieder nach.

Für die Feuerschutzpolizei gestalteten sich die Rettungsarbeiten als unmöglich; immer wieder explodierten Bomben, die mit Zeitzündern ausgestattet waren. Bis zu hundertzwanzig

Stunden später gingen immer noch Granaten hoch. Die Alliierten hatten ganze Arbeit geleistet.

Das Wasserleitungssystem hatte schweren Schaden genommen; der Maschsee musste abgepumpt werden. Auch darin schwammen Leichen: Frauen, Kinder, Babys, aber auch verzweifelte Alte, die ihrem Leben auf diese Weise ein Ende gesetzt hatten.

Im Stadtzentrum hatten sich Flächenbrände ausgebreitet, die auf die letzten Häuser übergriffen. In den Luftschutzkellern waren Tausende von Menschen erstickt.

»Infolge des konzentrischen Angriffs und überaus dichten Teppichabwurfs wurde eine Fläche von zehn Quadratkilometern völlig vernichtet«, gellte es aus dem Radio. »Durch die heftige Bombardierung des Stadtkerns sind das Geschäftsleben und der behördliche Dienstbetrieb, das Gaststätten- und Beherbergungs-Gewerbe in Hannover völlig stillgelegt! Hannover liegt in Schutt und Asche!«

»Der Hauptbahnhof ist komplett abgebrannt! Anna, du musst den Bus nach Hildesheim nehmen! Von Hildesheim geht noch ein Zug nach Berlin. Wenn du rennst, erwischst du ihn noch!« Wenige Tage später half mir die Nachbarin, meinen Pappkoffer zu tragen, und eilte mit mir zur Bushaltestelle vor einer Ruine, die immer noch rauchte.

»Sag Egon, ich fahre zu meinen Eltern zurück!« Keuchend trabte ich auf braunen Halbschuhen neben ihr her. Mein Faltenrock spannte sich inzwischen schon über den Hüften.

»Anna, der wird dich nicht vermissen.« Die Nachbarin ließ ein Pferdefuhrwerk vorbei, das über das Kopfsteinpflaster holperte, und zog mich weiter. »Nur damit du kein schlechtes

Gewissen hast: Der hat schon längst ein Techtelmechtel mit einer anderen.«

Warum überraschte mich das nicht?

»Woher willst du das wissen?«, schnaufte ich.

»Alle Welt weiß es! Sie heißt Mechthild und ist seine Sekretärin!« Die Nachbarin zog mich um eine zerbombte Häuserecke und stieg Hand in Hand mit mir über herumliegende Steinbrocken. »Vorsicht, hier soll es Minen geben!«

»Sag ihm, ich melde mich, wenn ich bei meinen Eltern angekommen bin. Falls ihn das überhaupt noch interessiert.«

Techtelmechthild würde ihn sicher über den ersten Verlustschmerz hinwegtrösten. Es war beschämend genug, dass ich auf einen waschechten Nazi hereingefallen war, der nur in Uniform mit Hakenkreuz am Ärmel seine Umwelt anbrüllen konnte. Warum sie Egon noch nicht eingezogen hatten, ließ sich nur mit seinem Alter erklären: Er war schon fünfundvierzig. Ein Beamter im Postwesen mit runder Nickelbrille über dem schwarzen Schnäuzer und akkuratem Mittelscheitel, der auch geholfen hatte, Juden ausfindig zu machen und abtransportieren zu lassen. Warum hatte ich nicht auf die mahnenden Worte meiner Eltern gehört? Ich kannte ihn doch kaum!

Meine Eltern hatten recht gehabt: Er passte überhaupt nicht zu mir! Warum ich ihn trotzdem geheiratet hatte, konnte ich mir nicht mehr erklären. Aber nun wuchs ein neues Leben in mir heran, und das wollte ich in Sicherheit bringen.

»Leb wohl, Anna, pass auf dich auf!« Die Nachbarin umarmte mich ein letztes Mal, und da knatterte auch schon der klapprige Überlandbus um die Ecke, in dem lauter verschüchterte Kinder und verstörte Flüchtlinge saßen. »Zum Bahnhof Hildesheim bitte!«

»Ja, da wollen sie alle hin. Wir können nur beten, dass die Gleise dort noch nicht zerstört sind!« Der Fahrer verlangte kein Geld von mir. Es herrschte Ausnahmezustand. Ich drängte mich in den überfüllten Bus und war froh, noch einen Stehplatz ergattert zu haben. Noch immer war mir schlecht, aber ich zwang mich, trotz des Gestanks nach Angstschweiß und ungewaschenen Menschen nicht zu kotzen. Tapfer klammerte ich mich an eine Schlaufe.

In Hildesheim stand tatsächlich noch ein Zug, in den sich die Leute panisch schoben. Ich schaffte es, mir eine ausklappbare Holzbank zu sichern, und atmete konzentriert am Fenster vor mich hin. Er stand und stand, kein Mensch wusste, warum er nicht losfuhr.

»Wahrscheinlich sind irgendwo Schienen zerstört«, mutmaßte jemand. »Bis die repariert sind, das kann dauern.«

Es war grauenvoll. Hunderte verängstigter Menschen ohne Heimat und ohne Plan saßen und standen eingepfercht in diesem Zug. Warum hatte ich mich nur in diese Hölle begeben, wo doch bei uns in Pommern die Welt noch in Ordnung war?

Stunden später atmete ich auf, als sich der Zug tatsächlich schnaufend in Richtung Berlin in Bewegung setzte. Auf den Bänken hockten verstörte Kinder, die noch im letzten Moment evakuiert werden sollten, ständig stiegen neue zu. Weinende Mütter und Väter standen an jedem Bahnhof und winkten, Tapferkeit und Zuversicht ins Gesicht gemeißelt. In Berlin »Zoologischer Garten« angekommen, heulten bereits wieder die Sirenen. Alle verließen den Zug und rannten um ihr Leben. Jetzt galt es, vom Bahnhofsgelände zu fliehen, denn der Bahnhof war das Hauptziel der Alliierten.

Hoch über der Stadt brummten bereits die Flugzeuge und warfen ihre tödliche Fracht ab. Mit meinem ungeborenen

Kind im Bauch rannte ich quer durch die brennende Stadt, um den Ostbahnhof mit Zügen nach Pommern zu erreichen. Hoffentlich wurde der noch nicht bombardiert! Zwischen einstürzenden Häusern, sich aufbäumenden Pferden, schreienden Menschen, heulenden Rettungswagen und nach wie vor fallenden Bomben irrte ich weinend umher.

Hier wohnte doch irgendwo auch meine Schwägerin Renate, die Frau meines Bruders Werner, mit ihren Kindern Leo und Lilli! Sollte ich versuchen, sie zu finden? Aber die Straßen und Häuser waren nicht mehr zu erkennen. Bestimmt war sie mit ihren Kindern längst auf der Flucht. Die armen Kleinen! Wer konnte in dieser Hölle noch ein Kind in die Welt setzen?

Ich, natürlich.

»Papa! Mama!«, flehte ich. »Wartet auf mich, ich komme!« Und während ich mich unter einen Mauervorsprung duckte, versprach ich ihnen laut, sie nie wieder im Stich zu lassen. »Es tut mir so leid, ich war so eine blöde Gans«, wimmerte ich zähneklappernd. »Ich schwöre euch, ich werde an eurer Seite sein, bis dieser Krieg vorüber ist!«

4

Köslin in Pommern, zwei Tage später, Oktober 1943

»Kind, da bist du wieder! Wir haben uns solche Sorgen gemacht!«

Vater stand mit seinem Planwagen vor dem Bahnhof der

kleinen Kreisstadt, als ich zwei Tage und Nächte später endlich wieder mit einem der letzten Züge in meiner geliebten Heimat ankam. Ich war der Hölle nur knapp entronnen.

Weinend fiel ich meinem geliebten Vater um den Hals. »Es tut mir so leid, Papa ...«

Er hatte wieder diesen Strichmund, den ich von früher kannte. Aber diesmal verzog er sich zu einem winzigen Lächeln.

»Irren ist menschlich. Hauptsache, du bist wieder da.« Papa geleitete mich auf seinen Kutschbock. »Wir hatten schon Angst, du hättest den unsäglichen Egon auch mitgebracht!«

»Nein. Den nicht.« Ich strich mir unwillkürlich über den Bauch. »Dafür habe ich euch etwas anderes mitgebracht ...« Schluchzend beichtete ich meinem Vater, dass ich inzwischen im vierten Monat schwanger war.

Vater reagierte ganz wunderbar: »Na, wo wir acht Mäuler satt kriegen, kriegen wir auch ein neuntes satt!«

Er schob sich die Mütze in den Nacken, schnalzte mit der Zunge und trieb seine Pferde an. Die zehn Kilometer nach Hause zu unserem Landgut fanden sie spielend allein. Vater hatte wunderbare Zuchtpferde, die sein ganzer Stolz waren, und sein vorbildlich geführter Hof war weit über die Grenzen des Landkreises bekannt.

Zu Hause angekommen, saß die Großfamilie Olschewski schon am Mittagstisch:

Frieda, meine ältere Schwester, mit ihrem Mann Ansgar, der versehrt von der Front zurückgekommen war: Mein Schwager hatte einen Bauchschuss erlitten und viel Blut verloren. Vorerst musste er nicht an die Front zurück. Meine Eltern freuten sich sichtlich über eine Arbeitskraft mehr.

Ingrid und Günther, ihre beiden Kinder, acht und fünf Jahre alt, saßen strahlend mit dabei. Wir herzten und küssten einander.

Auf der anderen Seite des Tisches saß meine Berliner Schwägerin Renate, die Frau meines Bruders Werner, bei der ich noch hatte unterschlüpfen wollen.

Sie war auf dem gleichen Weg wie ich zu ihren Schwiegereltern geflohen.

»Seit wann seid ihr denn hier?« Auch ihre zwei Kinder, die achtjährige Lilli und den dreijährigen Leo, umarmte ich herzlich. »Na, ihr seid aber groß geworden!«

»Seit ein paar Tagen!« Schwägerin Renate putzte ihrem Dreijährigen die Nase. »Werner hat uns geschrieben, dass wir bei seinen Eltern sicher sind.«

»Sie haben sogar ihre Fahrräder und die Nähmaschine, Betten und Bilder, Geschirr und Töpfe per Post hergeschickt.« Mutter setzte sich schwungvoll neben mich. »Sie haben jetzt erst mal das Altenteilhaus bezogen, und wenn der Krieg vorbei ist und Werner wieder zu Hause, ziehen wir dorthin.«

Außer meinen Familienangehörigen saß auch noch Otto Braatz, der Ortspolizist, mit am Tisch. Mutter hatte ihn als Untermieter aufgenommen. »Diesen Krieg gewinnen die Deutschen nicht mehr«, verkündete er. Bis jetzt hatte er Radio gehört und mischte sich nun in das Gespräch ein.

»Die senden zwar dauernd tolle Erfolgsmeldungen über die Siege der Deutschen, aber das Volk wird vorsätzlich getäuscht. Die totale Niederlage der Deutschen in Stalingrad Anfang des Jahres spricht Bände!«

»Sagen Sie das mal lieber nicht so laut«, entfuhr es mir aus alter Gewohnheit. »Wenn das mein Mann Egon hören würde, hätte er Sie jetzt schon beim Gauleiter angeschwärzt.« Ich traute mich nicht zu sagen, dass er dann wahrscheinlich schon an der Teppichstange baumeln würde.

»Anna! Wir dürfen hier sagen, was wir denken«, sagte Vater streng. »Nach dem sibirischen Winter lassen wir uns keinen Honig mehr ums Maul schmieren. Unsere deutschen Soldaten haben getan, was in ihrer Macht stand, aber niemand war gegen solch arktische Temperaturen von minus dreißig bis vierzig Grad gewappnet.«

Mein Schwager Ansgar berichtete weinend, dass vielen Soldaten Hände und Füße abgefroren waren. Er hatte unendlich viele tote Kameraden zurücklassen müssen. »Ihr macht euch kein Bild von dem entsetzlichen Grauen dort ....«

»Ansgar! Bitte nicht vor den Kindern!« Frieda versuchte ihnen die Ohren zuzuhalten.

»Die Russen konnten stets neue, ausgeruhte Kampfverbände aufbieten, während wir Deutschen schlecht ausgerüstet und am Ende unserer Kräfte waren. General Paulus wollte deswegen auch kapitulieren, weil der Kampf völlig aussichtslos geworden war, aber Hitler hat verlangt, dass wir bis zur letzten Patrone kämpfen. Ich habe so manchen Deserteur erlebt, den sie auf der Stelle erschossen haben.«

»Das sind hier Erwachsenengespräche!« Frieda warf Ansgar strafende Blicke zu. Der Schwager war komplett traumatisiert, so kannte ich ihn gar nicht. Er nahm überhaupt keine Rücksicht mehr auf die Kleinen, die ihn mit offenen Mündern anstarrten. Die Jungen trugen Lederhosen, die Mädchen geblümte Schürzen über ihren Kleidchen. Ich atmete auf, dass sie bei ihren Großeltern auf dem Land Schutz gefunden hatten. Hoffentlich würde der Krieg uns hier verschonen, sodass es für sie bei den grausamen Märchen aus einer weit entfernten Welt blieb.

»Hitler ist ein Wahnsinniger«, entrüstete sich nun wieder der Dorfpolizist. Er wusste, dass er in unseren vier Wänden so reden durfte. »Die deutschen Soldaten wollten längst aufgeben, aber sie mussten sich fügen, obwohl sie von den Strapazen schon zermürbt waren. Jetzt können sie nur noch Alte und halbe Kinder an die Front schicken! Ihr werdet sehen, das wird ihr letztes Kanonenfutter! Tausende der besten Kampftruppen haben ihr Leben verloren, Abertausende sind in Sibirien in Arbeitslager verschleppt worden. Es wird kaum ein Mann lebend und unversehrt heimkommen, das sage ich euch.«

»Die Deutschen haben den Russen aber auch schreckliches Leid zugefügt«, stellte Vater klar. Er hatte wieder ganz schmale Lippen. »Die Rote Armee wird eines Tages mit aller Härte zurückschlagen! Wisst ihr, wie viele Millionen Menschenleben Hitler und seine Mörderbande auf dem Gewissen haben? An *uns* werden sie sich rächen, mit Recht! Aber dann gnade uns Gott.«

»Bitte, Walter! Mach uns nicht solche Angst!« Mutter klapperte besonders laut mit den Tellern, und die Kinder starrten Vater mit großen Augen an. »Wir haben vier Söhne an der Front und beten jeden Tag, dass wir sie lebend wiedersehen.«

Ich zuckte zusammen. In welche entsetzliche Welt würde mein Kind hineingeboren werden? Aus dem zerbombten Hannover geflohen, durch das brennende Berlin geirrt, hatte mich doch die Zuversicht in mein Elternhaus nach Pommern zurückgetrieben, um hier wieder gut aufgehoben, beschützt und behütet zu sein! Ich wollte auch alles dafür tun, dass unsere Familie in Frieden im hart erarbeiteten Wohlstand leben konnte. Gott, wie hatte sich mein Sinn gewandelt! Ich wollte Tag für Tag die zwölf Kühe melken, den Stall ausmisten und Mutter im Haushalt helfen. Nie wieder würde ich aufbegehren und von einer Heirat träumen!

»Wie geht es euch eigentlich mit euren polnischen Zwangsarbeitern?«, versuchte ich etwas ungeschickt das Thema zu wechseln.

»Unser Polenjunge ist faul wie die Nacht«, grunzte Vater. »Sonntags will er gar nicht arbeiten, aber zum Essen kommt er dreimal am Tag!«

»Walter«, rügte ihn meine Mutter wieder. »Er ist doch selbst noch ein halbes Kind! Dafür haben wir ein sehr fleißiges, liebes Polenmädchen«, wandte sie sich mir zu. »Die ist zumindest guten Willens.«

»Haben eure Polen auch Namen?« Ich zog die Augenbrauen hoch. Gerade noch hatte Vater sich über die Gräueltaten der Deutschen an den Russen ausgelassen, und ich wollte die jungen Zwangsarbeiter aus Polen wenigstens mit Namen ansprechen. Sie konnten ebenso wenig für diesen grauenvollen Krieg wie wir.

»Piotr heißt der Bengel und das Mädel Dorota.«

»Wir werden uns schon zusammenraufen.« Mutter räumte die Teller ab, und sofort sprangen auch Frieda, Renate und ich, ja sogar die kleinen Mädchen auf, um ihr zu helfen.

»Wenn wir alle zusammenhalten, werden wir diesen Krieg mit Gottes Hilfe schon heil überstehen. Und wenn der Frühling kommt, dürfen wir ein neues Familienmitglied willkommen heißen! Bis dahin ist der Krieg hoffentlich vorbei.« Sie lächelte mich an, das Tablett mit dem Geschirr in den Händen: »Möge dieses Kind unser kleiner Friedensengel sein.«

Vater stand auf, legte mir die Hand auf die Schulter und lächelte: »Willkommen, kleiner Maikäfer.«

5

PAULA

Bamberg, April 2004

»O Mama, wie süß ist das denn! Meinst du, deshalb steht da dieses Lied mit dem Maikäfer?«

Rosas Augen glänzten. »Die haben sich alle so auf dich gefreut!«

Ich nahm die Lesebrille ab und rieb mir die Augen. »Mutter hat mir nie von diesen ganzen Leuten erzählt. Das war ja eine richtige Großfamilie, und ich wusste nichts davon!«

»Wo sind die denn alle geblieben?«, wunderte sich Rosa. »Meinst du, die sind alle im Krieg umgekommen?«

»Mutter hat nie vom Krieg erzählt.« Ich wischte mir über die Stirn. »Wie oft habe ich sie danach gefragt, doch sie hat nur den Kopf geschüttelt und abgewinkt. ›Mit leichten Händen halten und nehmen, halten und lassen‹ oder so ähnlich hat sie immer gesagt. ›Und wer das nicht kann, den straft das Leben.‹ Sie wollte nicht mehr darüber reden, nur alles vergessen, und das wäre auch für mich das Beste.«

Rosa betrachtete mich mit einer Mischung aus Sorge und Neugier. »Meinst du, die ganzen schrecklichen Kriegserlebnisse stehen hier drin? Wollen wir uns das wirklich geben?«

»Meine Mutter hatte fünf ältere Geschwister«, staunte ich. »Und mir gegenüber hat sie immer so getan, als wäre sie ein Einzelkind.«

»Ja, sie hat doch immer betont, dass in unserer Familie nur Mädchen und nur Einzelkinder vorkommen, oder nicht?«

Rosa war aufgestanden und setzte neues Teewasser auf. »Sie war ein Einzelkind und ein Mädchen, du warst eines, und ich bin es auch!«

»Und alle sind wir Lehrer geworden«, setzte ich die Familienchronik fort. »Darauf war sie auch immer so stolz.«

»Politisch unkorrekt«, tadelte mich Rosa sofort. »Lehrer*innen heißt das!«

»Ach Kind, was ihr heute für Sorgen habt ...«

Rosa wirbelte herum und steckte die Hände in die hinteren Jeanstaschen.

»Das Krasseste ist ja wohl, dass Opa Karl laut Tagebuch gar nicht dein richtiger Vater ist, Mama! Denn der kommt ja bisher überhaupt noch nicht vor. Was sagst du denn dazu?«

Die Frage überforderte mich. Verwirrt starrte ich meine Tochter an und gab mir Mühe, nicht in Tränen auszubrechen. Erst unser hässlicher Streit um Opa Karls Unterbringung und jetzt, fast als Strafe des Himmels, die schreckliche Erkenntnis, dass er gar nicht mein leiblicher Vater war? Ganz so, als hätte sich Karl an mir gerächt.

»Natürlich bin ich Karls Tochter!«, stammelte ich. »Wie könnte es auch anders sein: Wir stehen uns doch so nahe und sind uns so ähnlich! Ich meine, ich bin in seine Fußstapfen getreten so wie du in meine ...«

Rosa streichelte zärtlich meine Schulter. Fast so, als tröstete sie eine verwirrte Schülerin, die dem Unterrichtsstoff nicht mehr folgen kann.

Wieder fuhr ich mir mit dem Handrücken über die Augen. »Wir lieben uns doch so! Opa Karl ist doch mein Vater, immer gewesen! Er hat mich liebevoll erzogen, manchmal ein bisschen streng, aber das war ja damals so.«

»Und so einen steckst du ins Heim.«

Rosa sah mich eindringlich an. Mir war klar, dass sie eine Antwort von mir erwartete.

»Es tut mir so leid, Rosa! Aber er wäre doch allein in diesem Haus nicht mehr zurechtgekommen!« Ich kämpfte mit den Tränen. Wie einsam musste sich meine Mutter gefühlt haben, sechzig Jahre lang allein mit diesem Geheimnis? Hatte sie mich Karl untergejubelt? Das taten ja damals bestimmt viele Frauen, die während des Krieges …

Rosa stützte die Hände auf die Tischplatte.

»Mama, wir wollten doch sowieso noch zu Opa Karl ins Altersheim fahren. Warum fragen wir ihn nicht einfach? Er hat doch auch manchmal klare Momente.«

Es kostete mich Kraft, ruhig zu bleiben. »So kurz nach Mutters Tod? Sollten wir ihn nicht erst mal in Ruhe trauern lassen?«

Ich muss auch erst mal trauern!, dachte ich erschüttert. Wenn er wirklich nicht mein Vater ist, hat er mich sechzig Jahre lang belogen.

Die Stille, die nun eintrat, war fast schneidend. Nur das Ticken der alten Küchenuhr ließ mich spüren, dass das Leben weiterging. Aber es fühlte sich auf einmal so falsch an!

»Mama …?«

Erschrocken zuckte ich zusammen. »Was soll ich denn zu Opa Karl sagen? ›Du bist gar nicht mein Vater – wusstest du das?‹«

»Vielleicht bist du ein Kuckuckskind?« Dieser Gedanke schien Rosa zu amüsieren. »Und Oma Anna hat dich Opa Karl einfach so untergejubelt?«, sprach sie meinen Gedanken von vorhin aus. Sie lachte verlegen. »Dann wüsste Opa Karl es auch nicht. Das wäre natürlich krass, ihm das jetzt mit knapp neunzig vor den Latz zu knallen.«

»Nein, das machen wir nicht.«

Ich griff nach dem Fotoalbum, das immer noch auf dem Tisch lag.

Suchend blätterte ich darin. »Die Hochzeit meiner Eltern war im Sommer 1946, und da war ich schon zwei! Schau, da bin ich, auf dem Arm von Tante Martha, Opas jüngerer Schwester.«

»Aber hast du dich denn nie gefragt, wieso du auf dem Hochzeitsfoto deiner Eltern bist? Ich meine, das ist ja schon ein bisschen ungewöhnlich …?«

»Ich habe immer gedacht, dass sie wegen des Krieges erst so spät geheiratet haben, schließlich war Vater ja in Russland an der Front, und mich haben sie vorher irgendwie … im Heimaturlaub oder so … Das war ja damals so. So ein Soldat bekam eine Woche Urlaub und zeugte in der Zeit ein Kind.« Ich kratzte mich verlegen am Kopf. »Und als er wiederkam, war das Kind längst auf der Welt. Da bin ich sicher nicht die Einzige.«

Rosa sah mich ganz merkwürdig an. »Aber laut diesem Tagebuch bist du das Kind von Egon! Sie schreibt es ja ganz klar!«

Ich starrte an die Küchenwand. Das musste ich erst mal sacken lassen. Mit knapp sechzig Jahren erfuhr ich aus diesem Büchlein, dass mein Vater gar nicht mein Vater war! Meine Mutter hatte ihn damals einfach verlassen, und das in diesen Zeiten!

»Warum hat sie mir das nie erzählt? Und warum hat auch Vater mir das nie erzählt?« Ich schüttelte immer wieder den Kopf. »Oder meinst du, auch Vater wusste nichts von Egon?«

»Opa Karl wird schon nach einem Erzeuger gefragt haben,

oder nicht?« Rosa stützte das Kinn auf die Hände und sah mich halb belustigt, halb fasziniert an.

Ich rieb mir immer noch ungläubig die Augen. »Vielleicht hat meine Mutter ihm nie erzählt, was für ein … ähm …«

»Nazischwein.«

»… Mensch dieser Egon war.« Der Schock erwischte mich kalt.

»Dann habe ich also die Gene von diesem … ähm …«

»Nazischwein. Mama, beruhige dich: Die sind bei dir nicht durchgeschlagen.« Rosa nahm mich tröstend in den Arm. »Ich nehme gerade mit meiner Klasse als Referendarin die mendelschen Regeln durch. So was kann auch mal eine Generation überspringen.«

»Aber Rosa!« Perplex sah ich sie an. »Dann müsstest *du* ja diese schrecklichen Gene haben!«

»Bäh«, schrie Rosa und schüttelte sich. »Mama, sag sofort, dass ich nicht die Enkelin von diesem Egon bin!«

»Ich kann gerade nichts Gegenteiliges behaupten.«

Ratlos schob ich die schwarze Kladde auf dem Küchentisch hin und her. »Was birgst du noch für Geheimnisse, hm? Will ich das überhaupt wissen?«

»Doch, Mama. Jetzt willst du es erst recht wissen!« Rosa hatte sich schon wieder neben mich gesetzt, der Tee dampfte in den Tassen. »Und ich auch. Wo und wie bist du auf diese Welt gekommen?«

»In meinem Pass steht 12. Mai 1944. Köslin. Heutiges Koszalin in Polen.«

6

ANNA

Köslin, 10. Mai 1944

»Sie wünschen bitte?« Am Empfang des Krankenhauses spähte die Ordensschwester mit dem gestärkten Häubchen prüfend über ihre Brillengläser. Im neunten Monat schwanger war ich den ganzen Weg von zu Hause zu Fuß gekommen, da mein Vater unabkömmlich gewesen war.

»Heute ist der errechnete Geburtstermin meines Kindes.« Ich hielt mir mit beiden Händen den prallen Bauch. Mein Kind bewegte sich heftig. Es wollte auf die Welt kommen, auf diese schreckliche, aus den Fugen geratene Welt.

»Haben Sie Wehen?«

»Bestimmt sind das Wehen, es zieht so komisch im Rücken, und mein Bauch wölbt sich unter Krämpfen, ich kenne das von unseren Kühen und denke ...«

»Wie oft?«

»Alle zehn Minuten etwa.«

Die Ordensschwester kam aus ihrem Glaskasten heraus und geleitete mich zu einem Stuhl im Wartebereich. »Dann machen Sie so schnell wie möglich, dass Sie wieder nach Hause kommen.«

Mein Mund war ganz trocken vor Angst. Wenn ich wenigstens einen Schluck Wasser bekommen könnte! Doch ich wagte nicht, danach zu fragen.

»Aber mein Kind will jetzt auf die Welt kommen.« Es zog wieder so merkwürdig im Rücken, als müsste ich dringend auf die Toilette. Waren das die Angst und die Aufregung, oder war mir nur schlecht? Vor Erschöpfung konnte ich mich kaum noch auf den Beinen halten.

»Junge Frau, so leid es mir tut: Wir dürfen keine Wöchnerinnen mehr aufnehmen. Die Betten bleiben für die verwundeten Soldaten reserviert, die von der Ostfront hergeschickt werden.« Die Ordensschwester machte eine ausholende Geste zu den armen Teufeln, die wimmernd und stöhnend auf dem Gang lagen: »Mit jeder Zugladung kommen Hunderte Neue, und die meisten von ihnen schaffen es nicht mehr bis nach Hause. Aber Sie! Sie schaffen es noch, wenn Sie sich beeilen!« Sie drückte auf meinen Bauch: »Kindsbewegungen sind deutlich zu spüren.«

»Ich bitte Sie, Schwester ...« Flehentlich sah ich sie an. »Es ist mein erstes Kind, ich weiß doch nicht, was ich machen soll!«

»Das sage ich Ihnen: Laufen Sie nach Hause, so schnell Sie können. Wie weit haben Sie es denn?«

»Zehn Kilometer.«

»Na, das schaffen Sie ja noch. Sie sind doch kräftig und gesund. Gottes Segen!«

Die Schwester mit dem gestärkten Kopfputz malte mir ein Kreuzzeichen auf die Stirn und begab sich sofort zu einem schreienden Patienten, der um ein Schmerzmittel flehte. Allerdings konnte sie nur mit ihm beten, denn Schmerzmittel gab es keine.

Unverrichteter Dinge machte ich mich auf den beschwerlichen Heimweg. So schnell ich konnte, kämpfte ich mich wieder in mein abgelegenes Dorf zurück.

Mutter sah mich schon von Weitem kommen und lief mir besorgt entgegen.

»Kind! Da bist du ja wieder! Das ging ja schnell!« Sie zuckte zurück. »O Gott. Ist es etwa ... noch drin?«

»Sie konnten mich nicht aufnehmen«, heulte ich verzweifelt. »Das Krankenhaus ist vollgestopft mit sterbenden Soldaten!«

Mutter schlug die Hände über dem Kopf zusammen. »Du bist ja vollkommen erschöpft! Hast du Fieber?«

Über eine steile Hühnerleiter bugsierte sie mich in das ehemalige Mädchenzimmer meiner Schwester Frieda unterm Dach und rief nach dem Polenmädchen: »Dorota, lauf schnell, hol die Hebamme!«

Die Achtzehnjährige rannte auch gleich los, hoffentlich in die richtige Richtung!

Nach meinem Fußmarsch setzten nun doch heftige Wehen ein. Sie zerrten an meinem geschwollenen Leib wie wilde Tiere. Wenn das Wehen waren, wie hatten das all die Frauen vor mir nur ausgehalten?

»Mutter, ich kann nicht mehr, ich glaube, ich sterbe!«

Inzwischen hatte meine Mutter meine Schwester Frieda alarmiert, die mit Mann und Kindern auf dem Nachbarhof wohnte.

»Frieda!«, brüllte Mutter aus dem Fenster. »Koch Wasser ab und bring so viel frische Handtücher, wie du finden kannst!«

In dem Chaos, das inzwischen bei uns herrschte, scheuchte nun Frieda auch noch ihre Kinder los: »Fragt die Nachbarin nach frischen Laken! Bringt Zwirn und die große Schere!«

Das »Polenmädchen«, wie meine Eltern es nannten, kam zurück und meldete, die Hebamme sei bei einer anderen Wöchnerin.

Inzwischen fieberte ich stark und fantasierte bereits zwischen den schrecklichen Wehen. Mein ganzer Körper war ein einziger Krampfschmerz. »Egon!«, schrie ich in meiner Not. »Hilf mir!«

»Ach, lass deinen Egon aus dem Spiel, der hat sich doch nie wieder gemeldet!« Mutter legte mir nasskalte Lappen auf die Stirn. »Den brauchen wir hier nicht!«

Das war wenig aufbauend. Wie mir zugetragen worden war, war er direkt nach meiner Abreise bei seinem Techtelmechtel eingezogen, einer überzeugten Nazi-Frau. Noch immer glaubten beide fest an den Endsieg und verleumdeten alle, die es wagten, daran zu zweifeln. Diese »Wehrkraftzersetzung« wurde hart bestraft, im schlimmsten Falle sogar mit dem Tod. An der Teppichstange in Hannover im Hof hingen zur Abschreckung mehrere solcher »Vaterlandsverräter«, wie Egon in seinem einzigen Brief, den er mir je geschickt hatte, stolz verlauten ließ. Da war ein Fünfzigmarkschein drin gewesen, für das Kind.

Dass ich in meinem Fieberwahn und meiner Not nach dem Vater meines Kindes rief, war mir nicht bewusst. Stunden über Stunden vergingen in diesem engen Dachkämmerlein, und es zerriss mich schier. Da polterte es auf der engen Holzstiege und dann an der Tür: Vater streckte den Kopf herein: »Die Hebamme ist da!«

Die alte Frau eilte mit ihrem braunen Lederkoffer herbei, entnahm ihm alle notwendigen Utensilien und schickte bis auf Mutter alle Helfer, auch die junge Polin, aus dem Zimmer.

Sie horchte meinen Bauch ab, in dem schon lange keine Kindsbewegungen mehr stattgefunden hatten.

»Wie lange rührt sich schon nichts mehr?«

»Seit Stunden.«

»Die Geburt muss in Gang gebracht werden, sonst haben wir ein totes Kind.«

»Aber ...«

»Können Sie aufstehen?«

»Nein, ich ...«

»Sie müssen. Los, reißen Sie sich zusammen, Mädchen!«

Mit unendlicher Kraftanstrengung und Mutters Hilfe stand ich auf.

»So. Und jetzt laufen Sie im Zimmer herum, so viel Sie können.«

Das versuchte ich, doch es tat sich nichts. Die Wehen hatten wieder aufgehört. In meinem Leib herrschte nichts als Stille. Dabei hatte sich das Kind doch immer bewegt! Seit Wochen, seit Monaten! Mir war ganz schlecht vor Angst, und ich war nach den zehn Kilometern viel zu erschöpft, um jetzt noch im Zimmer rumzulaufen! Ich wollte dieses Kind kriegen, und zwar sofort. Ich hielt es nicht mehr aus!

»Sie müssen einen Arzt holen!«

»Aber wie denn, wenn die gerade mit Verwundeten beschäftigt sind!«

Mutter schlug verzweifelt die Hände über dem Kopf zusammen. »Kind, lauf weiter! Lass dich nicht hängen!«

Wie ein Flusspferd wankte ich in diesem Kämmerchen auf und ab, stöhnend und wimmernd vor Pein.

»Ich hole den Arzt, und wenn ich zum Mond fahren muss!« Vater lief los. Ich war schon fast ohnmächtig, aber unendlich dankbar.

Abends um neun kam endlich der Arzt. Ich lag schon weiß wie die Wand auf dem Bett und war nicht mehr ansprechbar. In Sekundenschnelle erfasste er die Situation und gab mir eine Spritze. Damit war die Geburt eingeleitet, und endlich, endlich ging es voran, und das Kind kam.

»Du hast ein kleines Mädchen …« Mutter strich mir etwas Flüssigkeit auf die ausgedörrten Lippen. »Die Kleine ist ganz wunderhübsch und sieht dir ähnlich! Sie hat deine schwarzen Haare und ganz graue, ernste Augen. So als wüsste sie schon, in was für eine Welt sie hineingeboren wurde.«

Das war alles, was ich noch vernahm. Anschließend bekam ich einen Blutsturz. Immer wieder verlor ich das Bewusstsein, fieberte, fantasierte tagelang. Der Arzt hatte der Hebamme Anweisungen gegeben, was sie tun musste, um mich am Leben zu erhalten. Alle zwei Stunden musste sie mir eine Spritze geben, auch nachts. Frieda und Renate schliefen abwechselnd auf dem Fußboden neben mir, um stets bei mir zu sein. Mutter kümmerte sich inzwischen um die Kinder und den Hof. Die zwölf Kühe mussten ja weiterhin gemolken werden, was sonst meine Aufgabe war. Es müssen vier entsetzlich harte Wochen für alle gewesen sein. Trotz allem hatten sie es geschafft, mir mein Töchterchen regelmäßig an die Brust zu legen, sodass der Milchfluss in Gang gesetzt wurde. Apathisch stillte ich mein Kind, das immer noch keinen Namen hatte. Aber …

»Sie muss ins Krankenhaus, sie stirbt uns hier unter den Händen weg!« Der Arzt, der nach Wochen wieder nach mir schaute, musste im Dachkämmerchen den Kopf einziehen. »Erhalten Sie der Kleinen die Mutter!«

»Aber dort nehmen sie keine Wöchnerinnen mehr …«

»Sie *werden*!« Mitsamt meinem Baby wurde ich in eine Kutsche gehievt und die zehn Kilometer ins Krankenhaus gefahren. Trotz der vielen Verwundeten, die hier Vorrang hatten, bekam ich angesichts meines jämmerlichen Zustandes sofort ein Bett, denn sonst hätte ich den Tag wohl nicht überlebt.

Jetzt war ich keine »Wöchnerin« mehr, jetzt war ich ein absoluter Notfall. Wochenlang bekam ich Spritzen. Trotzdem blieb ich zu schwach, um mich überhaupt nur aufzusetzen. Mein Kind wurde mir weiterhin zum Stillen gebracht; es hatte immer noch keinen Namen.

Neben mir lag eine junge Mutter, die einen zehn Pfund schweren Jungen tot zur Welt gebracht hatte. Sie war ebenfalls in völliger Apathie versunken und starrte nur an die Decke. Als einmal einer übermüdeten Ärztin die Nadel in meinem Arm zerbrach, war es um meine Tapferkeit geschehen. »Lieber will ich sterben«, jammerte ich, am Ende meiner Kräfte, »als weiterhin diese Tortur zu erleiden! Es hat ja doch alles keinen Zweck mehr!«

»Reißen Sie sich zusammen! Sie wären längst gestorben, wenn wir dieses Mittel nicht hätten! Und schämen Sie sich, sich so gehen zu lassen, neben der armen Frau, deren Junge tot ist! Ihr kleines Mädchen lebt und braucht seine Mutter!«

Wieder versank ich in tagelanger Lethargie, bis ich einmal bei einer Visite in halb ohnmächtigem Zustand ein Wortgefecht zwischen den Ärzten mitanhörte: »Sind Sie wahnsinnig, das Kind muss sofort entwöhnt werden, die Muttermilch ist ja völlig vergiftet!« Sofort wurde mir meine kleine Tochter weggerissen und im Auto des Arztes zurück zu meinen Eltern gebracht.

»Sie haben versucht, es auf Flaschenkost umzustellen, aber dein armer kleiner Wurm verweigert die Flasche und brüllt sich die Seele aus dem Leib«, war die wenig aufbauende Nachricht, die meine Schwester Frieda mir beim nächsten Krankenbesuch überbrachte.

Und beim übernächsten: »Die Kleine hat die Flasche angenommen, aber starken Brechdurchfall bekommen. Mach dir nicht zu viele Hoffnungen, dass sie überlebt.«

Wieder verließ mich jeder Lebenswille.

»Was soll ich noch auf dieser Welt, ich habe keinen Mann, und jetzt stirbt auch noch mein Kind ...«

»Reiß dich zusammen, Anna. Überleg dir lieber endlich einen Namen, damit wir das Kind wenigstens noch nottaufen können!« Frieda rüttelte mich. »Du musst am Leben bleiben, hörst du, Anna? Wenn unsere Brüder nicht wiederkommen, haben die Eltern nur noch uns!«

Ich flüsterte etwas, was mir einfach nicht über die aufgesprungenen, rissigen Lippen wollte.

»Was hast du gesagt, Anna?«

»Phhh ...«

»Willst du mir den Namen deines Kindes sagen?«

Währenddessen gingen schon wieder die Sirenen los, und auf dem Gang polterte es, weil die frisch Operierten in Windeseile in die Luftschutzkeller gebracht wurden.

»Anna! Sag mir ihren Namen!« Frieda rüttelte mich sanft.

»Paula!«, rang ich mir von den Lippen.

»Ich werde es dem Pfarrer sagen. Dann kann er die Nottaufe vollziehen!« Frieda drückte mir noch einen Kuss auf die fieberheiße Stirn und rannte im Strom der panisch Fliehenden ebenfalls in den Luftschutzkeller. Schließlich hatte sie zwei Kinder, denen sie erhalten bleiben musste.

Die Mutter des toten Jungen und ich blieben als Einzige oben im Krankenzimmer. Wir konnten beide nicht aufstehen, wir waren zu schwach. Und niemand kümmerte sich um uns. So zogen wir uns nur die Decke über den Kopf und zitterten vor Angst.

Nach der Entwarnung krochen wir wieder hervor. Zu unserer großen Verwunderung lebten wir noch.

Aber lebte auch noch mein Kind?

7

PAULA

Bamberg, April 2004

»Hallo, Frau Schellenberg, na, leben Sie auch noch? Wie schön, dass Sie mich mal wieder beehren.« Meine Lieblingsfriseurin Daniela, eine ehemalige Schülerin von mir, hängte mir ein Handtuch um die Schultern und sah mit mir gemeinsam in den Spiegel.

Mit Nachdruck klappte ich das Tagebuch zu und schob es hastig in die Handtasche. Ich musste erst wieder zu mir kommen, so tief war ich in meiner eigenen Vergangenheit versunken gewesen. Mein Herz raste, und ich musste ein paarmal schlucken.

»Hallo, Dani, wie läuft das Geschäft?«

»Großartig, Frau Schellenberg. Besonders jetzt, wo sich die Touristen von den Fluss-Kreuzfahrtschiffen wieder durch die Stadt wälzen.« Sie lachte und zeigte nach draußen, wo bunt gekleidete Menschenmengen durch die sonnige Altstadt strömten, einem Fremdenführer folgend, der ein Fähnchen hochhielt, um seine Schäfchen nicht zu verlieren.

»Bald ist ja Ihr großer Tag?«

»Was meinen Sie?« Ich war immer noch völlig verwirrt.

»Na, Ihr Sechzigster!«

»Ach, erinnern Sie mich nicht daran, Daniela. Da wachsen mir gleich noch mehr graue Haare!«

»Sie sehen wirklich nicht aus wie sechzig, Frau Schellenberg. Ehrlich, Sie wirken deutlich jünger. Und außerdem: Sechzig ist das neue vierzig!«

Sie zeigte auf eine Klatschzeitschrift, die neben mir auf der Ablage lag und auf der Inge Meysel prangte: »Steht jedenfalls da drin: Hauptsache, man liebt seinen Beruf und tut, was man will und gut kann. Inge Meysel hat mit über neunzig noch gedreht!« Sie begann, meine Haare zu kämmen. »Kaum zu fassen, dass *Sie* sechzig werden, ehrlich jetzt!«

Wie nett von ihr, dass sie das so vehement beteuerte! Ich fühlte mich auch wirklich nicht wie sechzig, sondern voller Tatendrang. »Ich will nicht unterrichten, bis ich über neunzig bin«, plauderte ich los. Aber im Moment habe ich noch großen Spaß daran.«

»Sie waren auch meine Lieblingslehrerin, Frau Schellenberg.« Dani strahlte mich an. »Man hat Ihnen immer angemerkt, wie leidenschaftlich Sie bei der Sache sind.«

»Und meine Tochter verlangt von mir, dass ich mich frühpensionieren lasse!«

»Was? Aber warum denn?« Dani hielt mit dem Kämmen inne.

»Ach, sie möchte, dass ich mich um meinen Vater kümmere. Sie kennen ihn doch noch?«

»Natürlich, unser früherer Direktor. Er war so ein gerechter, gütiger Pädagoge, so klug und ...« Sie unterbrach sich und sagte dann: »Ihr Vater ist nun im Altersheim?«

»Ja, und damit fühle ich mich auch schrecklich unwohl ...«
Eine Gänsehaut überzog mich. »Er wirkt manchmal dement, aber dann wieder ...«

»Das ist bestimmt seine Art, um Hilfe zu rufen.« Dani traf den Nagel auf den Kopf, und meine Schuldgefühle drohten mich schier zu erdrücken. Sie legte mir die Hände auf die Schultern.

»Haben Sie schon mal an eine polnische Pflegerin gedacht? Dann könnte Ihr Vater in seinem Zuhause bleiben ... und Sie im Schuldienst!«

»Ach, Dani ...« Ich seufzte laut. »Wenn man wüsste, wen man sich da ins Haus holt! Ich habe kein großes Vertrauen in diese Agenturen, man hört ja da die merkwürdigsten Sachen.«

»Ich würde meinen Vater jedenfalls nicht ins Heim stecken.« Abrupt wechselte Dani das Thema. »Was machen wir? Wieder etwas blondieren?«

»Ach, Daniela, machen Sie mal.« Ich zupfte an meinem Haaransatz: »Hauptsache, Sie kriegen diese scheußlichen grauen Strähnen weg.«

»Aber Frau Schellenberg, das ist doch nicht grau, das ist weißblond«, versuchte mir Daniela einzureden. »Wir tönen das mit einem Touch ins Goldfarbene ... wollen Sie eine Zeitschrift? Ein bisschen Klatsch und Tratsch aus der großen weiten Welt?«

»Nein danke, Dani. Ich habe hier das Tagebuch meiner Mutter.« Ich zog die schwarze Kladde wieder aus der Handtasche. »Das ist so unglaublich spannend, ich kann gar nicht aufhören zu lesen, nur jetzt lasse ich es besser zu, sonst tropft noch Farbe darauf.«

»Wovon handelt es?« Dani fegte Haare der letzten Kundin

auf. Ich überlegte kurz, ihr davon zu erzählen, doch ich konnte einfach nicht. Dani fragte aus Höflichkeit, sie hatte jetzt gar nicht die innere Ruhe, sich auf diese Geschichte einzulassen, und außerdem saß ihr unterschwelliger Tadel mir noch wie ein Stachel im Herzen. Draußen kamen amerikanische Touristen vorbei, in unsagbar schrillen Klamotten, Turnschuhen und Schirmkappen, und noch bevor ich antworten konnte, passierte genau das, was ich bereits geahnt hatte: Die altmodische Ladenglocke bimmelte, und Daniela wandte ihre Aufmerksamkeit einer alten Dame mit gewöhnungsbedürftigen lila Haaren zu, die sich etwas umständlich von einer Sightseeing-Gruppe verabschiedete, während ihr die Tür gegen die Schulter prallte: »*I'll see what I can do. Don't wait for me, I'll find back to the hotel, thanks a lot, can you take this for me ...*« Sie überreichte jemandem ihre zahlreichen Einkaufstaschen, woraufhin die Tür zufiel und die Ladenglocke beim erneuten Eintreten wieder bimmelte. »*Ah, Gunther, thank you, bye-bye, see you.*«

Der dicke Gunther fragte auf Deutsch, ob sie das auch alleine schaffe, und sie antwortete wieder auf Englisch, dass sie jetzt einfach eine Pause brauche und er die Tüten ins Hotel schaffen solle.

»Eine Amerikanerin«, flüsterte Dani mir zu. »Da schneien öfter welche herein. Besonders, wenn sie dicke Füße haben von der Stadtbesichtigung.« – Sie eilte ihr entgegen: »*What can I do for you? Do you have some time? Because I'm alone today ...*« Tja. Das Englisch hatte ich ihr beigebracht. Ihr fränkischer Akzent war trotzdem nicht zu überhören.

»Sie können Deutsch mit mir reden.« Die alte Dame schälte sich aus ihrer etwas zu sportlichen Jacke, die Daniela ihr abnahm, und ließ sich in einen Sessel fallen. »Lassen Sie mich einfach nur hier sitzen.« Sie lächelte und fächelte sich mit der Schirmkappe Luft zu. »So wunderschön Bamberg ist, so anstrengend ist es auch.«

Sie sprach mit einer Mischung aus deutschem und amerikanischem Akzent. Bestimmt war sie schon lange ausgewandert. »Mein Sohn Gunther hat mich zu dieser Reise auf dem Flussschiff überredet, ich wollte ja nie wieder auf ein Schiff, aber bei einem Flussschiff ist das ja was anderes …« Sie riss sich ihr Chanel-Halstuch ab. »Das kann ja nicht so ohne Weiteres sinken, und wir brauchen auch keine Beiboote, um an Land zu gehen«

Daniela zog heimlich eine Grimasse, die wohl besagen sollte: Okay, die Alte hat ja wohl eine Schraube locker. Höflich bot sie uns beiden Kaffee an: »Bitte, wenn Sie etwas Zeit mitgebracht haben, dann gehe ich jetzt die Farbe mischen.«

»Woher sprechen Sie so gut Deutsch?« Ich lächelte der alten Dame über den Spiegel zu. In ihrer Robustheit erinnerte sie mich ein bisschen an Inge Meysel, über die ich gerade mit Daniela gesprochen hatte.

»Oh, ick bin ein Berlina«, imitierte sie den berühmten Ausspruch des ehemaligen amerikanischen Präsidenten Kennedy, und tausend Lachfältchen zerknitterten ihr Gesicht wie Pergamentpapier.

»In den letzten Kriegstagen bin ick aus dem zerstörten, schrecklichen Deutschland abgehauen.«

»Und wo leben Sie jetzt?«

»Oh, schon lange im sonnigen Kalifornien, im Santa Barbara County. Mein Sohn Gunther ist dort Immobilienanwalt, wir haben es wirklich *wonderful*.«

»Oh, das hört sich toll an«, sprudelte es aus mir heraus.

»Da wollte ich immer schon mal hin! Wissen Sie, meine Tochter und ich planen gemeinsam eine große Reise in den Sommerferien, und da dachten wir an Amerika.«

»*Well*, Amerika ist groß ...« Sie schlürfte an ihrem Kaffee, und ich sah die winzigen Lippenstiftkrümel, die sich in ihren Mundwinkeln gebildet hatten.

»Kommen Sie zu uns nach Montecito.« Ohne zu zögern überreichte sie mir ihre Visitenkarte. Typisch amerikanisch!, dachte ich. Die kennt mich noch keine Minute und hat mich schon zu sich nach Hause eingeladen.

»*Well*, ich bin fast einundneunzig«, plauderte die alte Dame mit einem gewissen Stolz. »Ich war zweiunddreißig, als ich Berlin verlassen musste. Mit vier kleinen Kindern und den Großeltern waren wir auf der Flucht vor den Russen, mein Mann war an der Front, den habe ich Weihnachten 1944 zuletzt gesehen, und am Ende haben wir uns alle aus den Augen verloren. Nur mein Sohn Gunther ist mir noch geblieben.« Sie trank einen Schluck Kaffee. »Und der ist so ein tüchtiger Mann drüben in den Staaten! Mit seinen Häusern hat der schon viele Millionen Dollar gemacht. Aber was erzähle ich Ihnen da. Erzählen Sie mir lieber von Bamberg! Leben Sie hier?«

»Ja, meine Eltern haben sich nach dem Krieg hier niedergelassen und ...«

»Na, da haben Sie Gluck!« Sie sagte Gluck, ohne Ü. »Das ist so eine bezaubernde Stadt und, wie ich vom Fremdenführer erfahren habe, so gut erhalten geblieben! Da sah Berlin aber anders aus und auch die anderen Großstädte ...«

Ich zog gerade in Erwägung, der alten Dame von dem Tagebuch meiner Mutter zu erzählen, als Daniela mit der Farbe kam.

»So, Frau Schellenberg, da bin ich wieder.« Daniela begann, meine Haarsträhnen mit ihrer Farbmischung zu bepinseln und routiniert in Stanniolpapier zu wickeln. Bald sah ich aus wie ein irre gewordener Roboter, der in eine Stromleitung geraten ist.

»Also, wie geht es Ihrer Tochter, und wann geht die große Reise los?«

»Wir planen eine Amerika-Reise, und gerade habe ich eine Einladung nach Kalifornien erhalten.« Ich lächelte und zeigte auf die alte Dame hinter mir im Spiegel. Diese fühlte sich sofort wieder veranlasst, uns weiter aus ihrem bewegten Leben zu erzählen.

»Ich habe Deutschland in den letzten Kriegstagen mit einem Schiff aus Stettin verlassen«, erklärte sie uns übergangslos. »Zusammen mit zehntausend Flüchtlingen. Es war die Hölle.«

Daniela und ich schwiegen überrascht. Unsere Blicke trafen sich im Spiegel, und sie hielt erschrocken mit ihrer Arbeit inne.

»Ich weiß nicht ob Sie das interessiert«, sagte die alte Dame. »Ich will Sie nicht stören.«

»Ja! Doch!«, entfuhr es mir, während Dani ihr eine Zeitschrift mit Inge Meysel drauf reichte, wohl um sie abzulenken und ruhigzustellen.

»Kennen Sie diese Schauspielerin?« Ich fand wirklich, dass die alte Dame ihr vom Typ her ähnelte!

»Nee. Nie jesehen. Wir sind im April 45 abjehauen.«

»Sie glauben gar nicht, wie sehr mich das interessiert!« Ich war froh, dass sie die Zeitschrift achtlos beiseitelegte. »Bitte erzählen Sie!« Und auf Danis erstaunten Blick hin erfand ich schnell eine Notlüge: »Ich nehme das Thema gerade im

Geschichtsleistungskurs mit meiner Klasse durch. So eine Zeitzeugin zu treffen, ist sehr inspirierend!«

»Wir waren wochenlang unterwegs, fast alles Frauen und Kinder: im Zug, zu Fuß, auf Lastwagen, immer auf der Flucht vor den Russen und den polnischen Besatzern. Schließlich haben wir es geschafft, in Stettin ein Schiff zu erwischen. Mitten im Bombenhagel. Das Schiff war völlig überladen. Zehntausend Leute drängelten sich da drauf, es konnte gar nicht ablegen!«

Sie schnaufte ein wenig und versank in ihren Erinnerungen.

»Dann hieß es durch den Lautsprecher: Alle wieder runter, das nächste Schiff kommt bestimmt, hahaha.«

Ich starrte sie über den Spiegel an.

»Stellen Sie sich das mal vor: Alle hatten sich mit letzter Kraft da raufgekämpft, oft sind sie buchstäblich über Leichen gegangen, um einen Platz auf dem Schiff zu ergattern, und dann sollen sie freiwillig wieder runter? Das haben nur ganz wenige gemacht. Manche haben sie einfach runtergeschmissen. Wir haben uns mit den Kindern in so einer Art Turnhalle aufgehalten, unter Deck. Die Kinder schliefen auf den Matten. Tagelang lagen wir völlig überladen auf Reede, bis Ende April 1945!«

»Aber das war ja nur wenige Tage vor Kriegsende«, entfuhr es mir.

»Das Schicksal ist ein Riesenarschloch«, sagte die alte Frau. »Sie sagen es. Russische Torpedos haben den dümpelnden Kahn von U-Booten aus angegriffen, obwohl sie wussten, dass es Zivilisten waren. Zehntausend Flüchtlinge und wehrlose Kinder. Ja, und dann ist das Schiff gesunken.«

Daniela und ich schwiegen geschockt. Daniela hatte endgültig aufgehört, auf meinem Kopf herumzuhantieren. Beide starrten wir die Dame an, die nickend weiter an ihrem Kaffee schlürfte. »Ich war eine der wenigen, die überlebt haben. Und mein Gunther.«

»Nein, wirklich?«, entfuhr es Daniela. In ihrem Blick stand: »Die spinnt.«

»Vielleicht haben Sie davon gehört«, sagte die alte Dame. »Oder gelesen.«

»Welches Schiff war es denn?« Daniela und ich wechselten zweifelnde Blicke.

»Die *Heimatland*.« Klirrend stellte sie die Tasse ab. »Na ja. Die wenigen klugen Jungfrauen, die freiwillig wieder an Land gegangen sind, die leben jetzt vielleicht noch. Wie ich. Mich haben sie aus dem Wasser gefischt. Mich und meinen Gunther. Jetzt habe ich in Kalifornien schon lange eine Heimat gefunden. Sie müssen uns wirklich besuchen kommen.« Sie reichte mir ihre alte knochige Hand, die von Altersflecken übersät war: »Ich bin Renate, by the way. Der Rest steht auf der Karte.«

»Paula«, stellte ich mich vor. »In Amerika stellt man sich nur mit Vornamen vor, nicht wahr?«

Neugierig wandte ich mich zu der alten Frau um, doch Dani drehte mich energisch in meine alte Position zurück.

»Stillhalten, Frau Schellenberg! Wir müssen hier mal weitermachen!«

Die alte Dame starrte eine Weile vor sich hin, in ihre Erinnerungen versunken. Dann fing sie mit ihrer Geschichte noch mal von vorne an: »Mein Mann Werner kam ja Weihnachten 44 noch mal auf Heimaturlaub nach Berlin, da habe ich ihn zuletzt gesehen. Und dann musste er wieder an die Front zurück, da war doch schon alles längst verloren, ich sage nur Stalingrad, das war doch der Wahnsinn! Ich habe ihn noch mit meiner Schwiegermutter zum Bahnhof gebracht, der war schon total zerstört, und die Verwundeten kamen aus der anderen Richtung angefahren. Für meine Kinder gab es noch nicht mal mehr einen Platz bei der Kinderlandverschickung. Da bin ich dann aufs Land zu meinen Schwiegereltern, dort waren wir wenigstens noch eine Zeit lang sicher – das dachten wir wenigstens, aber dann kamen die Russen, ach Gott, wir jungen Frauen, das wollen Sie gar nicht wissen, das kann sich heute kein Mensch mehr vorstellen, und dann begann die große Vertreibung ... Ach, was hat dieser fürchterliche Krieg nur angerichtet.« Sie wischte sich müde über die nervös flatternden Lider.

»Die Deutschen im Osten sollten den ihrerseits vertriebenen Polen Platz machen und, was wir noch lange nicht wussten, ins restliche, westliche Deutschland zwangsumgesiedelt werden«, redete die alte Dame weiter. »Stellen Sie sich das mal vor! Irgendwann hat es uns alle erwischt. Wir mussten weg. Russische Soldaten mit Maschinenpistolen haben alle Bewohner aus ihren Häusern gescheucht, sich die panisch flüchtenden Frauen und Mädchen geschnappt, alles vergewaltigt, was nicht bei drei auf den Bäumen war. Sogar die armseligen Flüchtlingstrecks aus Ostpreußen haben sie angegriffen. In schier endlosen Trecks zogen wir mit Tausenden aus Ostpreußen und Schlesien im kältesten Winter der deutschen Geschichte in eine ungewisse Zukunft. Schlecht ausgerüstet und ohne ausreichend Nahrung irrten wir wochenlang quer durch das zerstörte Land.«

Sie rührte in ihrem inzwischen kalt gewordenen Kaffee.

»Mit Planwagen und Kutschen, die meisten von uns zu Fuß, schoben und zogen wir Handkarren und Kinderwagen durch den Schnee, bei minus dreißig Grad. Wer soll das denn überleben? Die Würmchen sind reihenweise gestorben, wir hatten auch so eines dabei, das hat es nicht geschafft. Und die Polen haben uns noch unser Zeug geklaut. Einmal, da waren wir schon fast im Hafen von Stettin, da hat mir einer noch meinen Rucksack abgeschnitten, da war unser letztes Federbett drin, aber das haben wir dann auch nicht mehr gebraucht. Sind ja alle untergegangen.« Sie unterbrach sich, als käme sie erst gerade wieder ins Hier und Jetzt zurück. »Aber nun machen Sie mal weiter, ich will Sie gar nicht aufhalten. Wenn ich nur noch ein bisschen hier sitzen darf, dann kann ich auch schon wieder laufen.« Sie lehnte sich zurück und schloss die Augen.

8

ANNA

Köslin, Ende November 1944

»Können Sie laufen?« Der völlig übermüdete Arzt zog mir quasi das Bett unterm Hintern weg. Ich war monatelang im Krankenhaus gewesen, mit einer Blutvergiftung, und wie durch ein Wunder war ich noch am Leben.

»Ja, ich glaube schon.«

»Wie weit haben Sie es nach Hause?«

»Zehn Kilometer.«

»Na, dann gehen Sie mit Gott, aber gehen Sie. Hier wird jedes Bett gebraucht.«

Ich kämpfte mich durch das Chaos der Kreisstadt Köslin. Russische Panzer krochen die Straßen hinauf und hinunter, hatten bereits jede umliegende Stadt und jedes Dorf eingenommen. Durch den beißenden Gestank nach Rauch und verbranntem Fleisch kämpfte ich mich durch das entsetzliche Elend der zerstörten Stadt. Die mir bekannten Läden und Geschäfte waren entweder kaputt oder fest verrammelt, die wunderschönen Kirchen in Schutt und Asche. Die Kaufleute hatten keine Waren mehr, Holz zum Kochen und Heizen fehlte. Unterkünfte waren weder für die Flüchtlinge noch für die vielen Soldaten vorhanden. Jeder kämpfte um sein Leben, und die Schwachen blieben am Straßenrand liegen. Ich konnte mich nur mühsam auf den Beinen halten, war ich doch monatelang bettlägerig gewesen und hatte keine Muskelkraft mehr. Mein Kreislauf spielte verrückt. Noch immer wusste ich nicht, ob mein Töchterchen noch lebte, denn in diesem Chaos hatte mich auch niemand von meiner Familie mehr besuchen können. Panisch wich ich den russischen Soldaten aus, die sich einfach wahllos Frauen und Mädchen schnappten, sie entweder auf ihre Lastwagen warfen oder sie mit vorgehaltenem Gewehr in die nächste Scheune zwangen, um sich an ihnen zu vergehen. Sie wurden geschlagen und vergewaltigt, misshandelt und gedemütigt, oft vor den Augen ihrer Kinder. Die verzweifelten Schreie der hilflosen Geschöpfe gellten mir in den Ohren. Häuser und Geschäfte wurden geplündert, aus zerborstenen Scheiben wurden Gegenstände geworfen, sogar große Wanduhren, Schränke, Bilder und Teppiche landeten auf der Straße. Es herrschte ein heilloses Durcheinander, fliehende Menschen rannten schreiend und kreischend davon.

Mit letzter Kraft schleppte ich mich bei Schneeregen durch

dichte Wälder und über Felder, bis ich endlich nach Einbruch der Dunkelheit mein Elternhaus erblickte. Es sollte der härteste Winter seit Menschengedenken werden, mit Temperaturen um minus dreißig Grad. Wie gut, dass ich das noch nicht wusste, wie so vieles, was mir noch bevorstand.

Es brannte Licht in der Wohnstube, und aus dem Schornstein quoll Rauch. Auch unser Backofen, der im hinteren Teil des Gartens stand, arbeitete auf Hochtouren. Bei diesem vertrauten Anblick brach ich in Tränen aus. Bitte lieber Gott, lass mein Kind am Leben sein! Lass sie alle noch am Leben sein! Lass dieses Grauen bald ein Ende haben!

Im Hof standen zwei Kutschen, die ich nicht kannte, die aber einen erbärmlichen Eindruck machten. Möbel und Gepäckstücke lagen wahllos darin verstreut, aus geöffneten Koffern quollen Decken, Geschirr, Einweckgläser und andere Gebrauchsgegenstände, die zum großen Teil kaputt waren.

Ein Korbkinderwagen stand vor der Haustür. Gehörte er meiner Paula? Oder war er von einem Flüchtlingskind? Lebte meine Paula noch? Mein Herz raste vor Angst. Zögerlich trat ich ein. Der vertraute Geruch nach frisch gebackenem Brot, nach würziger heißer Suppe und nach selbst gemachter Wurst schlug mir entgegen. Ich war zu Hause!

»Vater? Mutter? Frieda?« Vor Erschöpfung gelang es mir nicht, meinen nassen Wehrmachtsmantel auszuziehen, den mir die Schwester am Eingang von einem der gestorbenen Soldaten um die Schultern gehängt hatte. War ich doch im Frühsommer mit ganz anderer Kleidung gekommen! Meine Sommerschuhe waren völlig durchnässt, und das Regenwasser war mir unter dem dünnen Kleid bis zu den Oberschenkeln hochgekrochen. Kraftlos ließ ich mich auf die alte Holzbank im Flur sinken. Zu Hause. Vater. Mutter. Paula? Lebte mein Kind noch? War es hier? Oder wohnten hier fremde Menschen, die mein Elternhaus längst mit Beschlag belegt hatten?

Verhaltene Stimmen drangen mir aus der Wohnstube entgegen. Das Radio lief leise.

Plötzlich flog die Tür auf, und meine achtjährige Nichte rannte mit einem Baby im Arm Richtung Holzstiege.

»Lilli?«

Das Mädchen fuhr herum, dass die Zöpfe flogen. »Mama! Oma! Opa! Tante Anna ist wieder da!«

Das Baby fing an zu weinen. Ich wollte mich erheben, doch meine Beine versagten den Dienst. So streckte ich nur die Arme nach ihm aus.

»Ist das ... Paula?«

»Ja, klar, Tante Anna.« Sie kicherte verlegen. »Wer denn sonst?«

Lilli reichte mir das kleine Mädchen, das sein Köpfchen suchend, fordernd in meine Richtung drehte, als hätte ich noch Muttermilch. Erinnerte es sich an meine Stimme, an meinen Geruch? Nein, das konnte unmöglich sein.

Das kleine Gesichtchen, die sich ballenden Fäustchen, die aufgeregt strampelnden Beinchen: Das war also meine Kleine! Wie groß sie geworden war! Ich atmete den wundervollen Duft ihrer Haut. Sie war es. Sie lebte. Sie war gesund. Meine Paula. Zahnlos lächelte sie mich an. Fast war es so, als hätte sie mich erkannt.

9
PAULA

Bamberg, April 2004

»Frau Schellenberg? Wir sind fertig! Ist es so recht?« Daniela hielt mir einen Handspiegel an den Hinterkopf.

Ich hob den Blick und sah mich an. Frisch geföhnt und nett frisiert wie immer. Durchaus fesch und gut aussehend für knapp sechzig.

War *das derselbe* Mensch, von dem in diesem Tagebuch die Rede war? Das kleine zahnlose Baby, das Anna angelächelt hatte? Mich überzog eine Gänsehaut.

»Frau Schellenberg? Gefällt es Ihnen diesmal nicht?«

Ich erinnerte mich an die Szene aus dem Rosenkavalier, Vaters Lieblingsoper, in die er mich einige Male mitgeschleppt hatte. Da sitzt die Marschallin vor dem Spiegel, ihr Privatfriseur hat ihr gerade die Haare gemacht, und sie schaut hinein und erkennt sich gar nicht mehr.

»*Mein lieber Hippolyte, heut haben Sie ein altes Weib aus mir gemacht…*«

Und dann diese Wahnsinns-Arie, die mir immer die Tränen in die Augen trieb:

»*Die Zeit ist ein sonderbar Ding.*
Wenn man so hinlebt, ist sie rein gar nichts.
Aber dann auf einmal, da spürt man nichts als sie.
Sie ist um uns herum, sie ist auch in uns drinnen.
In den Gesichtern rieselt sie, im Spiegel da rieselt sie,

in meinen Schläfen fließt sie.
Und zwischen mir und dir da fließt sie wieder,
lautlos, wie eine Sanduhr (...).
Manchmal hör ich sie fließen – unaufhaltsam.
Manchmal steh ich auf, mitten in der Nacht
und lass die Uhren alle, alle steh'n.«

»Frau Schellenberg? Gefällt es Ihnen nicht?«

»Doch.« Irritiert sah ich mich um. »Wo ist die alte Dame hin?«

»Oh, die ist gegangen. Die wollte sich nur ein bisschen ausruhen.«

»Ich hätte sie so gern noch etwas gefragt.« Nach dem, was ich soeben gelesen hatte, musste ich erst wieder im Hier und Jetzt ankommen. »Entschuldige, dass ich deine Arbeit heute nicht so richtig gewürdigt habe. Was macht es denn diesmal, Dani?«

Ich wühlte in meiner Handtasche. Das Büchlein schaute mich an. Am liebsten hätte ich auf der Stelle weitergelesen, aber es standen ja noch andere Termine auf dem Programm.

»Hundertzwanzig Euro geradeaus, Frau Schellenberg. Sie sehen wirklich toll aus. Ihre Geburtstagsfeier wird bestimmt der Hit.«

»Danke, Dani. Hier, der Rest ist für Sie.«

Meine *Morgengabe* war ziemlich großzügig ausgefallen.

»Danke!« Ihr Blick glitt von der Kasse, in der sie das Geld verstaute, zu mir hinauf. »Geht es jetzt zu Ihrem Vater ins Altersheim? Der wird Sie kaum wiedererkennen, so toll sehen Sie aus!«

Ich überlegte kurz. War ich jetzt so weit? Konnte ich ihm unter die Augen treten?

Mein Blick huschte zum Spiegel: eine große, gepflegte, selbstbewusst wirkende Dame in den besten Jahren. *Die Marschallin.* Die noch lange nicht zum alten Eisen gehörte. *Contenance.*

Und die in diesem Moment spürte, dass sich ihr Leben noch einmal drastisch ändern würde.

»Klopf, klopf!« Ausgesprochen munter steckte ich meinen frisch geföhnten Kopf durch die Tür. »Ich bin's, Vater, deine Tochter!«

Mein Herz pochte stärker als sonst, wenn ich die drei Treppen des Altersheims hinaufstieg, denn er *war nicht* mein Vater, und ich *war nicht* seine Tochter!

Wusste er das? War jetzt der rechte Moment, ihn darauf anzusprechen?

Er saß in seinem Rollstuhl am Tisch und blickte aus dem Fenster. Draußen blühte alles in herrlichster Pracht.

»Vater, ich habe gerade an unsere Lieblingsstelle im Rosenkavalier gedacht, weißt du noch …«

»Da bist du ja, mein Bärbelchen. Du solltest langsam mal nach Monika suchen.«

Okay, er wollte jetzt nicht mit mir über unsere gemeinsame Lieblingsoper sprechen.

»Sind das deine neuen Pflegerinnen?« Insgeheim hoffte ich, dass er sich so langsam mit seiner neuen Umgebung anfreundete. Dann würde es meinem schlechten Gewissen besser gehen.

Ich hängte meine Handtasche über den freien Stuhl, riskierte einen Blick in den Spiegel und setzte mich. »Bestimmt kommt eine von beiden gleich nach dir schauen. Welche magst du denn lieber?«

»Mein Bärbelchen natürlich.«

»Nee, ist klar.« Offensichtlich sah ich Letzterer ähnlich, jetzt mit meiner neuen Frisur.

»Na, wie sehe ich aus?« Ich zupfte kokett an meinen Haaren. »Ich war extra beim Friseur! ›Hippolyte, heut haben Sie ein altes Weib aus mir gemacht‹«, zitierte ich keck. »Von wegen!«

Erst jetzt schien er mich wirklich wahrzunehmen.

»Ach. Hallo, Tochter! Du siehst blendend aus wie immer.«

»Danke, Vater! Mutter ist ja auch immer zu diesem Friseur gegangen. Du erinnerst dich doch an Dani, die in unserer Schule war?«

»Wo ist sie denn? Hast du sie nicht mitgebracht?«

»Dani?«

»Deine Mutter.« Er seufzte, als wollte er sagen: Du bist aber heute schwer von Begriff.

Heute hatte er wohl wirklich einen weniger klaren Tag.

»Anna ist schon vorausgegangen.« Ich strich ihm über die kratzige Wange. Niemand schien Zeit zu haben, ihn zu rasieren.

»Wo ist sie hingegangen? Über die Oder?«

Wie makaber. Sagte man nicht: »Über die Wupper?«

»Ja, Vater, auf jeden Fall in diese Richtung.«

»Es ist an der Zeit, dass du mal hinter der Oder nach ihr suchst.«

»Mach ich, Vater. Sobald ich Zeit dazu habe. Du weißt ja, meine Abiturklasse …« Ich erzählte ihm von den schriftlichen Prüfungen und vom Thema der mündlichen Abiturprüfung, aber er wollte nicht so recht zuhören.

»Schau hinter der Oder nach Monika.«

»Mach ich, Vater. – Wie geht es dir?« Ich entdeckte, dass

die Schnabeltasse längst leer war, dass die Blumen verblüht und die Apfelstückchen vertrocknet waren. Der übliche Pflegenotstand. »Warst du auf der Toilette?«

»Nein.«

»Soll ich dich begleiten?«

»Ich muss nicht.«

Ich füllte ihm frisches Mineralwasser in die Schnabeltasse und schälte ihm einen neuen Apfel.

»Bitte, Vater.«

»Ich habe keinen Hunger. Ich will nach Hause!«

Ich biss mir auf die Lippen und schüttelte den Kopf.

»Vater, wir müssen das Haus verkaufen, so leid es mir tut! Du kannst nicht mehr allein darin leben!« Voller Mitleid und in einer Aufwallung von schlechtem Gewissen nahm ich seine Hand.

Er entzog sie mir. »Früher haben wir alle zusammengehalten. Da wurde keiner zurückgelassen.«

Ich biss mir auf die Lippen. Scham überflutete mich wie eine schmutzige Welle.

»Ich weiß, das waren andere Zeiten. Aber heute sind auch wir Frauen berufstätig, und ich habe keine Zeit, dich in Vollzeit zu pflegen.« Wieder legte ich meine Hand auf seine knochige, und diesmal ließ er sie mir. Sie war ganz warm und mir so vertraut. Mit dieser Hand hatte er mir Lesen und Schreiben und später das Schachspielen beigebracht. Später, als ich siebzehn war, hatte er mir das Autofahren mit Knüppelschaltung beigebracht, in seinem Opel Rekord, auf einer Wiese am Waldrand. Mit dieser Hand hatte er mir immer den richtigen Weg gewiesen, meist mit Liebe und Güte, manchmal mit Ungeduld und, wenn es sein musste auch mit Strenge. Er war ein wundervoller Vater gewesen, bis …

»Vater, sagt dir der Name Egon etwas?«

»Nein. Wer soll das sein? Der Leichtmatrose?«

»Egon aus Hannover?«

Vater biss auf einem Apfelkern herum. »In Hannover waren wir lange nicht mehr. Das ist ja auch versunken, mit Mann und Maus.«

»Hannover wurde im Krieg stark zerstört, das stimmt. 1943 hat Mutter dort einen gewissen Egon geheiratet.«

Vater zog die Augenbrauen hoch und winkte ab, als ob ein Schüler eine dumme Antwort gegeben hätte: »Überflüssig.«

»So überflüssig finde ich das gar nicht. Ich bin in Hannover gezeugt worden, wusstest du das?« Mein Herz klopfte unrhythmisch. Ich kam mir undankbar und dreist vor.

Vater sah mich erstaunt an: »Wer sagt denn so was?!«

»Mutter sagt so was!« Ich zog das schwarze Büchlein aus der Handtasche. »Das haben Rosa und ich in der Küchenschublade gefunden. Unter dem Wachspapier. Mutter hat es so gut versteckt, dass erst die Schublade rausfallen musste, um diesen Schatz freizugeben!«

»Das ist ja was ...« Vater starrte erst auf das Tagebuch, dann auf mich und dann wieder aus dem Fenster. Plötzlich sang er mit zittriger Stimme leise vor sich hin: »Und des Matrosen allerliebster Schatz bleibt weinend steh'n am Strand.«

»Vater?«

Sein Blick umwölkte sich, und ich hatte das Gefühl, dass er noch mehr in seiner eigenen Welt war als sonst.

»Winde weh'n, Schiffe geh'n, weit in fremde Land ...«

»Ja, Vater. Mit diesem Lied hast du mir die große Sext beigebracht.«

»Kleine Sext.« Vater nickte bedächtig. »Moll. Hab ich dir so oft erklärt. Winde weh'n ist Moll, das liegt doch nahe.«

»Wusstest du von diesem Büchlein, Vater?« Ich wedelte damit vor seiner Nase herum.

»Ja.« Er seufzte. »Mutter hat immer korrekt Buch geführt, ganz tadellos. Da gab es nie Beanstandungen.«

Er meinte eindeutig die Buchführung im Kiosk.

»Das hier ist privat, Vater. Das hatte nichts mit dem Kiosk zu tun, sondern mit ihr und dir und ... mir!«

»Mit dir hat das nichts zu tun. Kleine Sext und große Sext, das ist ein gewaltiger Unterschied.«

»O doch, Vater! Das hat es! Sie beschreibt hier ganz ausführlich die Umstände meiner Geburt, da kommst du überhaupt noch nicht vor in ihrem Leben!«

Umständlich pulte Vater den Apfelkern aus dem Mund und legte ihn gekränkt auf den Tellerrand. »Wer andern eine Grube gräbt, fällt selbst hinein.«

Mir schoss die Röte ins Gesicht. »Ich will dich doch nicht verletzen, Vater! Ich wollte nur fragen, warum du mir nie erzählt hast, dass du gar nicht mein Vater bist.«

»Ü-ber-flüs-sig.« Vater schob das Büchlein energisch zur Seite. »Das ist doch alles Unsinn.«

»Aber du erkennst doch Mutters Handschrift?« Ich hielt ihm die erste Seite hin.

»Schau mal, was hier steht!« Ich reichte ihm seine Lesebrille. »Maikäfer, flieg. Kennst du das noch, Vater? Sie hat es mir früher oft vorgesungen.«

»Ja, das ist bekannt.«

»Komm, Vater, wir singen: Maikäfer, flieg. Der Vater ist im Krieg. Die Mutter ist in Pommerland. Pommerland ist abgebrannt ...« Vater sang artig mit, und ich hoffte so sehr, dieses Lied könnte seiner Erinnerung auf die Sprünge helfen.

In diesem Moment flog die Tür auf, und die Pflegerin platzte herein.

War das jetzt Bärbelchen oder Monika? Sie sah eher aus wie Svetlana oder Ivanka.

»Herr Schellenberg, es tut mir leid, aber Sie müssen jetzt dringend aufs Klo.«

»Ich muss nicht«, sagte Vater.

»Er muss nicht.« Schnell klappte ich das Büchlein zu.

»Darauf können wir keine Rücksicht nehmen. Wenn er dann wirklich muss, habe ich keine Zeit mehr.« Sie machte sich bereits im kleinen Badezimmer zu schaffen und legte laut klappernd die Toilettensitzerhöhung auf die Kloschüssel. »Kommen Sie, Herr Schellenberg? Sie können ja nachher weitersingen.«

10

ANNA

Bei Köslin, Weihnachten 1944

»Stille Nacht, heilige Nacht. Alles schläft, einsam wacht ...«

Leise sangen wir dieses letzte gemeinsame Weihnachtslied in unserer Heimat, und gleichzeitig liefen uns die Tränen aus den Augen. Ich hatte mein kleines Töchterchen auf dem Schoß und vergrub immer wieder die Nase an ihrem Köpfchen. Sie konnte schon sitzen und sah mich mit ihren großen grauen Augen an.

Dicht gedrängt saßen wir um den großen Holztisch, den meine Mutter wie durch ein Wunder doch noch mit einem köstlichen Essen bestückt hatte. In der üblichen Ecke an der Wand stand sogar ein geschmückter Baum im Schein von vielen echten Kerzen.

Außer uns, den Olschewskis, und den polnischen Zwangsarbeitern Piotr und Dorota waren noch zwei Flüchtlingsfamilien anwesend: eine sehr liebe ältere Frau mit ihrer sechzehnjährigen Tochter und eine Bäuerin mit ihrem Sohn aus Ostpreußen. Sie waren unserem Hof zwangszugeteilt worden, und unsere Eltern hatten zwei weitere Zimmer hergegeben.

Außerdem hatte mein Bruder Werner überraschend Fronturlaub bekommen: Renates Mann und der Vater von Lilli und Leo. So war trotz der schrecklichen Kriegszustände in unseren vier Wänden die Freude groß! Renate hatte es ebenso wie die Eltern nicht mehr zu hoffen gewagt, Werner noch einmal in die Arme schließen zu dürfen. Auch Friedas Mann Ansgar saß mit am Tisch, der ja wegen eines Bauchschusses nicht an die Front zurückkehren musste. Von meinen anderen drei Brüdern fehlte jede Spur. Und ich war einfach nur unsagbar glücklich über meine gesunde, inzwischen sieben Monate alte Paula. Sie war ein so vergnügtes, liebes kleines Mädchen, das immer lächelte und froh war, mitten unter uns zu sein. Ich konnte meinen Eltern gar nicht genug danken, dass sie meine Kleine durchgefüttert und aufgepäppelt hatten. Ihre tastenden Händchen in meinem Gesicht, ihr fröhliches Brabbeln und nun am Heiligen Abend ihre staunenden großen Augen angesichts des Lichterscheins des Tannenbaums ließen mich all die Qualen und Strapazen der letzten Monate vergessen.

Andächtig genossen wir das liebevoll zubereitete Essen. Mutters Kochkunst war legendär: So gab es an diesem letzten Weihnachten in der Heimat noch einmal einen Gänsebraten mit Rotkraut und Kartoffelklößen, nach denen wir uns buchstäblich die Finger leckten. Auch die Flüchtlinge und die jungen Polen durften sich nach Herzenslust satt essen.

»Ich wollte euch den Abschied versüßen.« Mutter lächelte wehmütig ... und ließ dann die Bombe platzen: »Morgen begleite ich Werner, Renate und die Kinder nach Berlin.«

Das hielten wir für keine gute Idee, und Vaters Lippen wurden schmal.

»Aber Mutter?« Allgemeines Raunen erschütterte die friedvolle Stille. »Wie kannst du bei der Eiseskälte nur ins völlig zerstörte Berlin fahren?«

»Ihr könnt mich nicht davon abbringen.« Energisch war sie schon aufgestanden, um zu packen. »In diesen Zeiten möchte ich bei meinem Sohn sein, wenn er wieder zur Front muss.«

»Mutter will wieder ihren Dickschädel durchsetzen.« Vaters Mund war zu einem schmalen Strich geworden. »Redet ihr das aus, auf mich will sie nicht hören.«

»Aber Mutter, das ist doch der Wahnsinn! Berlin ist eine einzige Trümmerwüste, wo willst du denn unterkommen?«

»Bei Renate und den Kindern.« Ihr Gesicht hatte den entschlossenen Ausdruck angenommen, den wir alle nur zu gut kannten. »Ich will Werner persönlich zum Bahnhof bringen und bei der Gelegenheit versuchen, etwas über den Verbleib meiner anderen Söhne zu erfahren.«

»Aber Mutter, du kannst doch auch hier ...«

»Nein, hier in dieses verschlafene Nest kommen keine

Nachrichten aus der Hauptstadt mehr. Ich fahre. Basta.« Und damit verließ Mutter hocherhobenen Hauptes den Raum.

»Frieda? Weinst du? Hat dich ein Pferd getreten?«

Inzwischen war Anfang Januar. Ich stand am frühen Morgen in der Küche und wärmte eine Flasche Milch für Paula auf, als meine Schwester Frieda und Vater in die Küche gestürmt kamen. In der Früh hatte ich bereits bei eisiger Kälte unsere zwölf Kühe gemolken. Es herrschten arktische Temperaturen, in der Nacht waren es minus dreißig Grad gewesen, und die Kälte biss sich im Gesicht fest wie ein Raubtier. Doch hier drin knisterte ein warmes Feuer im Kamin.

»Vater! Weinst du etwa auch?« Erschrocken starrte ich beide an. Sie hielten ihre dicken Handschuhe vor die Augen und schluchzten laut.

»Ist etwas mit Mutter?«

»Anna! Unser Dorf hat den Räumungsbefehl bekommen!«

Ich verstand nicht. »Was? Wann?«

Sie fielen mir schluchzend um den Hals. »In einer Dreiviertelstunde muss das Dorf geräumt sein! Die Russen kommen! Wir müssen alle sofort hier weg!«

Bis jetzt waren die Russen noch nicht in unser verschlafenes Nest vorgedrungen, und wir hatten uns der trügerischen Hoffnung hingegeben, dass sie von Köslin aus gleich Richtung Kolberg weiterziehen würden.

Schlagartig versteinerte ich. Das Blut gerann mir in den Adern. »Aber das ist doch unmöglich ...«

»Vor einigen Tagen kam es schon im Radio: Der Feind ist nicht mehr aufzuhalten. Wir sind eingekesselt. Von Westen kommen die Alliierten, von Osten die Russen. Sie haben noch die letzten alten Männer und sechzehnjährige Jungs an die Front geschickt, die Wahnsinnigen! Dabei sind die Russen schon ganz in der Nähe, sie kommen heute noch, heißt es!«

»Aber doch nicht in unser entlegenes Dorf, hast du immer gesagt, Vater ... « Ich konnte keinen klaren Gedanken mehr fassen. Mein Blick fiel auf das unschuldig vor sich hin brabbelnde Kind, meine süße Paula. »Außerdem ist Mutter noch nicht aus Berlin zurück ...« Als wenn die Russen ihre Ankunft abwarten würden!

»Anna! Steh hier nicht rum, wir müssen sofort das Nötigste packen!«

»Aber Paula! Sie ist doch noch so klein! Bei der Kälte da draußen gibt es für mein Kind kein Überleben!« Jetzt fing ich auch noch an zu weinen. »Unser Zuhause! Wir können es doch nicht einfach so verlassen, und wenn Mutter wiederkommt, wird sie uns nicht finden!«

»Anna, wir packen deine Paula ganz dick in dein Federbett und binden sie dir eng an den Körper!«

Schon war meine praktisch veranlagte Schwester Frieda wieder bei Sinnen.

»Los, zieh ihr alles an, was sie hat, Mützchen, Fäustlinge, Schal und Tücher, ich hole Ansgar und die Kinder!«

»Und die anderen?«

»Packen alle schon!«

Völlig verwirrt stand ich am Herd. Meine Hände wollten mir nicht mehr gehorchen. Ich konnte doch nicht mein Baby in diese arktische Kälte schleppen! Wo sollten wir denn hin?

Und wo übernachten? Das war doch völlig unmöglich, das war doch Wahnsinn! Aber war nicht längst alles Wahnsinn, was um uns herum geschah und was dieser Hitler uns angetan hatte?

Die Milch kochte über. Wie eine Irre führte ich Selbstgespräche: »Ja, aber sie haben doch im Radio immer wieder gesagt, der Endsieg ist nahe. Außerdem: Jeder, der versucht zu fliehen, wird erschossen. Wir *dürfen* doch gar nicht fliehen! Das ist doch streng verboten!«

»Anna! Beweg dich! Für politische Diskussionen ist keine Zeit mehr!«

Frieda polterte schon in ihren schweren Winterschuhen die Holztreppe in ihre ehemalige Kammer hinauf, wo die Kinder arglos spielten. Vater weinte um Mutter: »Wie kann sie jetzt in Berlin sein, die dumme Frau? Wo soll sie uns denn jemals finden? O Gott, wenn sie überhaupt noch am Leben ist in diesen entsetzlichen Tagen! Warum konnte ihr denn niemand diese Schnapsidee ausreden?«

Schluchzend trugen wir Kleidungsstücke, Decken und Essvorräte zusammen, scheuchten unsere heulenden und frierenden Kinder vor uns her und rannten mit unseren gepackten Koffern und dem schweren Kinderwagen auf den Dorfplatz. Vor der Kirche hatten sich schon Hunderte von Dorfbewohnern versammelt, und alle boten dasselbe Bild: weinende, frierende, vermummte Menschen, Koffer, Kinderwagen, Planwagen, Pferdegespanne. Allen stand der Atem vorm Gesicht, und alle Gesichter zeugten von Verstörtheit und Resignation. Dieses Nicht-Begreifen-Können des Unermesslichen: Von heute an kein Zuhause mehr zu haben. Von heute an selber Flüchtling sein. Den Russen schutzlos ausgeliefert. Kriegsbeute. Zum Sterben verurteilt.

»Liebe Bürger!«, brüllte der Bürgermeister in ein Megafon.

»Ihr könnt alle wieder nach Hause gehen! Der Feind wurde aufgehalten. Von unseren tapferen Wehrmachtsmännern wurden mehrere Brücken gesprengt.«

In das allgemeine Aufatmen hinein schrie er: »Das heißt aber nicht, dass wir uns entspannen können, Leute! Ihr müsst euch jederzeit bereithalten, es kann sich auch nur um ein paar Tage Aufschub handeln. Nutzt die Zeit, um eure Wertsachen zu vergraben!«

Laut seufzend zerstreute sich die Menge wieder. Alle schlurften, eilten, humpelten oder rannten so schnell wie möglich in ihre Behausungen zurück, um genau das zu tun, was der Bürgermeister angeordnet hatte: Alles vergraben, damit es den plündernden Russen nicht in die Hände fallen würde.

Wir gingen davon aus, dass die Russen zwar über unsere Häuser und Höfe herfallen, dann aber auch wieder weiterziehen würden. Schließlich war hier in der pommerschen Einöde nichts, was für den Feind interessant sein könnte.

Frieda und ich steckten die Kinder in die Wohnküche und herrschten sie an, still zu sein.

»Passt auf das Baby auf und rührt euch nicht von der Stelle!«

Frieda übernahm das Kommando: »Los, Anna, Ansgar, Dorota und Piotr, fasst mit an!«

Hektisch trugen wir die Dinge zusammen, die wir vor den Russen retten wollten. Vater schwitzte beim Ausheben einer riesigen Grube im hinteren Garten nahe dem Backhaus, und das trotz der zweistelligen Minusgrade: Die Erde war so hart gefroren, dass er die Spitzhacke zu Hilfe nehmen musste. Vor wenigen Tagen war Vater siebzig Jahre alt geworden, was wir nicht groß hatten feiern können, da Mutter nicht da war, aber er schuftete wie ein Tier. Schweißtropfen und Tränen liefen ihm nur so über das Gesicht.

Auch Ansgar kämpfte trotz seiner Bauchverletzung mit Hacke und Spaten gegen die steinharte Erde, und sogar Piotr, der Polenjunge, schaufelte, so fest er konnte. Währenddessen brachten Frieda und ich Kleidung, Bettwäsche, Silber und Geschirr im Laufschritt in den Garten.

Unsere Eltern hatten sich im Laufe ihrer fast fünfzigjährigen Ehe einen stolzen Hausrat angeschafft, und je mehr wir davon vergruben, desto mehr konnten wir retten. Im Frühling würden wir alles wieder ausgraben, und dieser Albtraum hätte ein Ende.

»Los, Kinder, wir brauchen jede helfende Hand!« Sogar die Kleinen scheuchten wir auf! Meine kleine Paula war sich selbst überlassen, aber das war sie schon gewohnt. Sie spielte einfach weiter mit ihren Bauklötzen und schlief zwischendurch ein.

»Bringt auch die Bilder von den Wohnzimmerwänden, die Wintervorräte aus dem Keller ...« Wie die Ameisen rannten wir hin und her, wickelten unsere Wertgegenstände in Decken und wasserdichte Planen, verschnürten alles so fest wie möglich und versenkten es in die steinharte Grube.

Inzwischen brüllten die zwölf Kühe, sie wollten längst wieder gemolken werden.

Wären wir heute Morgen wirklich geflohen, hätten wir sie einfach sich selbst überlassen müssen.

»Anna, du kannst das am schnellsten! Und bring Milch für die Kinder mit!«, rief Frieda.

So molk ich die zwölf Kühe und ließ sie in ihrem Dreck stehen: Für das Säubern des Stalles war keine Zeit mehr.

Es folgten bange Tage. Unaufhörlich überflogen Flugzeuge unser Dorf.

Vater spähte in den trüben Winterhimmel.

»Achtung!« Schon duckte er sich und flüchtete ins Haus. »Sie kommen!«

Und da rasten die Flugzeuge auch schon im Tiefflug über unser Haus, aus den offenen Türen wurde mit Maschinengewehren auf uns geschossen! Die Patronen schlugen dicht neben der Haustür ins Mauerwerk ein. »Es ist der Feind! Jetzt sind die Russen da!«

Wir drängten uns im Flur, die Kinder an uns gepresst, und schützten unsere Köpfe und die der Kinder mit bloßen Armen.

»Lieber Gott, beschütze uns ...« Die Kinder heulten laut vor Angst, auch meine kleine Paula brüllte zahnlos und verzweifelt und starrte mich aus riesigen entsetzten Augen an.

Vater klammerte sich an seine übliche Vermutung: »Wenn der Russe wirklich mit Panzern kommt, wird er hier nur durchmarschieren. Hier im Dorf ist doch nichts zu holen, und es gibt auch keine wichtigen Ziele, die es zu vernichten gilt.«

Dafür gibt es hier junge Frauen, sah ich in seinen Augen stehen.

»O Vater, dein Wort in Gottes Ohr! Wenn doch nur Mutter heil zurückkommt!«

»Ja, dafür müssen wir beten! Dass diese Frau jetzt noch nach Berlin fahren musste ...«

Wir beteten ein Vaterunser nach dem anderen. »Wie auch wir vergeben unseren Schuldigern ...« Doch würden wir ihnen tatsächlich vergeben können, wenn sie uns etwas antaten?

»Und wenn es hart auf hart kommt und die Russen wirklich für ein paar Tage bleiben, verstecken wir uns solange im Wald«, versuchte Vater uns zu trösten.

So versuchte er, uns drei Frauen und seinen Schwiegersohn zu trösten. Die Kinder wollten sich einfach nicht beruhigen lassen, sie waren doch noch so klein! Unsere panische Angst hatte sich auf sie übertragen, sie wussten nur, dass ihre kleine heile Welt aus den Fugen geraten war.

»Achtung!« Vater hob warnend den Zeigefinger. »Ich höre einen Wagen vorfahren! Das könnte die Vorhut sein!«

Die Kinder an uns gepresst, hielten wir den Atem an.

Heftiges Pochen an der Haustür.

Wir stellten uns tot und kniffen die Augen zusammen. Wieder klopfte es heftig, aber nur mit der Hand. Keiner drosch mit einem Gewehr an die Tür.

»Mutter?! Renate?« Vater sprang auf und riss die Tür auf, die wir schon mit einem dicken Holzriegel verbarrikadiert hatten.

»O Gott, da seid ihr ja noch alle, ich hab schon gehört, das Dorf sollte geräumt werden?«

Vater weinte vor Erleichterung, seine Frau wiederzuhaben. »Dass du lebst! Tu so was nie wieder!«

»Es war alles so fürchterlich«, weinte Mutter. »So ein unfassbares Elend! Ganz Berlin ist in Schutt und Asche, die armen Menschen dort haben nichts mehr zu essen, das Trinkwasser ist eingefroren, viele Menschen sind einfach erfroren, Kinder liegen tot in den Trümmern, aber auch Pferde und Hunde, und sie schicken immer noch Soldaten an die Front ...«

»Ja, Mutter, das musstest du dir wirklich nicht zumuten. Das war ganz unverantwortlich, auch mit dir, Schwiegertochter, muss ich schimpfen! Wie konntet ihr das den Kindern nur antun!«

Vater zog die Heimkehrer an seine Brust, und wir fielen einander alle um den Hals.

Hastig wärmten wir die Neuankömmlinge, die zu Eiszapfen

gefroren waren. Sie waren tagelang in kaputten Zügen unterwegs gewesen, die immer wieder von Tieffliegern und Bombenangriffen aufgehalten worden waren. Dann hatten sie unter den Zug fliehen müssen und grauenhafte Szenen mitangesehen. Dass sie sich das angetan hatten! Aber Mutter hatte unbedingt erfahren wollen, wo ihre anderen drei Söhne abgeblieben waren! Vergeblich hatte sie beim Roten Kreuz nachgefragt.

»Wir mussten mit den Kindern bei minus dreißig Grad über erfrorene Leichen steigen, um zum Bahnhof zu kommen. Doch da fuhren nur noch Züge an die Front! Wir haben dreizehn-, vierzehnjährige Jungen und ganz alte Männer im Zug gesehen, die noch eingezogen worden sind. Es war so fürchterlich, die fahren doch in den sicheren Tod!«

Vater nahm Mutter ganz fest in die Arme und drückte sie unter Tränen. »Gott sei Dank, dass ihr wieder da seid!« Die völlig verängstigten, steif gefrorenen Kinder bekamen erst mal heiße Milch, und Mutter machten wir ein heißes Fußbad.

»Wie sieht es denn hier aus?« Entsetzt betrachtete sie die leer geräumten Schränke und leeren Regale, die kahlen Stellen an den Wänden. »Waren die Russen etwa schon hier? Gibt es keine Vorräte mehr?!«

»Mutter, wir haben alles vergraben!« Vater nahm ihre Hände und hielt sie ganz fest. »Wir müssen jeden Moment damit rechnen, dass der Feind zur Tür reinstürmt!«

So saßen wir, dick angezogen, Mantel an Mantel, Schulter an Schulter, unter dem Kreuz an der Wand und beteten. Weinend sahen wir zu, wie die letzten Holzscheite im Kamin verglühten.

»Achtung, Achtung, liebe Bürger! Heute Abend geht ein Treck von hier ab, und jeder, der mitfährt, fährt auf eigene Gefahr. Wer mitwill, findet sich pünktlich um sieben bei der Schule ein!«, schallte es bald durchs Dorf.

Tagelang hatten wir nun auf gepackten Koffern in der einzigen warmen Stube gesessen, die Kinder hatten dicht aneinandergekuschelt auf provisorischen Lagern geschlafen, und wir Erwachsenen hatten einfach versucht, nicht vor Panik durchzudrehen. An Schlaf war nicht zu denken gewesen. Die beiden ostpreußischen Flüchtlingsfrauen hatten uns immer wieder geschildert, welch entsetzliche Gräueltaten die Russen den Frauen und Mädchen antaten: Ihnen selbst und der armen sechzehnjährigen Tochter war es nicht anders ergangen.

»Es gab Frauen, die wurden in einer Nacht bis zu zwanzigmal vergewaltigt, immer vor den Augen der anderen, sogar vor denen der eigenen Kinder.« Sie weinten fürchterlich.

»Die russischen Soldaten sind so voller Hass und Rache wegen all dem, was Nazideutschland ihnen angetan hat. Und dafür sollen jetzt unschuldige Frauen und Kinder büßen!«

»Sie machen keine Ausnahme, weder Alte, Schwangere noch Elfjährige werden verschont!«, jammerten die Frauen.

Wir hielten uns die Ohren zu, weil wir es nicht ertragen konnten. Die sechzehnjährige Tochter der Flüchtlingsfrau hatte noch nie ein Wort gesprochen und starrte bloß apathisch vor sich hin.

Selbst die ältere dicke Bauersfrau hatte dran glauben müssen, und der Sohn war gezwungen worden zuzusehen. Seine Mama wurde vor seinen Augen gedemütigt, geschlagen und missbraucht! »Es sind Barbaren. Bleibt bloß nicht hier. Sie werden euch alle drankriegen! Besonders euch drei junge Frauen!« So steigerten sie unsere Angst ins Unermessliche.

»Wir fahren mit.« Vater hatte entschieden. »Wir werden uns den Russen hier nicht freiwillig ausliefern. Lieber lasse ich mein Lebenswerk zurück. – Schwiegersohn, hilf mir, den Planwagen zu beladen.«

Ansgar hatte vom inzwischen verlassenen Gut seiner Eltern eine wasserdichte Plane besorgt, die Regen und Schnee abhalten sollte. Dennoch war mein Schwager nicht besonders belastbar; seine Wunde wollte nicht heilen, und auch psychisch hatte er deutlich Schaden genommen.

Hastig wurde aufgeladen. Von unseren Pferden war nur noch ein alter Ackergaul übrig, die anderen hatten in die Pferdemetzgerei gemusst.

Der Kinderwagen, beladen mit Lebensmitteln, Milchflaschen, Windeln und Wäsche für mein Baby, kam in die Mitte. Er war völlig überladen, und ich konnte nur hoffen, dass Räder und Achsen nicht brechen würden.

»Lasst noch Platz für das Heu und mehrere Zentner Hafer für das Pferd!«

Wieder wurde unter Ächzen und Stöhnen alles auf dem wackeligen Planwagen verteilt. Unsere eiskalten Hände waren rissig und blutig, doch wir achteten nicht darauf. Dieser müde alte Kaltblüter würde uns alle also ziehen müssen, doch wohin?

Als wir eine Stunde vor dem angegebenen Zeitpunkt Richtung Schule aufbrachen, kamen uns die ersten Nachbarn schon wieder entgegen. »Auf der Chaussee dürfen keine Flüchtlinge mehr fahren!«, brüllten uns die Dorfbewohner zu. »Der Feind ist schon im Anmarsch! Ihr fahrt dem Russen direkt in die Arme!« Mein Herz setzte einen Schlag aus, verzweifelt presste ich mein Kind an mich. Wohin nur? Wohin?

»Über die verschneiten Landwege schafft es der Gaul aber nicht!« Vater saß ratlos auf dem Kutschbock und raufte sich die Haare. Mutter hockte mit den anderen Kindern auf dem Wagen, Frieda, Ansgar und ich mit Paula vor dem Bauch liefen neben dem Wagen her. Auch die Flüchtlingsfrauen mit ihren Kindern trabten mit. Wir hatten schon abgesprochen, dass wir Erwachsenen laufen würden, während Mutter und die Kinder auf dem Wagen unter ihren Decken blieben. Nur wer gar nicht mehr konnte, durfte stundenweise im Schutz des Wagens ruhen.

»Zurück nach Hause!« Vater zog die Zügel stramm und wendete den Wagen. Der alte Ackergaul trabte erleichtert seines Weges und blieb schnaubend im Hof stehen.

Wie Fremde betraten wir unser inzwischen leeres, eiskaltes Haus, das schon fest verrammelt und verriegelt gewesen war. Während der Wagen abgeladen wurde, brachte ich meine kleine Paula mit ihrem Kinderwagen vor dem Kamin in Sicherheit. Sofort warf ich so viele Holzscheite hinein, wie noch vorhanden waren. Langsam erwärmte sich der Raum wieder, und das Feuer knackte und flackerte vertraut. Es war, als wären wir nur von einem kleinen Ausflug nach Hause gekommen, dabei konnte es sich nur um einen Aufschub handeln.

Selig schlief mein kleines Mädchen, und ich machte mich stoisch daran, ihr Milch in einem verbeulten Töpfchen auf dem Herd aufzuwärmen. Schließlich setzten sich auch die anderen schweigend dazu. Mutter holte geistesgegenwärtig ein paar Konserven aus einer ihrer Taschen und bereitete eine Suppe zu. Wir waren am Ende unserer Nerven. War das unsere Henkersmahlzeit?

Wie lange würde das noch so weitergehen? Wir saßen auf

heißen Kohlen, nicht wissend, was die Zukunft bringen würde. Jeden Moment konnten die Russen mit ihren Gewehren an Fenster und Türen donnern, und dann würde die Hölle über uns hereinbrechen.

Es klopfte.

»Da. Da kommen sie. Vater unser im Himmel ...«

Es klopfte lauter.

Vater schob den Riegel zurück, schicksalsergeben. Sie würden uns noch Fenster und Türen einschlagen.

Doch es waren die Flüchtlingsfrauen mit ihren Kindern. Sie waren marschfertig, hatten Rucksäcke auf und schwere Stiefel an den Füßen.

»Gott, was bin ich erleichtert. Kommt rein, es ist noch Suppe da ...«

»Nein, wir haben uns entschieden, endgültig zu gehen. Wir werden uns durch die Wälder und über die Felder durchschlagen.«

»Bei dieser Eiseskälte? Das überlebt ihr nicht! Wir nehmen euch herzlich gern wieder auf!«

»Nein. Wir haben gesehen und erlebt, was die Russen mit uns Frauen machen, und wollen lieber draußen erfrieren, als das noch einmal mitmachen.« Die nackte Angst stand ihnen ins Gesicht geschrieben, aber auch wilde Entschlossenheit. »Auch die Männer werden von ihnen geprügelt, geschlagen, verschleppt oder erschossen. Alle, die noch halbwegs arbeiten können, werden zur Zwangsarbeit nach Sibirien verschleppt. Auch Sie sollten sich in Sicherheit bringen«, wandten sie sich an meinen Vater. »Kommt doch alle zu Fuß mit uns und lasst den Planwagen stehen! Sonst werdet ihr die nächsten Tage nicht überleben!«

Doch Vater schüttelte den Kopf. »Meine Frau ist über

siebzig, und wir haben fünf kleine Kinder. Zu Fuß schaffen wir das nicht.«

»Danke für alles, was ihr für uns getan habt!« Weinend fielen die Frauen uns der Reihe nach um den Hals. Dann drehten sie sich um und verschwanden im Dunkel der Nacht.

Seit einer Woche saßen wir nun eng aneinandergepresst in der Kälte auf dem Fußboden unserer Wohnstube. Russische Aufklärungsflugzeuge kreisten unaufhörlich über dem Ort. In letzter Not waren noch Nachbarn aus dem näheren Umkreis zu uns geflüchtet. Sie berichteten, dass Köslin bereits heftig bombardiert wurde. Der Bahnhof sei völlig zerstört, alle wichtigen Gebäude in Brand gesteckt, auch das Krankenhaus, in dem ich die Zeit nach Paulas Geburt verbracht hatte. Die noch anwesenden Männer, auch Ärzte, waren entweder erschossen oder in die Kirche getrieben worden, aus der sie später abgeholt und nach Sibirien verschleppt wurden. Die Krankenschwestern und Patientinnen vergewaltigt, blutig geschlagen, teilweise danach noch auf Lastwagen verladen und ebenfalls nach Sibirien in Arbeitslager deportiert. In ihrer Not hatten viele lieber Selbstmord begangen.

Das alles stand uns also auch bald bevor. Währenddessen heulten Schneestürme um die Häuser, die Kälte stach wie tausend Nadeln.

Um zehn Uhr abends donnerten Militärfahrzeuge durch unsere tief verschneite Dorfstraße. Vater spähte nach draußen:

»Russische Panzer. Es ist so weit.«

Er war leichenblass, und ihm versagte die Stimme.

»Los! Versteckt euch, Mädels.«

»Vater, Mutter! Wo soll ich denn mit dem Kind hin?« Mein Herz raste vor Angst. Verzweifelt rang ich die Hände.

»Die Villa!« Vater sah Mutter vielsagend an. »Die steht abseits der Straße. Der Wald verdeckt zumindest nachts die Einfahrt. Anna, Frieda, Renate – nehmt eure Kinder und rennt, so schnell ihr könnt, dorthin.«

Die Villa! Das war das Herrenhaus der Gräfin von Puttkamer, die niemand so recht leiden konnte. Eine etwas verschrobene alte Dame, den Gerüchten nach behandelte sie ihre Polen-Arbeiter schlecht. Von ihr stammte der hässliche Ausdruck »faules Polenpack«. Wir alle machten einen Bogen um sie, weil sie sich so arrogant verhielt. Aber ihre Villa schien nun unsere einzige Rettung zu sein.

Mutter hatte Paula bereits aus dem Schlaf gerissen, ihr in aller Eile weitere Jäckchen, Strümpfe und eine Mütze angezogen und sie in das dicke Federbett gewickelt.

Frieda und Ansgar rissen ihre Kinder von den provisorischen Nachtlagern und mummelten sie ebenfalls warm ein.

Renate trieb ihre schlaftrunkenen Kinder zur Eile an und zog sie in den Schnee hinaus. Es pfiff ein eisiger Wind, wir mussten den Atem anhalten vor Kälte.

»Nicht über die Straße! Hintenrum über die Felder!«

Dort lag der Schnee meterhoch, wir sanken bis zur Hüfte ein. Vater kam noch ein Stück mit. Am Kuhstall, wo das mit Mist versetzte Schmelzwasser kniehoch stand, verlor ich im Morast meinen Schuh, den ich in der Dunkelheit so schnell nicht wiederfinden konnte.

»Vater, Hilfe!«

»Pst! Keinen Laut!«

Das eiskalte Wasser platschte um meinen Strumpf, der Schmerz schoss bis in die Kniekehlen.

»Egal, lass den Schuh! Komm weiter!«

Geduckt eilten wir über die uns wohlbekannten Äcker.

»Ab hier müsst ihr alleine weiter. Gott schütze euch.«

Vater kehrte um, er konnte Mutter unmöglich allein den Russen überlassen!

Durch den finsteren Wald huschten wir drei Frauen mit den verängstigten Kindern die Auffahrt hinauf bis zur Villa, die in völliger Dunkelheit dalag. War die Gräfin schon geflohen? Oder bereits abgeholt worden? Lag sie vielleicht schon erschossen in der Halle? Oder hing am Laternenmast im Hof? Es gruselte uns bis in die Knochen. Die Kinder jammerten und klapperten mit den Zähnen, doch wir zerrten sie gnadenlos weiter.

Knarrend drückten wir die Tür auf und erschraken: Im Stockdunkeln saßen jede Menge Leute in den gräflichen Gemächern. Angstgeweitete Augen starrten uns an. Das halbe Dorf schien den gleichen Plan gehabt zu haben wie wir! Kinder lagen auf dem blanken Steinfußboden und schliefen, andere weinten und jammerten. Mütter stillten ihre Babys, andere versuchten ihre Kleinen auf andere Weise zu beruhigen. Alte Frauen beteten.

Keuchend ließen wir uns in einer freien Ecke nieder. »Das Bein friert mir ab.«

»Hier, nimm den solange.« Frieda warf ihren dicken Wollmantel über mich.

»Ich habe nichts für mein Kind, keine Windel, kein Fläschchen, nichts zum Anziehen«, weinte ich verzweifelt. »Wie sollen wir die Nacht überstehen?«

Frieda und Renate sahen sich an. »Wenn du bei den Kindern bleibst, laufen wir noch mal nach Hause.«

»Was? Nein! Die Russen sind sicher schon längst da und wüten zu Hause …«

»Anna. Wir können hier nicht untätig rumsitzen, während dir das Bein abfriert und Paula verhungert. Pass uns auf die Kinder auf, wir kommen zurück!«

Damit verschwanden meine Schwester und meine Schwägerin wieder in der Dunkelheit. Sie waren so mutig! Ich selbst wollte mich nur noch in einen Stein verwandeln, aber ich hatte die Verantwortung für fünf kleine Kinder!

Wie lange hockte ich da so mit den Kindern zwischen den weinenden, frierenden und zitternden Menschen? Eine Stunde? Zwei? Paula lag schwer auf meinem Schoß, die anderen Kleinen hatte sich dicht um mich geschart. Sie weinten nach ihren Müttern und konnten die Situation nicht begreifen. Ich versuchte sie zu trösten, obwohl ich selbst völlig verzweifelt war. Vielleicht hatten die Russen die beiden unterwegs schon geschnappt, und ich blieb mit fünf Kleinkindern allein zurück?

Doch irgendwann mitten in der Nacht kamen die Mädels zurück, sie hatten zwei schwere Koffer und den klobigen Korbkinderwagen dabei! Tapfer bugsierten sie die sperrige Last durch die Menge. Ich hätte sie umarmen mögen, konnte aber nicht aufstehen.

»Wie habt ihr das geschafft?! Seid ihr wahnsinnig?«

»Wir haben den Kinderwagen mit den Koffern beladen und ihn dann über Zäune und Felder gewuchtet. Wir mussten immer wieder hin und her und alles einzeln tragen!«

»Und die Russen?«

»Wüten bereits in allen Häusern, die an der Straße liegen.«

»Was ist mit Mutter?«

»Ich werde sie holen.« Frieda sprang schon wieder auf. »Wir werden sie nicht den Russen überlassen!«

»Warte, Frieda! Diesmal gehe ich!« Meine Tapferkeit war

eher vorgetäuscht als echt, aber ich fühlte mich meiner Mutter verpflichtet. Schließlich hatte sie meine Paula gerettet. Ich würde auf Strümpfen zurücklaufen und unsere Mutter holen.

»Quatsch, Anna. Du bleibst bei den Kindern. Ich bringe dir Stiefel mit.«

Und tatsächlich rannte meine tapfere Schwester noch ein zweites Mal los. Eine Stunde später stand sie mit unserer Mutter da. Beide waren mit Schlamm bespritzt, Eiskristalle hingen ihnen in Haaren und Wimpern. »Ich habe sie mit Gewalt herzerren müssen. Sie wollte nicht ohne Vater gehen.«

»Und Vater?«

»Der möchte mit seinem Vieh sterben, hat er gesagt. Er lässt seine Tiere nicht im Stich.«

11

PAULA

Bamberg, 12. Mai 2004

»*Happy birthday to you, happy birthday to you …*
Happy birthday, liebe Paula, happy birthday to you!«

Da standen sie, meine Lieben, in der extra für diesen feierlichen Anlass angemieteten alten Villa auf einer Anhöhe am Rande der Stadt: die strahlend schöne Rosa, im Arm ihres Freundes Fabian, meine Tante Martha und mein lieber Vater

Karl – der ja gar nicht mein Vater war, wie ich jetzt wusste – mit Anzug und Krawatte im Rollstuhl.

Dahinter hatten sich meine lieben Kolleginnen und Kollegen vom Gymnasium aufgebaut ... und als besondere Überraschung: meine Abiturklasse! Die jungen Leute hatten sich ebenfalls zur Feier meines runden Geburtstages in Schale geworfen und sangen mein Geburtstagsständchen, sogar mehrstimmig:

*»Wie schön, dass du geboren bist,
wir hätten dich sonst sehr vermisst ...«*

»Ach, ihr Lieben, jetzt bin ich aber schwer gerührt.« Ich kämpfte mit den Tränen.

In einem Meer von Blumen und Geschenken schlug ich gegen mein Champagnerglas: »Vor meinem sechzigsten Geburtstag habe ich mich immer ein bisschen gefürchtet. Für eine Frau ist das schon ein Meilenstein im Leben.«

Ich sah in die vielen strahlenden Gesichter.

»Aber ihr habt es mir sehr leicht gemacht, und ich muss sagen, es tut gar nicht weh.«

»Sie sehen gar nicht aus wie sechzig«, rief die Klassensprecherin keck, und der Rest der Klasse applaudierte. »Höchstens wie neunundfünfzig«, blökte ein Klassenkasper, der immer etwas reinrufen musste. Die anderen lachten und steckten die Köpfe zusammen.

»Sie hat die guten Gene von ihrer Tante«, hörte ich ein Mädchen ihrer Freundin zutuscheln. »Guck mal, die soll angeblich knapp achtzig sein! Nicht zu glauben, oder?«

»Außerdem liebe ich meinen Beruf. Die Begeisterung fürs Unterrichten habe ich von dir, lieber Vater. Der Lehrerberuf hält einen ja bekanntlich jung. – Ich möchte mich bei den drei liebsten Menschen, die ich auf dieser Welt habe, bedanken: an erster Stelle bei dir, Vater.« Ich wandte mich dem alten Mann im Rollstuhl zu, der mich verklärt anstarrte. »Wir beide vermissen meine vor Kurzem verstorbene Mutter Anna sehr, ich danke euch allen bei dieser Gelegenheit für die überwältigende Anteilnahme.«

Beifälliges Raunen ging durch den Raum. »Meine geliebte Mutter und deine geliebte Frau, lieber Vater, dürfte allen Schülern und Schülerinnen in der Stadt bekannt gewesen sein. Es gibt wohl niemanden hier im Saal, der bei ihr nicht Trost und Wärme in Form von ihren unvergleichlichen, selbst gebackenen Keksen oder auch eines lieben Wortes, eines aufmunternden Blickes oder einer herzlichen Geste gefunden hätte.«

Beifall brandete auf. Eine Woge der Liebe für meine Mutter Anna durchflutete mich.

»Erst neulich haben meine Tochter Rosa und ich ihr Tagebuch gefunden, das sie in Kriegszeiten und danach geschrieben haben muss.« Ich machte eine kleine Pause und schaute zu Vater, der jedoch ungerührt blieb. »Ihr habt eben gesungen: Wie schön, dass du geboren bist, wir hätten dich sonst sehr vermisst! Ja, um Haaresbreite bin ich als Baby wohl dem Tod entronnen.« Ohne dass ich es beabsichtigt hatte, war meine Geburtstagsrede doch sehr ernst geworden, aber jetzt konnte ich nicht mehr an mich halten.

»Ich habe erst jetzt erfahren, unter welch grauenvollen Umständen meine Mutter mich heute vor sechzig Jahren zur Welt gebracht hat und wie sie um mein Überleben kämpfen musste. Es ist unvorstellbar ...« – ich räusperte mir einen dicken Kloß von der Kehle – »... was sie als junge Frau und alleinerziehende Mutter mit mir als Baby alles durchmachen musste. Damals war sie so alt wie du, Rosa«, wandte ich mich an meine Tochter, die in ihrem bezaubernden Cocktailkleid wie ein Model wirkte. »Während wir uns hier Sorgen machen, in welcher Villa wir feiern und welches Catering wir bestellen wollen, saß meine Mutter bei minus dreißig Grad ebenfalls in einer Villa ... aber auf der Flucht vor den Russen, ohne jede Perspektive. Sie musste ihr Zuhause verlassen und ahnte nicht, was noch alles auf sie zukommen würde.«

Inzwischen war es mucksmäuschenstill im Saal geworden. Jetzt musste ich aber schnell die Kurve kriegen! Verlegen räusperte ich mich.

»Ich möchte das schöne Fest nicht verderben, euch aber bei dieser Gelegenheit sagen, wie unendlich dankbar ich bin, dass meine Eltern mich heil und gesund durch den Krieg und schließlich in diese wunderschöne Stadt Bamberg gebracht haben, wo ich zur Schule gehen und studieren, euch alle kennenlernen durfte und wo ich sehr glücklich geworden bin. Auch als alleinstehende Frau. Und ich bin es noch heute, mit sechzig.« Ich hob mein Glas und schaute in die Runde: »Von daher gibt es jetzt überhaupt keinen Grund mehr, mich vor der Sechzig zu fürchten: Ich darf auf ein erfülltes, gesundes und friedliches Leben zurückblicken, im Kreis lieber, vertrauter Menschen, und ich freue mich darauf, weitere fünf Jahre an dieser Schule mit euch zu arbeiten.«

Ich prostete meinen Kolleginnen und Kollegen zu und hob mein Glas in ihre Richtung, sah aber trotzdem aus dem Augenwinkel, wie Rosa ihrem Freund enttäuscht etwas zuflüsterte. »Mit sechzig gehört eine Frau heute noch lange nicht zum alten Eisen«, betonte ich. »Ich freue mich sehr auf unsere weitere Zusammenarbeit, liebe Kolleginnen und Kollegen, und auch auf die Zusammenarbeit mit dir, liebe Rosa.«

Als sie ihren Namen hörte, zuckte sie zusammen. »Liebe Tochter, willkommen an unserer gemeinsamen Schule! Auf dass du genauso viel Freude und Erfüllung in diesem Beruf finden wirst wie ich.« Und darauf, dass dich niemand schon mit sechzig frühpensionieren will, dachte ich innerlich. Die Zeit kommt schneller, als du denkst.

Einige Abiturienten pfiffen anerkennend beim Anblick meiner bildschönen Tochter.

»Bleibt mir noch, euch, meinen lieben Abiturient*innen, ganz viel Glück und Erfolg zu wünschen für die wichtigen Prüfungen, die noch anstehen. Ihr seid super vorbereitet, es gibt keinerlei Grund, euch zu fürchten ...«

»Das müssen ausgerechnet Sie sagen, Frau Schellenberg ...«

Allgemeines Gelächter erstickte den Zwischenruf.

»Ihr werdet überrascht sein, was das Leben noch alles für euch bereithält. Ich bin jedenfalls total überrascht.« Mit einem fragenden Blick zu Vater versuchte ich, ihm eine Reaktion zu entlocken, aber er starrte mich nur fasziniert an. »Das Leben hört nie auf, Geheimnisse preiszugeben, man muss nur neugierig bleiben. – Auf euch, auf eure Zukunft und auf meine wunderbare Familie. Danke, dass es euch gibt.«

Die Gläser klangen, Musik setzte ein, und ich nahm die vielen Glückwünsche und Sympathiebekundungen entgegen. Fast alle wollten mich einmal umarmen, sogar sämtliche Schüler*innen fielen mir um den Hals. Ich hatte wohl doch einiges richtig gemacht! Es war wirklich ein wundervolles Fest, und ich schwelgte den ganzen Abend in netten Gesprächen, Komplimenten und herzlichen Umarmungen. Sogar zum Tanzen forderten mich einige meiner Schüler auf, und ich fühlte mich vorübergehend wieder jung und unbeschwert.

Später, als sich die ersten Gäste bereits verabschiedet hatten, nahm ich mir Tante Martha zur Brust. Die quicklebendige alte Dame hatte ihren Bruder Karl bereits den jungen Sanitätern übergeben, die ihn mit dem Wagen vom Roten Kreuz wieder in sein Heim fuhren, und ihnen in Spendierlaune einen Fünfzigeuroschein in die Hand gedrückt.

»Tante Martha, darf ich dich mal sprechen?«

»Aber ja, Paula, Liebes! Habe ich dir schon gesagt, wie wunderschön du heute Abend aussiehst? Und auch deine Rede war exzellent.«

»Danke, Tante Martha. – Auf ein letztes Glas im Steh'n?!«

»Ja, Kind, gern auch zwei.«

Meine rüstige Tante Martha war schon lange Witwe. Ihr Mann Rudolf, den ich zeitlebens nur mit einem Arm kannte, war schon lange gestorben, aber die beiden hatten sich gemeinsam eine Firma aufgebaut und eine glückliche Ehe geführt. Sie lebte fröhlich und fidel in einem wunderschönen Haus mit Garten mitten in Bamberg und dachte ebenfalls noch lange nicht daran, sich aufs Altenteil zurückzuziehen.

»Ist das dein Taxi, das da draußen wartet?«

Sie sah mich an und fragte: »Was möchtest du denn mit mir besprechen, Paula-Schatz?«

Ich sah mich um, weil niemand mithören sollte, aber die jungen Leute standen an der Bar.

»Wusstest du, dass Karl gar nicht mein richtiger Vater ist?«

»Was? Blödsinn, Paula! Natürlich ist Karl dein Vater! Was redest du denn da!«

Ich presste die Lippen zusammen und zupfte verlegen an meinem Kleid.

»Hast du jemals den Namen Egon gehört?«

»Ja. Egon Schiele, das war ein berühmter Maler. Mein Geschmack ist er nicht, aber ...«

»Egon aus Hannover?!«

»Paula! Wer soll das sein?!«

»Mein *Vater?!*«

Tante Martha fing laut an zu lachen. »Ich weiß ja nicht, wer dir das in den Kopf gesetzt hat, aber eines kann ich dir sicher sagen: Als Karl im Mai 1945 plötzlich an unsere Haustür geklopft hat, da hatte er seine kleine Familie dabei. Und das waren Anna und du, mein Schatz.«

»Und er hat gesagt, ich sei sein Kind?«

Sie stutzte, überlegte. »Ja, daran erinnere ich mich noch ganz genau. Das ist Anna, meine Frau, und das ist Paula, unsere Tochter. Er war so stolz auf seine kleine Familie, die er unter unglaublichen Strapazen und unter Lebensgefahr aus dem Krieg sicher nach Hause gebracht hatte.«

»Und er hat niemals etwas anderes angedeutet?«

Tante Martha schüttelte unentwegt den Kopf. »Nein, das ist doch Quatsch. Du bist Karls Kind. Mein Rudi hätte mir doch erzählt, wenn das nicht so wäre!«

Und dann fing sie wieder damit an, dass Rudi und Karl schon gemeinsam die Schulbank gedrückt hatten, bevor sie an die Front geschickt worden waren, dass sie immer zusammengehalten hätten, auch im Krieg, und dass sie einander stets verteidigt und beschützt hätten, ganz gewiss keine Geheimnisse voreinander gehabt hatten.

»Natürlich bist du Karls Tochter! Siehst ihm sogar ähnlich! Deiner Mutter weniger, die war ja klein, zierlich und dunkelhaarig, aber ihr beide seid groß, kräftig und blond ... Lehrerin bist du auch geworden!«

»Ja, das stimmt.« Ratlos sah ich Tante Martha an, und diese schüttelte meinen Arm:

»Wie kommst du nur auf diesen Unsinn?«

Ich erzählte ihr von dem Tagebuch, das wir in der Küchenschublade gefunden hatten.

Sie überlegte kurz. »Kann es vielleicht sein, dass das Tagebuch gar nicht von deiner Mutter ist?«

»Nein, Tante Martha, das kann absolut nicht sein. Vorne drin steht nämlich: *Für Paula, damit sie eines Tages die Wahrheit kennt. In ewiger Liebe, deine Mutter Anna.*«

Tante Martha schüttelte ratlos den Kopf und zog die Schultern hoch. »Lies es doch erst mal zu Ende, vielleicht klärt sich das Rätsel dann. Ich bin sehr gespannt, du musst mir unbedingt ausführlicher davon erzählen! – Aber jetzt muss ich los, mein Taxi wartet.«

Sie drückte mir zwei Wangenküsschen auf und verströmte teures Parfum.

»Ich werde nach Karl schauen. Es ist so schwer für ihn, sich an dieses Heim zu gewöhnen. Aber wir drei Frauen schaffen das schon.«

Die jungen Leute an der Bar machten sich ebenfalls zum Aufbruch bereit. »Leute, hier wird es langsam langweilig, wir gehen noch in die Stadt feiern, wer kommt mit?!«

12

ANNA

Bei Köslin, Ende Januar 1945

»Wo sollen wir denn nur hin? Die Russen werden diese Villa spätestens morgen früh finden!«

Verzweifelt saßen wir Frauen mit den Kindern beieinander. Mutter, Frieda, Renate und ich: Gebannt lauschten wir auf jedes Geräusch. Meine kleine Paula lag in ihr Federbett gewickelt auf meinem Schoß und schlief, die vier anderen Kinder waren auf ihren provisorischen Lagern aus Mänteln und Decken ebenfalls eingeschlafen.

Die anderen, die die Nacht sitzend auf dem kalten Fußboden verbracht hatten, packten bereits wieder ihre Sachen zusammen. Es war gegen vier Uhr früh, draußen natürlich noch stockdunkel.

»Hier präsentieren wir uns ihnen wie auf dem Silbertablett! Die Russen werden bei Tagesanbruch stürmen!«

»He, schaut mal, da kommt der alte Fehlberg.« Mutter reckte den Hals. »Der scheint uns zu suchen. Vater hat gestern noch den Polenjungen mit einer Nachricht zu ihm geschickt!«

»Was will der von uns?«

Wir wussten, dass der alte Mann für die Gräfin von Puttkamer arbeitete.

»Mädels, ihr müsst das absolut für euch behalten ...« Mutter und wir steckten die Köpfe zusammen, und sie wisperte:

»Schon vor mehreren Wochen haben einige ältere Männer im nahen Wald einen Bunker gebaut, von dem niemand im Ort etwas weiß. Sogar ein kleiner eiserner Ofen soll drinstehen. Der alte Fehlberg hat die Hauptarbeit geleistet, und unser Vater hat mitgeholfen. Das ist ein absolutes Geheimversteck. Achtung, da kommt er. Verhaltet euch ganz ruhig.«

Der alte Mann hatte sich durch die Menschen gekämpft und uns an der hinteren Wand des Salons entdeckt. Unauffällig kam er auf uns zugehumpelt. Auch er war an der Front bereits schwer verwundet worden.

»Sowie es Tag wird, kommt ihr in den Bunker. Morgen früh ist der Russe in der Villa.«

»Mensch, Fehlberg, dich schickt der Himmel!« Mutter ließ sich von ihm auf die Beine helfen.

»Ihr müsst aber absolutes Stillschweigen darüber bewahren, sonst will das ganze Dorf dahin«, brummte der alte Mann, eine kalte Pfeife im Mundwinkel. »Dann werden die Russen direkt zu unserem Versteck geführt, und keinem ist geholfen.«

Wir rappelten uns mühsam auf, ganz steif von der Kälte. Die armen Kinder wurden schon wieder aus dem Schlaf gerissen, in den sie nur mühsam gefunden hatten. Meine kleine Paula gähnte und schaute ganz verwundert in die riesige dunkle Halle hinein. Schnell drückte ich ihr ein Küsschen auf die warme runde Wange, und sofort verzog sie ihr Gesicht zu einem glücklichen Lächeln.

»Frieda, geh zu deinem Vater und sag ihm, er soll den Wagen vollpacken und auch in den Wald bringen. Vielleicht schafft er es noch, bevor die Infanterie nachrückt. Ich stehe solange vor der Villa Schmiere.« Fehlberg verdrückte sich genauso schnell, wie er gekommen war.

Tatsächlich verschwand Frieda, meine mutige Schwester, noch ein drittes Mal nach Hause, um Vater beim Beladen des Wagens zu helfen.

»Gib Paula noch diese letzte Flasche Milch!« Mutter zauberte sie aus ihrer Manteltasche hervor. »Sie ist sogar noch warm!«

Kaum hatte meine Kleine gierig und dankbar die Flasche ausgetrunken, stand Fehlberg wieder da. »Sofort fertig machen. Die Russen sind in der Einfahrt.«

Fluchtartig sprangen wir auf, rafften unsere Sachen zusammen und legten Paula eiligst in den schweren Korbwagen. Im Schweinsgalopp rannten wir zu einem Hinterausgang, den Fehlberg uns zeigte: zuerst viele steinerne Stufen hinab in einen Keller, dann durch mehrere unterirdische Gänge, in denen Weinflaschen und andere Vorräte lagerten, durch einen Waschkeller, eine Gesindeküche und einen primitiven Schlafraum, in dem wohl die polnischen Zwangsarbeiter hatten hausen müssen, bis zum hinteren Lieferantenausgang und dann wieder hinauf in den stockdunklen Park.

Mutter und Renate halfen mir, den schweren Wagen mit meiner Paula und zwei Koffern die vielen engen Stufen runter- und raufzutragen. Renates Kinder taumelten schlaftrunken mit Koffern und Rucksäcken hinterher. Keiner wagte, einen Mucks von sich zu geben. Sogar der fünfjährige Günther schleppte einen Rucksack und verhielt sich still. Tränen rannen dem armen kleinen Kerl über das Gesicht. Er hatte einen Handschuh verloren, und ein Händchen drohte ihm abzufrieren.

»Anna, jetzt musst du sehen, wie du weiterkommst!« Renate packte den Kleinen beim Kragen. »Wir laufen jetzt vor in den Bunker, aber wir holen dich ab, sobald die Kinder und Mutter in Sicherheit sind. Ich sehe, ob ich Frieda dort finde, dann kommen wir dir entgegen.«

»Schaffst du das, Kind?« Mutter sah blass und übernächtigt aus. Unten im Kinderwagen lagen die zwei schweren Koffer, darauf hatten wir Paula gebettet, die nun fast aus dem Wagen herausfiel, und über das Kind hatten wir die Federbetten gestopft.

»Ja, lauft ihr vor. Ich schaffe das!«

In Wirklichkeit war ich von Angst erfüllt. Wie sollte ich mit dem überladenen, sperrigen Korbkinderwagen durch den finsteren Wald über Stock und Stein, durch Eis und Schnee kommen und einen versteckten Bunker finden, von dem ich bis vorhin noch nie etwas gehört hatte? Laut dem alten Fehlberg lag er ungefähr vier Kilometer in nördlicher Richtung, hinter einer tiefen Schlucht, durch die ein Wildwasserbach floss. Er kannte als Einziger die Stelle, an der man ihn queren konnte. Selbst ohne Kinderwagen hätte ich mich da nicht hingetraut!

»Wir kommen dir wieder entgegen!«, war das Letzte, was ich von meiner davoneilenden Familie bei völliger Dunkelheit hörte. Dann knackten Zweige, Atemwölkchen verdunsteten … und weg waren sie! Meine aufmerksame Mutter hatte mir ein Paar Stiefel mitgebracht, sodass ich wenigstens nicht mehr mit dem rechten Fuß strumpfsockig durch den tiefen Schnee spurten musste.

Mit aller Kraft schob ich den Kinderwagen. Zweige schlugen mir ins Gesicht, Unterholz streifte meine Beine. Die eisige Kälte ging mir durch Mark und Bein. Es herrschten wieder minus dreißig Grad. Meine kleine Paula lag wie lebendig begraben unter den schweren Federbetten, nur die winzige Nasenspitze schaute heraus. Glücklicherweise war sie mucksmäuschenstill. Oder hatten wir sie erdrückt?! Zerquetscht? Ich bekam Panik. Über die Treppen hatten wir sie nicht gerade schonend getragen – war sie mit dem Köpfchen gegen die Koffer geprallt? Oder unter dem schweren Federbett erstickt?

Voller Angst hielt ich mein Ohr an ihre kleine Nase. Ganz schwach kam mir ihr Atem wie ein süßer Hauch entgegen. Gott sei Dank. Dieses wundervolle kleine Mädchen schlief einfach! Wieder stemmte ich meine Sohlen in den eisigem Untergrund, glitt aus, rappelte mich wieder auf, rumpelte weiter. Dann verfing sich der Kinderwagen im Gestrüpp. Nichts ging mehr. Laut weinend stemmte ich mich mit aller Kraft gegen das Ungetüm, aber es rührte sich nicht. Ich keuchte und fluchte, nahm Anlauf und versuchte es ein weiteres Mal. »Verdammt, du musst doch …« Es knackte und krachte, und von beiden Vorderrädern sprang die Bereifung ab. »Verdammt! Die Räder sind total verbogen!« Weinend tastete ich nach der schrecklichen Bescherung, nicht ahnend, dass sie Paula und mir gerade das Leben gerettet hatte. Denn als sich meine Augen an die Dunkelheit gewöhnt hatten, entdeckte ich eine riesige Schlucht vor mir. Nur einen Schritt weiter, und wir wären metertief zwischen die Felsspalten gestürzt! Der Bach, der normalerweise hier rauschte, hätte mich warnen müssen, war aber komplett zugefroren. Diese eisige Stille war umso gespenstischer.

Erschöpft lehnte ich mich an eine dicke Buche. Mein Atem ging stoßweise, die weißen Wölkchen vor meinem Mund glichen denen einer Dampflok. Langsam beruhigte sich mein Puls, die Minuten wurden zu Stunden, die Stunden zur Ewigkeit. Warum kamen sie mir denn nicht entgegen? Wie viel Zeit war vergangen? Ich konnte auch nicht rufen, um auf mich aufmerksam zu machen. Ich würde hier noch festfrieren, und niemand würde mich finden! Meine Arme und Beine waren bereits abgestorben vor Kälte. Ich konnte sie nicht mehr spüren. Ich hatte viele Soldaten gesehen, deren Gliedmaßen ihnen abgefroren waren, und mir würde es genauso ergehen. Der Wagen hatte sich schon leicht geneigt, das Kind hing mit dem Kopf nach unten über der Schlucht. Ich hatte nicht mehr die Kraft, den schweren Wagen zurückzuziehen.

Der Sturm zerrte an uns, der Wagen knarrte im Wind. Bei der nächsten Bö würden wir beide über das glatte Eis in die Schlucht rutschen, meine kleine Paula mit dem schutzlosen Köpfchen zuerst. Wir würden beide grausam zugrunde gehen, aber wenigstens würden wir zusammen sterben.

Da! Es knackte! Ich lauschte in die Dunkelheit. Das Knacken kam von hinten! Da näherte sich jemand! Schlich sich heran! Das konnten nur die Russen sein!

Gefrorene Tropfen fielen von meinen Wangen. War mir denn entgangen, dass ich geweint hatte? Lieber Gott, lass es schnell vorübergehen und lass mein Kind vor mir sterben.

Zentimeterweise drehte ich den Kopf und wagte es, hinter meiner dicken Buche hervorzuschauen.

Da! Dort oben am Waldrand stand ein Mann! Er starrte in meine Richtung. O Gott! Hatte er mich entdeckt? Er musste doch den Kinderwagen erkennen, der mit zwei kaputten Rädern bereits über der Schlucht hing! War er ein Russe? Jetzt wankte er ein paar Schritte hin und her, als suchte er einen versteckten Zugang zur Schlucht. Sein Uniformmantel stand offen, das Haar wehte im eisigen Wind. Um den weißen Korbwagen seinen Blicken zu entziehen, riss ich mir meinen dunklen Mantel vom Leib und warf ihn schützend über den

Wagen. Doch genau diese Bewegung war es, die ihn auf mich aufmerksam machte.

»Was tun Sie da?« Ein militärischer Tonfall zerschnitt die Stille.

Ich fiel auf die Knie, umklammerte den Kinderwagen und betete inbrünstig: »Vater unser, der du bist im Himmel, geheiligt werde dein Name …« Ich kam bis zu »Wie auch wir vergeben unseren Schuldigern«, als er schon mit seinen Stiefeln zu mir heruntergerutscht war. Schnee stob auf und gegen meinen schutzlosen Körper.

»Was wollen Sie hier?« Sein Deutsch hatte keinerlei russischen Akzent. Er keuchte und krallte sich mit einer Hand an den Stamm der Buche, um nicht selbst auszurutschen und in die Schlucht zu fallen. Meine Zähne schlugen vor Angst und Kälte aufeinander.

»Die Furcht hat mich hierhergetrieben«, klapperte ich, weiße Wölkchen vor dem Mund.

»Wo wollen Sie denn hin?« Sein Ton war schon nicht mehr ganz so militärisch schnarrend. Er hatte wohl begriffen, dass hier eine junge Frau mit Baby dem Erfrieren nahe war.

»Ich kann nicht weiter …«

»Sind noch mehr Dorfbewohner hier?«

»Ich habe niemanden gesehen.« Ich starrte auf seinen Offiziersmantel. Auf keinen Fall wollte ich meine Familie verraten. Wenn er ein überzeugter Nazi war, würde er das hier noch als Fahnenflucht auslegen.

»Sind Sie allein hierhergekommen?«

»Ja.«

»Was wollen Sie mit dem Kind hier?«

»Ich kann nichts machen, ich kann nicht vor und nicht zurück.«

Er schien ein wenig aufzuweichen, seine Stimme wurde wärmer.

»Kennen Sie hier im Wald einen Bunker?«

»Hier ist kein Bunker.«

»Hier ist ein Bunker, und das wissen Sie auch.« Seine Augen bohrten sich in meine.

»Ich wawawaweiß von keinem Bunker.«

»Hören Sie. Sie können mir vertrauen. Wissen Sie, wo die Gräfin von Puttkamer ist?«

Die Gräfin! Die Freifrau, in deren Villa wir die letzten Stunden verbracht hatten!

»Nananananein, ich habe sie nicht gesehen.« Das war die Wahrheit. Bis jetzt hatte ich nicht gelogen.

»Hören Sie ... wie ist Ihr Name?«

»Anna.«

»Mein Name ist Karl. Hören Sie, Anna. Die Freifrau von Puttkamer hat ihre Polenarbeiter schlecht behandelt. Aus diesem Grund wird sie bereits oben in der Villa von den Russen gesucht. Sie wollen sie vor aller Augen foltern und dann an ihrem eigenen Holztor aufhängen. Sie ist eine Großtante von mir!«

Mir gefror das Blut in den Adern. Das konnte eine Falle sein! Ich wusste, dass Fehlberg diesen Bunker im Auftrag von Frau von Puttkamer gebaut hatte, und ich konnte mir denken, dass die alte Frau als Erste dort am Ofen hockte!

Dieser Mann konnte ein Russe, ein Pole oder ein überzeugter Nazi sein, und ich sollte ihn auf ihre Spur bringen! Wenn Letzteres der Fall war, konnte er den Besatzern gegenüber seine braune Weste reinwaschen, indem er ihnen die Alte auslieferte. Das hätte jedenfalls Egon getan.

»Sie glauben mir nicht, das merke ich doch.«

Schweigend starrte ich ihn an. Immerhin hatte er seine Hand schon auf den Kinderwagengriff gelegt, sodass der Wagen nicht mehr akut abzurutschen drohte.

»Tante Else hat mich in den Ferien immer bei sich in der Villa aufgenommen und mir Französisch und Englisch beigebracht. Ihr verdanke ich es, dass ich Lehrer geworden bin.«

Das kannst du deiner Tante Else erzählen!, dachte ich und schwieg beharrlich.

»Hören Sie, Anna, wenn Sie mir nicht glauben ...« Er stützte sich mit einer Hand an der Buche ab, zog mit der anderen seinen Stiefel aus und rollte seinen Strumpf herunter.

Unter seinem nackten Fuß zog er seinen Ausweis hervor und hielt ihn mir unter die Nase.

Inzwischen dämmerte es, und mit Mühe konnte ich seinen Namen lesen: »Karl Friedrich Schellenberg«.

»Meine Großmutter lebt auch an diesem Ort! Katharina Schellenberg!«

Jetzt glaubte ich es ihm: Im Gegensatz zu der Gräfin war die Großmutter eine sehr feine alte Frau, die jedem half und sich für die Schwachen einsetzte. Sie lebte mitten im Dorf bei der Kirche. *Wenn* sie noch lebte.

»Wollen wir hier festfrieren?« So langsam schälten sich seine Gesichtszüge aus der Dunkelheit. Ich betrachtete ihn, während er Strumpf und Stiefel wieder anzog. Ein großer, stattlicher Mann von Anfang dreißig, mit ausgeprägten Wangenknochen und einem energischen Zug um den Mund. Könnte ich doch nur Vertrauen zu ihm fassen!

»Helfen Sie mir denn?«

»Wenn *Sie* mir helfen ...?«

»Gemeinsam sind wir stark.«

Mehr Worte waren nicht nötig. Gemeinsam zogen wir den

Kinderwagen aus der Gefahrenzone der Schlucht. Im ersten Morgenlicht wirkte sie nur noch unheimlicher und tiefer.

»Ziehen Sie Ihren Mantel wieder an, Sie erfrieren mir ja!«

Karl Schellenberg half mir hinein und warf einen Blick auf die schlafende Paula, von der nur ein rotes Näschen unter den Bettenbergen hervorschaute.

Wir sprachen nur das Nötigste, denn die Russen konnten in unmittelbarer Nähe sein. Auch die rachedurstigen Polen, die ehemaligen Zwangsarbeiter, würden bestimmt kräftig mithelfen, nach der verschwundenen Freifrau zu suchen.

»Wohin?« Der Offizier sah sich suchend um.

»Ich kenne den Bunker wirklich nicht!« Ratlos blies ich mir in die eiskalten Hände.

Er besah sich prüfend das Buschwerk, und ich merkte ihm seine militärische Ausbildung an.

»Hier!« Tatsächlich hatte er eine Spur gefunden: Hohes Gras und Gestrüpp waren umgeknickt. »Das muss der Weg zum zugefrorenen Bach sein!«

Zentimeter um Zentimeter schleppten wir den Wagen den schmalen Pfad hinunter. Dabei rutschte ich mehr, als dass ich festen Tritt fand. Das konnte nicht gut gehen, ich würde jeden Moment ausrutschen und stürzen, und dann wäre dieser Wehrmachtsoffizier mit meinem Baby allein ...

»Warten Sie. Nehmen Sie das Kind heraus.«

Er band mir Paula mitsamt dem Federbett fest um den Leib. Nahm die beiden Koffer aus dem Wagen, pirschte voraus, stellte sie ab, kam wieder und geleitete mich mit dem Kind den rutschigen Pfad hinab. Dann eilte er zurück und zog den Wagen herunter. So arbeiteten wir uns Meter für Meter vor. Dann kam tatsächlich der gefrorene Übergang über den Wildbach. Wie ein vor einer Hürde scheuendes

Pferd stand ich da, Paula an mich gepresst, und meine Beine versagten den Dienst. Mir schlotterten die Knie. »Ich trau mich nicht!«

Wieder brachte der Offizier zuerst die Koffer, dann den Wagen über das Eis.

»Es hält!«

»Ich kann nicht ...«

»Kommen Sie.« Er schlang mir beide Arme um den Leib, zwischen uns hing das Kind im Federbett, eng an mich gepresst. So schleuste er uns Schritt für Schritt über die glatte Fläche.

»Nicht nach unten schauen. Schauen Sie mich an. Anna, hier bin ich! Ich halte Sie. So. Gut machen Sie das. Weiter, immer weiter, mit kleinen Trippelschritten. Sie können das. Gut! Wir haben es fast geschafft ... Halten Sie meine Hände fest. Schauen Sie mich an. Nur mich.«

Ich starrte ihm ins Gesicht und kämpfte gegen meine Panikattacke an, während er auf mich einsprach wie auf einen lahmen Gaul.

Wie durch ein Wunder waren wir irgendwann drüben.

Zwischen nassen Felsenklüften, an denen Eiszapfen wie ganze Gebirge hingen, stand der kaputte Kinderwagen, daneben lagen die zwei Koffer im Schnee.

»So, und jetzt muss alles wieder hoch.«

»Das schaff ich nicht mehr ...«

»Doch, Anna. Sie müssen. Ruhen Sie sich hier eine Weile aus, ich erkunde die Lage.«

»Nein, bitte lassen Sie mich nicht allein ...«

Es knackte.

Reflexartig hielt Karl mir den Mund zu.

»Da kommt jemand ...« Wir lauschten. In das wilde Pochen

unseres Herzschlags mischten sich näher kommende Schritte.
»Es sind mehrere!«

O Gott!, dachte ich, jetzt sind wir verloren. Er scheint ein Deserteur zu sein. Aber immerhin ist er bei mir. Das war mein letzter verzweifelter Gedanke. Mit ihm zu sterben, wäre irgendwie nicht mehr so schlimm.

Voller Angst starrten wir in die Eislandschaft über der Schlucht. Meine Augen wurden groß wie Untertassen. Es waren Frieda und Vater, die dort den Abhang hinunterschlitterten! Und wer war die dritte Person, diese Kleine im Hintergrund?

Meine Cousine Marie! Dick vermummt kämpften sie sich zu uns herunter. Den Kinderwagen und die Koffer hatten sie schon gesehen.

»Anna!«

»Hier!« Endlich hatte Karl seinen Lederhandschuh von meinem Mund genommen.

»Kommt schnell!« Ohne sich mit irgendwelchen Floskeln aufzuhalten, nahm mich Frieda bei der Hand, die Männer wuchteten den Kinderwagen den steinigen Pfad hinauf, und meine kleine zähe Cousine nahm beherzt beide Koffer.

»Warte, ich helfe dir ...« Jemand schob mich von hinten und half mir den steilen Pfad hinauf.

Es brauchte eine Zeit, bis meine Arme ihre Starre verloren. Schritt für Schritt arbeiteten wir uns durch dichten Wald, zwischen schneebeladenen Tannen durch tiefen Schnee. Noch immer gab Paula keinen Laut von sich. Hoffentlich lebte sie noch!

Endlich näherten wir uns dem Bunker. Die vier Kilometer von der Villa hatten mich sechs Stunden gekostet. Mir war schlecht vor Hunger, Kälte und Angst.

Der Bunker war sehr gut getarnt.

Leise öffnete Vater den mit Tannenzweigen verdeckten Zugang.

Wir krochen hinein. In der Dunkelheit hockten fünfzehn Personen vor einem winzigen Ofen. Sie alle seufzten erleichtert auf. Mutter und Renate mit ihren Kindern, die Eltern von Marie, meine Tante und mein Onkel vom Fichthof. Vor dem kleinen Ofen stand bereits ein weiterer Kinderwagen, in dem das Enkelkind von Fehlberg lag, wie man mir flüsternd mitteilte. Daneben hockten die Tochter von Fehlberg und die alte Frau Fehlberg, weiter hinten Ansgar und die Kinder. In der allerletzten Ecke entdeckte ich auch noch die Gräfin von Puttkamer.

»Tante Else!«

»Karl-Friedrich! Wie siehst du denn aus! Mein Gott, bist du etwa desertiert?«

»Ruhig, Tante Else. Du musst hier weg.« Mein Retter stürzte zu der alten Frau und zog sie aus ihrer Ecke.

»Ich denke gar nicht daran, schließlich habe ich den Bunker in Auftrag gegeben und auch bezahlt ...«

Ich hörte, wie er eindringlich auf sie einredete: »Deine Polen wollen dich hängen sehen. Ich möchte dir die Einzelheiten ersparen, aber wir müssen sofort von hier verschwinden.«

Mein Herz klopfte wie wild. Da hatte dieser Mann Stunden dafür geopfert, Paula und mich durch diese Schlucht zu bringen, und nun opferte er wahrscheinlich sein Leben für diese alte Gräfin. Ein leises Stechen durchzog meine Brust, als er mit der gebrechlichen Frau durch den Schnee davonstapfte, ohne sich noch einmal umzudrehen. Erschöpft und überwältigt hockte ich am Eingang des Bunkers und starrte ihnen hinterher, sah zu, wie sie im einsetzenden Schneegestöber

Hand in Hand davoneilten. War ich etwa eifersüchtig auf die alte Frau?

Bitte dreh dich noch einmal um, beschwor ich ihn innerlich. Wenn du dich noch einmal umdrehst, wird alles gut.

Doch er tat es nicht. Zwei immer kleiner werdende dunkle Punkte verschwanden im Schnee.

Paulas jämmerliches Schreien durchbrach meine albernen Gedanken. Mein armes Kind hatte natürlich Hunger! Aber das letzte Fläschchen hatte ich der Kleinen in der Villa gegeben, und mehr hatte ich nicht dabei.

Fehlbergs Tochter kramte in ihrem Kinderwagen. »Hier. Gib sie ihr.«

»Ja, aber dann hat dein Kind nichts mehr!«

»Mein Kind schläft, und dein Kind schreit.«

Fassungslos griff ich nach der eiskalten Flasche, die schon mit Eisblumen beschlagen war.

Ich musste sie erst kräftig schütteln, bis sich überhaupt etwas weiße Flüssigkeit bildete.

In meiner Not bot ich Paula das Fläschchen an, und sofort saugte das tapfere Baby gierig die eiskalte Milch.

Sie trank die Flasche bis zum letzten aufgetauten Tropfen leer.

Tränen liefen mir übers Gesicht, während ich mein Baby ansah. Das griff mir dankbar in die Haare. Was hatte das alles noch für einen Zweck? Wir würden hier über kurz oder lang sowieso sterben. Verhungern, erfrieren oder, was das Allerschlimmste war, von den Russen aufgespürt, vergewaltigt und nach Sibirien geschickt werden.

Währenddessen packte die alte Frau Fehlberg ein Gebetbuch aus und fing mit zitternder Stimme an zu beten: »Der Herr ist mein Hirte, mir wird nichts mangeln. Er weidet mich auf einer grünen Aue und führet mich zum frischen Wasser ...«

Die anderen fielen murmelnd mit ein. So beteten wir stundenlang. Alle Gebete, die wir kannten.

»Vater unser, der du bist im Himmel, geheiligt werde dein Name ... und vergib uns unsere Schuld, wie auch wir vergeben unseren Schuldigern.«

Es hämmerte von außen gegen die Bunkertür.

Wir erstarrten.

BAMM BAMM BAMM! Und wieder: BAMM BAMM BAMM BAMM!

»Die Russen!«

»Denn dein ist das Reich und die Herrlichkeit in Ewigkeit. Amen.« BAAAMMM!!!

Plötzlich peitschte ein Schuss, und die Tannenzweige wurden weggerissen. Derbe Stiefel waren zu sehen.

»*Dawai, dawai!*« Wir sahen in den Lauf mehrerer Maschinenpistolen.

»Mit erhobenen Händen rauskommen!«

Gestärkt vom Gebet und in der sicheren Gewissheit, in wenigen Augenblicken vor unserem Schöpfer zu stehen, krochen wir mit erhobenen Händen hinaus. Gleißender Schnee blendete uns. Im grellen Licht des Wintertages hatten vier russische Soldaten Maschinenpistolen auf uns gerichtet.

»Der Herr ist mein Hirte, mir wird nichts mangeln ...«

»Alle in einer Reihe aufstellen, die Hände über dem Kopf!«, brüllte einer in gebrochenem Deutsch.

Meine kleine Paula lag friedlich schlafend in ihrem Kinderwagen am Bollerofen. Wenn sie mich jetzt erschießen würden, würde sie qualvoll in dem Bunker verhungern und erfrieren.

Mit dem Mut der Verzweiflung kroch ich zurück in die Höhle, riss mein Baby aus dem Kinderwagen und kam mit ihm in den Armen wieder hervor. Wenn wir sterben sollten, dann alle zusammen, jetzt.

Ich stand als Erste in der Reihe und würde auch als Erste erschossen werden.

Innerlich war ich ganz ruhig. Die Hände hochhalten konnte ich ja nicht, die Wärme und der Duft meines unschuldigen Kindes, das leise süße Geräusche von sich gab, hüllten mich in die göttliche Kraft der Zuversicht. Unser gemeinsames Leben war kurz gewesen, aber sie hatte mir die schönsten Monate meines Lebens geschenkt, und dafür war ich dankbar.

Noch immer schaute ich in den Lauf einer Maschinenpistole.

»*Dawai, dawai*«, hörte ich die Russen ungeduldig durcheinander rufen, und noch andere russische Brocken. Ich traute meinen Ohren und Augen nicht: Sie wollten unsere Ringe, unseren Schmuck!

»Schuhe aus, Strümpfe aus ...«

Tatsächlich hatten fast alle von uns irgendwo noch etwas Schmuck versteckt! In allen Stiefeln und Strümpfen befanden sich ungeahnte Kostbarkeiten! Ich selbst streckte bereitwillig meinen Ringfinger hin und ließ mir Egons Ehering vom Finger ziehen. Sonst hatte ich nichts an Wert dabei. Bis auf meine Paula natürlich.

Alle wurden wir der Reihe nach abgetastet, nur ich musste mich nicht ausziehen. Paula schützte mich wie eine göttliche Lichtgestalt.

»Wo deutscher Offizier?«

Wir schwiegen.

»Gräfin Puttkamer?«

Wir schwiegen und zuckten nur mit den Schultern.

»Hier ist keine Gräfin von Puttkamer«, ließ Frieda sich mutig vernehmen und stellte sich schützend vor ihre Kinder. Ansgar, ihr Mann, war zitternd auf die Knie gesunken, nachdem man ihm die Uhr und mehrere kostbare Ringe aus den Stiefeln geschüttelt hatte.

»Hier ist kein deutscher Offizier«, behauptete auch meine kleine tapfere Cousine Marie mit fester Stimme.

Die Russen wollten uns nicht so recht glauben und suchten unter Büschen und hinter Felsbrocken, indem sie ihre Gewehrkolben unsanft hineinstießen.

»Echt nicht! Es gibt nur uns!« Marie war so unfassbar mutig! So hübsch und kess, wie sie war, würde sie wohl die Erste sein, über die die vier sich hermachen würden! Gefolgt von Frieda, Renate, der Fehlberg-Tochter und mir. Wir waren fünf attraktive junge Frauen, also sicher genau das, was sie wollten.

Doch die Russen bestanden auf »Alte Frau Puttkamer!«.

Nach erfolgloser Suche scheuchten sie uns in den Bunker zurück und gaben uns sogar noch den Rat: »Nicht ins Dorf zurückkommen! Dorf wird bombardiert, überall quartieren sich Russen ein! Polen jagen alle, die ihre Zwangsarbeiter schlecht behandelt haben!«

Seufzend vor Erleichterung krochen wir in unser Lager zurück.

»Jesus, meine Zuversicht«, stimmte die alte Frau Fehlberg mit wackeliger Stimme an, und wir stimmten tränenüberströmt ein.

»Also, die Kinder werden von euren frommen Gesängen nicht satt!« Frieda war schon aufgesprungen und mit ihr

Marie. Die Russen waren weg, wie sie festgestellt hatten. »Wir laufen jetzt ins Dorf zurück und schauen, dass wir Pellkartoffeln kochen. Gegen Abend bringen wir sie euch. Noch Wünsche?«

»Frieda! Marie! Seid ihr wahnsinnig! Ausgerechnet ihr solltet *nicht* gehen! Was ist mit Ansgar?« Er war außer Vater und Fehlberg der einzige Mann hier, und bisher hatte er sich noch nicht durch mutige Aktionen hervorgetan.

»Nein, Ansgar ist nicht der Richtige dafür.« Schon hatten Frieda und Marie die Stiefel geschnürt und die Schals und Mützen tief ins Gesicht gezogen. »Also: Pellkartoffeln. Und Milch für die Kinder. Wir müssen auch noch die Kühe melken. Bis dann.«

Fehlberg und Vater sprangen sofort auf: »Wir kommen mit. Wir lassen euch nicht in die Arme der Russen laufen. Vielleicht können wir noch ein Huhn schlachten oder ein paar Eier finden.«

Während wir Stoßgebete zum Himmel sandten, stapften sie davon.

Stunden der Angst, des Hungers und der Kälte vergingen mit Beten und Singen. Ansgar wiegte sich verstört mit dem Oberkörper vor und zurück. Wie gesagt: Er hatte nicht nur einen Bauchschuss davongetragen, sondern auch einen seelischen Schaden.

Gegen Nachmittag kamen die vier Mutigen ganz aufgeregt zurück, jedoch ohne Pellkartoffeln und Eier: »Sofort alle zurück ins Dorf! Befehl des Gauleiters! Jeder Fluchtversuch wird mit dem Tod bestraft! Es wird gekämpft bis zur letzten Patrone, so Hitlers Befehl, und Deserteure werden zur Abschreckung aufgehängt.«

Mein Herz setzte einen Schlag aus. Karl Schellenberg war

sicher längst gefasst worden! Ich sah ihn und seine Großtante schon baumeln.

»Aber wir hatten doch schon vor Tagen Marschbefehl«, jammerte Ansgar. Vater packte ihn am Kragen und zerrte ihn aus dem Bunker.

»Wer nicht heute Abend um achtzehn Uhr wieder in seinen vier Wänden ist, wird gesucht und erschossen.«

»Von unseren eigenen Landsleuten?«

Waren wir denn nur noch von Feinden umringt? Ich konnte es nicht fassen. In Windeseile wurden die Kinder angezogen, Fehlbergs trugen den Kinderwagen des Enkelkinds durch den Schnee, und jeder machte, dass er heimkam.

Doch mein Kinderwagen wurde zum unüberwindlichen Hindernis. Vater schüttelte den Kopf.

»Anna, dein Kinderwagen ist total kaputt, den können wir nicht bis nach Hause tragen. Du musst mit Paula hierbleiben, ich versuche dir meinen Pferdewagen zu schicken.«

»Bitte Vater, lass mich nicht allein. Ich sterbe vor Angst …«

Meine Zähne schlugen unaufhörlich aufeinander, und nach den durchwachten Nächten war ich nur noch ein Schatten meiner selbst. Ich bibberte und heulte vor Verzweiflung. Ich wollte nicht mit Paula allein in der Höhle sterben!

»Ansgar kann bleiben«, entschied Frieda.

»Die Russen haben alle Pferde des Dorfes aus den Ställen getrieben und zur Verladung nach Russland zur Villa gebracht«, berichtete Herr Fehlberg atemlos, der noch einmal zurückgelaufen war, um uns zu helfen. »Du wirst deiner Tochter keinen Wagen mehr schicken können, Walter.«

»Ach du Scheiße«, entfuhr es Frieda. »Vater und ich haben doch heute Nacht noch den Planwagen mit all unseren

Sachen an den Waldrand gebracht! Nun steht er da, der schwer beladene Pferdewagen, nur ohne Pferd, mit allem, was für uns wichtig ist.«

Ansgar kam weinend aus seiner Ecke: »Fehlberg! Du hast doch noch ein Pferdefuhrwerk! Kannst du uns nicht holen?«

Fehlberg stutzte einen Moment, dann drehte er sich um: »Wegen Anna und der Kleinen komme ich euch holen. Und bis dahin hör auf zu heulen, Ansgar!« Er packte ihn und schüttelte ihn: »Beweg dich lieber mal zu eurem Planwagen am Waldrand und hol für Anna und Paula ein paar Sachen! Sei endlich mal ein Mann!«

Heulend stiefelte Ansgar davon. Für Frieda war er wie ein drittes Kind.

Zitternd und halb tot vor Angst hockte ich bei meinem Kind im dunklen Bunker. Endlich kam Ansgar mit zwei Koffern, kehrte sofort wieder um und holte neue Sachen. Erleichtert fand ich in einem Windeln und Wäsche für Paula und für mich ein paar trockene Kekse. Als Ansgar mit weiteren Säcken wiederkam, fand ich darin Goldschmuck und Silberbesteck.

»Was soll ich damit?«

»Wenn die Russen noch einmal kommen, können wir sie vielleicht damit bestechen.«

Ich schwieg.

Ansgar und ich saßen neben dem Kind in der Höhle und warteten. Paula mummelte zahnlos auf einem alten Keks herum und war zufrieden. Ich hatte etwas Schnee in der Trinkflasche aufgetaut und am Ofen erwärmt. Dankbar trank sie das geschmolzene Wasser. Wie sie mit ihren Händchen die Flasche umfasste und mich mit großen ausdrucksvollen Augen ansah, wollte mir das Herz zerspringen vor Liebe! In einer solchen Notsituation zeigte sich schnell der Charakter eines Menschen, und Paula hatte einen wundervollen Charakter!

Die Stunden vergingen, und es wurde schon wieder dunkel.

»Fehlberg kommt nicht mehr«, jammerte Ansgar und wiegte sich mit dem Oberkörper vor und zurück. »Wir sind hier verloren! Wir müssen hier jämmerlich sterben!«

Jetzt musste ich auch noch meinen Schwager trösten!

»Still! Ich höre was! Da nähert sich ein Wagen!«

Tatsächlich. Das Klappern von Rädern kam näher. Russen? Polen? Wehrmacht? Neue Flüchtlinge? Wir verharrten in völliger Erstarrung.

»Ich bin's«, rief Fehlberg leise am Eingang.

Der Stein, der mir vom Herzen plumpste, war bestimmt noch jenseits der Schlucht zu hören.

Eilig luden die Männer die Koffer, die Säcke mit dem Schmuck und dem Silberbesteck, den kaputten Kinderwagen und schließlich Paula und mich auf den Wagen. Der müde Gaul, der ihn zog, war den Russen wohl zu alt und schäbig gewesen. Sogar zum Schlachten.

So rumpelten wir in der längst eingebrochenen Nacht wieder ins Dorf zurück.

Bei der Villa sprang Ansgar plötzlich vom Wagen und schlug sich durch die Büsche davon. Es hieß ja, man müsse bis achtzehn Uhr zu Hause sein. Da war er sich wohl selbst der Nächste.

Fehlberg fuhr kopfschüttelnd weiter bis an den Rand des Feldes, das schon zu unserem Grundstück gehörte. »Ab hier musst du rennen, Mädchen.«

Uhren hatten wir nicht mehr, und gefühlt war es schon später als achtzehn Uhr. Stockdunkel war es jedenfalls.

»Danke, Herr Fehlberg!«

»Gott schütze dich!«

Er half mir, das Kind mit dem Gürtel fest um meinen Leib zu schnüren.

Mit Paula im Arm huschte ich geduckt über das schneebedeckte Feld und schlüpfte unter mehreren Zäunen hindurch. Paula gab keinen Laut von sich, betrachtete mich nur ernsthaft mit ihren großen grauen Augen. Mutter hatte uns schon vom Fenster aus gesehen und kam mir über den Hof entgegen: »Bei Frieda haben sich schon die Russen einquartiert! Renate und Marie haben sich versteckt! Du musst auch von hier verschwinden, Anna! Gib mir das Kind!«

»Nein, Mutter, ich gebe mein Kind nicht her, es hat mich bis jetzt wie durch ein Wunder beschützt!«

»Kind, du musst! Die Russen reißen den Frauen die Kinder aus den Armen und werfen sie an die Wand oder treten sie tot!«

Währenddessen rumpelte ein Wagen auf den Hof, und ich erstarrte vor Angst. Da kamen sie schon! Jetzt war alles verloren! Es war aber nur Fehlberg, der treu und redlich unsere Koffer, den Goldschmuck und das Silber brachte. Wie Mäuse in ihr Loch huschten wir in unser Haus und verriegelten es doppelt und dreifach.

In Windeseile bereitete ich für meine kleine Paula eine frische Flasche Milch zu und legte sie noch einmal in ihr warmes Bettchen am offenen Kamin. Sie brabbelte fröhlich vor sich hin und musterte mich während des Trinkens wieder mit ihren grauen Augen voller Dankbarkeit und Zuversicht. Dieses Kind war ein Geschenk! Vater half Fehlberg beim Abladen der Sachen, und wortlos machten sich die beiden alten Männer daran, meinen desolaten Kinderwagen zu reparieren.

»Wo soll ich hin?«

»Renate und Marie sind zu Tante Grete gelaufen! Ihr Haus steht weiter oben und nicht am Straßenrand – schnell! Hier, zieh das an!«

Vater hielt mir eine alte Joppe hin, eine blaue Drillichhose, die er für Stallarbeiten anzog, und seine alten schmutzigen Gummistiefel. Mutter beschmierte derweil mein Gesicht mit Ruß, malte mir einen Zahn schwarz, klebte mir mit Öl die Haare fettig an den Kopf und stülpte mir eine alte verbeulte Schirmmütze auf. »So. Jetzt siehst du aus wie ein alter Mann.«

Paula verzog das Gesichtchen und fing an zu weinen, als ich sie in dieser Aufmachung in den Kinderwagen zurücklegte. Sie erkannte ihre eigene Mutter nicht!

»Willst du sie nicht doch hierlassen, Anna?« Paula streckte die Ärmchen nach ihrer Oma aus, das hatte sie noch nie getan! Sie hatte Angst vor mir, weil ich so grässlich aussah!

»Nein. Ich gehe nicht ohne meine Tochter. Wenn, dann sterben wir zusammen.«

Für eine Umarmung war keine Zeit mehr, ich schleppte mich in der viel zu großen Kluft mitsamt dem halbwegs reparierten Kinderwagen zurück durchs Dorf. Tante Grete wohnte recht abgelegen, und ich trabte mit gesenktem Kopf an russischen Panzern und Soldaten vorbei, die johlend und ballernd in die Häuser stürmten. Um noch mehr wie ein alter Mann auszusehen, humpelte ich auch noch. Paula verhielt sich mucksmäuschenstill. Nach ihrer warmen Milch war sie einfach nur zufrieden. Das dicke Federbett hielt sie warm, und sie war in all dem Chaos wieder eingeschlafen.

Bei Tante Grete angekommen, fand ich Frieda und die anderen. Als sie mich sahen, erschraken die Kinder zuerst fürchterlich, doch meine Schwester, meine Schwägerin und meine Cousine begriffen, dass meine Aufmachung vielleicht sogar unsere Rettung war.

Tante Grete brachte alte Arbeitshosen, zerfranste Jacken und das hässlichste Zeug, was sie finden konnte, und auch die Gesichter der anderen jungen Frauen wurden mit Kohle schwarz gemalt.

Tante Grete hatte ihr Schlafzimmer zur Verfügung gestellt, sodass wir drei jungen Frauen mit fünf Kindern nun auf ihrem Bett hockten, ängstlich aneinandergeschmiegt. Die ganze Nacht verharrten wir so: Die Kinder schliefen erschöpft, wir Frauen wachten.

Am nächsten Morgen kam Tante Grete ganz aufgeregt aus dem Dorf zurück. Sie als alte Frau ließ man glücklicherweise in Ruhe, und so hatte sie auch gleich unsere Mutter mitgebracht.

Atemlos packte sie ein warmes Fläschchen für Paula und Essbares für ihre anderen Enkelkinder aus: »Hier. Jeder bekommt ein Butterbrot und einen Apfel.« Für uns hatte sie Fleischkonserven mitgebracht, die wir heißhungrig direkt aus dem Einmachglas verzehrten.

»Die Russen haben entsetzlich getobt: Jugendliche und alte Männer erschossen, Frauen vergewaltigt und randaliert! Vater und Fehlberg haben auf seinem Heuboden ein Lager hergerichtet!« Keuchend riss sich unsere Mutter das Kopftuch ab, mit dem auch sie sich ziemlich unkenntlich gemacht hatte. »In unser Haus sind die Russen ebenfalls eingefallen; das Polenmädchen hat ihnen aber gesagt, dass wir uns anständig verhalten haben. Was es mit Piotr auf sich hat, wissen wir nicht. Von seiner Aussage wird eine ganze Menge abhängen.«

Wir starrten einander mit großen Augen an. So wendete sich also das Blatt!

»Im Moment sind mindestens ein Dutzend Russen bei uns im Haus! Sie haben alles an Möbeln rausgeschafft, was sie tragen konnten, Einiges haben sie einfach zerschlagen. In den Schränken war ja nicht mehr viel, und sie haben angefangen zu suchen. Hoffentlich finden sie die Grube beim Backhaus nicht, denn dann geht es uns schlecht!«

Mutter war nun auch am Ende ihrer Kräfte und weinte bitterlich. »Dabei müssen die Kühe dringend gemolken werden, die schreien schon vor Schmerzen! Aber ich habe es nicht gewagt!«

»Ich gehe.« Frieda war schon aufgesprungen und stellte ihre Konserve auf den Fußboden.

»Ich auch.« Das war Marie, unsere kleine mutige Cousine.

»Wir melken die Kühe und bringen so viel Milch mit, wie wir tragen können!«

Mutter sank nur auf das Bett, auf dem immerhin noch fünf Kinder lagen, dazu Renate und ich, und fiel sofort in tiefen Schlaf. Sie war ja auch schon über siebzig und am Ende ihrer Kräfte. So verbrachten wir den Tag.

Tatsächlich kamen Frieda und Marie nach Stunden mit zwei Kannen Milch zurück, die wir uns bei Tante Grete in der Küche am Herd aufwärmten. Wir wagten nicht, Licht zu machen, das abgelegene Häuschen lag völlig im Dunkeln. Auch den Kamin wagten wir nicht einzuheizen, damit der Rauch aus dem Schornstein uns nicht verriet.

Als wir alle gerade wieder eingeschlafen waren, klopfte Tante Grete panisch an die Schlafzimmertür.

»Die Russen kommen heute Nacht hierher! Jemand hat ihnen verraten, dass ihr hier seid!«

»Woher weißt du das? Es ist doch draußen alles still?«
»Euer Polenmädchen war hier, sie wollte euch warnen!«
War es unser Polenjunge, der uns verraten hatte? Wir hatten ihn eigentlich immer nett behandelt, aber Vater war doch sehr streng mit ihm. Der Siebzehnjährige hatte nun eine ungeahnte Macht über uns. Wie gut, dass wenigstens die neunzehnjährige Dorota auf unserer Seite stand! Es war anständig von ihr, uns zu warnen. Ihr hätte auch etwas passieren können. Wer mit Deutschen kollaborierte, hatte gleich den Verräter-Stempel auf der Stirn.

Hastig weckten wir die Kinder, und ich nahm meine schlafende Paula mitsamt dem Federbett. Dann rannten wir in stockfinsterer Nacht über die Felder.

»Wohin?«

»Fehlbergs Heuboden!«

»Kommt mit, ich weiß, wo der ist ... hier entlang! Leise! Wir müssen den Umweg durch den Wald nehmen. Achtung, Tiefschnee. Kinder, um Himmels willen jetzt nicht weinen! Ihr müsst jetzt ganz tapfer sein, wenn ihr nicht sterben wollt!«

Renate, Frieda und Marie nahmen je ein Kind huckepack, die achtjährige Lilli musste laufen. Mutter zerrte sie mit irrem Blick hinter sich her.

Am Waldrand oberhalb des Fehlberg-Hauses kamen uns schon Vater und Fehlberg entgegen. Wortlos übernahmen sie die Kinder, die Kleinen wurden getragen, die anderen an die Hand genommen. Im Gänsemarsch schlichen wir zur Scheune und kletterten mucksmäuschenstill die Holztreppe hinauf.

Fehlberg stieß mit einer Stange eine Dachbodenluke auf, eine Leiter wurde hinuntergezogen, und eine nach der anderen kletterte hinauf. Die Kinder wurden nachgereicht.

Ganz am Schluss balancierte ich selbst noch die Leiter hinauf, mit Paula am Leib.

Oben auf dem eiskalten Heuboden wühlten wir mit den Händen tiefe Kuhlen in das stachelige Heu und krochen hinein. Die Fehlberg-Tochter mit ihrem Baby war auch schon da, beide hatten sich bereits tief im Heu versteckt. Paula, die sich von oben bis unten eingekotet hatte, lag mit nackten Beinchen da und fing ganz fürchterlich an zu schreien, als ich versuchte, sie zu säubern. In Ermangelung von Tüchern machte ich das mit Stroh. Je mehr sie strampelte, desto mehr kratzten die Halme.

»Pst, meine Kleine, ich wickle dich wieder ein …« Aber diesmal ließ sich Paula einfach nicht mehr beruhigen. Was hatte sie schon alles über sich ergehen lassen! Sie schrie und kreischte den ganzen Dachboden zusammen. Daraufhin wachte das Fehlberg-Baby auf und brüllte ebenfalls los. Es war zum Gotterbarmen, aber Gott erbarmte sich nicht!

»Bring sie doch zum Schweigen, Anna!«

Die anderen Kinder hielten sich angsterfüllt die Ohren zu. Paula kreischte so markerschütternd, dass es bestimmt im ganzen Dorf zu hören war. Wenn jetzt die Russen auf uns aufmerksam wurden, würden sie uns besinnungslos schlagen und dann alle erschießen. Vielleicht würden sie auch den gesamten Dachboden anzünden und sich erst gar nicht die Hände an uns schmutzig machen.

Ich betete laut: »Lieber Gott, steh uns bei, verschon doch die armen Kinder, sie haben doch noch nichts Böses getan …«

Plötzlich öffnete sich knarrend die Dachbodenluke. Fehlberg hatte sie mit der Stange aufgestemmt, obwohl wir Heuballen darübergeschoben hatten.

»Jetzt reicht es aber!«

»Es tut mir so leid, aber sie will sich einfach nicht wieder beruhigen.«

»Nein, es reicht, was ihr den Kindern antut! Und ihr findet hier ja auch keinen Schlaf. Kommt einfach alle runter, in meiner Stube ist es warm. Da stirbt es sich angenehmer. Denn sterben werden wir so oder so. Ich gebe eine Runde Schnaps aus, dann haben wir es bald hinter uns.«

Steif vor Kälte kletterten wir, eine nach der anderen, wieder die Leiter hinunter. Meine Knie zitterten so sehr, dass ich mich kaum halten konnte. Der alte Fehlberg fing mich auf.

Kaum hatte ich meine Paula wieder an mich gepresst, war sie still. Mit ihren großen grauen Augen schaute sie mich an, als wollte sie sagen: »Na also, Mama. Warum nicht gleich so.«

Fehlberg scheuchte uns in seine warme Stube. Hier hatte er ganz allein gesessen und der Dinge geharrt. Auf der Sitzbank lag eine Ziehharmonika.

»Legt die Kinder hier auf die Ofenbank. So, und jetzt Prost und runter mit dem Schnaps. Auf Hitler und den glorreichen Endsieg.«

Er schmeckte scheußlich bitter, wirkte aber für einen Moment beruhigend.

Fehlberg griff nach der Ziehharmonika und spielte uns in aller Ruhe und Güte ein Gutenachtlied.

»Guten Abend, gut Nacht, mit Rosen bedacht, mit Näglein besteckt, schlupf unter die Deck. Morgen früh, wenn Gott will, wirst du wieder geweckt ...«

Mutter, Marie, Frieda, Renate und ich sangen mit tränenerstickter Stimme leise mit. Wir mussten doch tapfer sein für unsere Kinder!

Irgendwann war völlige Stille, nur noch das gleichmäßige Atmen der Kinder durchzog den Raum. Es war vier Uhr morgens. Ich schloss die Augen und gab mich meinem Schicksal hin.

Wenn Gott will. Es lag ja nicht mehr in unserer Hand. Was Kinder einem für Kraft geben, dachte ich und wurde innerlich ganz ruhig. Es kommt ja doch, wie Gott es haben will.

Kaum zehn Minuten später war es mit unserer Ruhe vorbei, als von außen Gewehrkolben gegen die Fenster ballerten. Die Russen. Nun waren sie da.

Wir fuhren hoch, saßen kerzengerade da. Wohin jetzt? Fort konnten wir nicht mehr, es ging alles zu schnell. Da klirrten auch schon die Fensterscheiben, und die Haustür wurde mit Gewehrkolben aufgestoßen. Wir zitterten und weinten, umklammerten unsere Kinder. War nun alles aus?

Scherben flogen uns um die Ohren, und die Tür krachte gegen die Wand. »Mamiii, ich habe Angst!«

»Ruhig, mein Kind. Es wird alles gut.«

Nichts war gut.

Sieben Russen in weiten Mänteln, mit Maschinenpistolen und Gewehren im Anschlag standen plötzlich im Zimmer.

Reflexartig hielten wir alle, auch die Kinder außer Paula, die Hände hoch.

Einer der Männer drehte die Lampe hoch und leuchtete uns damit einzeln ins Gesicht. Jede von uns war durch die scheußliche Tarnung hässlich wie die Nacht.

Auf Russisch teilten sie einander in enttäuschtem Tonfall mit, dass hier wohl keine schönen jungen Frauen zu finden seien. Daraufhin machten sie sich wie gierige Wölfe über alles her. Einer räumte den Wohnzimmerschrank aus, indem er einfach mit dem Arm alles herausfegte. Klirrend fielen Geschirr, Silberschüsseln und Gläser auf den Boden.

Ein anderer stürmte das Schlafzimmer, in dem er die ebenfalls auf hässlich getrimmte Fehlberg-Tochter samt Mutter und Baby vorfand. Dort hörten wir ihn im Kleiderschrank wühlen. Wieder ein anderer durchsuchte gierig die Speisekammer und die Nebenzimmer.

Der Letzte entdeckte die Ziehharmonika, ließ sich damit auf die Bank fallen und begann sie zu malträtieren, hatte aber keine Ahnung davon. Sie ließ sich nur schauerliche Quetschlaute abringen, woraufhin der betrunkene Russe schnell das Interesse daran verlor. Dass dieses Instrument vor wenigen Minuten unsere Kinder noch so innig in den Schlaf gespielt hatte, erschien mir wie ein Wunder.

Nach gefühlt einer Stunde verluden die Russen mit großem Geschrei und Gelärm ihre Beute auf den Wagen draußen im Hof.

Als die betrunkene Meute endlich weg war, blieb uns keine Zeit zum Aufatmen. Die Kinder waren traumatisiert vor Angst, und die Babys hatten Hunger!

»Wir haben keine Kuh mehr«, bedauerte Frau Fehlberg. »Eine von euch muss zu eurem Hof laufen und Milch bringen!«

Wieder standen Frieda und Marie als Erste an der Tür, aber diesmal war ich dran.

»Ich gehe!«

»Ich geh mit dir!« Mutter war schon neben mir. »Wir melken die Kühe und bringen so viel Milch, wie wir tragen können!«

Und so schlichen Mutter und ich hinaus, pirschten uns an unser Haus heran. Doch Vater hatte uns schon von drinnen gesehen und kam uns entgegengeeilt: »Verschwindet, so schnell ihr könnt! Das ganze Haus ist voller Russen! Wenn sie dich erwischen, Anna, schleppen sie dich an den Haaren zum

Rathaus. Da zerren sie alle Frauen hin, ich habe es mit eigenen Augen gesehen, und dort werden sie geschlagen und vor aller Augen nacheinander vergewaltigt!«

Verzweifelt starrte ich ihn an. »Aber die Kinder brauchen Milch ...«

»Ich kümmere mich darum.« Mutter sah mir fest in die Augen. Ihre Finger bohrten sich in meinen Arm. »Verschwinde. Los. Hau schon ab.«

Obwohl ich vor Angst wie gelähmt war, drehte ich mich auf dem Absatz um und raste wie ein aufgescheuchter Hase zurück über das Feld. Hinter dem Mauervorsprung einer alten Scheune wagte ich einen Blick auf das Rathaus, das man von dieser Stelle aus sehen konnte, und traute meinen schreckgeweiteten Augen nicht: Viele alte Männer und Jugendliche wurden dort unter großem Geschrei mit Gewehrkolben zusammengetrieben. »*Dawai, dawai!*«, hörte ich es bis hierher.

Sie mussten auf Lastwagen steigen, die sie dann wohl in russische Arbeitslager bringen würden. Wer nicht schnell genug oben war, dem wurde in den Rücken gedroschen. Die jungen Frauen, die in das Rathaus hineingezerrt wurden, hörte ich bis hierher bitterlich weinen und schreien. Und die, die wieder herausgestoßen wurden, mussten ebenfalls auf bereitstehende Lastwagen steigen! Manche davon waren nackt und wurden an den Haaren herausgerissen! Das waren keine Menschen mehr, das waren Tiere! Nein, selbst Tiere taten einander so etwas nicht an.

Dieses schier unermessliche Grauen wollte mir gar nicht in den Kopf. Ich presste die Hände gegen die Schläfen und sank überwältigt in den Schnee. Doch irgendwann trieb mich die Angst wieder weiter.

Bei Fehlbergs war fieberhaftes Treiben ausgebrochen.

Die Frauen hatten im Schlafzimmer das Bett zur Seite geschoben und eine darunterliegende Kellerluke geöffnet. Der Teppich war beiseitegeschoben. Die Kinder und meine kleine Paula saßen verstört im geplünderten Wohnzimmer. Paula streckte die Ärmchen nach mir aus, aber ich hatte keine Zeit für eine liebevolle Geste. Das Grauen war mir noch ins Gesicht geschrieben.

»Was tut ihr da?«

»Hast du die Milch?«

»Nein. Unser ganzes Haus ist voller Russen.«

»Wo ist Mutter?«

»Sie ist bei Vater geblieben!«

»Dann hilf uns schnell, die letzten Lebensmittel zu verstecken!«

In das Kellerloch unter dem Bett brachten wir in Windeseile das, was die Russen noch nicht gefunden hatten.

»Sie kommen zurück!« Die achtjährige Lilli hatte am Fenster Schmiere gestanden. Ihre angsterfüllte Kinderstimme gellte durch die Räume. »Pferdewagen, Motorräder, Fahrräder, Militärautos, alle steuern den Hof von Opa Fehlberg an!«

»Vom Fenster weg, Kind!«

Ich sah hinaus, meine Nichte an mich gepresst. Es waren andere Russen als heute Nacht, aber dafür dreimal so viele. Auf der Straße reihte sich ein Lastwagen an den anderen, außerdem wimmelte es von Soldaten, die kleine Geschütze in Stellung brachten.

»Was bedeutet das? Erwarten sie von uns etwa Widerstand? Sind noch deutsche Soldaten hier?«

Karl Schellenberg, mein Retter aus der Schlucht!, schoss es

mir durch den Kopf. Wo immer er sich gerade versteckt hielt: Hoffentlich hatten sie ihn noch nicht erwischt.

Ruckartig wurde die Tür aufgestoßen, und eine neue Horde Russen polterte in den Raum. Voller Angst riss ich meine Paula an mich, Frieda stellte sich schützend vor Günther und Ingrid, Renate hielt Lilli und Leo eng umschlungen. Die Fehlberg-Tochter stand mit ihrem Baby leichenblass im Türrahmen. Wir alle zitterten vor Hunger, Kälte und Angst. Nur Mütter mit Kindern. Wehrlos und völlig erschöpft. Schmutzig und hässlich, ihrer Menschenwürde beraubt.

Ein Kerl brüllte uns mit vorgehaltener Maschinenpistole an und zeigte auf die Kellerluke. Der Teppich lag schon wieder darüber, aber in der Eile hatten sie es noch nicht geschafft, das schwere Eisenbett wieder drüberzuziehen.

»*Dawai, dawai*! Öffnen!«

Frieda fand den Mut dazu.

Der Russe sprang hinein und rief seine Kameraden herbei. In Sekundenschnelle brachten sie alles zum Vorschein, was wir vorhin vor ihnen versteckt hatten.

»Du Frau, musst uns Fleisch braten!« Der Oberbefehlshaber knallte der alten Frau Fehlberg die gefundenen Fleischkonserven hin.

»Und du Frau, musst Kartoffeln kochen!« Damit war ich gemeint. Immer noch presse ich meine Paula an mich. Unauffällig pirschte ich mich an den Kinderwagen heran, der immer noch an der Wand der guten Stube stand. Wenn ich Paula hineinlegte, würde sie dann mitsamt dem Kinderwagen geraubt werden? Ich zog den Kinderwagen einfach hinter mir her, stellte meinen Fuß auf ein Rad und begann, Kartoffeln zu schälen. Mein Kind würde ich nicht aus den Augen lassen.

»Und du Frau und du Frau, müsst Klöße machen!« Damit waren Renate und Frieda gemeint.

Sofort schleppten die beiden große Töpfe herbei, füllten sie mit heißem Wasser und formten aus meinen gekochten und gestampften Kartoffeln Klöße, die sie in siedendem Wasser ziehen ließen. Was, wenn wir jetzt mit vereinten Kräften den riesigen Topf mit kochendem Wasser über sie schütten würden? Dieser Gedanke kam mir, als ich mit dem Messer die Augen aus den Kartoffeln stach. Aber es waren so viele Soldaten und noch dazu bis an die Zähne bewaffnet.

»*Dawai, dawai,* wir haben großen Hunger!« Einer von ihnen spielte mit seiner Maschinenpistole und schob den verängstigten Kindern damit die Mützen vom Kopf. Er lachte dreckig mit seinen fauligen Zähnen und freute sich an der Angst der Kinder. Eine winzige Bewegung mit dem Finger, und er würde ihnen mitten ins Gesicht schießen.

Paula lag in ihrem Kinderwagen und schaute mich an, als wollte sie sagen: Los, Mama, du schaffst das. Wieder gab sie keinen Mucks von sich, so als spürte sie die Gefahr ganz genau!

Inzwischen kochten und brieten wir für etwa zwanzig russische Soldaten, wir kamen kaum nach, weil sie uns immer wieder drängelten: »*Dawai, dawai!*« Ihre Gewehrläufe fuhren an unseren Beinen hinauf und wieder hinunter, hoben hier und da einen Rock oder Hosensaum. Sie sahen sehr wohl, dass wir eigentlich junge, hübsche Frauen waren, und wenn sie erst einmal satt waren, würden sie über uns herfallen. Es war nur noch eine Frage von Minuten. Es war aus.

Sie mussten wirklich sehr ausgehungert sein, denn sie schlangen wie die Tiere. Anschließend sprachen sie dem Schnaps zu, den Fehlberg aus dem Keller hatte holen müssen, und da fasste ich mir ein Herz. Es war nichts mehr zu retten, nichts mehr zu machen, und ich wollte diesem Leid ein Ende setzen.

Unauffällig schlich ich mich mit Paula aus der Küche und öffnete die Tür zum Schlafzimmer. Hierhin wollte ich mich mit meinem Kind zurückziehen und erst die Kleine und dann mich erschießen.

Maschinenpistolen lagen genügend herum. Es würde ganz schnell gehen, und dann hatten wir es hinter uns.

Doch auf dem Ehebett der Fehlbergs schnarchten bereits mehrere stockbetrunkene Soldaten in voller Montur, mit Stiefeln und Wintermänteln. Es stank entsetzlich nach Alkohol, Schweiß und Exkrementen: Sie hatten einfach auf den Teppich gepinkelt und in die Ecke gekackt, wie deutlich zu sehen und zu riechen war.

Angewidert zog ich mich wieder zurück. Konnte so eine Barbarei wirklich sein?

Aus der Küche hörte ich die Soldaten grölen und konnte durch den Türspalt sehen, wie sie die Frauen bereits auf ihren Schoß rissen. Die Kinder hatten sich unter dem Tisch verkrochen, wo sie hungrig die heruntergefallenen Reste in ihre Münder stopften und an den Knochen nagten, die die Russen einfach auf die Erde geschmissen hatten.

Nein, das wollte ich alles nicht mehr miterleben. Das würde ich niemals vergessen können, und mein armes Kind auch nicht! Das hatte es nicht verdient. Nein, Paula und ich, wir würden unserem Leben jetzt gemeinsam ein Ende setzen.

13

PAULA

Bamberg, Mai 2004

»Mama! Das ist ja fürchterlich!« Rosa war ganz blass geworden und starrte mich mit Tränen in den Augen an. »Daran musst du dich doch erinnern können! So was steckt einem doch in der Seele fest!«

Ich zog mein wollenes Tuch enger um die Schultern, weil mir ganz kalt geworden war.

Wir saßen vor meinem Elternhaus, das wir inzwischen fast ganz ausgeräumt hatten, auf der Terrasse, mit Blick auf die Regnitz. Eine Schwanenfamilie glitt an uns vorbei, die vier putzigen Jungen folgten ihrer Mutter aufgeregt paddelnd, und hinten schwamm der Vater. Vielleicht war es auch umgekehrt.

»Das ist doch unglaublich, dass du das alles als Baby erlebt hast und nicht völlig gestört und traumatisiert bist! Und deine Mutter hat dir nie etwas davon erzählt?« Rosa sah mich besorgt an. Unseren Streit hatten wir beigelegt, und unsere alte Harmonie und Vertrautheit waren wiederhergestellt. Nach dieser gemeinsamen Lektüre kamen uns unsere Probleme beschämend banal vor.

Die anmutig geschwungenen Zweige der Trauerweide hüllten uns ein wie eine schützende Höhle.

»Nein, Rosa, das ist mir alles völlig neu, das habe ich nicht gewusst.«

Kopfschüttelnd starrte ich vor mich hin. »Ich habe nicht ansatzweise geahnt, was meine arme Mutter da durchgemacht hat! Und auch die anderen Frauen. Von denen hat sie mir nie erzählt. Ich glaube, über so etwas konnte die damalige Generation einfach nicht reden. Sie hatte keine Psychologen und Psychiater – entweder man wurde mit seinem Schmerz fertig oder nicht. Und meine Eltern waren so großartige, starke Menschen, die haben das miteinander geschafft. Ich bewundere sie grenzenlos. Mir das Ganze zu verschweigen, mich nicht damit zu belasten, damit ich sorglos aufwachsen konnte – das ist schon eine großartige Leistung.«

Rosa sah mich an. »Sie müssen dich über alles geliebt haben, Mama. Aber jetzt ist wenigstens schon Opa Karl im Spiel! Sie hat ihn also erst kennengelernt, als du schon auf der Welt warst. Dass er ein Deserteur war, hast du natürlich auch nicht gewusst?«

»Nein!« Ich trank einen Schluck Wein, der noch von meinem Geburtstag übrig war. »Und dass die beiden sich bei der schrecklichen Schlucht kennengelernt haben, wo Mutter mit mir im Kinderwagen schon über der Eiswand hing ... Das könnte fast romantisch klingen, wenn es in Wirklichkeit nicht so unfassbar grauenvoll gewesen wäre.«

»Und dass er dich dann in diesen Bunker gebracht hat ...« Rosa fröstelte bei der Vorstellung. Obwohl der Maiabend mild war und die Vögel um die Wette zwitscherten, war uns beiden plötzlich kalt. Unwillkürlich rückten wir enger zusammen.

»Was hat meine arme Mutter da nur durchgemacht? Sie war damals so alt wie du, Rosa!«

Rosa verzog nachdenklich das Gesicht. »Wenn man sich

das mal bewusst macht: Nur zwei Generationen später lebe ich mit meinem Freund in einer Eigentumswohnung, habe demnächst eine Festanstellung, mein Freund arbeitet in einem Luxushotel, wir sprechen drei Sprachen und lassen uns mit der Familienplanung Zeit, wir fahren jeder ein dickes Auto, spielen Tennis und Golf und fahren zweimal im Jahr ins Ausland in den Urlaub.«

»Du lebst in der besten Zeit und unter den besten Umständen, die Deutschland je erlebt hat.« Ich nickte mahnend-liebevoll. »Und das sage ich völlig ohne Vorwurf. Ich freue mich einfach nur für dich und hoffe, dass du auch deinem Kind später eine so sorglose Zukunft bieten kannst.«

»Voll krass ...« Rosa konnte es immer noch nicht recht begreifen. »Was dieses Büchlein für Geheimnisse preisgibt.« Sie nagte an ihrer Unterlippe. »Hast du Opa Karl inzwischen mal darauf angesprochen?«

Ich schenkte uns von dem Frankenwein nach, der in einer bauchigen Karaffe vor uns stand. Nach dem, was ich bis jetzt gelesen hatte, war mir nach viel Alkohol.

»Worauf soll ich Opa Karl angesprochen haben? Dass er ein Deserteur war?«

»Eins nach dem anderen!« Rosa schüttelte ungeduldig den Kopf. »Ich wollte wissen, ob du Opa Karl darauf angesprochen hast, dass er gar nicht dein Vater ist!«

»Ich habe ihn freiheraus nach Egon gefragt«, räumte ich ein. »Als ich ihn letztens im Altersheim besucht habe. Ich wollte ihn unbedingt direkt damit konfrontieren.«

»Und?« Rosa starrte mich aufgeregt an. Ihre Wangen waren ganz rot geworden, ihre Augen glänzten.

»›Vater, erinnerst du dich an einen Egon aus Hannover?‹, habe ich gefragt. Und er fragte ganz verwirrt: der Leichtmatrose? Dann hat er behauptet, Hannover sei mit Mann und Maus untergegangen, nannte mich bei der Begrüßung Bärbelchen und wollte wissen, ob ich schon nach Monika geschaut habe. Er hat mich offensichtlich für eine seiner Pflegerinnen gehalten. Und dann fing er an zu singen.«

»Was hat er denn gesungen?«

»Und des Matrosen allerliebster Schatz bleibt weinend steh'n am Strand«, sang ich ihr vor. »Als Nächstes wollte er wissen, wo Mutter ist, und als wir gerade ›Maikäfer, flieg‹ gesungen haben, kam die Pflegerin rein, die weder Bärbelchen noch Monika hieß, sondern eher Svetlana, und zwang ihn, aufs Klo zu gehen.«

»Ach Gott, der arme Opa Karl ist ja wirklich voll verwirrt. Seit Oma Annas Tod ist es noch viel schlimmer geworden.« Rosa drehte betroffen ihr Glas in den Händen.

»Deswegen kann ich ihn auch nicht zu Hause pflegen, Liebes. Und du kannst es auch nicht. Dafür braucht es ausgebildete Kräfte, und die sind nun mal im St.-Vinzenz-Heim. Glaub mir, es ist das Beste so.«

Ein beklemmendes Schweigen trat ein. Uns war beiden nicht wohl bei dem Gedanken. Irgendwie war das noch nicht die Lösung, das spürten wir beide.

»Und Tante Martha? Hast du die gefragt?« Rosa drehte ihr Glas in den Fingern und sah mich von der Seite an.

»Allerdings. Auf meinem Geburtstagsfest habe ich sie beiseitegenommen und direkt darauf angesprochen. Sie meinte, ich sei selbstverständlich die Tochter ihres Bruders, daran bestehe kein Zweifel. Und auch Rudi habe ihr gegenüber nie etwas angedeutet.«

»Auch nicht, dass er Deserteur war?«

Ich stutzte. »Nein. Auch das nicht.«

Wir betrachteten die wunderschöne Altstadt, die in leuchtendes Abendrot getaucht war. »Ist es hier nicht traumhaft schön? Was haben wir es gut, was haben wir im Leben für ein Glück gehabt.«

»Ja.« Nachdenklich trank Rosa einen Schluck Wein. »Weißt du, was mir durch den Kopf geht, Mama?«

»Na?«

»Unsere Reise im Sommer.«

Eine ängstliche Vorahnung überkam mich. »Du willst nicht mehr mit mir fahren, stimmt's? Du findest, dass ich bei Opa Karl bleiben soll. Du willst lieber mit Fabian nach Amerika? Bei aller Enttäuschung: Das könnte ich natürlich verstehen.«

Rosa stupste mich in die Seite.

»Nein, wenn dann mit dir! Das ist doch mein Geschenk zu deinem Sechzigsten!«

»Aber?«

»Fühlt sich das eigentlich noch richtig für dich an, Mama?«

»Was meinst du damit? Wir können natürlich zwei Einzelzimmer nehmen. Ich respektiere deine Privatsphäre.«

»Dass wir nach Amerika fahren, meine ich.«

»Und für dich?«

»Ich weiß nicht, Mama, aber viel mehr interessiert mich jetzt eigentlich dein Heimatland. Dich etwa nicht?«

Heimatland. Wo hatte ich dieses altmodische Wort nur vor Kurzem gehört und in welchem Zusammenhang?

»Wirklich, Rosa? Du würdest mit mir nach Pommern ... also nach Polen fahren?«

»Ja, angesichts von Oma Annas Tagebuch fände ich das jetzt viel spannender. Wir lesen es natürlich bis dahin zu Ende, und dann wandeln wir auf ihren Spuren. Ist das nicht aufregend? Nach Amerika können wir doch immer noch fahren!«

Spontan umarmte ich meine Tochter. »Den Gedanken hatte ich auch schon, aber ich hätte nie geglaubt, dass du das auch willst.«

»Dann ist das also abgemacht?« Rosa hob ihr Glas, und wir prosteten uns mit dem kalten Frankenwein zu. »Statt Kalifornien Köslin. Da müsste ich erst mal im Internet nachschauen, wie das heute heißt.«

»Rosa, du bist wunderbar! Ich freue mich riesig darauf, meine Wurzeln zu finden.« Ich zog das Tuch wieder enger um meine Schultern. »Aber ein bisschen habe ich auch Angst davor. Bestimmt wird heute alles ganz anders aussehen, und Polnisch können wir auch nicht.«

»Mama, ich bin ja bei dir. Lass es uns einfach machen!« Rosa leerte ihr Glas und sah mich begeistert an. »Vielleicht finden wir sogar dein Zuhause.«

14

ANNA

Bei Köslin, Ende Januar 1945

Laut weinend taumelte ich am Ende dieses schrecklichen Tages mit Paula im Kinderwagen über den Feldweg zurück. Mich zog es mit aller Macht noch einmal nach Hause, um meinen Eltern Lebewohl zu sagen. Aber vielleicht waren sie ja auch schon tot? Schluchzend kämpfte ich mich voran, die Bilder des Grauens immer vor Augen. Wie könnte ich unserem Leben ein Ende setzen? So schnell und schmerzlos wie möglich?

Am Brunnen vor dem Tore ging es mir plötzlich durch den Kopf. Dieses Lied hatten wir in der Schule gelernt. Wieso kam mir diese traurige Melodie ausgerechnet jetzt in den Sinn?

Der große Brunnen hinter der Scheune mit dem eisigen schwarzen Wasser zog mich magisch an. Da würde ich mit Paula hineinspringen. Es würde gar nicht lange dauern, dann wären wir auf den Grund gesunken, eng aneinandergeschmiegt. Im eiskalten Wasser würden wir sicherlich nicht lange leiden. Meine kleine Paula hätte es bestimmt schnell geschafft, denn ihre kleine Lungen war schon stark strapaziert, und auch ich würde bald von all der entsetzlichen Qual erlöst sein. Das Ertrinken im Brunnen meiner Eltern schien mir die beste Lösung zu sein. Andererseits: Ich war bald achtundzwanzig Jahre alt und hatte doch mein Leben noch vor mir! Womit hatten die kleine Paula und ich das nur verdient, unserem Leben ein so grausames Ende setzen zu müssen? Ein Nachbar von Fehlbergs hatte sich mit seinen Töchtern im Stroh selbst verbrannt, wie ich inzwischen von Fehlbergs gehört hatte. Was war schlimmer? Ein heißer oder ein kalter Tod? Ich würde es nicht fertigbringen, uns selbst anzuzünden, aber springen – das musste zu schaffen sein. Nur einen Schritt nach vorn, dann wäre es erledigt ... Völlig verzweifelt taumelte ich weiter, rumpelte mit dem Kinderwagen über den Acker, und als es am Zaun nicht mehr weiterging, nahm ich mein Kind heraus und kletterte mit Paula darüber.

Der eiskalte Sturm zerrte an meinen Haaren. Blindlings lief ich weiter. Schließlich stand ich wieder an der Stelle hinter der Scheune, von wo aus ich die grässlichen Szenen vor dem Rathaus beobachtet hatte. Noch immer wurden dort Menschen zusammengetrieben, und der Wind trug die schrecklichen Schreie der grauenvoll zugerichteten Frauen zu mir herauf. Nein, so weit würde ich es nicht kommen lassen.

Doch wenn sie mich erst einmal sähen, wäre es schon zu spät. Sie würden mir nachhetzen, mich ungeachtet des Kinderwagens packen und zum Rathaus zerren, während Paula hier in der Eiseskälte vor sich hin schrie, doch ihre Mama würde nie wiederkommen. Ich konnte es mir nicht ausmalen.

Nein, dann eher der Brunnen. Weiter. Nur weiter, unserem nassen Grab entgegen.

Am Brunnen schauderte es mich, als ich hineinblickte. Schwarzes Wasser blubberte dort unter einer dünnen Eisschicht, der Grund war nicht zu erkennen. Wie tief mochte das sein? Mein zerflossenes Spiegelbild starrte mir entgegen. Ich presste mein Kind an mich, es würde doch nicht so schwer sein, da jetzt reinzuspringen ... Ruckartig drehte Paula ihr Gesicht weg.

Plötzlich fielen mir Bruchstücke aus dem Gedicht »Der Erlkönig« ein. Wie merkwürdig, dass solch tief vergrabene Verse als Letztes in einem aufsteigen:

Mein Sohn, was birgst du so bang dein Gesicht?
Siehst, Vater, du den Erlkönig nicht?
Den Erlenkönig mit Kron' und Schweif!
Mein Sohn, es ist ein Nebelstreif.

Mein Gesicht und Paulas zarte Umrisse flossen ineinander.

*Mein Vater, mein Vater, und siehst du nicht dort
Erlkönigs Töchter am düsteren Ort?*

»Anna«, zerriss eine verzerrte Stimme die Todessehnsucht. War das ein Windhauch? Eine Täuschung? Ein Anflug von Wahnsinn?

»He! Sie! Was machen Sie denn da!«

*Ich liebe dich, mich reizt deine schöne Gestalt;
und bist du nicht willig, so brauch ich Gewalt!*

Nein. Ich wollte keinem Mann dieser Welt in die Hände fallen. Verzweifelt kletterte ich auf den Rand des Brunnens, mein Kind an mich gepresst. Ich rutschte aus, knallte auf das rechte Knie. Instinktiv klammerte ich mich an der Stange fest, an der der Eimer hing.

»Anna! So warten Sie doch!« Jetzt konnte ich die Männerstimme deutlich hören. Schwere Schritte näherten sich. Jetzt, Anna. Spring! Wenn du jetzt nicht springst, dann ...

*Mein Vater, mein Vater, jetzt fasst er mich an!
Erlkönig hat mir ein Leids getan!*

Hatte der Russe mich beim Namen genannt? Oder war es jemand von der Wehrmacht?

»Mein Gott, Frau! Was machen Sie denn da?«

Der Fremde zerrte mich vom Brunnenrand. Ich fiel in den Dreck, war über und über mit Matsch bedeckt und erschrak entsetzlich. Ein riesiger Mann stand vor mir und zog mich energisch an sich.

In Erwartung von Schlägen oder Schlimmerem hielt ich

schützend die Arme vor mein Baby. Kräftige Männerhände in Lederhandschuhen schüttelten mich, dass mir Hören und Sehen verging.

»Anna! Sind Sie wahnsinnig?«

Vor mir stand Karl Friedrich Schellenberg.

»Was machen Sie denn da?!«

Sein grauer Mantel flatterte im Wind, genauso wie sein Haar, und er sah aus, als wäre er direkt aus dem Nebelschweif gestiegen.

»Ich will Paula und mich im Brunnen ertränken.« Verzweifeltes Schluchzen schüttelte mich.

»Ich weiß mir keinen anderen Rat mehr!«

Meine Zähne schlugen schon wieder aufeinander, vor Kälte, vor Entsetzen, vor Schock über meinen eigenen Plan, und ich konnte kaum antworten.

»Anna.«

Er riss sich den Mantel vom Körper und hüllte mich und mein Kind darin ein.

»Sie dürfen nicht aufgeben, Sie haben ein Kind!«

»Es hat doch alles keinen Zweck mehr ...« Schluchzend warf ich mich an seine Brust. Er roch nach Krieg ... aber auch nach Geborgenheit, nach Frieden.

Mit seinen Lederhandschuhen strich er mir verlegen über das verfilzte, fettige Haar.

»Ich habe meine Großtante bei meiner Großmutter in Sicherheit gebracht. Kommen Sie. Ich bringe Sie hin.«

Ich traute meinen Ohren kaum. Es gab doch noch einen Ausweg, wenn auch nur einen Aufschub?

»Wowowowo ist das?«, klapperten meine Zähne aufeinander.

»Eine alte Dachkammer im Haus meiner Großmutter. Da kannst du wenigstens die Nacht über bleiben.«

Ob er merkte, dass er mich geduzt hatte?

Vor lauter Erleichterung, dass ich nun doch nicht in den eiskalten, tiefen schwarzen Brunnen springen musste, hätte ich ihn am liebsten geküsst. Stattdessen kam ich wieder zur Vernunft: »Aber was Paula braucht, ist im Kinderwagen!«

»Und wo steht der schon wieder?«

»Da unten hinter dem Zaun ...«

»Warte, Anna. Mach jetzt nichts Dummes!« Ohne zu zögern, rannte mein Retter über den Acker, schwang sich über den Zaun, wuchtete den Korbwagen darüber und zog ihn zu mir herauf. Er trug keine deutsche Wehrmachtsuniform mehr, sondern bäuerliche Zivilkleidung – bis auf die Handschuhe. Das fiel mir jetzt erst auf. Er musste sich nicht nur vor den Russen und Polen verstecken, sondern auch vor den eigenen Landsleuten! Auch er war in akuter Lebensgefahr, trotzdem half er dauernd anderen Leuten!

»Diesmal ist er ja verhältnismäßig leicht!« War das etwa der Anflug von einem Grinsen?

»Es ist auch fast nichts mehr drin.«

»Du musst jetzt weiterhin tapfer sein, Anna. Wir schaffen das.«

Er legte fest den Arm um mich und mein kleines Menschenbündel, zog mit der anderen Hand den Wagen und brachte uns auf Umwegen zum Dorfkern, wo geduckt neben der Kirche das Haus seiner Großmutter stand. »Die Russen waren schon hier. Es gibt nichts mehr zu holen. Auch den gegenüberliegenden Dorfladen haben sie geplündert und sich im Kaufmannshaus einquartiert. Großmutter und Tante Else hocken in der Dachkammer.«

Oh, wie war ich dankbar! Mit letzter Kraft torkelte ich die

enge Holzstiege hinauf, und die Dachluke wurde nach Karls geheimem Klopfzeichen bereitwillig geöffnet.

»Hier bringe ich euch Anna und ... wie heißt der Kleine?« Karl reichte mir mein dick vermummtes Kind.

»Paula. Sie. Es ist ein Mädchen.«

Karl wuchtete auch noch den Kinderwagen die Stiege hinauf und stellte ihn in eine Ecke.

Außer der alten Gräfin von Puttkamer hockte eine noch ältere Frau im Stroh. Sie war mindestens achtzig Jahre alt und ihr weises Gesicht von Falten durchzogen: eindeutig Katharina Schellenberg.

»Großmutter, Tante Else: Passt mir auf die Anna auf, ich schaue nach euch, sobald ich kann. Aber wie ihr wisst, muss ich mich selbst versteckt halten.« Eilig zog er die Dachluke hinter sich zu und verschwand wieder.

Fassungslos hockte ich mich in eine Ecke und sprach ein stilles Dankgebet. Wenn Karl nicht aufgetaucht wäre, hätte ich meinen Todeskampf wohl schon hinter mir gehabt ...

Tapfer rappelte ich mich auf, kramte im Kinderwagen nach sauberen Windeln und Hemdchen und zog meine Paula frisch an. Mein kleines Mädchen beobachtete mich mit großen grauen Augen, als wollte sie sagen: »Siehst du, Mama. Immer wenn du denkst, es geht nicht mehr, kommt von irgendwo ein Lichtlein her.«

»Würden Sie zu meinen Eltern gehen und ihnen sagen, wo ich bin?«

Die achtzigjährige Großmutter hatte mir gerade berichtet, dass sie sich aufgrund ihres Alters ungehindert zwischen den Russen bewegen konnte. Sie wollte nur ihre Schwester Else hier oben nicht allein lassen. »Aber jetzt, wo die Else Gesellschaft hat, kann ich mich auch nützlich machen und die Lage peilen.«

»O bitte, meine Paula bräuchte dringend wieder eine Flasche Milch –«

Schon kletterte die rüstige alte Dame mit den schlohweißen Haaren die steile Stiege hinunter. »Ich sehe, was ich machen kann.«

Während wir auf ihre Rückkehr warteten, verteidigte die alte Freifrau von Puttkamer ihr Verhalten gegenüber den »Polacken«, wie sie sich ausdrückte. »Die sollen doch froh sein, dass sie ein Dach über dem Kopf und was zu essen hatten!«, regte sie sich auf. »Ja, sie mussten hart arbeiten, aber wer von uns muss das nicht? Von nichts kommt nichts, uns wurde auch nichts geschenkt. Wir haben mit Fleiß und Disziplin die Kornkammer Europas aufgebaut, Jahr um Jahr, und jetzt plündert es alles, das undankbare Pack, und spielt sich als Gewinner dieses Krieges auf! Macht mit den Russen gemeinsame Sache und verleumdet seine ehemaligen Dienstherren. Diese Leute haben doch gar keine Ahnung von der Landwirtschaft, die kommen doch aus Großstädten und spielen sich jetzt auf wie die Herrenmenschen!«

Ich ließ sie reden. Das war dummes Nazi-Geschwätz, und insgeheim war ich froh, dass meine Eltern niemals solches Gedankengut gehegt, ja dass Mutter unsere Dorota immer gut behandelt hatte: Sie und Piotr hatten immer mit am Esstisch gesessen, Dorota hatte gemütliche Abende mit uns verbracht, wenn wir strickten und dabei sangen. Piotr wollte lieber in der Scheune schlafen. Ja, wir mussten alle hart arbeiten. Uns wurde nichts geschenkt. Aber das waren wir gewohnt, von Kindesbeinen an. Und sicherlich war Vater streng zu Piotr, dem einzigen männlichen Helfer auf dem Hof. Er musste ohne seine vier Söhne klarkommen und war deshalb bestimmt oft frustriert. Natürlich konnte Piotr nichts dafür, so wie keiner von uns etwas für diesen grässlichen Krieg konnte!

Als die alte Frau Schellenberg zurückkam, traute ich meinen Augen nicht: Mutter schob sich ächzend hinter ihr durch die Dachluke. O Mutter! Dass sie noch lebte!

»Mutter!« Schluchzend fielen wir uns um den Hals.

»Ich bin so froh, dass du hier bist. Frieda, Marie und Renate ist es bei Fehlbergs schlecht ergangen.« Sie schluchzte hemmungslos. »Die Russen haben sie nicht verschont!«

»O Gott, Mutter! Wie geht es ihnen?«

»Entsetzlich! Stundenlang sind die Russen über sie hergefallen, eine nach der anderen musste herhalten, aber nicht nur für einen, für mehrere, für Dutzende! Und als die Letzte morgens um sechs zurück ins Zimmer gekrochen kam, wo sie sich notdürftig waschen konnte, musste die Erste schon wieder mitkommen! Alles vor den Augen der Kinder!« Mutter weinte bitterlich.

Ich presse mir die Hände auf die Ohren. »Hör auf, Mutter, das kann ich nicht ertragen!«

Wir wurden von Schluchzern geschüttelt. Wäre ich doch in den Brunnen gesprungen!

Aber konnte ich das meiner armen Mutter antun?

»Auch ich bin in meinem eigenen Haus nicht mehr sicher!« Mutter kramte mehrere Thermoskannen mit warmer Milch aus ihrem Rucksack, dazu saubere Wäsche für Paula.

Es war erstaunlich, wie diese Frau, der die letzte Würde genommen wurde, doch noch so funktionieren konnte, voller Fürsorge und Liebe für mein Kind.

»Vater und ich sind zu Onkel Albert gegangen, du weißt ja, er ist ein alter Junggeselle und haust primitiv in seinem heruntergekommenen Verschlag. Da sind selbst die Russen weitergezogen. Onkel Albert hat uns sein Bett angeboten.«

Er war der älteste Bruder meines Vaters, weit über achtzig.

»Ach, Mutter ... Es ist gut, wenn ihr nicht allein seid.« Wir lagen uns weinend in den Armen und klammerten uns aneinander.

»Es ist ein Wunder, dass sie dich noch nicht erwischt haben, Kind!«

Mutter nahm Paula in die Arme, drückte sie ganz fest an sich und bedeckte das erstaunte Gesichtchen mit vielen nassen Tränen. »Danke, Gott, dass du sie retten konntest und dass es einen Schutzengel gibt, der über euch wacht.«

Damit verließ uns meine Mutter wieder. Weinend versuchte ich, das eben Gehörte zu verkraften. Entsetzlich, was diese Unmenschen meiner geliebten Schwester Frieda, meiner Cousine Marie und Schwägerin Renate angetan hatten! Und sicher auch der Fehlberg-Tochter, die selbst noch ein Baby stillte! Wäre ich nicht fest entschlossen gewesen, mit Paula in den Brunnen zu springen, wäre das auch mir passiert!

Wäre nicht Karl plötzlich aus dem Nichts aufgetaucht ... ja, er war der Schutzengel, der uns nun schon zum zweiten Mal aus einer völlig ausweglosen Situation gerettet hatte.

»Wo ist denn Ihr Enkel jetzt?«, fragte ich die alte Frau Schellenberg schüchtern.

»Er versucht, sich nach Bamberg durchzuschlagen, um zu schauen, ob seine Schwester noch lebt. Aber im Westen ist die Wehrmacht, und dort wird mit Deserteuren nicht lange gefackelt. Es tut mir leid, Mädchen, aber ich fürchte, wir können nicht mehr auf ihn zählen.«

Wieder schluchzte ich hemmungslos.

»Mädchen, komm, reiß dich zusammen, vom Heulen wird das alles nicht besser!«

Die Achtzigjährige sprang schon wieder auf und brachte kurz darauf einen Topf mit heißer Suppe für ihre Schwester Else und für mich hoch. Ich konnte beim besten Willen nichts runterkriegen, aber sie fütterte mich wie ein krankes Vögelchen. »Es nützt deinem Kind überhaupt nichts, wenn du dich jetzt hängen lässt! Schau, wie die Kleine dich anschaut! Sie braucht dich! Also iss jetzt!« Gehorsam ließ ich mich füttern, und meine salzigen Tränen fielen in die Suppe: Bei Karl hatte ich wenigstens ein bisschen das Gefühl gehabt, beschützt zu sein. Vielleicht war er nicht mal mehr am Leben, und wenn doch, würde ich ihn nicht wiedersehen. Bamberg war entsetzlich weit ...

Von ihrem nächsten Gang ins Dorf brachte die alte Frau Schellenberg eine Waschschüssel für Paulas Windeln mit. »So. Wenn du etwas zu tun hast, hast du keine Zeit zum Nachdenken. Else hilft dir dabei. Nicht wahr, Else? Wasch mal schön die Kinderscheiße aus.«

Else war ihre kinderlose jüngere Schwester, die durch die Heirat mit dem Baron Heribert von Puttkamer zur Adeligen geworden war, wie Frau Schellenberg mir erzählt hatte. Sie hatte sich nie die Hände schmutzig machen müssen.

Die Windeln waren in der Kälte bretthart und stanken bestialisch. Wir konnten noch nicht mal ein Fenster öffnen, um frische Luft zu schnappen. Niemand durfte von außen mitbekommen, dass wir hier waren. Wir konnten nur lüften, indem wir die Dachluke kurz nach unten öffneten. Nämlich dann, wenn die alte Frau Schellenberg ihre Besorgungen brachte. Sie war unermüdlich und organisierte uns drei unterschiedlichen weiblichen Wesen so ziemlich alles, was nötig war. Sogar Menstruationsbinden besorgte sie mir. Diese bestanden aus alten Wollstrümpfen und mussten ebenfalls ausgewaschen werden. Ob die Gräfin von Puttkamer sich ihr Leben so vorgestellt hatte?

Das Fenster war von innen mit Pappe abgedeckt. Durch einen Spalt spähte ich tagsüber hinaus auf den Rathausplatz und musste mitansehen, wie jeden Tag wieder alte Männer, junge Burschen, Frauen und Mädchen zusammengetrieben wurden, um auf Lastwagen verladen zu werden. Alle weinten. Manche hatten ein kleines Bündel in der Hand: ihre wenigen Habseligkeiten, die sie zur jahrelangen Zwangsarbeit nach Sibirien mitnehmen durften. Man munkelte, dass sie in tausend Meter Tiefe Uran abbauen mussten, ohne je wieder Tageslicht zu erblicken!

Plötzlich erkannte ich den alten Herrn Fehlberg, der sich unauffällig unter die Leute gemischt hatte. Mit gesenktem Kopf, die Hände in den Hosentaschen, humpelte er dort herum, bestimmt um die Lage zu peilen. Er sah furchtbar aus; in den letzten Tagen war er um weitere zehn Jahre gealtert. Ich hielt den Atem an. Geh da weg, geh da weg!, beschwor ich ihn. Was tat er da? Wollte er den Russen etwas zum Tauschen anbieten? Plötzlich knallte ihm einer der Soldaten den Gewehrkolben in den Rücken und brüllte: »*Dawai, dawai!*«

Mit erhobenen Händen wurde auch der alte Fehlberg zu einem der Lastwagen getrieben.

O Gott, bitte nicht!, beschwor ich das Schicksal. Der sorgt doch für die ganzen Frauen und Kinder in seinem Haus. Bitte lasst ihn runter, er ist doch schon weit über siebzig und sieht aus wie achtzig!

Die anderen Menschen versuchten ebenfalls mit flehend

zum Himmel gestreckten Händen, den alten Mann, der im Ort ein hohes Ansehen genoss, wieder freizubekommen. Wenigstens etwas Essbares für die Reise solle er sich doch noch holen dürfen, gestikulierte jemand flehentlich. Doch der alte Mann, der immer nur für andere gesorgt und für sie sein Leben riskiert hatte, musste ohne Essen mit nach Sibirien fahren.

15

Bei Köslin, Anfang Februar 1945

»Frau Schellenberg, ich flehe Sie an, bitte gehen Sie zu meinen Eltern und bringen Sie in Erfahrung, ob mein Vater noch da ist!«

Der Morgenhimmel hatte sich blutrot gefärbt. Es sah aus, als ob die untere Hälfte des Ortes brannte. Mein Gott, brannte auch unser Gehöft?

»Es ist die Stadt Köslin, die brennt.« Die alte Frau war schon im Dorf gewesen, um Neuigkeiten zu erfahren. »Jedes einzelne Haus ist von den Russen angesteckt worden. Dein Vater ist immer noch mit deiner Mutter im Verschlag von Onkel Albert.«

Damit verschwand sie wieder, um weiter ihre Besorgungen zu erledigen. Bis jetzt hatte ich nicht wieder gewagt, nach ihrem Enkel Karl zu fragen. Ein Deserteur, der sich trotz Befehls des Führers, bis zur letzten Kugel zu kämpfen, von seiner Truppe abgesetzt hatte, um seine Angehörigen in Sicherheit zu bringen, galt nicht als Held. Wie wollte er sich nur nach Westen durchschlagen, wo die Alliierten wüteten? Ich hatte es ja in Hannover selbst erlebt, da stand kein Stein mehr auf dem anderen!

In den vielen Stunden unserer Gefangenschaft dort oben in der Dachkammer flüchteten Tante Else und ich uns in die Vergangenheit: Wie gern ließ ich mir von der alten Gräfin von den schönen Sommerferien erzählen, in denen ihr Großneffe Karl als wilder Junge in ihrer Villa zu Gast gewesen war.

»Wir haben nur Französisch und Englisch miteinander gesprochen, sodass Karl am Ende studieren konnte«, schwärmte sie ein bisschen selbstherrlich. »Mir verdankt er seine Bildung und seine Liebe zur Kultur. Ein paarmal habe ich ihn sogar bis nach Stettin mitgenommen, um dort gemeinsam in die Oper zu gehen. Da ist der Bengel doch glattweg eingeschlafen, bei meiner Lieblingsarie der Marschallin aus dem ›Rosenkavalier‹!«

Die beiden hingen aneinander, deswegen hatte Karl es auch riskiert, sie aus Fehlbergs Bunker zu holen. Inzwischen hatte ich erfahren: Er hatte auch noch eine wesentlich jüngere Schwester namens Martha, die in Bamberg eine Ausbildung zur Kinderkrankenschwester machte, aber was aus der geworden war und ob die noch lebte, wusste die alte Frau nicht. Karls Mutter war schon lange gestorben, der Vater, Direktor des dortigen Gymnasiums, mit knapp sechzig noch an die Front berufen worden. Er war erhobenen Hauptes mit seiner gesamten Klasse, einer Untersekunda, in den Osten gefahren.

Den ganzen Tag lang hockte ich mit Else und Paula auf dem Dachboden. Abwechselnd schauten wir durch den Fensterspalt.

»Du, Anna, ich glaube, da kommen deine Eltern!«

»Lass sehen.« Ich sprang auf und presste meine Wange an die Pappe. Lieber Gott, lass sie nicht beide jetzt auch noch nach Sibirien verschleppt werden! »Mein Gott, wie unvorsichtig kann man sein! Die beiden sollten sich doch bei Onkel Albert verstecken!«

Sie kamen aber direkt auf unser Haus zu. Beide wirkten komplett verzweifelt und weinten. »Um Gottes willen! Da ist etwas Schreckliches passiert!« Mir fuhr der Schreck in die Glieder. Wenn sie sich hierherwagten, gab es nichts mehr zu verlieren.

Kurz darauf klopften sie wie vereinbart an die Dachluke und schoben sich hindurch. Beide fielen sofort weinend zu Boden.

»Was ist passiert? Ist unser Haus abgebrannt?«

»Frieda ist tot.«

Mir sackten die Beine weg. Meine starke, mutige, tapfere Frieda? Die Mutter von Ingrid und Günther? Tot!?

»Haben die Russen sie …?« Mir versagte die Stimme. Ich will es nicht wissen, schrie alles in mir. Bitte erspart es mir, es ist nicht passiert. Die Eltern klammerten sich an mich, und wir schluchzten hemmungslos.

Else hielt sich diskret im Hintergrund und kümmerte sich um Paula. Das arme kleine Geschöpf musste so unendlich viel Leid mitansehen!

Endlich konnte Mutter sprechen.

»Deine tapfere Schwester Frieda ist trotz aller Gefahr noch zweimal am Tag in unser Haus geschlichen und hat die Kühe gemolken«, schluchzte sie. »Den alten Fehlberg haben die Russen verschleppt, und so hat sich niemand mehr um die Frauen und Kinder kümmern können, also hat Frieda es getan.«

»Ich weiß! Ich habe es mit eigenen Augen gesehen!«, schluchzte ich.

»Nachdem Fehlberg nicht mehr zurückkam, hat sich Frieda bei uns oben auf dem Heuboden versteckt. Sie und Ansgar haben sogar ein Bett da raufgeschleppt. Sie wollte die Kinder bei uns wieder in Sicherheit bringen! Aber Piotr, unser Pole, hat es den Russen verraten.«

Fassungslos starrte ich sie an. »Frieda hat Piotr nie etwas getan, im Gegenteil, sie war immer nett zu ihm und hat ihm oft etwas zu essen zugesteckt.«

Vater schluchzte: »Heute Morgen ist Ansgar zu uns gekommen und hat uns gesagt, Frieda habe sich auf dem Dachboden erschossen. Sie konnte nicht mehr.«

Wir drei brachen wieder in lautes Schluchzen aus, und jetzt weinten auch Else und die kleine Paula mit. So viel Elend, so viel Leid!

»Aber es geht noch weiter ...« Vater rang um Fassung. »Ansgar hat sich auf dem Absatz umgedreht und gesagt: So, und jetzt erschieße ich mich auch. Kurz darauf habe ich dann einen Schuss auf dem Dachboden gehört. Die beiden liegen jetzt tot auf unserem Dachboden, Anna!« Er schluchzte herzzerreißend. »Was soll denn aus den armen Kindern werden?«

Das Grauen war überhaupt nicht mehr zu ermessen.

»Anna, du musst mithelfen, deine tote Schwester und den Schwager vom Dachboden zu holen. Wir müssen sie doch beerdigen!«

Fassungslos starrte ich meine Eltern an.

Ich wartete auf den nächsten frühen Morgen, bis ich, mein Kind auf dem Arm, zu unserem Hof zurückschlich. Else von

Puttkamer hatte zwar angeboten, ich könnte Paula bei ihr lassen, aber ich brachte es nicht übers Herz.

Im Morgengrauen öffnete Mutter verweint die Tür und nahm mein Kind entgegen.

Vater und ich stiegen schweigend auf den Heuboden, um meine tote Schwester und den Schwager zu holen.

Piotr, unser Polenjunge, hatte Frieda verraten. Er würde auch uns verraten, da war ich mir sicher.

Jeder Pole, der Deutsche an die Russen verriet, hatte bei ihnen automatisch gute Karten. Wie unfassbar viele Unschuldige plötzlich reiner Willkür ausgeliefert waren!

Nachdem ich tage- und nächtelang auf dem winzigen Dachboden der alten Schellenberg gehockt hatte, wirkte der Heuboden riesig auf mich. Doch außer Mengen von Heu war nichts zu sehen. Wo waren die Leichen?

»Still! War da was?« Ein besonders lautes Knacken ließ uns erstarren.

Wir lauschten. Unsere Herzen polterten laut. Minutenlang standen wir wie gebannt da.

»Die Kälte lässt das Holz knacken.«

Wieder arbeiteten wir uns schweigend vor, heftigen Hustenreiz unterdrückend. Das erste fahle Morgenrot schien nun herein und beleuchtete die unheimliche Kulisse umso gespenstischer. Staubkörner tanzten geisterhaft im Gegenlicht.

»Hier in der Ecke«, warnte mich Vater. »Wir haben sie. Jetzt müssen wir sehr tapfer sein.«

»Vater, ich kann nicht …« Ich würgte. Und zuckte erschrocken zurück: Da lag sie. Meine Schwester. Blutüberströmt, mit gefalteten Händen, die Kleider durchnässt von Urin und Kot, in ihrem selbst gewählten Sterbebett aus Heu. Bleich, kalt. Die Totenstarre war schon eingetreten.

Vater und ich fielen uns schluchzend in die Arme. »Die arme Frieda! O Gott, sie sieht grauenvoll aus! Was muss sie gelitten haben, dass sie sich selbst erschossen hat.«

»Ansgar kann nicht weit sein.«

Suchend sahen wir uns um, und plötzlich hörten wir ein Wimmern. Mäuse? Ratten? Ein *Mensch*?

»Still! Da ist wer!«

Wieder erstarrten wir zu Salzsäulen. Ja, das war ein menschliches Stöhnen!

Diesmal war da wirklich jemand. O Gott, bitte erspare mir ... Es gruselte mich so furchtbar!

»Hallo?«

O Gott, wenn das jetzt Piotr war!

»Wer ist da, verdammt noch mal?«, rief Vater in die gespenstische Stille hinein.

Das Stöhnen wurde lauter. Da war jemand. Ein Verletzter. Ein Sterbender?

Mehrere Meter von Frieda entfernt lag Ansgar. Er war leichenblass, sein rechtes Auge war eine blutige Masse, aber er lebte.

Sein ganzer Körper zitterte.

»Ansgar, was hast du gemacht?« Neben ihm lag ein Revolver im Stroh.

»Vorsicht, der ist sicher noch geladen!«

Vater ließ den wahnsinnigen Ansgar nicht aus den Augen.

»Bring ihn weg und wirf ihn in den Teich! Wenn sie Waffen bei uns finden, ist das unser Todesurteil.«

»Ja, Vater.« Vorsichtig nahm ich den Revolver.

»Ansgar!« Doch Ansgar war nicht ansprechbar. Er stand unter Schock, zitterte und wimmerte, währenddessen starrte sein anderes Auge wie tot an die Decke.

»Großer Gott, steh uns bei!« Vater raufte sich die Haare. »Wir müssen die beiden da runterschaffen.«

»Aber wie, Vater? Ansgar muss vorsichtig transportiert werden, das können wir nicht ganz allein!«

»Ich hole Onkel Albert. Mutter darf auf keinen Fall hier herauf ...«

Ich warf den Revolver in den Teich und schlich mich zurück in die Dachkammer zu Karls Großmutter und der Gräfin. Unter Tränen berichtete ich den Frauen, was ich Grauenvolles erlebt hatte.

»Wir kriegen die beiden nicht allein vom Heuboden ...«

»Ich weiß, wo Karl ist«, sagte die alte Frau Schellenberg plötzlich. »Er hält sich ganz in der Nähe versteckt.«

»Wie?« Ich starrte sie an. »Er ist nicht im Westen?«

»Er hat es sich anders überlegt. Es war zu riskant. Ich gebe ihm Bescheid.«

Und so schafften Vater, Onkel Albert und Karl, der aus dem Nichts auftauchte, Ansgar und meine arme steif gefrorene Schwester vom Heuboden.

Sie banden Stricke um sie und ließen sie nacheinander vorsichtig hinuntergleiten. Es war ein grauenvoller Anblick.

»Deine Schwester kann sich nicht selbst erschossen haben.« Karl nahm den Leichnam entgegen und kniete sich dann neben meine tote Schwester.

»Sie hat einen Genickschuss.«

Vater fuhr zu Ansgar herum.

»Was hast du nur getan? Hast du sie umgebracht, du Schwein?«

Wie irre schlug er auf ihn ein. Ansgar ließ es geschehen.

Ich packte Vater bei den Schultern. »Bitte, mach dich nicht auch noch schuldig, Vater!«

Mein armer Vater kam zu Verstand und sammelte sich.

Ansgar war völlig apathisch. Er war nicht in der Lage zu sprechen. Mit einem weit aufgerissenen Auge starrte er vor sich hin, während das andere nur noch ein blutiges Loch war. Er hatte versucht, sich zu erschießen, aber der Schuss war nicht tödlich gewesen, sondern buchstäblich ins Auge gegangen.

»Ansgar, du hast sie erschossen«, stieß Vater immer wieder aus. »Du hast sie erschossen und bei dir selbst versagt.«

In dem Moment passierte, was ich unbedingt hatte verhindern sollen: Mutter stand wie aus dem Boden gewachsen da! Als sie ihre tote Tochter sah, entrang sich ihrer Brust ein markerschütternder Schrei. Alle unsere Versuche, sie zu beruhigen, waren vergeblich. Ein Anblick, den ich nie wieder vergessen würde.

Auch sie schrie wie von Sinnen: »Du hast sie umgebracht, Ansgar! Du Mörder! Du hast meine Tochter erschossen! Du hast euren Kindern die Mutter genommen! Du Feigling, du Mörder!«

»Bitte, nicht so laut!«, bemühte sich Karl, auf Mutter einzuwirken. »Wir müssen Ihren Schwiegersohn ins Haus tragen, bevor alle Welt auf ihn aufmerksam wird. Bitte, Anna, geh schon mal mit deiner Mutter vor!«

Die Männer bahrten Frieda auf dem Wohnzimmertisch auf, ich versuchte, Mutter ins Bett zu bekommen, und Vater und Karl trugen den völlig reglosen Ansgar in Friedas ehemaliges Zimmer. In diesem Zimmer hatte ich Paula geboren! Erst jetzt fiel mir mein armes Kind wieder ein. Seit Stunden schrie meine arme Paula im Kinderwagen vor sich hin. Sie hatte Hunger. Was taten wir dem armen Kind nur an! Verzweifelt eilte ich zu ihr und sah ihr ganzes Elend.

Durch das stundenlange verzweifelte Strampeln hatte sie sich das Köpfchen am Korbkinderwagen aufgeschlagen. Sie hatte eine dicke Beule, dazu war sie verschnupft. Sie schrie wie am Spieß. Völlig erschöpft saß ich mit ihr auf dem kalten Fußboden und versuchte gerade, sie von ihrer erbärmlich stinkenden Windel zu befreien, als plötzlich ein baumlanger Russe im Zimmer stand.

Mit einer Taschenlampe leuchtete er mir ins Gesicht.

»Frau, mitkommen.«

In dem Moment übergab ich mich direkt auf seine Schuhe.

Nein, ich würde nicht mitkommen. Lieber sollte er mich und Paula auf der Stelle erschießen.

Der Russe wich angewidert zurück und prallte gegen meine tote Schwester, die verschnürt auf dem Tisch lag. Er stieß einen Fluch aus, ließ sich aber weiter nicht beirren und trottete in die Speisekammer, wo er letzte Reste von Wurst fand.

Als der Russe mit vollen Backen kauend wiederkam, leuchtete er mir noch einmal ins Gesicht.

»Frau, mitkommen!«

Dann sah er Paulas blutverkrustetes Köpfchen, ihre schmutzige Windel, das Erbrochene am Boden. Dazu stieg ihm der Leichengestank meiner Schwester in die Nase. Er schluckte das letzte Stück Wurst runter.

Ein Rülpser entfuhr ihm. »*Net spasibo.*«

»Kommen Sie, Kindchen, wir müssen Ihre Schwester waschen.«

Am nächsten Morgen riss mich die alte Frau Schellenberg aus meiner Trance. Mutter lag in ihrem Bett und fantasierte, Vater lag in seinem und starrte an die Decke, und Ansgar lag in Friedas ehemaligem Mädchenzimmer und wimmerte vor sich hin.

Ich war die Einzige, die der alten Frau Schellenberg zur Hand gehen konnte. Meine kleine Paula hatte ich sitzend an die Wand gelehnt, und zwar so, dass sie die tote Frieda nicht sehen musste. Sie spielte ganz zufrieden mit hölzernen Wäscheklammern.

Mit aller Kraft zogen Frau Schellenberg und ich meiner toten Schwester die starr gefrorenen, blutverschmierten Kleider vom Leib. Immer wieder musste ich gegen Brechreiz ankämpfen, gleichzeitig sollte meine geliebte Schwester würdig begraben werden.

»Karl kümmert sich um einen Sarg.« Frau Schellenberg wusch den nackten Körper meiner Schwester mit Liebe und Hingabe. »Wir kennen einen Zimmermann, der uns auf die Schnelle eine Kiste zimmern kann.«

Ich schluckte und weinte schon wieder. »Danke, Sie sind beide so großzügig zu uns …«

»Mädchen, schau mal, ob du irgendwo ein weißes Nachthemd findest.«

Die rüstige alte Dame ließ sich auf keinerlei Gefühlsduseleien ein. Weitermachen und immer den nächsten Handgriff tun, das war ihre Devise.

Die Russen hatten aber schon derartig in unserem Haus gewütet, dass ich kein Nachthemd mehr auftreiben konnte.

»Dann nehmen wir eben ein weißes Laken.«

Da Vater und Mutter in ihren Betten lagen, stiegen wir in Friedas ehemaliges Zimmer hinauf, wo Ansgar vor sich hin wimmerte. Während ich nach einem letzten weißen Laken suchte, las ihm Frau Schellenberg die Leviten:

»Du bist ein Feigling, Ansgar. Lässt deine Kinder im Stich und willst dich umbringen! Dann bist du aber zu feige und erschießt nur deine Frau, bei dir schießt du daneben.«

»Sie hat sich selbst erschossen«, wimmerte Ansgar. Er schlug immer mit dem Kopf gegen das Bettgestell, als wollte er sich selbst bestrafen.

»Hör auf mit dem Quatsch!«, herrschte Frau Schellenberg ihn an. »Wir haben Frieda gerade gewaschen und die Einschussstelle gesehen. Kein Mensch schießt sich so ins Genick.«

Kurz darauf kam Karl mit einem Handwagen, auf dem sich eine frisch gezimmerte Kiste befand. Vater und er hoben die nun in ein frisches Laken gehüllte Frieda hinein. Ihre Augen waren geschlossen, und sie sah aus, als ob sie lächelte.

O Frieda!, dachte ich, als ich sie in der Kiste liegen sah. Was haben wir nur für Männer geheiratet. Ich verspreche dir, dass ich mich um deine Kinder kümmern werde.

Die Männer trugen die Kiste in den Garten und gruben meiner armen Frieda ein Grab.

Wieder musste der schwer vereiste Boden aufgehackt werden.

Und wer stand hinter dem Zaun und beobachtete alles? Piotr, unser Polenjunge.

Na, wie fühlst du dich, du Verräter? Brennender Zorn loderte in mir auf, aber ich wagte nicht, den Jungen anzuschreien. Vater musste von Karl mit aller Kraft daran gehindert werden, Piotr zu erwürgen. Zum Glück hatte ich den Revolver in den Teich geworfen!

Flugs schoss der Junge davon und machte wahrscheinlich den Russen Meldung. Und tatsächlich: Nach wenigen Minuten kam er in Begleitung einer Gruppe von Russen zurück. Mit ihren geladenen Gewehren zielten sie auf Vater, Karl und mich.

Sie schrien uns an und bedeuteten uns, die Kiste wieder hochzuziehen.

Piotr hatte ihnen wohl erzählt, Vater wolle eine Kiste mit Wertsachen vergraben.

Karl, in bäuerliche Lumpen gekleidet, hob nur den Kopf: »*Mertvyye zhenshchiny.*«

Tote Frau.

Sie fragten Piotr, ob das stimmte. Und der musste es schulterzuckend zugeben. Daraufhin gaben sie ihm ein paar schallende Ohrfeigen und Tritte in den Hintern.

Aber die fünf Russen hatten *mich* gesehen. Eine junge Frau, die immer noch ungeschoren herumlief. In ihren Augen stand grausame Gier.

Nachdem meine Schwester beerdigt war, wankten Vater und Mutter versteinert zurück zu Onkel Albert. Sie konnten einfach nicht mit Ansgar unter einem Dach sein.

Aus Angst vor den Russen und weil es mich vor Ansgar gruselte, konnte und wollte auch ich nicht die Nacht in meinem Elternhaus verbringen. So nahm mich die alte Frau Schellenberg samt Paula wieder mit in die winzige Dachkammer, und Karl verschwand genauso hastig, wie er gekommen war.

Ich traute meinen Augen nicht, als ich mich mit meiner kleinen Paula wieder durch die Dachluke zwängte: Neben der Gräfin von Puttkamer hockten nun noch meine Cousine Marie, meine Schwägerin Renate mit ihren Kindern Lilli und Leo und Friedas Kinder Günther und Ingrid! Dazu die alte Frau Fehlberg, deren Mann verschleppt worden war, die Fehlberg-Tochter und ihr Baby! Wir waren nun zwölf Personen in der winzigen Dachkammer: sechs Frauen, vier Kinder und zwei Babys. Es gab kein anderes Versteck vor den Russen. Die alte Frau Schellenberg wurde nicht müde, uns alle zu versorgen. Für alle beschaffte sie unermüdlich Kartoffeln, Milch, Wasser und andere lebensnotwendige Dinge. Viel war es nicht, aber gerade genug, um nicht zu verhungern.

Friedas Kinder Günther und Ingrid glaubten immer noch, ihre Eltern wären nur irgendwo untergeschlüpft. Niemand brachte es übers Herz, ihnen die fürchterliche Wahrheit zu sagen.

Dicht nebeneinander harrten wir aus und warteten einfach, dass ein Tag den anderen ablösen würde.

Der Vorrat von Frau Schellenberg schrumpfte von Tag zu Tag mehr.

16

Bei Köslin, Februar 1945

»Heute habe ich leider nichts zu essen für euch.« Bedauernd steckte Frau Schellenberg ihren greisen Kopf durch die Dachluke. »Ich hatte extra unter Einsatz meines Lebens zwei Hühner geklaut, geschlachtet und gebraten, aber von dem Geruch wurden Russen angelockt. Sie kamen in meine Küche gepoltert, rissen mir die Pfanne aus der Hand und verschlangen alles vor meinen Augen! Die Knochen haben sie mir auf den Fußboden gespuckt. Aus denen versuche ich euch eine Suppe zu kochen.« Damit verschwand sie wieder, und uns blieb nichts anderes übrig, als uns auf die Suppe zu freuen.

Der Hunger nagte an uns wie ein wildes Tier, die Kälte setzte uns schwer zu, und die Hoffnungslosigkeit zerfraß uns langsam, aber sicher auf wie ein bösartiges Krebsgeschwür. Seit Tagen harrten wir nun schon in der winzigen Dachkammer aus. Die Kinder waren schwer erkältet und hatten einander angesteckt. Paula hatte zudem einen eitrigen Hautausschlag am ganzen Körper; durch die ewig schmutzigen Windeln, die kratzenden Wollsachen, die wir nicht vernünftig waschen konnten, die stickige Luft oder die Läuse – wer wusste das schon?

Einzig Mutter kam noch öfters übers Feld geschlichen und brachte eine Kanne Milch, Brot und Eier. Das glückte jedoch nicht immer. Mehrmals hatten die Russen ihr unterwegs schon mit vorgehaltenen Gewehren den Weg versperrt und ihr den Rucksack weggerissen.

Meine Mutter war siebzig, sah aber durch die Geschehnisse aus wie weit über achtzig. So blieb sie wenigstens vor körperlichen Angriffen verschont.

»Man sollte meinen, dass die Horden weiterziehen, aber selbst dann: Es kommen laufend neue«, stöhnte sie. »Jetzt ist unser Haus wieder voll belegt. Ganze Karawanen von Lastwagen, Motorrädern und Planwagen stehen bei uns im Hof. Und ich muss für alle kochen. Ununterbrochen muss ich Spiegeleier braten, so viel, wie die Hühner jeden Tag legen. Auch ihre Wäsche muss ich waschen, und Vater muss ihre Uniformen und Stiefel putzen. Mit Spucke muss er sie polieren! Natürlich haben sie Anspruch auf unser Ehebett erhoben; Vater und ich schlafen im Keller hinter den Kartoffeln auf alten Säcken, während sie in voller Montur mit Stiefeln in unserer Damastbettwäsche liegen!«

»Wie geht es Ansgar?«, fragte ich flüsternd, als die Kinder gerade abgelenkt waren.

»Der liegt immer noch in Friedas Zimmer. Verrecken lassen

kann ich ihn nicht. Also füttere ich ihn und wasche ihn. Den Russen ist er unheimlich, weil er ständig im Fieber fantasiert. Sie haben mitgekriegt, dass er der Mann der toten Frau ist, die vor ihren Augen beerdigt wurde, und er behauptet, dass sie nachts ins Zimmer kommt und in ihrem weißen Laken für ihn tanzt.«

Während Mutter und ich die Köpfe zusammensteckten, erschien das schlohweiße Haupt von Frau Schellenberg in der Luke, und die Panik stand ihr im Gesicht. Inständig warnte sie uns: »Achtung! Die Russen haben euch entdeckt. Da kommen sie auch schon! Nehmt eure Kinder auf den Schoß!«

Lautes Gepolter und Gegröle näherten sich. Ungestüm rissen wir jede ein Kind aus dem Schlaf und setzten es uns auf den Schoß. Vielleicht hatten die Russen ein Herz, vielleicht hatten sie selber Kinder? Es war die allerhöchste Not, die uns die Kinder als Schutzschild missbrauchen ließ.

Da krachte auch schon ein Gewehrkolben an unsere Dachluke.

»Frau! Rauskommen!«

Welche von uns würde sich freiwillig opfern? Marie, Renate und ich warfen uns auf die Luke, ich zog Mutter noch hinterher. Würden sie das Gewicht von vier Frauen ausheben können?

Wir saßen alle da wie erstarrt. Die Kinder konnten vor Angst noch nicht mal weinen. Wie Opferlämmer harrten wir unserer Hinrichtung.

Nach weiterem Hämmern wurde die Luke von außen aufgestemmt. So schnell waren wir noch nie aufgesprungen!

Und da standen sie auch schon in unserem Verschlag: drei Russen mit Maschinenpistolen.

»Nix eine Frau! Viele Frau!« Ihre Gesichter verzogen sich zu einem Grinsen. Einer der Männer packte mich rüde am Arm: »Frau mitkommen!« Ich drückte Paula in meiner Not so heftig an mich, dass sie fürchterlich kreischte. Auch weil sie erkannte, dass ihrer Mutter etwas Grässliches angetan werden sollte.

Der Mann bedeutete mir, ich solle Paula einer der alten Frauen geben, aber schnell!

Mutter streckte die Hände nach ihr aus: »Ich hab sie! Nun geh schon mit, Anna, wir beten für dich, ich werde gut auf sie achtgeben.«

Doch Paula schrie wie am Spieß! Strampelnd warf sie sich zu mir herum und streckte verstört die Ärmchen nach mir aus. Fast wäre sie meiner Mutter entglitten. Es war, als gäbe das kleine Wesen sein Leben für mich.

Ich stand wie angewurzelt da, in meinen Ohren rauschte das Blut, und ich betete, der Mann möge mich erschießen. Wenn ich nur mein Kind mit in den Tod nehmen könnte!

Plötzlich drängte sich meine kleine Cousine Marie tapfer nach vorn und stellte sich vor mich.

»Ich gehe mit.«

Der Mann wollte aber mich, ich war größer und blond und trotz aller hässlichen Maskerade vielleicht doch eher sein Geschmack.

Die anderen Soldaten hatten inzwischen Renate und die Fehlberg-Tochter die Stiege hinuntergestoßen. Blieb noch dieser Mann hier, der sich nun entscheiden musste.

»Sie hat ein Kind, ich habe keins«, gestikulierte Marie, indem sie ein imaginäres Baby vor der Brust wiegte. Und als er immer noch nicht willens war, sie statt meiner mitzunehmen, zeigte Marie auf den eitrigen Ausschlag in Paulas Gesicht: »Doktor, Doktor! Ansteckend, verstehst du?« Angewidert zeigte sie abwechselnd auf Paula und mich.

Plötzlich stieß mich der Mann mit voller Wucht gegen die Wand, schnappte sich Marie und ließ die Dachluke hinter sich zufallen.

Wenige Augenblicke später erschien die alte Frau Schellenberg: »Anna! Du musst weg hier! Da kommt gerade noch ein Dutzend mehr!«

Mit zitternden Beinen folgte ich ihr die Stiege hinunter, die Russen waren ja beschäftigt.

Meine wie am Spieß brüllende Paula musste ich bei meiner Mutter und Else zurücklassen.

»Wohin soll ich denn bloß?«

»Pscht, folge mir, keinen Mucks!«

Kopflos schlich ich hinter der alten Frau her durch einen Kellergang und folgte ihr anschließend durch ihren verwilderten Garten, wo hinter einem Geräteschuppen ein altes Backhaus stand.

»Rein mit dir!«

Nur gebückt konnte ich wie die Hexe bei Hänsel und Gretel in diesen Backofen kriechen. Hätte Frau Schellenberg die eiserne Tür zugeschlagen, wäre ich wohl darin erstickt. Sie ließ sie also einen Spaltbreit offen, holte aus dem Geräteschuppen allerlei Gerümpel und stapelte es vor der Öffnung auf. Bretter, Kisten und obendrauf noch ein verbeultes Bettgestell. Es sah so aus, als hätte jemand vergessen, hier aufzuräumen, aber wo sah es zurzeit nicht so aus? Hier würden die Russen hoffentlich nicht nach mir suchen!

In diesem eiskalten Versteck verbrachte ich zitternd die Nacht. Ich schlotterte am ganzen Leib vor Angst, vor Hunger und Einsamkeit. Die Sehnsucht nach meinem kranken Kind raubte mir fast den Verstand.

Ach, das hatte doch alles keinen Zweck mehr ... Sie würden mich finden und holen ...

Warum konnte mich nicht endlich eine dieser Bestien erschießen? Mich und meine Paula für immer von dieser Hölle erlösen? Frieda hatte es doch auch geschafft.

Eine gefühlte Ewigkeit später hörte ich, wie der ganze Unrat wieder fortgeräumt wurde.

Waren sie das? Hatten sie mich entdeckt? Rissen sie mich nun an den Haaren heraus?

Doch es war die unermüdliche alte Frau Schellenberg. »Sie schlafen. Sie haben sich ausgetobt. Geh rauf, die anderen sind auch schon fast alle wieder da, ich bringe frisches Wasser.«

Meinen Beinen war in dieser hockenden Position der Weg versperrt. Mühsam krabbelte ich hinaus in den eiskalten Morgen. Noch immer lag meterhoch Schnee. Geduckt raste ich wieder ins Haus, hörte die Russen schnarchen und schlich mich auf den Dachboden zurück.

Der Kirchturm schlug gerade sechs Uhr früh, als die arme Marie auf allen vieren hinaufgekrochen kam. Meine stets tapfere und unbeugsame Cousine: Sie weinte bitterlich und war nicht ansprechbar. Ich wagte nicht, ihr ins Gesicht zu sehen, so schuldig fühlte ich mich.

Frau Schellenberg brachte die versprochene Schüssel mit warmem Wasser und Seife, und wir wussten nicht, wohin wir schauen sollten, als sie begann, sich die blutigen Beine und ihren geschundenen Leib zu waschen. Irgendwann fiel die arme Marie in einen erschöpften Schlaf.

Doch keine drei Stunden später kam der Mann, der sie genommen hatte, schon wieder: »Frau mitkommen!«

Marie schlief wie tot, und ich wusste, dass nun mein Stündlein geschlagen hatte. Also stand ich auf und ging ihm ergeben entgegen. Paula schlief.

»Nicht du Frau. *Du* Frau!« Er rüttelte Marie wach. Alles Bitten und Betteln half nichts: »Lassen Sie doch das arme Mädchen, das kann sich ja gar nicht mehr rühren!«

Mir versetzte er eine schallende Ohrfeige: »Du Frau krank, du Doktor!«

Dann packte er die sich heftig sträubende Marie bei den Haaren und zerrte sie die Stiege hinunter. Auch die Fehlberg-Tochter wurde schon wieder abgeholt, sosehr sie auch weinte.

Fassungslos hielt ich mir die brennende Wange und starrte ihnen hinterher.

»Hau ab«, zischte Mutter. »Geh wieder in dein Versteck! Nimm Renate mit, bevor sie zurückkommen!«

Und bevor die anderen Russen wach wurden und sich erneut ihre Beute holen konnten, überließen wir die Kinder den alten Frauen und schlichen zurück ins Backhaus. Weil wir nun zu zweit die Backofentür erst recht nicht mehr hinter uns schließen konnten, schob Frau Schellenberg jetzt auch noch Gartenabfälle vor den halb offenen Eingang.

In diesem Verschlag verbrachten wir den ganzen restlichen Tag.

Plötzlich bemerkten wir den kleinen Günther, der vorgab, ganz in der Nähe zu spielen. Er rollte einen kaputten Ball in unsere Nähe, bückte sich danach und flüsterte unauffällig: »Sie hauen ab, sie packen schon zusammen. Ich sag euch, wenn die Luft rein ist!«

Und tatsächlich kam er etwas später wieder: »Sie sind weg! Ihr könnt rauskommen!«

So schnell wie möglich rannten wir zu unseren Kindern.

Kaum wieder oben auf dem Dachboden, drückte ich meine geliebte Paula an mich und wollte sie nie wieder loslassen. War jetzt das Schlimmste überstanden? Konnten wir aufatmen, uns notdürftig waschen und ein bisschen schlafen?

Doch Mutter brachte wieder schlechte Nachrichten: »Sie haben heute Nacht Onkel Albert erschossen. Vor unseren Augen.«

Erneut gefror mir das Blut in den Adern, und ich konnte nur mit Grausen anhören, was Mutter weinend berichtete: »Sie haben mit Gewehrkolben auf die Tür eingedroschen, und der gutmütige Onkel Albert meinte nur: ›Nicht so stürmisch!‹ – Da haben sie ihn sofort niedergeknallt, den alten Mann. Vater stand fassungslos daneben. Dann zwangen sie ihn zu sagen: ›Gut geschossen!‹«

»Er musste die Russen dafür loben, dass sie seinen Bruder erschossen haben?!«

»Ja, sie haben ihm so lange die Arme nach hinten gedreht, bis er es gesagt hat.«

So viel Grausamkeit wollte mir nicht in den Kopf.

So langsam war mir alles egal.

»Lass uns nun nach Hause gehen und gemeinsam sterben. Sie kriegen uns ja doch.«

Ich nahm meine arme Mutter an die Hand, im anderen Arm hielt ich Paula, und gemeinsam gingen wir in mein kaltes Elternhaus zurück. Oben in Friedas Bett lag immer noch Ansgar und wimmerte vor sich hin. Wir brachten ihm sofort warmes Wasser und kümmerten uns um ihn. Ausgerechnet er konnte nicht sterben.

Diese Russen waren fürs Erste weitergezogen, aber es würden neue kommen. So verbrachten wir die Tage in banger Vorahnung.

Immer wenn ich nach Mutter suchte, saß sie weinend an Friedas Grab.

Erst jetzt schien sie wirklich zu begreifen, dass nicht nur ihre vier Söhne verschollen, sondern auch ihre älteste Tochter tot war. Von ihren sechs Kindern waren fünf diesem Krieg zum Opfer gefallen. Sie war am Rande des Wahnsinns, versteinert hockte sie in der Eiseskälte.

»Mutter, komm doch bitte ins Haus, du holst dir noch den Tod.« Mit Engelszungen redete ich auf sie ein. Sie saß auf dem kalten Stein, unter dem sie meine Schwester verscharrt hatten, und wirkte schon selbst wie ein marmorner Todesengel.

»Mutter?« Ich tippte ihr auf die Schulter, und sie schien wie aus einer anderen Welt zu mir zu sprechen: »Anna, ich will nicht mehr, und ich kann auch nicht mehr. Versprich mir, dass du dich um Vater kümmerst.«

»Mutter, du musst stark sein, du musst für Vater stark sein und auch für deine fünf Enkelkinder, die dich alle brauchen.«

So redete ich gerade wieder auf sie ein, als plötzlich Heerscharen von neuen Russen mit ihren Militärfahrzeugen in unseren Hof fuhren. Einige stiefelten sofort in den Stall, wo sie Kühe molken oder auch kurzerhand schlachteten. Das Gebrüll der armen Tiere raubte mir den Verstand.

»Mutter, lauf ins Haus und warne Renate!« Ich riss Mutter hoch, die wie eine Puppe wieder in sich zusammensank. »Bitte, Mutter, ich kann das nicht, sonst gefährde ich mich selbst ...«

»Es ist mir egal, sie sollen mich erschießen.« Mutter ließ sich einfach aufs Grab ihrer Tochter fallen.

Da riss ich mein schlafendes Kind aus dem Kinderwagen und rannte zu dem einzigen Örtchen, das mir jetzt noch Rettung bot: zum Klohäuschen auf dem Feld!

Die Russen machten sich nämlich nicht mehr die Mühe, für ihre Notdurft dorthin zu gehen, sie pinkelten in Schüsseln, Töpfe, Weckgläser und Blumenvasen, unser ganzes Haus war inzwischen eine einzige Kloake.

Bei minus zwanzig Grad stand ich bibbernd in dem Bretterverschlag und hörte draußen die Russen randalieren.

Wie durch ein Wunder verhielt sich mein weises Kind absolut ruhig und schaute mich nur mit grauen ernsten Augen an. So stand ich sicher zwei oder mehr Stunden dort drin. Hinsetzen konnte ich mich nicht, denn der Donnerbalken war voller Exkremente. Plötzlich hörte ich knirschende Schritte im Schnee. Durch das kleine Loch in der Tür spähend erkannte ich einen kräftigen Russen, der direkt auf unser Versteck zukam.

Er hatte eine Schnapsflasche in der Hand und trank taumelnd daraus.

Ich hielt den Atem an, presste meine Paula an mich und kniff die Augen zu. Das Herz drohte mir zu zerspringen. Nur ein einziger winziger Laut meiner kleinen Tochter würde genügen, und wir waren verloren.

Der Russe kam ganz dicht ans Klohäuschen heran, ich konnte seine Fahne riechen. Dann packte er seelenruhig sein bestes Stück aus und pinkelte vor die Tür. Als er fertig war, schüttelte er es ab, verpackte es wieder und taumelte davon.

Als ich irgendwann in der Lage war, mich wieder zu bewegen, rannte ich wie besessen zu meinem Elternhaus zurück. Mutter lebte noch, sie war noch da! Schluchzend fiel ich ihr in die Arme und erzählte von dem Vorfall. Sie strich mir über den Kopf und sagte: »Danke dem Herrgott, der alles so gut gelenkt hat!«

Das tat ich auch. Weil der Herrgott den Strahl des Russen in den Schnee gelenkt hatte.

17

Bei Köslin, Februar 1945

»Mutter! Was tust du da?«

Ich lag mit Paula in der einen Hälfte ihres Ehebettes, das gerade wieder frei von Russen war. Vater und sie schliefen in der anderen. Wir waren alle komplett angezogen, wie die Russen, in voller Montur: immer auf dem Sprung.

»Mutter?«

Mutter wühlte heimlich im Schlafzimmerschrank und steckte hastig etwas in ihre Manteltasche.

»Ich hatte gedacht, du schläfst.«

»Nein, tue ich nicht. Was hast du da? Zeig es mir!«

Mutter wich zurück. »Vater und ich haben beschlossen, gemeinsam aus dem Leben zu scheiden.«

»Mutter, was ist das für ein Fläschchen? Gib es mir!«

»Stör unser Vorhaben nicht. Wir haben nichts und niemanden mehr auf der Welt. Frieda ist tot, von allen vier Söhnen wissen wir nichts, und du musst zu deinem Mann zurück.«

»Mutter, was redest du denn da?«

»Du brauchst jemanden an deiner Seite. Wir sind alt und schwach und …«

»Aber doch nicht Egon?!«

Mutter fantasierte! Davon war noch nie die Rede gewesen! Außerdem wollte ich ganz bestimmt nicht mehr zu Egon zurück!

Fassungslos sprang ich aus dem Bett und lieferte mir mit Mutter einen regelrechten Ringkampf vor dem Schrank. »Gib mir das Fläschchen!«

Endlich hatte ich es an mich gebracht und las im fahlen Schein des Mondes, der von draußen hereinschien: »Arsen. Rattengift.« Ein Totenkopf prangte auf dem Etikett.

Meine Finger zitterten heftig, und es riss mir den Boden unter den Füßen weg.

»Ihr wollt mich also mit dem Kind allein lassen?«

Mutter stand bleich am Fenster. »Du wolltest in den Brunnen springen, Anna.«

»Gut. Dann nehme ich als Erste von dem Gift.« Voller Verzweiflung schraubte ich das Fläschchen auf. »Lasst uns hier alle gemeinsam sterben.«

Schon setzte ich die Flasche mit dem Pulver an den Mund, als mein Blick auf Paula fiel, die gerade erwachte. Arglos verzog sie ihr Mündchen zu einem Gähnen.

»Jetzt nur hinein mit dem Pulver, ins offene Mündlein, nur zu!«

»Mutter, *du* musst meinem Kind das Gift geben, das schaffe ich nicht.«

Paula hatte sich während unseres Gerangels aufgesetzt. Vertrauensvoll sah sie mich an. Mich, ihre Mama. Ich wich ihrem Blick aus.

»Mutter. Tu du es. Gib es ihr.« Inständig flehend hielt ich Mutter das Fläschchen hin.

Inzwischen war auch Vater wach geworden und schaute

verzweifelt zwischen uns hin und her. »Gut. Tun wir es also. Alle zusammen. Aber nicht so halbherzig wie Ansgar!«

»Wer gibt es dem Kind?«

»Ich kann es nicht.«

»Ich auch nicht.«

»Das lade ich nicht auf mein Gewissen, ich will keine Mörderin sein.«

Heftig weinend fielen wir uns alle drei in die Arme, nahmen meine kleine Paula in die Mitte.

»Sie hat doch ein Recht zu leben«, schluchzte ich. »Sie hat doch auf dieser Welt noch nichts Böses getan!«

»Es ist doch auch eine Todsünde«, weinte Mutter. »Der Herrgott nimmt keine Selbstmörder in den Himmel auf!«

»Wie gut, dass er Frieda aufgenommen hat.«

Ich nahm das bereits offene Fläschchen mit dem Gift und warf es aus dem Fenster. Es zerschellte an einem Stein.

Dann knallte ich das Fenster wieder zu. »Ihr habt bis jetzt für mich und das Kind gesorgt. Ganz bestimmt gehe ich nicht zu Egon zurück. Wenn ich jemals von hier fortgehen sollte, nehme ich euch mit. Aber ihr müsst mir versprechen, nie wieder auf solch dumme Gedanken zu kommen.«

Unter vielen Tränen versprachen sie es. Aber ich beobachtete besonders Mutter von da an sehr aufmerksam. Ihr seelischer Zustand war mehr als besorgniserregend. Sie war am Ende ihrer Kräfte und bereits in einer tiefen Depression. Einen Arzt, der ihr hätte helfen können, gab es nicht mehr.

»Es gibt eine Kundgebung vor der Villa, und alle Bürger müssen kommen. Wer nicht um acht Uhr vor der Villa steht, wird erschossen.« Renate rüttelte uns am nächsten Morgen aus dem Schlaf.

»Werden wir jetzt auch noch zusammengetrieben, sind wir die Letzten?« Ich klammerte mich an mein Kind. »Müssen wir jetzt auch nach Sibirien?« Ach, hätten wir doch das Gift genommen!

»Schnell, zieh das Kind an, macht euch fertig, ich wecke die anderen Kinder!«

Auch Ansgar musste erscheinen, ob er dazu fähig war oder nicht. Irgendwie schleppten wir ihn mit.

Eine Stunde später erschienen wir vollzählig vor der Villa: die Eltern, Marie, Ansgar, Renate, die vier Kinder, meine kleine Paula und ich.

Auf der hohen Freitreppe stand ein junger russischer Kommissar, vielleicht Mitte zwanzig. Und wer dolmetschte ihm? Piotr, unser Polenjunge!

Als Mutter ihn sah, brach sie in Vaters Armen zusammen. Er hatte ihre Frieda verraten!

»Alle stillgestanden, alle herhören!«

Der Russe schrie etwas, und Piotr übersetzte, indem er stolz und herrisch ins Megafon brüllte: »Ab sofort wird hier in der Villa die russische Kommandantur eingerichtet. Alle Deutschen sind hier zur Arbeit verpflichtet! Jeder über vierzehn und unter achtzig muss sich in eine Liste eintragen, ihm wird dann eine Tätigkeit zugewiesen. Ihr werdet alle enteignet, und Pommern gibt es nicht mehr! Das ist jetzt alles Polen!«

Das Entsetzen stand uns allen ins Gesicht geschrieben. Pommern gehörte jetzt zu Polen?! Für wie lange? Für ein paar Tage oder Wochen …? Wann würde dieses entsetzliche Chaos ein Ende haben?

»Los, eintragen! Mit Name, Alter und Adresse!«

Mutter war nicht mehr ansprechbar. Vater lehnte sie gegen eine Scheunenwand.

»Los geht's, weiter, weiter, wer sich weigert, wird aufgehängt.« Polen zogen mit Knüppeln durch die Reihen. Bei Mutter sahen sie gleich, dass sie nicht arbeitsfähig war.

»Abtransportieren. – Weiter, wer bist du? Was kannst du?«

»Ansgar.« Mein Schwager wimmerte und zeigte auf seine leere Augenhöhle.

Piotr, der ja für Ansgars Misere verantwortlich war, hieb ihm eins mit dem Gewehrkolben in den Rücken.

Vater und ich wurden als voll arbeitsfähig eingestuft. Vater kam mit mehreren Männern in die Stellmacherei, Marie, Renate und ich in den Kuhstall. Ich war nur froh, dass Paula bei Mutter bleiben konnte. Unsere Kolonne bestand aus fünf Frauen. Außer Marie, Renate und mir waren das noch Frau von Puttkamer und ihre Schwester, die alte Frau Schellenberg. Wir mussten den Dung rausschaffen und Stroh ranschleppen. Die Kühe waren von sämtlichen Höfen aus der Umgebung zusammengetrieben worden. Sie gehörten jetzt dem polnischen Staat.

Darauf legten die Polen Wert.

Unser hartes Arbeitspensum wiederholte sich Tag für Tag. Es gab kein Wochenende, keinen Sonntag und keinen Feiertag. Aber das waren wir ja gewohnt. Wer ausfiel oder schwächelte, wurde in denselben Keller gesperrt, in dem die Gräfin von Puttkamer früher ihre Polen untergebracht hatte. Es gab kaum etwas zu essen. Besonders Piotr freute sich, uns drangsalieren zu können!

Unser Haus war einer polnischen Familie zugeteilt worden. Nur gut, dass Dorota in der Nähe war, die uns gut gesinnt war. So durften Mutter, Vater, Paula und ich wenigstens in unserem alten Schlafzimmer wohnen. Marie hingegen musste in den Kellerräumen der Villa hausen.

Die Polen rächten sich mit aller Härte an uns.

Früh um vier musste die alte Gräfin ganz allein die Auffahrt von Schnee freischaufeln, eine unfassbar schwere körperliche Arbeit, da es jede Nacht weiterschneite.

»Du sollst frieren«, rief Piotr schadenfroh. »Du hast deine Gefangenen schlecht behandelt, also musst du leiden!«

Fast jeden Abend schaute die alte Frau Schellenberg bei uns vorbei, brachte Milch, Kartoffeln und Eier, die sie irgendwo aufgetrieben hatte, und munterte Mutter auf.

»Es wird in Kürze zur Vertreibung kommen«, mutmaßte sie. »Und wenn es soweit ist, wird es sehr schnell gehen. Dann können wir nur noch etwas auf dem Buckel mitnehmen.«

Und so saßen wir nachts in unserem Schlafzimmer und nähten Rucksäcke aus alten Kartoffelsäcken. Für die große Flucht.

Vater musste währenddessen helfen, die gesunden Kühe zur nächsten Kreisstadt zu treiben, wo andere deutsche Zwangsarbeiter ein Gleis des Bahnhofs wieder so weit repariert hatten, dass man das Vieh nach Russland abtransportieren konnte.

Nachdem die Kühe verladen waren, wurde Vater dazu abkommandiert, die Erntevorräte der umliegenden Bauern auf das Gut zu holen. Von fünf Uhr früh bis abends spät schleppte er Säcke zur Villa hinauf, wo er sie abladen und einer Kontrolle unterziehen musste. Hätte er gewagt, nur eine Handvoll Getreide oder nur einige Kartoffeln für den Eigenbedarf zu entwenden, wäre er grausam bestraft worden. Zur Abschreckung wurden wir gezwungen, solche Szenen mit anzusehen: Ehemalige Großgrundbesitzer wurden öffentlich verprügelt, weil sie es gewagt hatten, sich etwas von ihrer eigenen Ernte zu nehmen. Wir wagten nicht, auch nur einen Strohhalm zu entwenden.

In Frau Schellenbergs Haus war ein russischer Offizier mit seiner jungen Freundin eingezogen, die Frau Schellenberg bekochen und bewirten musste.

»Ich bin ziemlich sicher, dass die Russen bald abziehen«, steckte sie uns eines Abends, als wir wieder beim Nähen der Rucksäcke zusammensaßen. »Falls ihr noch irgendwo Vorräte habt, könnt ihr sie zu mir bringen. In meiner Dachkammer sind sie sicher. Die Russen, die sich bei mir einquartiert haben, ahnen nichts von diesem Versteck!«

Vater und ich mussten also in der Nacht versuchen, unsere letzten Lebensmittel bei ihr in Sicherheit zu bringen!

Wir berieten flüsternd hin und her, ob wir es wagen sollten, die Sachen zu Frau Schellenberg zu schleppen. Nach zwanzig Uhr herrschte Ausgangssperre, wer auf der Straße erwischt wurde, wurde erschossen. Vor zwanzig Uhr waren Vater und ich jedoch noch zur Zwangsarbeit verpflichtet. Wir durften erst nach der Arbeit so schnell wie möglich nach Hause rennen, unsere winzigen Löhne in Form von etwas Mehl oder Zucker an uns gepresst. Jeden Tag auf dem Heimweg überrollte mich die Angst, Mutter hätte sich und Paula inzwischen etwas angetan, und wir würden die beiden nur noch tot vorfinden.

Auf Socken schlichen Vater und ich eines Nachts zu unserer Scheune, stiegen auf den Heuboden, wo wir Frieda und Ansgar gefunden hatten, und gruben unsere Lebensmittelreserven aus, die wir dort versteckt hatten. Die Angst, die ich dabei verspürte, ist nicht zu beschreiben. Geräuschlos steckten wir die Weckgläser und die geräucherte Wurst in unsere inzwischen fertig genähten Rucksäcke, schlichen wieder hinunter, pirschten uns zu Frau Schellenberg, an deren Schlafzimmerfenster wir klopften. Die bei ihr einquartierten Russen schliefen im Nebenzimmer, wie wir am lauten Schnarchen des Kommandanten erkennen konnten.

Lautlos öffnete uns die alte Frau, und wir verstauten unsere Lebensmittel in der mir bekannten Dachkammer.

Diese Aktion wiederholten wir einige Nächte lang, immer in Todesangst.

Kaum waren wir nach unseren nächtlichen Aktionen wieder im Schlafzimmer, konnten wir Mutter und Paula schnell noch etwas von den Lebensmitteln zustecken. Dann ging es auch schon wieder zur Arbeit.

Nur eine undichte Stelle, und wir wären erledigt. Piotrs gab es viele im Dorf. Immer mehr unserer Nachbarn brachten sich um. Es war einfach aussichtslos.

18

PAULA

Bamberg, Juni 2004

»Ihr wollt also wirklich nach Polen fahren!«

Tante Martha sah Rosa und mich kopfschüttelnd an. »Ich dachte, ihr wolltet nach Amerika!«

»Wir haben Großmutters Tagebuch gelesen und ...« Rosa wusste gar nicht, wie sie anfangen sollte. Dann sprudelte es nur so aus ihr heraus, und sie erzählte ihrer Großtante, was wir bis jetzt erfahren hatten. »Es ist nicht zu fassen, was in unserer Familie alles passiert ist und was meine arme Mama als Baby erleben musste!«

Sie legte mir die Hand auf die Schulter. »Eigentlich gehört sie zu einem guten Therapeuten, aber wir sind uns sicher, dass sie die Orte ihrer frühen Kindheit zuerst mit eigenen Augen sehen muss.«

Tante Martha konnte mit dem Kopfschütteln gar nicht aufhören.

»Was tut ihr euch denn da an? Warum wollt ihr das ganze Elend denn wieder aufrühren?«

Wir saßen auf der Veranda ihres verwinkelten Häuschens, das sie vor über fünfzig Jahren mit ihrem Mann Rudi eigenhändig erbaut hatte. Längst war Onkel Rudi gestorben, und so lebte die lebenslustige Tante Martha allein dort und hielt den Garten prächtig am Blühen. Sie ließ sich nie unterkriegen, unternahm mit ihren knapp achtzig Jahren noch Fahrradtouren in die Umgebung oder traf sich mit Freundinnen aus dem Seniorenclub. Sie spielte Bridge, ging leidenschaftlich gern ins Theater, las viel und war immer auf dem Laufenden. Nachdem ich ja nun wusste, dass sie die Enkelin von Frau Schellenberg war, wunderte es mich auch nicht weiter, dass sie so rüstig und zäh war. Sie hatte eindeutig ihre Gene geerbt.

»Tante Martha, du hast unglaublich viel Ähnlichkeit mit deiner Großmutter, man könnte fast meinen, die alte Frau Schellenberg säße hier vor uns!«

»Was sagst du da? Alt?« Tante Martha schlug spielerisch mit der Serviette nach mir. »Ich bin doch nicht alt, das verbitte ich mir!« Sie lachte, wurde aber gleich wieder ernst.

»Du bist also tatsächlich nicht Karls Tochter, Paula?«

»Nein, ganz sicher nicht! Als ich knapp zehn Monate alt

war, kannten sich meine Mutter und Karl erst flüchtig! Sie dachte, sie würde ihn nie wiedersehen, er musste ja immer wieder untertauchen. Er war ein Deserteur!«

»Was?«, entrüstete sie sich. »Mein Bruder? Ein Deserteur? Na, dem werde ich aber ...« Wieder schlug sie spielerisch mit der Serviette in die Luft, aber das war ihre Art, das Gehörte zu verdauen. »An welcher Stelle des Schauermärchens seid ihr denn gerade?«

»Tante Martha, das ist kein Schauermärchen«, sagte Rosa ernst. »Das ist Omas Tagebuch!«

»Ich weiß doch, Schatz. Karl und Anna haben bloß einfach nie darüber geredet, das ist mir ja selbst alles neu! Ihr eisernes Schweigen war wohl auch ihr Schutzschild gegen die Mächte der Vergangenheit.«

»Die Situation war politisch auf dem Siedepunkt: Die Russen kamen scharenweise von der Ostfront und vergewaltigten, mordeten und raubten, die deutsche Wehrmacht hatte aber noch nicht kapituliert und verbot bei Todesstrafe, die Heimat zu verlassen.«

»Gleichzeitig wurden bereits die Polen zwangsumgesiedelt und besetzten die privaten Häuser und Höfe«, unterbrach mich Rosa. »Jeder hat versucht zu retten, was zu retten war.«

»Es war aber nichts mehr zu retten, meine Mutter war mehrmals entschlossen, sich und mir das Leben zu nehmen!« Kaffee und Kuchen blieben unberührt stehen, nur Bienen und Wespen umschwärmten ihn. Niemand beachtete die sonst so lästigen Insekten.

»Und du kannst dich an nichts davon erinnern?« Tante Martha starrte mich fasziniert an.

Ich schüttelte den Kopf. »Nein! Zum Glück nicht! Ich war ja noch nicht mal ein Jahr alt!«

»Was man als Kleinkind alles aushalten kann«, sinnierte Tante Martha. »Dass der liebe Gott die kleinen Seelen so schützt, das ist schon ein Wunder.«

Ohne es zu merken, zerriss Rosa ihre Papierserviette in kleine Fetzen. »Das muss doch alles noch auf deiner Seele lasten, Mama. Wie hast du es nur geschafft, so ein heiterer und fröhlicher Mensch geworden zu sein?«

»Vielleicht *weil* meine Eltern dieses Grauen von mir ferngehalten haben?«

Tante Martha holte erst mal eine Flasche Schnaps. »Kinder, das ist ja sonst überhaupt nicht zu ertragen. Wie gesagt: Rudi hat auch nie etwas davon gesagt. Und Karl kann man ja jetzt nicht mehr fragen. – Oder sollen wir es versuchen?«

»Ich glaube, der bricht jetzt nachträglich erst so richtig unter dieser Last zusammen.«

Unwillkürlich kratzte sich Rosa am Ellbogen. »Jetzt verstehe ich, warum der plötzlich so dement wird. Mit Oma Anna hat er sich dieses Geheimnis geteilt, aber allein schafft er das nicht mehr.«

Kopfschüttelnd starrte ich vor mich hin. »Mutter hat es sich von der Seele geschrieben und tief in ihrer Kommode versteckt. Aber warum wollte sie, dass ich es erst *jetzt* lese, wo sie tot ist?«

»Ja«, sinnierte auch Rosa. »Warum hat sie ihr Geheimnis nicht mit ins Grab genommen?«

Wir drei Frauen hoben unsere Schnapsgläser und kippten das bittere Zeug hinunter.

»So langsam verstehe ich, warum ihr dorthin fahren wollt.« Tante Marthas Augen blitzten unternehmungslustig. »Nehmt ihr mich mit?!«

19

ANNA

Bei Köslin, Anfang März 1945

»Nehmt ihr mich mit?« Ich stand mit meiner Forke vor dem alten Lastwagen und bekämpfte mein Herzklopfen. Marie und einige andere Frauen aus unserer Arbeitskolonne waren gerade dazu abkommandiert worden, die lange vernachlässigte Ernte vom Fichthof zu holen.

Der *Fichthof!* Das war Maries Elternhaus! Er lag zwei Kilometer von Köslin entfernt. Ach, was hatte ich dort sorglose Kindheitstage bei Tante und Onkel verbracht. »Ich will unbedingt mit und sehen, was aus dem Hof geworden ist!«

Mit acht weiteren »Freiwilligen« bestiegen wir die Ladefläche des Lastwagens. Noch immer war es bitterkalt, nur hier und da, wo die Sonne hinkam, taute der meterhohe Schnee und lief in eisigen Bächen über Äcker, Feldwege und Straßen. Der polnische Fahrer rumpelte über das Kopfsteinpflaster und rauchte. Er war länger Zwangsarbeiter dort gewesen und sprach gut Deutsch.

»Das ist ein völlig verlassener Hof«, rief er uns zu. »Die Leute von dort sind schon lang geflohen oder vertrieben worden.«

Marie und ich tauschten vielsagende Blicke. Das waren ihre Eltern, von denen er sprach! Wo waren sie hin?

»Die ganze Ernte liegt aber noch in den Scheunen: Da habt ihr was zu tun!«

Das mir wohlbekannte Bauerngehöft kam ins Blickfeld.

Alles wirkte verwahrlost. Marie und ich hielten uns an den Händen vor Aufregung. Was würde uns dort erwarten? Lagen ihre Eltern womöglich tot in ihren Betten?

Der Fahrer gab uns Frauen das Kommando: »Sofort in die Scheunen und die Säcke rausgeschleppt, aber im Laufschritt!«

Die Frauen sprangen sofort gehorsam ab und rannten über das matschige Gelände.

»Pst! Anna!« Marie drückte sich unauffällig an den Lastwagen. »Ich will unbedingt zuerst ins Haus! Vielleicht finde ich einen Hinweis auf meine Eltern!«

Das konnte ich zwar verstehen, hatte aber nicht den Mut, mich dem Befehl des Fahrers zu widersetzen.

»Anna, du musst Schmiere stehen!« Obwohl ich mich vor der Bestrafung fürchtete, gehorchte ich widerstrebend. Wie konnte ich meiner Cousine, die sich für mich dem Russen ausgeliefert hatte, keine Rückendeckung geben!

Der polnische Fahrer lehnte am Führerhäuschen und steckte sich eine neue Zigarette an. Er beobachtete die Frauen, die mit schweren Getreidesäcken durch meterhohen Kuhmist rannten. Das Schauspiel schien ihm eine gewisse Freude zu bereiten, und so bemerkte er nicht, als Marie mich in einem günstigen Moment hinter dem Lastwagen hervorzog und hakenschlagend hinter Ställen und Geräteschuppen zum Haus rannte.

Die Haustür war nur angelehnt, und Marie drückte sie auf.

»Vielleicht finden wir noch was Essbares, meine Eltern haben alles im Keller vergraben.«

Bestialischer Gestank schlug uns entgegen, und dann ... Mitten im Wohnzimmer, das ich noch als »gute Stube« aus glücklichen Kindertagen in Erinnerung hatte, klemmte eingepfercht zwischen herabgefallenen Bildern, umgefallenen Schränken, Bänken, Tischen, Stühlen, Lampen und Truhen ein riesiger Zuchtbulle. Natürlich tot. Durch sein Gewicht und die Panik war er mit dem Holzfußboden eingekracht, sodass nur noch Kopf und Rumpf herausschauten. Die Zunge hing ihm lang und schwarz aus dem Maul; Maden und anderes Getier hatten sie bereits zerfressen. Wie alle sterbenden Wesen hatte er sich in Todesnot noch entleert. Ein Schwarm von Fliegen hatte sich auf seinen Hinterlassenschaften niedergelassen und stob nun surrend auseinander. Während ich wie schockgefroren dastand und die Luft anhielt, hatte Marie sich bereits mit dem tierischen Überraschungsgast arrangiert. Hastig klopfte sie Bretter ab und sammelte das Geschirr, das noch nicht zerbrochen war, in ihren Sack.

»Was ist? Beweg dich!«

Ich schluckte trocken. »Was kann ich tun?«

»Lauf nach oben und schau nach, was du in den Kleiderschränken findest!«

Meine Beine waren wie Pudding, als ich mich an dem toten Bullen vorbei zur morschen Holztreppe tastete. Ich öffnete die knarrende Tür zum Schlafzimmer. Hier hatten Marie und ich früher Verstecken gespielt, während die Erwachsenen unten bei Kaffee und Kuchen zusammensaßen und uns gewähren ließen. Jetzt hatte ich wahnsinnige Angst, weitere Tote im Schlafzimmer zu finden. Tante und Onkel? Hatten sie sich umgebracht?

Aber das Schlafzimmer war leer. Es war schon mehrfach geplündert worden, die Schubladen waren herausgerissen, die Scheiben zerbrochen. Eine Krähe stob flatternd davon, und ich erschrak zu Tode. Sie hatte doch tatsächlich in aller Ruhe auf dem Bett gesessen und sich die Federn geputzt. Hastig durchwühlte ich Schränke und Schubladen und stopfte alles, was ich noch an Nützlichem finden konnte, in meinen selbst genähten Rucksack.

Als Marie und ich genug »geplündert« hatten, schlichen wir uns wieder aus dem Haus. Wir wollten uns ganz unauffällig unter die anderen Frauen mischen, die ebenfalls mit Säcken hin und her stapften. Der unvorstellbare Gestank des toten Bullen hatte uns komplett die Sinne geraubt, er war uns in alle Poren gekrochen.

Plötzlich begannen die Frauen zu kreischen, ließen die Säcke fallen und rannten über das verdreckte Grundstück davon.

»Russen!«

Marie und ich erstarrten, warfen unsere Säcke auf den Lastwagen und wollten den anderen hinterherrennen. Sie hatten uns aber schon gesehen.

»*Stoi*! – Stehen bleiben!« Ein Schuss in die Luft, und wir hatten verstanden.

Marie und ich rissen die Arme hoch und blieben stehen. Der Fahrer tat so, als gehörte er nicht zu uns. Er zog sich in sein Führerhäuschen zurück und schloss die Augen, als wollte er ein Schläfchen machen.

Eine der flüchtenden Frauen wagte einen Sprung über den Stacheldrahtzaun, hinter dem wohl früher der Bulle gegrast hatte, um über die Weide zu fliehen. Der Russe, der seine Maschinenpistole schon auf Marie und mich gerichtet hielt, zielte genau zwischen unseren Köpfen hindurch und schoss. Der ohrenbetäubende Knall zerriss mir fast das Trommelfell. Aus dem Augenwinkel sah ich, wie die arme Frau taumelte und blutüberströmt zusammenbrach. Die anderen brachen in hysterisches Kreischen aus, aber Marie und mir blieb der Schrei im Hals stecken.

Eine andere Frau hatte es ebenfalls geschafft, über den Zaun zu klettern, und rannte hakenschlagend über die Weide. Wir sahen sie am Waldrand verschwinden. Einer der Russen, der sich gerade auf einem Holzstapel eine Zigarette angesteckt hatte, sprang auf, verfolgte die Frau und schoss wie verrückt. Es war eine Hetzjagd, die ihm Spaß zu machen schien. Wir hätten so gern die Hände auf Augen und Ohren gepresst, aber der Russe, der uns bewachte, ließ uns immer noch die Hände hochhalten.

»Du und du.« Er zeigte auf Marie und mich. »Rauf mit euch. Auf die Ladefläche.«

Uns war klar, was er vorhatte. Die anderen Frauen wurden ebenfalls von Maschinenpistolen in Schach gehalten. Der Russe kletterte hinter uns her und stieß uns ins Heu.

Wir waren alle keine Augenweide, wir starrten vor Dreck und stanken nach Gülle.

Dennoch schoben sie uns gierig die Röcke hoch und zogen sich bereits die Hosen herunter.

Aber das, was die Russen nun an Marie und mir rochen, verschlug ihnen förmlich den Atem.

Einer hatte sich schon über uns gebeugt, da wurde er ganz grün im Gesicht. Der tote Bulle war unsere Rettung, er hatte uns mit seinem Verwesungsgestank überzogen! Russische Flüche ausstoßend spuckte der Soldat ein paarmal aus, rannte hinaus und rief den anderen Russen etwas zu, was wir zwar nicht verstanden, was aber vom Tonfall her eindeutig war. Bestimmt warnte er sie, dass wir alle von einer widerlichen Seuche befallen waren.

Daraufhin ließen auch die anderen Russen von unseren Kolleginnen ab, und sie durften sich zitternd und wehklagend wieder anziehen.

Mein Herz raste wie eine Dampflok, und auch Marie war leichenblass geworden. Wir klammerten uns an unsere Säcke und ließen uns auf der Rückfahrt über holpriges Kopfsteinpflaster durchrütteln.

Der Fahrer steckte seinen Kopf nach hinten und gab Meldung. »Da kommt der Russe zurück, der hinter der Frau hergelaufen ist. Er hat sie nicht erwischt. Der ist stinkwütend!«

Der Russe schoss dem Laster einfach in die Reifen. Es knallte, wir flogen von einer Seite auf die andere, und dann blieb der Laster stehen. Der Russe brüllte etwas, und wir verstanden zwischen all den wütenden Ausdrücken »Sibirien!«.

Panik machte sich unter den Frauen breit. Sie schrien und heulten: »Wir arbeiten doch sowieso schon für euch! Bitte schickt uns nicht nach Sibirien, wir haben doch kleine Kinder!«

»Alle Frauen runter!«

Der Russe schoss vor Wut nur so um sich, Kugeln und aufspritzende Steine flogen uns um die Ohren. Der Fahrer stieg aus dem Fahrerhäuschen, kletterte herunter und rief uns zu: »Ich lasse mich doch wegen euch nicht erschießen, ihr dreckigen Weiber!« Nach diesen Worten ging er einfach weg!

Wir Frauen kletterten gehorsam vom Wagen. Weder Marie noch ich wagten es, den Sack mitzunehmen.

Zehn Frauen standen nun auf der Straße, bedroht von einem Russen mit Maschinengewehr.

»Dawai, dawai!« So trieb er uns vor sich her, zurück zum Gutshof: Offensichtlich sollten wir nun alle bestraft werden. Es musste ein Exempel statuiert werden. Mit erhobenen Händen standen wir im Hof, und ich erwartete mein Todesurteil. Wenn ich doch meine Paula nur noch ein einziges Mal sehen dürfte!

An einem Holztisch saß das Tribunal, bestehend aus drei Uniformierten; einer schrieb die Anschuldigungen in ein Buch, einer übersetzte. Wir mussten alle unseren Namen sagen.

Plötzlich sah ich aus dem Augenwinkel meine Mutter mit Paula im Arm an einer Scheune lehnen!

Die Frau, die erfolgreich geflüchtet war, war gleich zu ihr gelaufen und hatte ihr Bericht erstattet! »Deine Anna ist in die Hände der Russen gefallen, sie kommt nicht mehr.«

Dem Wahnsinn nahe war Mutter sofort zur russischen Kommandantur gelaufen.

Mit Blicken versuchte ich verzweifelt, sie davon abzuhalten, aber sie rannte mit Paula im Arm mitten in den Hof und schrie: »Wenn ihr meine Tochter abknallt, knallt mich und das Kind auch gleich mit ab! Dann haben wir es alle endlich geschafft!«

Paula streckte die Arme nach mir aus und schrie, so laut sie konnte. Ihre gellende Stimme zerschnitt die Luft. Mutter und ich fielen auf die Knie und umarmten uns, das Kind in der Mitte. Paula presste ihr tränenüberströmtes Gesicht an meines, und es gab niemanden im Hof, der nicht mitweinen musste. Angesichts dieses Elends beratschlagten sie sich, schüttelten die Köpfe und ließen uns alle für heute nach Hause gehen.

Mit meiner schwachen Mutter, die sich kaum noch auf den

Beinen halten konnte, und der verstörten Paula auf dem Arm schleppten wir uns weinend heim. Dass wir immer noch lebten, kam uns wie ein Wunder vor.

Zu Hause wartete Vater sehnsüchtig auf Nachricht, das bisher versteckte Jagdgewehr im Anschlag. Er war davon ausgegangen, dass wir alle drei nicht wiederkämen. Er hätte sich dann auch erschossen.

Zu Hause wirkte der Schock nach. Ich fiel auf die Bank und bekam einen solchen Nervenzusammenbruch, dass ich stundenlang nur noch schluchzen konnte.

Wie sollte ich junge Frau das auch alles verarbeiten? Wie sollten meine seelischen Schäden je wieder heilen? Und die meiner unschuldigen kleinen Tochter?

Nach einigen Tagen ging es mir wieder leidlich. Ich konnte wieder zur Arbeit gehen.

20

Bei Köslin, März 1945

»Wer von euch ist Anna?«

Eine junge hübsche Russin, die Freundin des neuen Kommandanten, tauchte suchend in der Scheune auf, in der wir Zwangsarbeiterinnen gerade die Ernten der benachbarten Bauernhäuser in Säcke schaufelten.

Stroh und Dreck klebten uns in den Gesichtern, wir husteten und waren hässlich wie die Nacht. Die Hälfte von uns war inzwischen krank, und wir waren alle deutlich unterernährt.

»Ich!« Nichts Gutes ahnend trat ich vor.

»Mitkommen.«

Die junge uniformierte Frau, höchstens Anfang zwanzig, führte mich in eine der Baracken, in denen die Kommandanten am Schreibtisch saßen.

Mein Herz raste. Sollte ich jetzt doch noch zum Abtransport nach Sibirien?

Doch zu meinem Erstaunen stand unsere Dorota da. Hatte sie etwas verraten? Etwa, dass wir Vorräte bei Frau Schellenberg versteckt hatten?

Die Russin fragte mich in schnarrendem Tonfall etwas, und Dorota übersetzte.

»Ich habe ihr gesagt, dass du besonders gut stricken kannst.«

Vor lauter Erleichterung gaben meine Beine nach. Ja, Mutter, Frieda, die Schwägerin und ich hatten früher oft abends in trauter Runde zusammengesessen und die schönsten Muster gestrickt. Dabei hatten wir Lieder gesungen und Geschichten erzählt. Dorota war dabei gewesen. Auch ihr hatten wir unsere raffinierten Muster beigebracht und das Volkslied »Kein schöner Land in dieser Zeit«. Das mochte sie besonders.

»Sie hat an mir den weißen Pullover gesehen, den mit dem Blumenmuster, und möchte nun auch so einen.«

Fragend sah ich die beiden an. Die Russin sprach wieder auf mich ein, ihre Miene war inzwischen durchaus freundlich, ihr Tonfall gar nicht mehr so militärisch.

»Sie will, dass du ihr auch so einen strickst.«

»Das kann ich gern machen«, beeilte ich mich zu sagen. »Es wird aber dauern, da ich ja zwölf Stunden pro Tag zur Arbeit eingeteilt bin und mich auch noch um mein Kind und meine Eltern kümmern muss. Aber nachts will ich gern versuchen zu stricken.«

Dorota übersetzte, und die Russin schüttelte energisch den Kopf. Sie redete wie ein Maschinengewehr auf Dorota ein, gestikulierte dabei lebhaft und bestimmt.

»Sie sagt, du wirst für eine Woche freigestellt und kannst zu Hause bleiben, wenn du ihr genau so einen weißen Pullover strickst.«

Ich hätte die beiden vor Glück am liebsten umarmt. Eine ganze Woche durfte ich nun zu Hause bleiben? Bei meinem Kind? Bei meinen Eltern? Und nichts tun als stricken?

»Ja, natürlich, sehr gerne!« Ich kratzte mich verlegen am Kopf. »Nur weiß ich nicht, wo ich so viel weiße Wolle herkriegen soll.«

Dorota übersetzte. Die Russin antwortete wieder gestenreich.

»Ich habe gefragt, ob es auch eine andere Farbe sein darf, aber sie will den gleichen weißen Pullover, wie ich ihn habe.«

»Wir haben keine weiße Wolle mehr.«

»Dann sollst du einen deiner Pullover aufribbeln und ihr daraus ihr Wunschmodell stricken.«

Ich versprach es. Ich hätte auch mein Bettlaken aufgeribbelt und ihr daraus einen Pullover gestrickt, wenn ich nur bei meinem Kind und meinen Eltern sein durfte.

Paula war nun zehn Monate alt und ganz allerliebst. Ihre Freude, wenn sie mich sah, gab mir allen Lebensmut zurück. Sie klatschte in die Hände und rief begeistert »Mama!«.

Ich dankte Gott für dieses Kind.

Von nun an kam Dorota mit der jungen Russin jeden Abend an unser Schlafzimmerfenster. Wir hatten ja Ausgangssperre, aber sie reichten uns ein gutes Stück Fleisch, eine Tüte Zucker oder auch ein Pfund Mehl herein.

Im Gegenzug strickte ich mir die Finger wund und hielt das hübsche Teil zur Ansicht ans Fenster. Die Russin freute sich wie ein Kind, sprang auf und ab und klatschte in die Hände.

»Sie will mit diesem Pullover ihren Traummann gewinnen«, vertraute mir Dorota an. »Am Wochenende hofft sie auf einen Heiratsantrag!«

Der Kommandant, der ihr Herz gewonnen hatte, war jener, der unser aller Schicksal bestimmte. Er hatte schon im Strafgericht gesessen und Mutter und mich begnadigt, als wir mit Paula im Arm vor ihm auf die Knie gefallen waren.

»Gib dir bloß alle Mühe damit, dieser Tag darf kein Reinfall werden!«

Als ich nach genau einer Woche mit dem Pullover fertig war, probierte die junge Russin ihn direkt in unserem Schlafzimmer an. Er saß perfekt und ließ sie wie einen stolzen Schwan wirken. Ich hatte ihr einen besonders raffinierten Ausschnitt mit zierlichem Spitzenmuster gestrickt. Alles Militärisch-Harte fiel von ihr ab; sie sah hinreißend aus.

Sie drehte sich begeistert vor unserem Spiegel und fiel mir spontan um den Hals.

»*Spassiva, spassiva!*« Sie drückte mir einen Kuss auf die Wange, und da sie sich vorher mit knallrotem Lippenstift geschminkt hatte, prangte nun ihr satter Kussmund in meinem Gesicht. Daraufhin lachte Paula und küsste den Abdruck, was ihr ein völlig verschmiertes rotes Mündchen einbrachte. Als sie sich im Spiegel sah, quietschte sie vor Vergnügen, und das brachte die Russin, die Polin und mich ebenfalls zum Lachen. Drei junge Frauen aus drei Nationen, die einander alles Leid der Welt angetan hatten, freuten sich gemeinsam an einem Baby. Das war das erste Mal, dass ich auch meine Eltern wieder von Herzen lachen sah.

»Ihr kommt alle hinter die Oder.« Die Polen, die sich bei uns einquartiert hatten, drohten uns täglich mit dieser Aussage. Immer mehr Familien wurden in einer Nacht-und-Nebel-aktion vertrieben, und in die leer stehenden Häuser und Höfe zogen Polenfamilien ein. Viele von ihnen verstanden gar nichts von der Landwirtschaft; sie war ihnen zugeteilt worden, und nun mussten sie sehen, wie sie zurechtkamen. Da ja fast keine Gerätschaften und Tiere mehr vorhanden waren, fiel es den Nicht-Landwirten umso schwerer zu wirtschaften. So war es nicht weiter verwunderlich, dass alles immer mehr verfiel. Die Polen waren selbst nicht glücklich mit ihrer neuen, ihnen aufgezwungenen Existenz, aber gefragt wurde niemand. Sie waren ihrerseits aus ostpolnischen Gebieten verjagt worden!

Die wenigen deutschen Familien, die noch im Ort waren, wurden nach und nach aus dem Schlaf gerissen. Mitnehmen durften sie nur, was sie am Leibe trugen. Sie gingen einer ungewissen Zukunft entgegen, denn wer würde sie schon aufnehmen? Manche, die Verwandte im Westen hatten, nahmen diese als Anlaufpunkt, andere irrten mit ihren Familien über Wochen und Monate umher. Anfang des Jahres hatten es viele über das zugefrorene Haff bei Stettin versucht, wie wir gehört hatten.

Noch immer wagten wir es nicht, eigenständig die Flucht anzutreten, denn Vater war immer noch Zwangsarbeiter auf dem Gut, und sein Fehlen hätte unsere Verfolgung ausgelöst. Aber das Bleiben wurde auch immer unmöglicher!

In all dem Durcheinander und Elend tauchte wieder ein Trupp Russen auf und durchkämmte mit vorgehaltenen Gewehren noch einmal das Dorf auf der Suche nach menschlichem Material für ihre Zwecke. Mein Vater war einer der wenigen Männer, die überhaupt noch da waren, und Piotr hatte die Russen auf ihn aufmerksam gemacht: »Da wohnt noch einer!« Und so standen sie plötzlich zu viert auf unserem Hof.

»Mann rauskommen!«

Vater wusste, dass sein letztes Stündlein geschlagen hatte. Er hatte nicht mehr die Kraft, sich zu wehren. Mit erhobenen Händen trat er hinaus.

»Vater!« Aufgelöst stand ich in der Tür, Paula im Arm, und versuchte zu begreifen, was da gerade geschah. »Vater, sie dürfen dich nicht mitnehmen! – Er ist alt und schwach«, versuchte ich, ihnen durch Gesten zu verstehen zu geben. »Das seht ihr doch!«

»*Chleb!*«, gab mir einer der Russen zu verstehen und wedelte mit seinem Gewehr vor meinem Gesicht herum. Ich sollte meinem Vater noch ein Brot als Reiseproviant mitgeben.

Als würde er zur Schlachtbank geführt, stand mein armer Vater mit hängendem Kopf zwischen ihnen. Sie hatten ihn schon an den Armen gepackt. Er würde die lange Fahrt nach Russland bei dieser Eiseskälte so oder so nicht mehr überstehen!

»Bitte habt doch Erbarmen mit dem alten Mann!«, weinte ich laut über den Kopf meines Kindes hinweg.

»Chleb!«, brüllte der Russe. »*Dawai, dawai!*«

Zitternd vor Angst machte ich ihm aus harten Brotresten und letzten Wurstzipfeln noch eine Wegzehrung zurecht.

Weinend steckte Vater das kleine Päckchen in seine Hosentasche. Dann umarmte er Mutter, Paula und mich. »Wir hätten unserem Leben längst ein Ende setzen sollen«, schluchzte er jämmerlich. »Es ist alles aus, hätten wir doch hier gemeinsam sterben dürfen.«

Mutter sank vor den Russen auf die Knie: »Erschießt uns doch endlich!« Doch sie traten nach ihr.

In diesem Moment rannte die junge Russin, gefolgt von unserer Dorota, auf den Hof. Wild gestikulierend redete sie auf die Männer ein und zeigte dabei auch auf mich.

Offensichtlich erzählte sie ihnen, dass wir gute Leute seien, was Dorota lautstark bestätigte. Sie debattierten eine Weile, und an ihrer Heftigkeit merkte ich, dass uns die beiden verteidigten.

»Bitte sag, dass Vater alt und krank ist und es nie und nimmer nach Russland schafft!«, flehte ich Dorota an. »Er leistet doch schon Zwangsarbeit für die Russen, hier auf dem Gut!«

Dorota übersetzte, und plötzlich zeigte die Russin den Männern ihren Verlobungsring. Dann fiel das Wort »Kommandant!«.

Daraufhin ließen die Russen schließlich von Vater ab und trollten sich vom Hof.

Die ostpolnische Familie mit zwei Söhnen, die sich in unser Haus einquartiert hatte, führte sich immer herrischer auf. Der Mann gab sich als neuer Bürgermeister aus, und seine Frau beanspruchte Mutters Kleider und Mieder für sich. Da sie ziemlich mollig war, sah sie darin ausgesprochen geschmacklos aus. Eines Tages forderte einer der Bengels Vater mit großen Gesten auf, unsere letzte alte Kuh zu schlachten. Deren Milch war aber unsere Hauptnahrungsquelle für

Paula. Wir versuchten der Familie klarzumachen: Man kann eine Kuh nicht gleichzeitig melken und schlachten! Doch alles Bitten und Diskutieren half nichts: Vater musste die Kuh schlachten, und ich musste ihm dabei helfen. Doch sie hatten die Rechnung ohne ihre neidischen Nachbarn gemacht. Als das gehäutete Tier am Haken hing – Mutter rührte bereits in einem großen Bottich eine Blutsuppe an –, kam die Polin von nebenan mit Beamten der Miliz und zeigte anklagend auf uns alle.

Wir selbst waren ja gar nicht die Nutznießer dieser Kuh – würden wir jetzt trotzdem angezeigt? Wieder harrten wir mit weichen Knien unserer Bestrafung und wünschten uns einmal mehr den Tod.

Der dickliche Polizeibeamte erkannte den selbst ernannten Bürgermeister und wollte sich keinen Ärger einhandeln. Daher wurde die Kuh »nur« beschlagnahmt: Vater und ich mussten sie vom Haken nehmen, auf eine Schubkarre laden und zur Polizeikommandantur karren. Die Blutsuppe durften wir behalten.

21

Bei Köslin, März 1945

Meine Cousine Marie hatte erfahren, dass im Nachbarort ein Amt eingerichtet worden sei: Dort, so hieß es, könne jeder Deutsche, der »freiwillig über die Oder« wolle, gegen Bezahlung einen Wanderschein erwerben. Mit diesem könne man ungehindert in den Westen gelangen. Dann müsste nur noch Vater von der Zwangsarbeit befreit werden!

Marie und ich mussten unbedingt versuchen, an einen solchen Schein zu gelangen!

Nach wie vor waren deutsche junge Frauen Freiwild, und es war nicht unwahrscheinlich, dass wir auf dem Weg in diesen Nachbarort wieder tollwütigen Männern in die Hände fallen würden. Dennoch nahmen Marie und ich unseren ganzen Mut zusammen und liefen im Morgengrauen los.

»Was haben wir denn noch Geld zum Bezahlen?«

»Vater hat mir etwas mitgegeben, weiß der Himmel, wo er das noch versteckt hatte!«

»Wenn wir in den Westen gehen, dann versprich mir, dass wir zusammenbleiben, Anna!«

»Das verspreche ich dir, Marie. Wir wollen auch Renate und die Kinder mitnehmen und Friedas Kinder und Ansgar. Vater besteht darauf, dass wir als Familie zusammenbleiben.«

»Also, wie viele sind wir dann?« Ich zählte schon das Geld ab. »Elf.«

»Und mit Frau Schellenberg zwölf.«

»Frau Schellenberg?«

»Ja, Anna. Der alten Frau verdanken wir mehr als einmal unser Leben. Ihre Schwester hat sich erhängt, und jetzt ist sie ganz allein.«

Ich blieb stehen und fasste mir ans Herz. »Else von Puttkamer? O Gott!«

»Ich habe es mit eigenen Augen gesehen. Sie hat sich auf dem Dachboden der Villa aufgehängt.«

»Ach, die arme Frau.« Schon wieder musste ich bitterlich weinen, hatte ich doch mit Else viele bange Tage und Nächte in der Dachkammer verbracht und sie doch noch ins Herz geschlossen! Ihr ganzer Dünkel war am Ende von ihr abgefallen, und sie hatte immer wieder so herzerfrischend von ihrem Lieblingsneffen Karl erzählt.

Marie war schon mit der nächsten Frage beschäftigt.

»Ob wir für zwölf Personen einen Passierschein bekommen?«

»Bestimmt nicht«, heulte ich. »So viel Geld haben wir nicht ...«

»Wir müssen es versuchen!« Marie zog mich energisch mit, und so erreichten wir gegen acht Uhr morgens das polnische Amt im Nachbardorf. Es machte gerade auf.

»Bereit?« Meine Cousine zog sich die Bluse straff.

»Bereit.« Mit klopfendem Herzen traten wir ein.

Mehrere Polen in Uniform saßen am Tisch, tranken Kaffee und debattierten.

»Was wollt ihr?«, herrschten sie uns unwillig an.

»Wir haben gehört, hier gibt es Wanderscheine für Deutsche, die freiwillig das Land verlassen. Wir sind dazu bereit und können auch bezahlen.«

»Wie viele Personen?«

»Zwölf.« Tapfer hielten wir ihren Blicken stand.

»Wie viel Geld habt ihr?«

Ich blätterte alle Scheine hin, wie ein Pokerspieler, der sein Blatt auf den Tisch legt. Vielleicht war das ein Fehler, und ich hätte pokern sollen?

Brüllendes Lachen war die Antwort. »Dafür kriegt ihr einen Wanderschein. Vielleicht auch zwei, weil ihr so hübsche Augen habt.« Ein anzügliches Grinsen streifte uns.

»Wir haben nicht mehr. Wir wollen als Familie zusammenbleiben. Bitte helfen Sie uns doch! Wir gehen doch freiwillig über die Oder und hinterlassen Haus und Hof!«

»Na, dann kommt mal mit, ihr zwei Hübschen.« Einer der Uniformierten führte uns in den Keller, und schon schlug uns das Herz bis zum Hals. Während wir die kalte, dunkle Treppe hinunterstiegen, überlegten wir schon, was für Optionen wir hatten. Ich war bis jetzt wie durch ein Wunder verschont geblieben, während es Marie schon bitterlich getroffen hatte!

Wie sollten wir jetzt für unsere Familie entscheiden? Oder gab es schon gar nichts mehr zu entscheiden? Wir waren ihnen ausgeliefert, mit Haut und Haar, so oder so.

Der Pole machte sich am Vorhängeschloss eines Bretterverschlags zu schaffen, stieß knarrend die Holztür auf und zeigte auf riesige Haufen gedroschenen Weizens, die in diesem vergitterten Kellerverlies lagerten. Millionen von Weizenkörnern staubten vor sich hin.

Er holte Säcke und Schaufeln und warf uns alles vor die Füße. »Dann mal los«, sagte er spöttisch. »Dann arbeitet mal die zwölf Wanderscheine für eure Familie ab.«

Marie und ich waren so erleichtert, dass es *nur das* war, was er von uns verlangte! Wir krempelten die Ärmel hoch und legten los. Eine von uns hielt die Säcke auf, die andere schaufelte. So ging das Stunden über Stunden, ohne einen Schluck Wasser, in diesem staubigen, dunklen Kellerloch. Als wir schließlich den gesamten Keller leer geschaufelt hatten, waren über fünfzig Säcke gefüllt. Draußen vor dem vergitterten Kellerfenster war es schon wieder dunkel. Die Arme wollten uns abfallen, die Zunge klebte uns am Gaumen, die Augen tränten, und der Rücken brach fast durch. Aber sie hatten uns nichts zuleide getan.

Bis jetzt.

»Hallo? Wir sind fertig!«

Zwei inzwischen betrunkene Polen kamen wieder herunter und besahen sich unser Werk.

Sie diskutierten miteinander: Sollen wir ihnen die Wanderscheine geben, oder haben wir noch was anderes mit ihnen vor? Das glaubte ich zumindest ihren Gesten und ihrem Tonfall zu entnehmen. Sie stanken grauenvoll nach Alkohol und grinsten gierig.

Schließlich zeigte einer auf die Körner in all den Ritzen des Holzverschlags: Die sollten wir mit der Hand einsammeln. Dazu warf er uns einen neuen Sack vor die Füße. Wir sollten vor ihren Augen auf allen vieren kriechen und die einzelnen Körner auflesen wie Aschenbrödel.

Eine innere Stimme warnte mich, und Marie dürfte es genauso gegangen sein.

Da sich die beiden nicht einig waren, polterten sie laut wieder nach oben.

Heulend ließ ich mich an der kalten Wand hinuntergleiten: »Ich kann nicht mehr, Marie! Sie haben uns so oder so in der Hand!«

»Hör sofort auf zu heulen, Anna. Sie sind oben im Büro und saufen. Komm, wir hauen ab!«

»Aber das Geld?«

»Sehen wir so oder so nie wieder.«

So leise wir konnten, schlichen wir im Dunkeln die Treppe hinauf. Hoffentlich hatten sie die Kellertür nicht abgeschlossen! Mit pochendem Herzen stand ich da, während Marie geräuschlos die Klinke heruntedrückte. »Sie ist offen!«

Millimeter für Millimeter zogen wir die schwere Tür auf.

Drinnen im Büro tranken die Männer lautstark weiter. Wir schoben uns in den Flur und huschten Richtung Ausgang, als plötzlich die Tür aufflog und einer der beiden den Raum verließ. Mit dem Rücken zu uns gestikulierte er wild mit einer Wodkaflasche. Wie zwei Schatten huschten wir hinter einen schmuddeligen Vorhang. Der Pole kam direkt auf uns zugeschwankt, wir rochen seine Fahne und waren uns sicher, dass er uns gesehen hatte. Doch unmittelbar neben uns riss er ein Fenster auf und angelte eine neue Flasche aus der Getränkekiste darunter. Unsere Schuhe schauten unter dem Vorhang hervor, er wäre uns fast auf die Füße getreten! Wir wagten nicht zu atmen. Brummelnd knallte er das Fenster wieder zu und taumelte in sein Büro zurück. Diese Sekunde nutzten wir, um zum Ausgang zu rennen, die Tür aufzureißen und das Weite zu suchen.

»Du rechts, ich links!« Marie stob schon davon.

Aus Angst, sie könnten uns vom Fenster aus sehen, lief ich in geduckter Haltung etwa hundert Meter weit durch den Schlamm. Warum musste ich jetzt so deutliche Fußspuren hinterlassen! Am Ende der Straße sah ich schon Marie hocken, die mit Seitenstichen kämpfte. Wir keuchten wie verrückt.

»Achtung, da kommt jemand!«

Ein älterer Pole kam gerade mit geschulterter Forke von einem Acker und marschierte nach Hause. Er musterte uns anzüglich. Normalen Schrittes gingen wir weiter. »Nicht rennen, dann fallen wir sofort auf!«

Wir hatten keine Uhr und konnten nur schätzen, dass es sicherlich schon nach zwanzig Uhr war. Also Ausgangssperre für die Deutschen! Der Pole mit der Forke ging in einigem Abstand hinter uns her.

»Wir tun so, als ob wir Polinnen wären!« Eingehakt schlenderten wir so selbstbewusst wie möglich mitten übers Kopfsteinpflaster, hocherhobenen Hauptes. Natürlich durften wir kein Wort reden! Unsere Herzen rumpelten vor Angst. Ein paar Leute kamen uns entgegen. Wir schauten stur geradeaus und mieden ihre prüfenden Blicke.

»Geht er noch hinter uns?«

»Ja. Scheiße. Was machen wir?«

»Da, die schiefe Feldscheune! Du rechts, ich links! Bei drei! Eins, zwei ... *drei!*«

Plötzlich beschleunigten wir unsere Schritte. Mit dem schweren Arbeitsgerät konnte der Pole so schnell nicht hinterher. Mit fliegenden Röcken rasten wir auf die Feldscheune zu und verschanzten uns darin. Durch die vielen Ritzen in den Wänden konnten wir den Polen beobachten. Er kämpfte mit sich: Wenn er die Forke irgendwo ablegte, würde sie ihm vielleicht noch gestohlen werden! So entschied er sich schließlich, uns laufen zu lassen, machte kehrt und marschierte ins Dorf zurück. Wir warteten noch eine Weile, doch alles blieb still. Längst war es stockfinster geworden, Straßenlaternen gab es keine. Es herrschte nach wie vor Verdunklungspflicht. So blieb uns nichts anderes übrig, als unverrichteter Dinge die vier Kilometer im fahlen Schein des Mondes wieder nach Hause zu rennen. Wir hatten nichts erreicht, nur in großen Schwierigkeiten gesteckt. Und Vaters Geld war auch weg.

Wieder zu Hause wollte die selbst ernannte Frau Bürgermeister auch so einen schönen weißen Pullover von mir haben. Doch ich hatte keine Ahnung, wo ich noch weitere Wolle hernehmen sollte, um ihre Fülle zu bestricken!

Sie machte mir Zeichen: Ich sollte Paulas Babydecke aufribbeln, die war zwar rosa, aber das störte sie nicht.

Diese Decke hatte meine Mutter für mein Kind gestrickt, als ich mit meiner Blutvergiftung im Krankenhaus lag. Sie war Paulas ganzer Trost. Nun musste ich meinem Kind auch noch den letzten Zipfel Geborgenheit wegnehmen und für die Polenfrau einen Pullover daraus machen!

Ich strickte mir die Finger wund, um der Bürgermeistersfrau ihren Wunsch zu erfüllen. Damit erhoffte ich mir auch ihre Gunst und Milde, und tatsächlich gab sie uns dann und wann großzügig etwas von ihren Lebensmitteln ab.

Als ich ihr den wirklich bildschönen Pullover überreichte, zog sie mich in die Stube, die einmal unsere gewesen war:

»Du Frau kommen mit nächste Transport hinter Oder. Weiß ich von mein Mann.«

Mein Herz raste. War das jetzt gut oder schlecht? Die Belohnung für den Pullover gar?

»Was heißt das, ich Frau? Wir sind insgesamt zwölf Personen!«

»Du mit Baby. Keiner mehr.«

»Nein, das geht nicht!« Panisch versuchte ich meine schrill gewordene Stimme zu senken.

Währenddessen zog die Bürgermeisterin ganz ungeniert ihren Kittel aus und den schönen neuen Pullover an. Das Babyrosa wirkte über ihrem fleischfarbenen Mieder richtig kitschig, aber genau das gefiel ihr. Mit wogendem Busen drehte sie sich vor dem Spiegel hin und her:

»*Dobrze. Dziękuję. Bardzo dobrze.*«

»Wir bleiben als Familie zusammen. Verstehen Sie!?« Flehentlich rüttelte ich sie am Arm.

»Dein Vater kann nicht mit«, sagte sie unbeeindruckt. »Der muss hier weiterarbeiten. Und deine Mutter brauchen wir. Sie ist die Einzige, die was von der Landwirtschaft versteht.« Das alles sagte sie zwar auf Polnisch, aber Gestik und Mimik sprachen für sich. »Du und Baby. Keiner mehr.«

Damit drückte sie mir den ersehnten Wanderschein in die Hand, mit Stempel und Zusatz: »*Z dziecko.*« Mit Kind.

Niedergeschlagen schlich ich mich wieder in unser Zimmer zurück. Meine arme Mutter lag wie so oft völlig apathisch auf dem Bett und starrte an die Decke. Einzig die herumkrabbelnde Paula, die eifrig vor sich hin brabbelte, entlockte ihr ab und zu noch ein Lächeln. Mir war klar, ich konnte meine Eltern unmöglich hierlassen. Sie würden zugrunde gehen.

Der Transport, von dem die Bürgermeisterin gesprochen hatte, sollte in etwa einer Woche von Bublitz abgehen. Das lag knapp vierzig Kilometer von hier entfernt! Nur ich hatte die Genehmigung, das Dorf zu verlassen!

Wie sollte ich meine Eltern heimlich in diese Stadt bringen? Zu Fuß und in der Nacht, mit Kind und Gepäck? Das war unmöglich. Außerdem konnte ich doch Marie, Friedas Kinder, Ansgar, Renate und ihren Nachwuchs nicht im Stich lassen, ebenso wenig wie die alte Frau Schellenberg.

Unter einem Vorwand schlich ich mich zu der alten Frau. Hoffentlich lebte sie noch! Ich hatte sie so ins Herz geschlossen, als wäre sie meine eigene Großmutter.

Frau Schellenbergs runzeliges Gesicht hellte sich auf, als sie mich bemerkte.

»Anna, wie schön, dich zu sehen! Gott, Kind, du siehst ja furchtbar aus! Kriegst du gar nichts mehr zu essen?« Sie zog mich gleich hinter den Ofen, in dem ich mich mit Renate versteckt hatte, als die Russen noch hier wüteten, und steckte mir ein Stück Brot zu.

»Ich habe einen Wanderschein.« Eilig zog ich das kostbare Dokument, das eigentlich nur ein schäbiges Stück Papier mit einem Stempel war, aus der Tasche.

»In zwei Tagen geht der Transport von Bublitz ab. Dort soll ein Zug mit Flüchtlingen in den Westen fahren! Wir wollen alle zusammenbleiben, und Sie müssen auch mit!«

»Ach Kind, ich bin schon so alt, einen alten Baum versetzt man nicht mehr.«

»Aber Sie haben doch hier kein Leben mehr. Jetzt, wo Ihre Schwester tot ist und der Gutshof enteignet ...« Ich schluckte. »Haben Sie eine Ahnung, wo Ihr ... ähm ... wo Karl ist?«

Frau Schellenberg schüttelte den Kopf. »Er ist in den Westen unterwegs und versucht, von Stettin ein Schiff zu nehmen. Dort fahren regelmäßig Schiffe mit Flüchtlingen über die Ostsee. Aber Kind, ich habe schon lange nichts mehr von ihm gehört. Stettin soll eingekesselt sein, ich weiß nicht mal, ob er noch lebt.«

Ich biss mir auf die Lippen und senkte den Kopf. »Wir müssen hier weg«, sagte ich verzweifelt. »Aber ich habe nur einen Schein!«

»Anna, ich helfe euch gerne. Marie war auch schon bei mir und hat von euren Plänen erzählt.«

Gebannt sah ich die alte Frau an.

»Ich habe noch ein paar versteckte Wertsachen. Damit könnte man vielleicht den Kommandanten bestechen.«

Ein winziger Hoffnungsschimmer keimte in mir auf. Das war der Russe, der der jungen Pullover-Russin den Heiratsantrag gemacht hatte!

»Wir könnten sie vielleicht dazu bringen, dass sie deinen Vater entlassen, und vielleicht bekommt er sogar auch einen Wanderschein.«

»Ach, Frau Schellenberg ... Aber dann haben wir immer noch erst zwei, und wir sind zwölf!«

»Lass mich nur machen.«

Frau Schellenberg packte mich bei den Schultern. »Geh nach Hause zu deiner Mutter und deinem Kind, ich versuche mit dem Kommandanten zu verhandeln. Das ist kein Unmensch, wie du weißt.«

Das war für mich absolut überwältigend. Die Russen hatten ihre Schwester enteignet, geknechtet und so sehr gedemütigt, dass sie sich schließlich aufgehängt hatte. Und nun wollte sie mit den Russen für mich verhandeln?

»Das hat der Krieg aus uns gemacht, Anna. Der neue Kommandant und seine Verlobte können nichts dafür. Sie sind auf ihre Lebenspositionen geschleudert worden wie du auf deine und ich auf meine: Wir müssen uns alle arrangieren. Niemand ist von Grund auf böse.«

Noch am selben Abend klopfte Frau Schellenberg heimlich an unser Fenster. Mutter lag wieder apathisch da und reagierte gar nicht mehr, ich badete gerade notdürftig meine kleine Paula in einer Schüssel. Unsere Polenfamilie saß in der Stube beim Abendessen, und wir hörten sie laut streiten. Aber so waren sie wenigstens beschäftigt.

»Folgendes konnte ich aushandeln«, wisperte die alte Frau am Fenster.

»Der Kommandant wird deinen Vater krankmelden. Für ihn, deine Mutter, deine Schwägerin Renate und deine Cousine Marie beschafft er ebenfalls Wanderscheine. Die Kinder müsst ihr so mitnehmen. Für jeden Schein wollen er und seine Verlobte einen Koffer voller Kleider, eine Kiste Geschirr oder ein echtes Schmuckstück. Die sollt ihr morgen Nacht zur Wohnung bringen, sie leben jetzt in dem Haus, wo früher der Kaufmann drin war. Ihr müsst um Punkt Mitternacht ans Fenster klopfen, sie nehmen die Sachen dann entgegen und reichen euch die Wanderscheine raus. Aber ihr müsst ans richtige Fenster klopfen, denn nebenan wohnen andere Russen!«

»Kind, mit wem redest du denn da? Komm vom Fenster weg!«

»Mutter, beruhige dich, ich erzähle dir gleich alles! – Wie sollen wir an Kisten mit Kleidern und Schmuck kommen?!«

»Marie und du, ihr müsst die Sachen von meinem Dachboden herunterholen, dort konnte ich sie verstecken. Marie wartet um zehn Uhr abends am Backhaus, und dann klopft ihr leise an mein Schlafzimmerfenster. Es ist das linke von den beiden im Erdgeschoss. Hast du mich verstanden?«

»Ja, Frau Schellenberg.« Zum Dank reichte ich der tapferen alten Frau noch beide Hände aus dem Spalt. »Danke, dass Sie uns helfen!«

»Anna, mit wem flüsterst du da die ganze Zeit?«

»Mutter.« Ich setzte mich zu ihr auf das Bett und erzählte ihr von unserem Fluchtplan. »Bitte, Mutter. Du musst jetzt ganz stark und tapfer sein. Bleib bitte bei Paula, schau nur, die niest schon die ganze Zeit.« Schnell steckte ich die Kleine zu meiner Mutter unter die Decke. Eine eigene Decke hatte sie ja nicht mehr.

Am späten Abend schlich ich mich über die Felder zu Frau Schellenberg. Ich hatte sehr große Angst, entdeckt zu werden. Eine Lampe konnte ich nicht mitnehmen, damit hätte ich auf mich aufmerksam gemacht.

Zu allem Überfluss fing es an zu schneien: Obwohl es bereits Ende März geworden war, war der Winter noch einmal zurückgekehrt. Wieder nahm ich den Umweg durch den finsteren Wald. Bei jedem Knacken blieb ich wie angewurzelt stehen und horchte. Manchmal raschelte ein Tier im Gehölz, einmal flog direkt neben mir ein Nachtvogel auf. Jedes Mal lehnte ich mich an einen Baum und wartete, bis sich mein Herzrasen beruhigt hatte. Endlich erreichte ich das Dorf und schlich mich im Schatten der Häuser zur verabredeten Stelle an der Kirche. Marie stand schon hinter dem Brotbackofen und erwartete mich. Schweigend fielen wir uns in die Arme. Ohne ein Wort wateten wir durch den frisch gefallenen Schnee und klopften an Frau Schellenbergs Fenster. War es auch das richtige? Ich wollte mir in die Faust beißen vor Angst. Ja, Gott sei Dank. Sie öffnete lautlos, und genauso lautlos stiegen wir bei ihr hinein und schlichen gleich hinauf in die Dachkammer, die uns als Versteck gedient hatte. Frau Schellenberg hielt Wache, während ich zwei volle schwere Koffer herauszerrte. Marie gab Schmuck und Tafelsilber, Bettwäsche und Tischdecken in einen Sack. Frau Schellenberg klopfte unten an das Treppengeländer. In ihrem Haus waren ja ebenfalls Russen einquartiert, und diese durften von der streng verbotenen Aktion nichts mitbekommen! Um diese Zeit schliefen sie schon; man hörte sie hinter den Zimmertüren schnarchen. Wenn jetzt nur einer von ihnen herauskam, um auf die Toilette im Flur zu gehen, waren wir verloren! Mein Herz raste vor Angst. Zentimeter für Zentimeter balancierten wir die schwere Last hinunter. Frau Schellenberg packte mit an. Zu dritt schleppten wir alles fort; zuerst hinter den Brotbackofen, wo wir alles zwischenlagerten. Dort warteten wir, bis es Mitternacht war.

Wir mussten uns auf das Schlagen der Turmuhr verlassen, denn keine von uns hatte mehr eine Uhr.

»Jetzt!« Es läutete verhalten zwölf Mal. »Schnell!«

Aufgeregt rappelten wir uns hoch und schleppten alles über die Straße zu dem Haus, in dem der Kommandant mit seiner jungen russischen Verlobten wohnte.

Kurz nach Mitternacht klopften wir mit vor Erschöpfung tauben Fingern gegen ihr Fenster. Hoffentlich war es auch diesmal wieder das richtige!

Es öffnete sich in derselben Sekunde, und die Hände des russischen Kommandanten und der jungen hübschen Verlobten streckten sich uns fordernd entgegen. »*Dawai, dawai!*«

Zuerst der erste Koffer: Sechs Frauenhände stemmten ihn gemeinsam hoch, vier Hände rissen ihn an sich. Dann rannten wir zurück zum Brotbackofen und holten den zweiten Koffer, klopften wieder. Gleiches Prozedere. Schweigend und schnell. Schwarzhandel, Bestechung und Kooperation mit den Deutschen wurden streng bestraft. Alles war ja ab sofort Staatseigentum; niemand durfte privat etwas für sich besitzen. Die letzte Ladung war der Sack mit dem Schmuck und dem Tafelsilber.

Ächzend wuchteten wir auch dieses Ungetüm noch hinein.

Würden sie jetzt das Fenster schließen und uns stehen lassen, hätten wir nichts erreicht. Dann hätten sie unsere Wertsachen, und wir könnten nichts machen. Sie hätten uns auch auf der Stelle verhaften können. Wir warteten eine gefühlte Ewigkeit. Selbst das Atmen versuchten wir zu unterdrücken vor Angst.

Doch dann wurden uns die Wanderscheine herausgereicht;

ein Gummiband hielt sie zusammen. In der Dunkelheit und in der Eiseskälte hatten wir keine Zeit, sie zu kontrollieren.

Deshalb zogen wir uns in den Schutz des Backhauses zurück. Dort wagten wir die Taschenlampe zu benutzen. Marie glättete die Papiere. »Vier Wanderscheine.«

»Wir sind aber zwölf!«, flüsterte ich verzweifelt.

»Auf mich müsst ihr keine Rücksicht nehmen, ich muss nicht mit.« Frau Schellenberg zog sich die Handschuhe aus und klopfte sich damit den Dreck vom Rock.

»Wir bestehen darauf! Sie gehören zu uns! Wir überlassen Sie nicht dem Feind!«

Inzwischen war es ein Uhr nachts, wie die Turmuhr leise scheppernd verriet, und ich wusste, dass meine Eltern zu Hause vor Sorge kein Auge zutaten. Hauptsache, sie kümmerten sich um Paula. Meine kleine Tochter hatte mir verdächtig oft geniest, und ihr zäher Husten wollte auch nicht besser werden. Medizin gab es ebenso wenig wie vitaminreiche Nahrung, von einem Arzt ganz zu schweigen. Wir mussten so schnell wie möglich von hier weg.

»Wie sollen wir denn nur nach Bublitz kommen? Busse fahren nur für die Polen!«

»Wir benötigen Pferd und Wagen!«

»Aber die Russen haben alle Pferde mitgenommen oder geschlachtet. Die geplünderten Wagen stehen verwahrlost an Straßenrändern!«

»Im ganzen Dorf gibt es noch zwei Pferde«, wusste Frau Schellenberg. »Eines hat der Leichenbestatter, und eines steht bei einem sehr netten Polen, dem ich die Wäsche mache.«

»Und ... könnten Sie mit ihm reden?«

»Das habe ich bereits getan.« Frau Schellenberg zog sich das Kopftuch enger. »Es ist so alt und klapprig, dass es keine zwölf Personen ziehen kann. Andererseits bin ich nicht mit dabei, und ich wiege ja auch einiges.«

Als wenn die knapp fünfzig Kilo der alten Frau Schellenberg einen Unterschied machen würden!

»Und der Leichenbestatter?«

»Gibt es nicht her. Verständlicherweise, da er es täglich mehrmals braucht.«

Frau Schellenberg hatte wirklich ganze Arbeit geleistet! Sie war uns immer mindestens einen Schritt voraus.

»Außer wir bestechen auch den Leichenbestatter? Ich habe immer noch Zeug da oben: ein ganzes Kaffeeservice und ein Federbett.«

Ich wusste nicht, wie ich Frau Schellenberg jemals danken sollte.

Wir beratschlagten noch eine Weile im Flüsterton, und schließlich war es Marie, die sich anbot, dem Leichenbestatter diese Dinge anzubieten, wenn er uns denn mit seinem Wagen zum Bahnhof nach Bublitz bringen würde.

So gingen wir in dieser Nacht auseinander. Frau Schellenberg schlich sich wieder in ihr Haus, Marie schlug sich in Richtung Friedhof durch die Büsche, und ich kehrte über die tief verschneiten Felder und den dunklen Wald zu meinen Eltern zurück.

Am nächsten Morgen steckte mir Dorota heimlich einen Zettel zu, den Marie ihr gegeben hatte.

»Es klappt! Morgen dreiundzwanzig Uhr. Treffpunkt Backhaus. Absolutes Stillschweigen!«

Sie hatte es also geschafft! Nun mussten wir nur noch das Bestechungsgut herbeischaffen und es mitten in der Nacht zu Frau Schellenbergs Backofen bringen.

Gleichzeitig galt es, alles für unsere gemeinsame Flucht vorzubereiten. Die aus alten Säcken genähten Rucksäcke lagen schon länger bereit. Einen nach dem anderen füllte ich nach und nach. Dann ließ ich sie unter dem Bett verschwinden. Es kam nämlich öfters vor, dass die Bürgermeistersfrau den Kopf zur Tür hereinsteckte und irgendwas von uns wollte. Mal funktionierte die Pumpe nicht, mal bekam sie den Herd nicht an, mal fand sie keine Eier, und wie das mit dem Schlachten der Hühner funktionierte, hatten sie auch noch nicht gelernt.

Eigentlich waren sie ohne uns gar nicht lebensfähig in unserem Haus! Der selbst ernannte Bürgermeister war Postbeamter in Warschau gewesen, die schlecht erzogenen Söhne konnten und taugten nichts, und sie, die verwöhnte Mollige, war eine kleine Stadtwohnung gewöhnt und keinen riesigen Bauernhof. Deswegen würden sie meine Eltern auch nie freiwillig gehen lassen! Sie wollten nur mich loswerden. Mich und mein Kind. Zwei unnütze Mäuler, die sie nicht mehr stopfen wollten.

Wir mussten also heimlich verschwinden. Merkten unsere Polen etwas, würden sie uns bei der Miliz anzeigen, und dann würden wir auseinandergerissen: Mich und mein Kind würde man vertreiben, die Eltern als Knecht und Magd behalten. Das war meine größte Sorge!

Auch der Kinderwagen wurde bis obenhin vollgepackt. Darauf musste Paula dann liegen. Für jeden von uns rollte ich ein Federbett ganz fest zusammen und sicherte es mit starkem Bindfaden. So sparte ich Platz. Mutter war mal verwirrt und abwesend, mal half sie wieder hektisch mit. »Kind, was kann ich tun?«

»Mutter, halt den Finger auf den Knoten! Ganz fest! Achtung, tu dir nicht weh.« Ich zog mit aller Macht, und Mutter heulte plötzlich auf.

»Ach Kind, das hat doch alles keinen Zweck.«

Paula krabbelte mit eitriger Rotznase zwischen uns herum und griff nach allem, was sie spannend fand. Ihr kleiner Brustkorb hob und senkte sich röchelnd, sie wurde von einem starken Husten gequält. Ihre Stirn glänzte fiebrig, und sie legte immer wieder jammernd die Hände auf die Ohren. Mutter weinte genauso verzweifelt und steckte sich den verletzten Finger in den Mund.

»Warum durfte ich das Gift nicht trinken? Warum haben wir uns nicht von den Russen erschießen lassen? Ich will nicht mehr, ich kann nicht mehr, das ist doch ein Wahnsinn, wir wissen doch gar nicht, wohin ...«

»Von Stettin sollen Schiffe abgehen«, flüsterte ich. »Das könnten wir versuchen! Frau Schellenberg sagt, dass Karl ...«

»Was soll ich denn auf einem Schiff! Ich will in meinem Zuhause sterben!«

»Mutter, ich flehe dich an: Reiß dich zusammen! Und bitte sei leise! Wenn die Bürgermeisterin reinkommt, ist alles verloren!«

Vater bemühte sich, so gut er konnte, mir zu helfen und holte noch letzte Dinge aus einem Geheimversteck.

»Hier habe ich noch einige Scheine sowie Zwanzigmarkgoldmünzen aus dem Kaiserreich.« Mit gebrochener Stimme zählte er mir die schweren Münzen auf die Hand. »Und unsere Sparbücher.«

»Ach Walter, das nehmen sie uns doch gleich alles ab. Wie sollen wir das transportieren?«

»Warte, ich trenne das Futter des Kinderwagens auf und nähe es ein.«

»Du musst alles in weißes Papier wickeln, sonst scheint es durch.« Vater und ich bastelten gleich drauflos. Tatsächlich gelang es uns, das gesamte Innenfutter mit Sparbüchern und Scheinen auszupolstern. Sorgfältig nähte ich alles wieder zu.

Die Goldmünzen nähte ich in Mutters Mieder, obwohl sie sich weinend dagegen wehrte. Nach sechs Geburten war Mutter auf ein festes Mieder mit Drahtgestänge angewiesen. Sämtliche Nähte trennte ich mit der feinsten Nagelschere auf, während Mutter frierend danebensaß. In jede Naht legte ich ein Zwanzigmarkstück, und so musste Mutter ein doppelt so schweres und nunmehr noch engeres Mieder über ihren ausgeleierten Bauch und Busen ziehen. Vater und ich pressten sie mit aller Kraft hinein. »Passt!«

Mutters Gejammer und Paulas Geschrei hätten die Polen wirklich aus ihren Betten treiben müssen, aber entweder hatten sie wirklich einen sehr festen Schlaf, oder aber sie befürchteten, uns aus irgendeiner Notlage helfen zu müssen, und stellten sich lieber taub.

Einige Geldscheine lagen immer noch vor mir. Da fiel mir mein Hüftgürtel ein. Ich öffnete das Futter und nähte auch sie ein. Damit hatte ich bis kurz vor Aufbruch zu tun. Glücklicherweise waren Mutter und Paula irgendwann doch erschöpft eingeschlafen.

22

PAULA

Auf der Autobahn kurz vor Berlin, Ende Juli 2004

Zum Glück waren Tante Martha und Rosa irgendwann doch eingeschlafen.

Seit Stunden waren wir mit meinem Auto unterwegs, heute früh hatten wir uns nach einer schlaflosen Nacht aufgemacht.

Es war der erste Ferientag, und wir waren alle drei schrecklich aufgeregt und hatten wieder mal herumgestritten.

Rosa wollte unbedingt, dass wir mit dem nagelneuen Automatik-Schlitten fuhren, der aber auf das Hotel ihres Freundes zugelassen war, und das wollte ich auf keinen Fall riskieren. Das könnte Riesenprobleme geben, wenn wir irgendwo einen Unfall hätten oder wenn uns der Wagen in Polen geklaut würde. Diese Ansicht vertrat auch Tante Martha.

»Mama, schäm dich, das sind ganz üble Vorurteile«, hatte Rosa mich angegiftet, »das hätte ich dir nicht zugetraut!«

Daraufhin hatte ich mich damit rausgeredet, dass ich es nicht gewöhnt sei, Automatik zu fahren – schließlich hatte Opa Karl mir das Autofahren mit Knüppelgangschaltung beigebracht.

»In deine alte Karre setze ich mich nicht«, hatte das Kind gewettert, »die stößt ja viel zu viel CO_2 aus und ist umweltschädlich!«

Tante Martha wiederum hatte ihren Senf dazugegeben: »Ich kann nur vorne sitzen, hinten wird mir schlecht!«

Es war schon nicht leicht, mit drei eigenwilligen Frauen aus drei Generationen loszufahren, und Rosas Fabian hatte nur kopfschüttelnd beim Verladen unseres Gepäcks geholfen.

Auch der Abschied von Karl war nicht einfach gewesen. Wie sollten wir drei Frauen ihm nur erklären, dass ihn in den nächsten Wochen keine von uns im Altersheim besuchen würde?

»Maikäfer, flieg«, hatte er geseufzt, als ich ihm erklärt hatte, dass ich auf den Spuren meiner Vergangenheit nach Polen fahren wollte.

»Ja, Vater, das ist alles lange her, und zum Glück bist du ja nicht mehr im Krieg.« Ich hatte seine Hand genommen.

»Aber Anna bleibt doch hier, oder?«

»Anna bleibt hier.« Mit Tränen in den Augen hatte ich zum Friedhof hinübergeblickt, den man von seinem Fenster aus sehen konnte. »Schau, da liegt sie. Sie ist immer bei dir.«

»Anna und ich haben uns nie verlassen.«

»Ich weiß, Vater.« Ich schluckte trocken. »Und dennoch muss ich meine Wurzeln finden. Das verstehst du doch, oder?«

»Na ja«, sagte Vater spärlich. »Mit einer hölzern' Wurzel, kein Ruder war nicht dran.«

»Ich kann verstehen, dass Mutter und du alles vergessen wolltet. Aber ich habe ein Recht darauf, die Wahrheit zu erfahren. – Soll ich dir noch die Nägel schneiden?«

Die waren schon wieder viel zu lang.

»Martha kann mir ja die Nägel schneiden.«

»Nein, Vater, sie fährt mit nach Polen.«

»Polen? Wer redet denn von Polen?!«

»Na, das ist jetzt Polen, Vater, das weißt du doch.«

»Hat sich das noch nicht geändert?«

»Nein. Und das wird es auch nicht, Vater. Das gehört jetzt alles zu Polen.«

»Ach ja.« Er seufzte. »Dann grüß mal meine Paula. Sie war immer so ein liebes Kind.«

Gott, was war der arme Mann schon wieder verwirrt. »Ich sitze doch vor dir und schneide dir die Nägel!«

»Du?« Er sah mich fast vorwurfsvoll an. »Du bist doch blond. Aber du warst auch immer lieb. Und klug. Du hast eine schöne Karriere hingelegt.«

»Auch Blonde können lieb und klug sein«, versuchte ich einen Scherz. Er tat mir so leid in seiner Einsamkeit und Verwirrung!

»Und die Hübsche kommt auch nicht?«

»Welche Hübsche?«

»Die sonst immer kommt. Rosa Luxemburg.«

»Du meinst Rosa?« Jetzt musste ich lachen. »Deine Enkelin fährt auch mit, Vater. Aber wir rufen dich von unterwegs aus an!«

»Das ist nicht nötig.«

»Warum nicht?«

»Ich will gar nichts wissen.«

Beim Aufbruch hatte ich eine Pflegerin instruiert, was alles zu tun sei und dass man meinen Vater bitte regelmäßig rasieren solle. Auch sein Gebiss schien mir nicht mehr fest zu sitzen, er hatte Schmerzen beim Kauen.

»Na, Sie sind lustig«, kanzelte mich die Pflegerin ab, die ich auf dem Gang erwischte. »Um solche Sachen können wir uns gerade nicht kümmern. Wir sind kein Kosmetikinstitut. Aber schönen Urlaub«, rief sie hinter mir her, als ich mit rabenschwarzem Gewissen und einem dicken Kloß im Hals im Fahrstuhl verschwand.

Ja, so war der Abschied im Heim gewesen. Ich schwor mir, meinen Vater nach dieser Reise da wieder rauszuholen.

23
ANNA

Bei Köslin, Ende März 1945

Das war also das Ende – der letzte Tag in der lieben Heimat!

Alles war für die Flucht vorbereitet, und wir saßen einen letzten Tag in unserem Zimmer, die gepackten Säcke versteckt und den überladenen Kinderwagen wohl getarnt.

Noch einmal ließ ich mich von unserer Polenfrau in den Hühnerstall schicken, weil sie die Eier nicht fand, noch einmal half ich beim Anzünden des großen Herdes und bekam zu meiner Überraschung noch eine große Wurst geschenkt: aus unseren eigenen Vorräten.

Vater zeigte dem Bürgermeister und seinen Söhnen, wie man mit dem Pflug umgeht, denn der Ackerboden würde ja irgendwann auftauen und musste dringend bearbeitet werden. Ab morgen würden die Polen auf sich gestellt sein.

Das ausgeklügelte Drainage-System, das unsere heimischen Bauern schon seit Jahrhunderten benutzten, war durch den Krieg und die Plünderungen ebenso zerstört wie die meisten Gerätschaften. Pferde, Kühe und andere Nutztiere waren nicht mehr vorhanden. Im Grunde war unsere geliebte Heimat dem Untergang geweiht. Aber das sollte unsere Sorge nun nicht mehr sein. Hauptsache, wir kamen am Abend ungesehen mit Sack und Pack zu unserem Treffpunkt bei Frau Schellenberg.

Am Nachmittag entdeckte ich auf einmal Lilli und Ingrid, meine beiden Nichten, in ihren abgerissenen Mäntelchen zu uns durch den Tauschnee waten. Meine Nerven lagen blank! Was war jetzt wieder passiert? War die Flucht gescheitert? Sollten sie uns warnen?

Bevor die halbstarken Polensöhne sie mit Steinen bewerfen konnten, huschte ich ihnen entgegen, ließ sie unauffällig ins Haus und dirigierte sie in unser Schlafzimmer, in dem wir zu viert hausten.

»Wir sollen den Kinderwagen schon mal holen«, zwitscherten sie unschuldig, während sie die Treppe hinaufstapften. »Wir fahren das Baby aus!«

Verzückt griffen sie nach ihrer kleinen Cousine Paula, die nach wie vor jämmerlich röchelte und hustete. Mein Kind gehörte in ein Krankenhaus und nicht in die Hände zweier unterernährter kleiner Mädchen, die sie zwischen russischen Soldaten und polnischen Plünderern hindurchschieben wollten! Doch wir hatten keine Wahl. Vorsichtig halfen Vater und ich, den schwer beladenen Kinderwagen mitsamt den eingenähten Sparbüchern hinunterzutragen. Dann betteten wir die kleine Paula obendrauf und schnallten sie unter dem Federbett fest. Mit vereinten Kräften schoben die Mädchen sie durch den harschigen Schnee: »Bis später!«

»Ja, das Kind muss mal an die frische Luft«, sagte ich besonders laut, denn die Polenfrau stand neugierig am Fenster und hatte alles mit angesehen. Ob sie einen Verdacht hegte? Ich fasste mir an die Nase: »Das Kind ist erkältet!«

Damit gab sich die Polenfrau zufrieden und zog sich wieder zurück.

Was war nun als Nächstes zu tun? Meine Nerven lagen blank. Vater war alt und schwach, Mutter nicht mehr recht bei Sinnen. Mein Kind war weg, jetzt gab es kein Zurück mehr! Voller Angst warteten wir auf den Abend. Mutter musste überzeugt werden, sich nun aufzuraffen und mit dem schweren unbequemen Mieder loszugehen. Sinnvollerweise brachen wir drei nicht gemeinsam auf. Unser Plan war der, dass die Eltern den Hinterausgang nehmen und über den Zaun klettern sollten.

Am Waldrand sollten sie warten. Ich würde später mit dem schweren Rucksack den anderen Weg nehmen und sie schließlich dort oben treffen. Alles andere würde uns bei den Polen verdächtig machen. Abends um elf war Aufbruch am Backhaus von Frau Schellenberg. Da mussten wir erst mal alle hingelangen!

»Mutter, bitte sei doch vernünftig und zieh das Mieder an. Ja, wir wissen, es kratzt und ist unbequem, aber sei doch nicht so störrisch!«

»Damit klettere ich über keinen Zaun, und damit steige ich auch auf keinen Leichenwagen!«

Plötzlich klopfte es an der Schlafzimmertür, und die rundliche Polenfrau steckte den Kopf zur Tür herein. Mein Herz setzte einen Schlag aus. Wenn sie nun etwas von unserer Aufbruchsstimmung bemerkte? Wir versuchten gerade, Mutter in das Mieder zu pressen. Hastig schob ich mit dem Fuß die schweren Rucksäcke wieder unters Bett, und Vater stellte sich schützend vor Mutter.

Die Polin, die meinen selbst gestrickten rosa Pullover trug, hatte zwei Thermosflaschen in den Händen und hielt sie mir hin.

»*Mleko!*« Sie nahm meine Hand und drückte sie auf die Flaschen. Sie waren warm.

»Milch! Für das Kind! Kind krank!« Sie hielt sich wimmernd eine Hand aufs Ohr. »*Miód!*«

Was meinte sie? *Miód?* Hieß das gekocht? Doch sie meinte: »Honig!«

Sie hatte heiße Honigmilch gekocht?! Für unser Kind?!

»*Dziękuję*«, stammelte ich immer wieder, »danke!« Wenn sie doch nur wieder ginge! Sie warf den Eltern misstrauische Blicke zu und zog sich dann kopfschüttelnd zurück. Es war nach acht. Hoffentlich würde sie bald schlafen gehen!

In ständiger Angst um mein Kind verbrachte ich weitere Stunden mit meinen Eltern in unserem Schlafzimmer. Hoffentlich ging es Paula gut! Wo hatten die Mädchen sie wohl einstweilen versteckt? Sie konnten doch nicht die ganze Zeit im Freien sein?

Endlich schlug es vom Kirchturm her zweiundzwanzig Uhr. Wir rüttelten Mutter wach, die darüber gar nicht erfreut war. Sie hatte von Frieda geträumt und wollte sie suchen gehen.

»Mutter! Bitte komm! Bitte sei leise, wir müssen es schaffen ...«

Behutsam führten wir die arme Frau aus dem Haus, fieberhaft darauf bedacht, keinen Lärm zu machen. Wir bugsierten sie über das schmutzig braune Feld, auf dem kniehoch die Eiswasserpfützen standen, bis zum Zaun. Dann half ich Vater, sie darüberzuwuchten. Sie wehrte sich und wollte zurück nach Hause, zurück in ihr warmes Bett. Vater redete beruhigend auf sie ein. Dann entfernten sich die beiden.

Währenddessen holte ich das restliche Gepäck, leuchtete mit der Taschenlampe noch einmal alles ab, ob wir auch nichts vergessen hatten. Dieser Aufbruch war für immer. Ein Zurück gab es nicht mehr. Leb wohl, mein Zuhause!, dachte ich wehmütig, bevor ich den Wald ansteuerte. Ich werde dich wohl nie wiedersehen.

Um dreiundzwanzig Uhr hörten wir Räderrollen. Inzwischen hockten wir alle beim Backhaus von Frau Schellenberg: Renate mit ihren Kindern Lilli und Leo, Ansgar mit seinen Kindern Ingrid und Günther, Marie, Vater, Mutter, meine kleine Paula und ich.

Es fehlte nur noch Frau Schellenberg. Sie musste jeden Moment aus dem Haus kommen. Es war nur ein kleiner Panjewagen, der da um die Ecke kam, von einem müden Gaul gezogen. Normalerweise passte da genau ein Sarg drauf! Der Leichenbestatter stieg vom Kutschbock, und ohne ein Wort wurden eilig die Säcke und Taschen gegriffen und unter die Plane gestopft. Wir packten die verfrorenen Kinder, die vor Angst fast in die Hose machten, und halfen ihnen hinauf. Der schwere Kinderwagen wurde als Letztes auf den ächzenden Wagen gewuchtet, die Kinder zogen schon die Beine an und krabbelten in die hinterste Ecke. Jedes Mädchen schnappte sich einen kleinen Jungen, um ihn sich auf den Schoß zu setzen. Marie und Renate sortierten, so gut sie konnten, Beinchen, Ärmchen, Räder, Rucksäcke. Nun wuchteten wir auch noch Mutter mit ihrem sperrigen Mieder hinauf, Marie und Renate zogen, Vater und ich schoben. Ansgar saß schon, wie üblich den Oberkörper vor- und zurückwiegend, neben dem Kutscher, der ungeduldig die Peitsche schwang. Meine Tasche war mit Handtüchern und Windeln vollgestopft.

»Wo bleibt denn nur Frau Schellenberg?«

»Sie wollte nicht mit, sie will sich uns nicht aufdrängen.«

»Aber wir lassen sie hier nicht im Stich!«

Aufgeregt pochte ich leise an Frau Schellenbergs Fenster. Sie schlief doch sonst nicht so tief! Sie war doch immer zur Stelle, zuverlässig und pünktlich! Es würde ihr doch nichts passiert sein?

Paula wachte auf und fing gellend an zu schreien. Der Schock fuhr uns in alle Glieder. Wollte sie das ganze Dorf aufwecken? Jetzt musste uns die alte Frau doch spätestens bemerken! Doch nichts tat sich!

Paula kreischte um ihr Leben, die Turmuhr schlug einmal: Viertel nach elf.

»Frau Schellenberg!«, rief ich mit gedämpfter Stimme. »Kommen Sie bitte mit! Wir brauchen Sie!«

Nichts. Stille. »Wir fahren nicht ohne Sie, Frau Schellenberg!«

Der Wagen rumpelte an.

Wie eine miese Verräterin kam ich mir vor, als ich mich schließlich widerwillig in Bewegung setzte und hinter dem Wagen herjagte: »Halt! Ich muss auch noch mit!« Paula schrie wie am Spieß. Dass niemand uns aufhielt, grenzte an ein Wunder. Helfende Hände streckten sich mir entgegen, und während der Fahrt zogen mich meine Cousine und meine Schwägerin in den Wagen. Wir hockten auf den Säcken, die Füße baumelten über den Wagenrand. Die Kinder saßen total verängstigt schlotternd vor Kälte am Boden.

Knapp vierzig Kilometer lagen vor uns. Der Wagen war

total überladen, der müde Gaul schnaufte mühsam vorwärts, weiße Wölkchen ausstoßend wie eine kleine alte Dampflok. Es ging nur im Schritttempo voran. Am Ende des Dorfes mündete die Straße in eine nicht geräumte Landstraße. Mühsam stapfte der Gaul durch den Altschnee. Unser Dorf entzog sich allmählich unseren Blicken. Bald sahen wir nur noch die Spitze des Kirchturmes, der verhalten Mitternacht schlug. Schweigend starrten wir in Richtung unserer geliebten Heimat. Die Eltern hatten Tränen in den Augen. Hier hatten sie ihr ganzes Leben lang gelebt, geliebt und gearbeitet. Vater hatte Haus und Hof gebaut, ein stolzer Besitz mit zwölf Milchkühen und zehn Rassepferden. Sechs Kindern hatte Mutter das Leben geschenkt, vier Söhnen, die alle schon das Handwerk der Landwirtschaft gelernt hatten und kurz davor gewesen waren, den Hof zu übernehmen, als sie in den Krieg mussten. Frieda, diese starke, zupackende Frau, gab es nicht mehr, nur ich war übrig geblieben.

Um Paula zu beruhigen, gab ich ihr die erste der beiden Milchflaschen. Paula verzog das Gesicht und wehrte sie ab. Sie wollte weder liegen noch sitzen, warf sich in meinen Armen hin und her und wäre fast vom Wagen gefallen. Hatte unsere Polenfrau etwas in die Milch gemischt? Ich machte mir schreckliche Sorgen. Wenn Paula sie abgelehnt hatte, war entweder was mit der Milch, oder mein kleines Mädchen war ernsthaft krank.

Der alte Gaul schleppte sich mit wippender Mähne vorwärts, doch bald war kein Fortkommen mehr. Die Straße war spiegelglatt, und der Wagen rutschte von rechts nach links und umgekehrt, der schnaubende Kaltblüter glitt immer wieder aus.

Der Kutscher rief: »Alles, was laufen kann, absteigen!«

Vater sprang sofort ab, Marie, Renate und ich auch. Ich hielt mein schreiendes Kind im Arm, das sich einfach nicht mehr beruhigen wollte. Ansgar wiegte sich weiter auf dem Bock, bis der Kutscher ihn einfach mit der Peitsche hinunterstieß. Wie sollten wir so die restlichen Kilometer schaffen? Bei einem Marschtempo von fünf Kilometern pro Stunde würden wir knapp acht Stunden brauchen, aber ich konnte mein Kind nicht mehr lange schleppen. Den Kinderwagen abzuladen, würde bedeuten, mit dem schweren Gefährt ebenfalls über kurz oder lang in Schnee und Eis festzustecken. Da hätten wir gleich zu Fuß gehen können. Ein aussichtsloses Unterfangen.

Abwechselnd halfen Renate und Marie mir, mein Kind zu tragen. Im Eilschritt schleppten wir das sich wehrende Bündel durch die Nacht. Sie hatte Schmerzen, wahrscheinlich eine eitrige Ohrenentzündung. Doch wer sollte uns helfen?

Irgendwann kam Vater auf die Idee, mich mit der schreienden Paula auf den Kutschbock zu setzen, sodass sie abgelenkt wäre. Das funktionierte: Nun saß sie vorn und starrte auf das sich mühende Pferd. Wie gern hätte ich sie in ihre vertraute Lieblingsdecke eingewickelt, mit deren Zipfel sie immer spielte, wenn sie sich trösten wollte!

Die anderen Erwachsenen mühten sich zu Fuß weiter.

Nach etwa der Hälfte des Weges machte der Kaltblüter schlapp. Er wieherte kläglich und brach fast zusammen. Der Kutscher fluchte und schwang die Peitsche, doch Vater erklärte ihm, dass uns das Pferd noch tot auf der Straße zusammenbrechen würde!

Daraufhin sprang der Leichenbestatter ab und warf all unsere Gepäckstücke samt Kinderwagen in den Graben. Er wendete die Kutsche und trat den Rückweg an. Die Kinder konnten sich gerade noch in unsere ausgestreckten Arme retten.

Er zerrte am Zaumzeug des armen Pferdes, das schon Schaum vor dem Maul hatte und bei jedem Tritt seiner dreckverkrusteten Hufe ins Schlingern geriet. Fluchend sprang auch der Kutscher ab und ging mit dem Gaul am Halfter und der leeren Kutsche zu Fuß zurück.

Da standen wir nun. Irgendwo im Nirgendwo. Es war etwa drei oder vier Uhr nachts, und dichter Schneeregen hatte eingesetzt. Dazu pfiff ein harter Wind von Osten.

Mutter weinte und schrie, dass sie nun hier sterben wolle, und Ansgar wimmerte sowieso die ganze Zeit. Die Kinder weinten vor Kälte und Angst, und wir drei jungen Frauen mühten und plagten uns mit unserer Last.

Wieder versuchte ich, meiner Paula die Milchflasche anzubieten, aber sie sträubte sich. Völlig verzweifelt standen wir im hohen Schneematsch.

Mutter ließ sich einfach fallen und begann zu beten: »Und ob ich schon wanderte im finstern Tal ... Der Herr ist mein Hirte, mir wird nichts mangeln, er weidet mich auf einer grünen Aue ...«

»Aufstehen, Mutter, aufstehen! Deine Kleidung saugt sich voll Wasser, dann wird es noch beschwerlicher weiterzugehen!«

»Ich gehe keinen Schritt mehr!«

Sie schlug nach mir und betete weiter ihre Psalmen. Wir bekamen sie keinen Meter vom Fleck. Was tun? Sollten wir Mutter hier zum Sterben liegen lassen? Dann würde Vater bei ihr bleiben. Und ich würde meine Eltern im Stich lassen! Dabei hatte ich ihnen geschworen, immer bei ihnen zu bleiben. Also müssten wir hier alle sterben ...

Plötzlich näherte sich aus der Richtung unseres Dorfes ein Laster voller russischer Soldaten. Das war nun das Ende, da war ich mir ganz sicher. Hoffentlich würde es schnell gehen. Zwölf Schüsse würden knallen. Mindestens.

Wir duckten uns im Straßengraben, aber richtig verstecken konnten wir uns nicht. Wie Hasen vor dem Gewehr des Jägers stellten wir uns tot – mein Herz raste.

Doch mit einem Mal sprang Marie auf, stellte sich an den Straßenrand und winkte wie verrückt.

War sie wahnsinnig? Was tat sie da? Machte den Feind auch noch auf uns aufmerksam!

Tatsächlich hielt der Laster. Etwa dreißig Augenpaare starrten uns von der Ladefläche aus an. Die Soldaten hockten da Schulter an Schulter in der Eiseskälte und ließen sich durchrütteln. Viele von ihnen hatten geschlafen.

Marie verhandelte mit dem Fahrer. Vorne im Fahrerhäuschen saßen auch drei Soldaten.

Sie radebrechte halb auf Russisch, halb auf Polnisch, was sie eben inzwischen so gelernt hatte, und gestikulierte mit den Fingern: »Wie viel Geld wollt ihr?«

Die Russen beratschlagten miteinander. Sie verhandelten unendlich lange mit Marie.

»Fünfundsiebzig Złoty pro Person«, rief sie uns über die Schulter zu. »Sie wollen polnisches Geld!«

»Wir haben nur deutsche Scheine und Goldmünzen.«

»Und sechs Sparbücher«, sagte Mutter, ihr Gebet kurzfristig unterbrechend. »Für jedes unserer Kinder haben wir ein Sparbuch angelegt. Das können die Russen gerne haben und damit selig werden.«

Wieder verhandelte Marie radebrechend mit den dreien im Führerhäuschen.

»Zwölf Goldmünzen. Pro Person eine!«

Hastig machten wir uns daran, die Münzen aus Mutters Mieder herauszuschneiden. Sie schämte sich und wehrte sich heftig, und die Soldaten auf der Ladefläche grölten vor Lachen.

»Wie auch wir vergeben unseren Schuldigern!«, schrie Mutter mit zum Himmel gereckten Händen.

Endlich hatten wir das Geld beisammen und zahlten. Daraufhin pfiff der eine durch die Zähne, und die Soldaten rückten irgendwie zusammen.

Wir waren ja wahnsinnig, uns in die nasskalte Höhle des Löwen zu begeben!

Zuerst reichten wir die Kinder herauf, dann das Gepäck, dann den sperrigen Kinderwagen. Sie lachten und grölten, als wir Mutter hinaufwuchteten, die sich heftig wehrte. Wir drei Frauen ließen uns hochziehen, sie griffen uns ungeniert an intime Stellen, und ich hatte schon Angst, sie würden unsere beiden Männer stehen lassen. Ansgar war total neben sich und wiegte immer nur seinen Oberkörper vor und zurück, rang die Hände und führte Selbstgespräche. Vater stieg vorne ins Führerhaus ein und quetschte sich in den Fußraum.

Das Lastauto rumpelte los, es mochte inzwischen gegen fünf Uhr morgens sein.

Unter den anzüglichen Blicken der russischen Soldaten, die rochen wie kranke Panther, hockten wir eng eingequetscht Schulter an Schulter, Schenkel an Schenkel. Wir saßen auf einer einzigen Testosteronbombe.

»Aber besser schlecht gefahren als schlecht gelaufen«, flüsterte Marie. Wir blickten konsequent zu Boden. Ich brachte keinen Ton heraus und presste nur meine Paula an mich, deren Augen fiebrig glänzten. Wenigstens war sie wieder ruhig.

Etwa eine Stunde später rumpelte der Laster rechts in einen Waldweg hinein. Mein Herz setzte einen Schlag aus. Also jetzt doch? Hilfe, Vater!, schrie ich innerlich, aber ich wusste, dass er uns nicht helfen konnte. Sie würden uns jetzt scharenweise vergewaltigen und dann halb tot im Wald liegen lassen. Das war schon vielen Flüchtlingen vor uns so ergangen. Marie und ich pressten unsere Fingernägel tief in die Handballen.

Auf einer Lichtung hielt der Wagen mit einem Ruck. Wir prallten alle gegeneinander.

»Runter vom Wagen«, kommandierte der Fahrer, mit dem Gewehr fuchtelnd.

Mit puddingweichen Knien ließen wir uns auf den eisigen Waldboden fallen und fingen die Kinder auf. Das Gepäck flog hinterher, schließlich donnerte auch der Kinderwagen in den Dreck, Bündel und Betten fielen heraus.

Der Lastwagen wendete mit großem Getöse und Abgasgestank. Hin und her rangierte er, und aufgewirbelter Waldboden flog uns um die Ohren. Dann preschte er davon.

»Mami, wir haben so einen Hunger«, jammerten die armen Kinder.

Hastig durchsuchten wir unser Gepäck, das zum Teil die Böschung hinuntergerollt war, nach Proviant.

Vergeblich.

Ausgerechnet die beiden Rucksäcke mit der Wegzehrung hatten sie nicht heruntergeworfen. Wahrscheinlich frühstückten die Russen gerade genüsslich unsere letzten Reserven.

Es half alles nichts. Kein Beten, kein Jammern und kein

Wehklagen: Wir mussten auf die Straße zurück. Marie und ich nahmen je einen Buben huckepack, Vater trug Paula, Renate kümmerte sich um Mutter, und die beiden kleinen Mädchen schleppten den Rest unseres Gepäcks. So humpelten wir mehr tot als lebendig zur Straße zurück.

»Es sind noch ungefähr zwölf Kilometer«, mutmaßte Vater.

»Das müssen wir einfach schaffen!« Ich versuchte, den anderen Mut zu machen, und ignorierte, so gut es ging, eine schreckliche Blase an der Ferse, die sich trotz mehrerer Paar Strümpfe gebildet hatte. Die Nähte scheuerten bei jedem Schritt.

»Das schaffen wir nie!«

»Wir müssen aber.«

»Wenn wir nur vor morgen früh an unser Ziel kommen! Der Zug fährt sonst ohne uns ab«, stöhnte Vater.

Doch bald konnten wir einfach nicht mehr. Die Füße waren nass und eiskalt, die Kinder weinten, und wir schleuderten einige Gepäckstücke einfach in den Graben. Renate warf eine dicke Wehrmachtsdecke weg, die sie über den Schultern getragen hatte. Die würden doch ihre Kinder noch brauchen!

Ich hob sie auf und legte sie über den Kinderwagen. Nun bekam meine arme Paula kaum noch Luft. Sie hatte doch sowieso schon fiebrigen Husten! Die Enden der Decke schleiften durchs Schmelzwasser, das uns in Bächen entgegenschoss, und verfingen sich in den Rädern. Wenn diese nur nicht wieder brachen!

Wieder standen wir kurz davor aufzugeben, als uns aus Bublitz eine Kutsche entgegenkam. Sie tauchte im Schein der Morgendämmerung am Horizont auf, der sich vor unseren Augen im Schneeregen verflüssigte wie eine Fata Morgana.

»Wir sollten versuchen, den Kutscher dazu zu bringen, uns in die Stadt zu fahren«, meinte Vater. »Wie viel Geld haben wir noch?«

»Fast nichts mehr.«

»Sie fährt doch außerdem in die entgegengesetzte Richtung.« Niedergeschlagen zerrte ich den Kinderwagen hinter mir her. Meine Füße schmerzten mit jedem Schritt, und Mutter konnte jeden Moment zusammenbrechen.

Die Kutsche näherte sich, auf dem Kutschbock saßen zwei alte Frauen mit Kopftuch.

Die werden nie und nimmer bereit sein, uns zu helfen, dachte ich verzweifelt: Elf Personen aufladen und wenden. Warum sollten sie das tun?

Da hielt die Kutsche auch schon neben uns an. Ich traute meinen Augen nicht. Die Ältere von beiden war …

»Frau Schellenberg!«

»Jaja, das konnte ja nichts werden.« Ihr ledriges Gesicht verzog sich zu einem mitleidigen Lächeln. »Der Leichenwagen war ja viel zu klein für euch alle.«

Wir konnten es nicht fassen! Erleichtert fielen wir ihr um den Hals, doch für Gefühlsduseleien blieb keine Zeit. »Ich habe mir schon gedacht, dass ihr laufen müsst, und das bei dem Sauwetter.« Robust half sie uns beim Aufladen. »Außerdem war mir der Leichenbestatter nicht geheuer. Daher bin ich schon vorgestern zu Fuß nach Bublitz aufgebrochen und habe unterwegs eine nette Polin gefunden, die mich mitgenommen hat. Ich habe ihr erklärt, dass die Heilige Muttergottes sie geschickt hat, die Polen sind ja so fromm!« Sie lachte. »Ich habe auch bei ihr übernachtet und ihr und ihren erwachsenen Söhnen samt Familie mein Haus angeboten, das ja nun herrenlos ist, und da war sie bereit, euch entgegenzufahren.«

Wir hatten es geschafft! Wir waren in Bublitz! Schweigend rumpelten wir bis zum Bahnhof. Es war inzwischen Tag geworden. Die alte Polin sprach mit Frau Schellenberg, und diese wandte sich zu uns um: »Sie geht schauen, ob der Zug schon bereitsteht, dann hilft sie uns beim Einsteigen.«

Mucksmäuschenstill hockten wir auf der Ladefläche der einfachen Kutsche vor dem Bahnhof und warteten.

Nach einer gefühlten Ewigkeit kam die hilfsbereite Polin wieder. Sie kletterte auf den Kutschbock und ließ das Pferd antraben.

»Was ist los?«

»Wohin jetzt wieder?«

»Sie sagt, dass der Transport um Wochen verschoben wurde. Sie nimmt uns jetzt mit zu sich nach Hause.«

Eingeschüchtert fuhren wir durch das stark zerstörte Bublitz. Hier hatten die Russen schon heftig gewütet. In manchen Bezirken stand kein Stein mehr auf dem anderen, überall nur hässliche Ruinen, Schutt und Asche. Die Russen hatten die Fabrik bombardiert und andere wichtige öffentliche Gebäude zerstört. Dennoch war die Stadt auch noch Zufluchtsort für Tausende von Flüchtlingen aus Ostpreußen, die sich in den übrig gebliebenen Quartieren zusammenpferchten.

Gleichzeitig hatten die Polen fest von ihr Besitz ergriffen. Die Straßenschilder waren bereits teilweise auf Polnisch, die Geschäfte hatten ebenfalls polnische Namen, und auf den Zeitungen, die Zeitungsjungen den Passanten laut rufend anpriesen, prangten polnische Schlagzeilen.

Deshalb war die alte Polin auch so hilfsbereit: Ihre Söhne waren schon auf dem Weg in unser Dorf, zum Haus von Frau Schellenberg, bevor es sich andere Polen unter den Nagel reißen würden. Niemand hatte mehr ein intaktes Zuhause, alle waren auf der Suche nach einer Notunterkunft.

Die polnische Frau lebte sehr beengt; in einem Hinterhaus bewohnte sie ein kleines dunkles Wohnzimmer, dann gab es noch eine schmale Kammer zum Schlafen. Hier hatte sie bisher mit den Söhnen und deren Familie gehaust! In der letzten Nacht hatte schon Frau Schellenberg bei ihr geschlafen, aber jetzt waren wir zwölf Gäste!

»Sie sagt, ihr sollt euch keine Sorgen machen, sie wird euch alle beherbergen«, erklärte uns Frau Schellenberg.

Sie und die Polin halfen uns schnell und schweigend, die Kinder zu versorgen. Meiner Mutter bot die hilfsbereite Polin sofort ihr Bett an, sie spürte, dass Mutter am Ende ihrer Kräfte war. Es ging ihr von Stunde zu Stunde schlechter, und an Vaters besorgtem Blick konnte ich sehen, dass auch er daran zweifelte, Mutter noch lebend aus Pommern herauszukriegen.

»Wir haben Mutter nicht mehr lange«, flüsterte er mir zu. Auch Ansgar war nach wie vor ein Problem, wie ein geprügelter Hund war er gleich unter die Treppe gekrochen.

Nachdem ich Paula notdürftig gewaschen und ihr etwas warmes Wasser eingeflößt hatte, legte ich sie zu Mutter unter die warme Decke. Mit alten Handtüchern durften wir uns und die Kinder ein wenig trocken rubbeln und die nassen Sachen auf einer Schnur über dem Ofen aufhängen.

Dann legten wir uns auf unsere Rucksäcke auf den Fußboden und fielen sofort in einen tiefen Schlaf. Nach den Strapazen waren wir so erschöpft, dass der ersehnte Schlaf für Ruhe sorgte.

In der Nacht sausten wieder russische Flugzeuge über die Stadt, aber wir hörten sie nicht.

24

Bublitz, Ende März 1945

Am nächsten Morgen waren Frau Schellenberg und die hilfsbereite polnische Gastgeberin bereits losgelaufen, um das Notwendigste einzukaufen. Nach Stunden kamen die beiden alten Frauen mit einem *Chleb* und etwas Suppengemüse zurück. Daraus kochten sie eine dünne Suppe, in der wir das Brot aufweichen. Selten hatte uns etwas so fantastisch geschmeckt! Nur meine Paula verweigerte wieder das Essen. Mit fiebrigen Augen starrte sie mich an. Ich wiegte meine Tochter in den Armen und flößte ihr tropfenweise Wasser ein, betupfte ihre heiße Stirn mit einem feuchten Lappen und konnte sonst nichts für mein Kind tun. Vater kümmerte sich genauso liebevoll um Mutter. Draußen regnete und stürmte es; der launische März wollte dem so sehnlich erhofften Frühling noch nicht weichen.

Tatsächlich verbrachten wir viele Tage und Nächte in dieser winzigen Wohnung. Bis die Polin mit der erlösenden Nachricht kam: In zwei Tagen sollten alle, die im Besitz gültiger Wanderscheine waren, am Bahnhof sein! Das sollte doch zu schaffen sein! Immer wieder rasten Tiefflieger über den Ort, aber es gab keinen Luftschutzbunker, in den wir hätten fliehen können. Wir waren als Familie vereint, und so wollten wir auch sterben. Doch die Flieger suchten sich andere Ziele; sie waren auf dem Weg nach Stettin. Es war der pure Wahnsinn, mit der russischen Front nach Westen zu reisen; doch ein Zurück gab es nicht mehr. Wir konnten nur noch beten, was Mutter ständig tat, oder nach Vaters Motto handeln: »Augen zu und durch!«

Mutter war wieder etwas zu Kräften gekommen; ihr hatten der Schlaf und die Wärme gutgetan. Auch meiner kleinen Paula schien es besser zu gehen: Sie lächelte und nahm ein in Suppe eingeweichtes Brotstück an. Sie bekam immer mehr Zähne, vielleicht waren auch sie der Grund für ihr vieles Weinen gewesen.

Was würde uns noch alles erwarten?, fragten wir uns dennoch bang. Wo sollten wir hin? Wann würde der entsetzliche Krieg endlich aus sein? Noch immer kreischte Hitler im Radio, bis zum letzten Atemzug kämpfen zu wollen, und wer sich aus dem Staub mache, sei ein Staatsverräter. Dabei war der Osten längst verloren!

»Seid ihr so weit?«

Als wir endlich ein zweites Mal am Bahnhof waren, stand dort wieder kein Zug.

Dafür war der Bahnsteig bereits mit verzweifelt ausharrenden Flüchtlingen gefüllt. Manche von ihnen waren schon seit Wochen auf der Flucht; die Gesichter, in die wir schauten, sprachen Bände. Die Frauen und Kinder aus Ostpreußen hatten bereits die Hölle hinter sich.

Zwei Kinder von zehn und zwölf Jahren waren ganz allein unterwegs. Das Mädchen versuchte den Jungen zu trösten. Sie hatten irgendwo auf der Flucht ihre Mutter und drei weitere kleine Geschwister verloren, wie sie erzählten. Schmutzig und verlaust saßen sie da auf dem zugigen Bahnsteig und versuchten sich aneinander zu wärmen. Der Hunger, die Angst und die Einsamkeit hatten sich unauslöschlich in die verzweifelten Kindergesichter gemeißelt.

Ich machte zwei Helferinnen der Bahnhofsmission auf sie aufmerksam, und so bekamen die armen Würmer wenigstens ein paar Scheiben Kommissbrot und Malzkaffee. Ich kümmerte mich wieder um meine eigene Familie, mit der ich genug zu tun hatte.

»Kinder, setzt euch auf das Gepäck und wartet. Versucht, euch nicht ins Nasse zu setzen, Vorsicht, hier sind Pfützen. Es muss doch irgendwie weitergehen.«

Durch die lange Ruhepause bei der »Polen-Oma« waren die Kinder halbwegs ausgeschlafen, die Kleider wieder trocken, die Mägen halbwegs gefüllt. Gehorsam setzten sie sich auf die Rucksäcke. Mehr und mehr Leidensgenossen trudelten ein, Familien mit Kindern, Alte, Kranke, Humpelnde, sich an Krücken fortbewegende Menschen, oft nur noch mit einem Bein. Alles versammelte sich verunsichert auf dem Bahnsteig. Man zeigte einander die Wanderscheine, tauschte Gerüchte über Schiffe aus, die möglicherweise noch von Stettin ablegten, mutmaßte, hoffte, maß Entfernungen und schätzte Zeitabstände. Stunde um Stunde verging.

Unsere Polin huschte unauffällig herum und versuchte, etwas herauszukriegen: Warum ging wieder nichts weiter? Wollte man uns einfach nur schikanieren? Es hatte wieder angefangen zu regnen; die wenigen Plätze im Innern des Gebäudes waren mit Menschen überfüllt, die oft schon seit Tagen und Wochen hier lagerten. Hatte man erst mal einen Platz im Warmen und Trockenen ergattert, gab man ihn nicht mehr her.

Längst war es Mittag geworden, und die Kinder klagten über Hunger und Durst.

»Wir sind schon wieder klitschnass«, wimmerten sie. »Uns ist so kalt!«

Paula weinte erneut jämmerlich, und ich musste sie herumtragen. Wenn wir doch wenigstens noch etwas Milch hätten! Die zweite Flasche der Bürgermeisterfrau fiel mir ein, die noch im unteren Teil des Kinderwagens lag. Hoffnungsvoll kramte ich sie hervor. Doch als ich sie aufschraubte, strömte mir säuerlicher Geruch entgegen, und die Milch war zu dicken Klumpen geronnen. Ich konnte sie nur noch aufs Gleis schütten.

»Die Polen-Oma und ich gehen jetzt noch mal nach Hause und kochen Kaffee.« Frau Schellenberg beugte sich zu den wartenden Kindern herunter. »Und für euch besorgen wir heißen Tee und ein Butterbrot!«

»Aber wenn der Zug inzwischen kommt?!« Ich wollte auf keinen Fall ohne Frau Schellenberg fahren. Sie hatte kein Zuhause mehr!

»Dann soll es eben so sein, Anna. Das Schicksal hat uns schon lange in der Hand.«

Mit diesen Worten zogen die beiden alten Damen ab. Wir standen und standen. Nichts tat sich. Mutter hatte schon wieder einen Schwächeanfall, und Vater hüllte sie in die Wehrmachtsdecke, die ich glücklicherweise gerettet hatte. Ansgar wiegte sich in Selbstgesprächen vor und zurück, fiel aber zwischen den vielen verstörten Menschen hier gar nicht weiter auf. Die Kleinen weinten, die tapferen Mädchen versuchten sie abzulenken. Stundenlang spielten sie »Ich sehe was, was du nicht siehst«. Und das war pures Elend, Leid und Hoffnungslosigkeit. Dazu Regen, Nässe, Kälte – Trostlosigkeit allenthalben.

»Da kommen die Omas wieder!« Lilli zeigte auf die zwei schwarz gekleideten Damen, die sich kaum von der Masse abhoben. Sie schleppten Thermoskannen an.

Durstig machten wir uns über den Kaffee her, die Kinder tranken gierig den Tee. Selbst meine kleine Paula schlürfte aus dem Thermosbecher und schaute mich dabei aus ernsten grauen Augen dankbar an.

Der Zug kam auch am Nachmittag nicht. Die fahle Vorfrühlingssonne, die sich zwischendurch gezeigt hatte, versank gerade hinter dem Bahnhofsgebäude, und wir standen bibbernd im Schatten.

»Schaut mal, dort hinten am schwarzen Himmel hat sich ein Regenbogen gebildet!«

Ja, da spannte sich ein gigantischer Regenbogen von Trümmerhaufen zu Trümmerhaufen, und ein zweiter in nicht weniger intensiven Farben prangte darunter.

»Wenn das kein gutes Zeichen ist, Kinder! Ihr dürft euch alle was wünschen!«

Marie hockte sich neben die Kinder und sang ihnen spontan etwas Improvisiertes vor:

Schau, ein Regenbogen zeigt den Weg,
wenn es einmal nicht mehr weitergeht.
Schau, ein Regenbogen hält uns fest,
wenn das Glück uns mal alleine lässt.

Marie hatte längst die Mutterstelle an Friedas armen Kindern übernommen: Für Günther und Ingrid fühlte sie sich verantwortlich. Wenn wir je gerettet würden, würden sie zusammen weiterleben und eine kleine Familie sein. *Wenn ...* Wir kramten unsere Federbetten aus den Rucksäcken und begannen, den

Kindern ein Lager zu errichten, auf dem blanken Bahnsteig. Die Polen-Oma hatte uns alte Pappe als Unterlage besorgt.

Andere Familien taten es uns gleich. Sollten wir nun hier im Freien übernachten?

»Sonst kommt doch wieder mit zu mir«, bot die Polen-Oma an. »Platz ist in der kleinsten Hütte!«

»Und wenn inzwischen der Zug kommt? Dann wäre alles umsonst gewesen. Nein, wir müssen unbedingt mit!«

Vater nahm mich beiseite: »Ich bin nicht sicher, ob Mutter die Bahnfahrt nach Stettin noch schafft. Ich werde auf jeden Fall bei ihr bleiben, egal wo es mit ihr zu Ende geht. Auch Ansgar wird es nicht schaffen und Frau Schellenberg vielleicht auch nicht. Ihr drei Frauen braucht Hilfe mit den Kindern, bei dem Gedränge im Zug geht sonst leicht jemand verloren ...«

»Aber Vater, ich habe euch versprochen ...«

»Ich habe deinem Mann Egon telegrafiert, dass ihr nach Stettin unterwegs seid«, unterbrach er mich. »Irgendwo musst du mit dem Kind ja hin, wenn wir tot sind.«

»Du hast *was* getan?« Entsetzt starrte ich ihn an. »Vater, ich ... «

»Ihr seid ja schließlich noch verheiratet«, ließ sich Vater nicht beirren. »Ich habe es ihm der guten Ordnung halber mitgeteilt. Das ist meine Vaterpflicht. Du wirst mir dafür noch dankbar sein.«

Dann wandte er sich wieder Mutter zu.

Es war bereits stockdunkel, als der Zug, bestehend aus ein paar leeren Viehwaggons, quietschend einfuhr.

»Achtung, Achtung«, knarrte es aus den Lautsprechern. »Alle mit Wanderschein sofort einsteigen! Die anderen zurückbleiben!«

Alle schrien plötzlich durcheinander, Kinder wurden aus dem Schlaf gerissen, Alte und Kranke durch die Türen gereicht, gedrängt, geschoben und gequetscht. Unsere Polen-Oma half, wo sie konnte, wurde aber bald abgedrängt. Wir zerrten die Kinder von ihrem Lager und drängelten uns mit den anderen in den Waggon. Übler Gestank kam uns entgegen. Auf dem kahlen Boden lagen noch Kuhfladen und Pferdemist. Möglicherweise war dieser Wagen noch letzte Woche in Russland gewesen, wohin man ja unser ganzes Vieh transportiert hatte. Für die Tiere musste die lange Fahrt eine Qual gewesen sein, bestimmt waren einige hier drin elendig verendet.

Vater kämpfte sich mit Mutter in eine Ecke vor und winkte uns: Wir sollten ihm die Kinder reichen. Ich mühte mich mit dem Kinderwagen ab, Marie und Renate halfen mir, so gut sie konnten. Es gab keine Bänke und keine Fenster, nur einen Luftschlitz oberhalb unserer Köpfe. Hinter dem Letzten, der sich stöhnend hineinquetschte, wurde die Tür von außen zugeschoben. Wir standen im Stockfinstern da. Kinder heulten und suchten ihre Mütter, Mütter schrien und suchten ihre Kinder.

»Seid ihr alle da?« Wir ertasteten einander und zählten. Mutter war da, aber wo war Ansgar?

»Ansgar?!«

Auch die anderen Passagiere suchten nach ihren Lieben. Ansgar meldete sich nicht. War er überhaupt im Zug?

»Frau Schellenberg? Sind Sie da?!«

»Ja, hier bin ich!« Sie stand ganz hinten, wurde von anderen Menschen fast zerquetscht.

Mir entfuhr ein erleichterter Seufzer. Wenigstens unsere Retterin war mitgekommen! Ich liebte sie längst wie meine eigene Großmutter. Außerdem war sie meine letzte Verbindung zu Karl! Tief in mir, wo noch ein Fünkchen Hoffnung glomm, sah ich mich in Stettin nämlich nicht mit Egon, sondern mit Karl auf ein Schiff steigen. Aber das hätte ich Vater niemals sagen können.

Der Zug setzte sich nicht in Bewegung. Wir standen und standen, dicht gedrängt, in unerträglichem Gestank. Manchen wurde schwindelig, vor Schwäche sanken immer mehr Menschen in sich zusammen. Manche mussten sich übergeben, andere mussten pinkeln oder hatten Durchfall. Jemand stellte einen Mistkübel in die hinterste Ecke, und die Leute verrichteten ihre Notdurft direkt neben uns.

»Keine Panik«, rief Vater. »Bitte bewahren Sie alle die Ruhe. Wir müssen hier gemeinsam durch. Lassen Sie mich bitte vor zur Tür, es soll unterwegs Plünderer geben!«

Auch das löste wieder Aufruhr aus.

In weiser Voraussicht hatte Vater einen Draht eingesteckt, den er auf dem Bahnsteig gefunden hatte. Mit diesem Draht verschloss er die Tür von innen.

Die Polen-Oma hatte uns gewarnt: Es gebe mehrere Stellen auf der Strecke, wo der Zug sehr langsam fahren würde. Dort lauerten Plünderer, die von außen die Türe aufrissen und so viel Gepäck herauszogen, wie sie zu fassen bekamen. Was zu nah an der Tür stehe, werde einfach herausgezerrt. Deshalb hatte ich meinen Kinderwagen so weit wie möglich von der Tür weggeschoben. Würde der herausgezogen, wäre ich mein Kind los!

Schützend beugte ich mich über Paula und hörte nur noch ein rasselndes Röcheln. Halt noch ein bisschen durch, meine Süße!, beschwor ich sie innerlich. Du warst so unglaublich tapfer bisher! Meine Hoffnung hingegen schwand von

Minute zu Minute: Wie sollten wir mit diesen Menschenmassen Stettin erreichen und dort möglicherweise sogar noch ein Schiff? Stettin stand inzwischen von allen Seiten unter Beschuss, schon lange lebte die Bevölkerung dort selbst in Not, und der Hunger hatte die Menschen aggressiv gemacht. Wer würde uns da schon weiterhelfen? Und wie sollten wir an Schiffbilletts gelangen, wo wir doch so gut wie kein Geld mehr hatten?

Langsam gewöhnten sich unsere Augen an die Dunkelheit und unsere Nasen an den bestialischen Gestank. Die Kinder lagen wieder auf den Säcken und schliefen. Jetzt begriff ich auch den Grund für unsere Verzögerung: Nach und nach wurden weitere Viehwaggons angekoppelt, immer wieder gab es einen kräftigen Ruck. Nach zwei weiteren Stunden schien der Zug komplett zu sein.

Meine Paula gab keinen Laut von sich, und Mutter schlief im Sitzen, an Vater gelehnt.

Endlich fuhr der Zug an. Es war bestimmt schon Mitternacht. Morgens um sieben hatten wir mit gepackten Sachen am Bahnsteig gestanden! Die Lok schnaufte, beißender Rauch drang durch die Ritzen. Es ging los!

Marie, Renate und ich blieben hellwach. Wir umklammerten alles, was uns lieb und teuer war, und das waren die Kinder. Vater hatte den Arm um Mutter gelegt. Frau Schellenberg stand woanders, die kleine zähe Frau war hinter den vielen Menschen fast verschwunden. Langsam ruckelte der Zug durch die Nacht. Würden wir Stettin erreichen? Oder ging es in eine ganz andere Richtung? In den Großstädten waren die Schienen ja überall zerstört, um wichtige Nachschubwege für die Wehrmacht zu unterbrechen. Wir konnten also nicht davon ausgehen, auf direktem Weg nach Stettin zu gelangen. Und was würde uns dort erwarten – außer Tausenden von anderen Flüchtlingen, die alle genauso wie wir auf ein Schiff hofften? Immer wieder holten mich diese Ängste ein. Wo war er hin, der Zipfel Hoffnung, an den ich mich bisher immer noch hatte klammern können? Ich spürte in mich hinein. Und spürte einen Hauch von Sehnsucht nach Karl, den ich zu gern noch einmal wiedergesehen hätte.

Nach einer langen Strecke fuhr der Zug wirklich nur noch Schritttempo. Dann quietschten die Bremsen, und er blieb fast stehen. Draußen ertönte lautes Geschrei auf Polnisch. Schon wurde von außen kräftig an unserer Tür gerüttelt, der Draht klapperte bedenklich, ein Kreischen ging durch den Waggon, die Menschen wichen zurück, aus dem Schlaf gerissene Kinder brüllten und weinten ... und dann riss der Draht!

Die Tür wurde aufgeschoben, und mehrere Männer mit Knüppeln sprangen auf das Trittbrett. Sie schlugen auf Hände und Arme ein.

»Hilfe! Er hat meinen Koffer!«

»Mein Rucksack ist weg!«

»Verschwindet, ihr Pack!«

Jemand drosch mit einem Krückstock auf die Einbrecher ein, wurde aber selbst verprügelt.

Aus dem Augenwinkel sah ich auch, wie Frau Schellenberg einem der Kerle ihren Rucksack über den Schädel zog. Aber der war einfach stärker und riss ihr die letzte Habe aus der Hand. Sie musste loslassen, sonst wäre sie mit rausgeflogen.

Ich umklammerte den Kinderwagen: Alles sollten sie mir nehmen, alles, nur mein Kind nicht!

Dann war der Spuk genauso schnell vorbei, wie er begonnen hatte. Nur wenige Sekunden, und der Zug nahm wieder an Tempo auf. Die Plünderer sprangen ab, ihre Beute kullerte die Böschung hinunter. Koffer, Taschen, Rucksäcke, Decken und verschnürte Pakete. Verzweifeltes Weinen und Schreien begleitete uns noch über viele weitere Kilometer. »Ich habe gar nichts mehr! Sie haben mir alles genommen!«

»Sogar den Rucksack unter dem Kopf haben sie mir weggezogen!«

»Da waren meine Papiere drin!«

»Da hatte ich mein Geld eingenäht!«

Mein Herz polterte noch lange vor Entsetzen.

Mehrmals gab es noch weitere Haltepunkte, an denen andere Waggons überfallen wurden. Wir hörten auch diese Passagiere verzweifelt weinen und schreien.

Bestimmt auch ein Grund, warum nachts gefahren wurde!

Wir waren alle sehr erregt.

Der Zug tuckerte die ganze Nacht hindurch bis zum hellen Morgen.

Um dann zwei Kilometer vor Frauendorf-Scheune bei Stettin, von wo aus Schiffe in den Westen fuhren, anzuhalten.

»Was hat das zu bedeuten?«

»Warum fahren wir nicht weiter, wir müssten doch gleich da sein?«

»Stettin steht unter Bombenalarm! Ich sehe Tiefflieger über der Stadt!«

»Das sind Amerikaner und Engländer!«

»Nein, das sind Russen! Die Front verfolgt uns, sie sind schon hier!«

Die Gerüchte wollten kein Ende nehmen, und Panik breitete sich aus.

Voller Angst spähten wir aus dem Luftschlitz des Viehwaggons.

Draußen zog eine Gruppe zerlumpter Männer vorbei, sie waren in beklagenswertem Zustand, viele humpelten auf Krücken, ja krochen auf allen vieren, röchelten und spuckten Blut.

Es hieß, dass bisher fünf Millionen Deutsche dem Krieg zum Opfer gefallen waren. Unvorstellbare Dimensionen! Und die armen Kreaturen da draußen, das waren die Überlebenden, der kümmerliche Rest? Immer noch hörte der Beschuss nicht auf; von den Westalliierten, von der Roten Armee – wer wusste das noch?

Was, wenn sie diesen Zug bombardieren würden, randvoll mit Flüchtlingen? Wir waren eingepfercht, dem sicheren Tod ausgeliefert.

»Meine Paula muss dringend hier raus, Vater! Sie rührt sich gar nicht mehr!«

»Gleich habt ihr es geschafft, Anna. Haltet nur noch ein paar Minuten durch!«

Doch der Zug stand. Und stand. Und stand. Die Flugzeuge donnerten tief über uns hinweg. Die Menschen klammerten sich laut weinend und betend aneinander.

Vater kämpfte sich zur Tür und zog sie einfach auf, um sich einen besseren Überblick zu verschaffen.

»Die Leute aus den anderen Waggons laufen zu Fuß weiter!«

Ein Raunen ging durch den Wagen. Der Schwall frischer Luft, der da hereinströmte, ließ manche aus ihrem komatösen Zustand erwachen.

»Los, raus hier!«

»Frische Luft, egal wie!«

Russische Soldaten standen mit Gewehren da und schrien uns an, wir sollten losmarschieren, aber *dawai, dawai*! Sie ballerten in die Luft.

Der brennenden Stadt Stettin entgegen? Aber was blieb uns anderes übrig?

Es dauerte einige Zeit, bis all die erschöpften und zum Teil verwirrten Leute aus dem Viehwaggon gesprungen oder gefallen waren. Da wir auf freier Strecke standen, gab es keinen Bahnsteig. Marie und Renate nahmen die Kinder entgegen, Vater hob Mutter hinaus, Frau Schellenberg kletterte tapfer auf die Gleise. Sie hatte schwer abgebaut, diese Reise hatte sie viel Kraft gekostet. Vielleicht wäre es doch besser gewesen, wir hätten sie zu Hause in ihrem Bett sterben lassen? Als Letzte zog ich meinen Kinderwagen zur Tür, Vater packte mit an.

Der Zug aus den Viehwaggons fuhr leer wieder zurück, um neue Flüchtlinge zu holen.

Zu Hunderten rannten die Menschen nun mit ihrer letzten Habe, die Kinder an der Hand oder auf dem Arm, über die Gleise Richtung Haff.

Auf den Gleisen oder auf dem scharfkantigen Schotter dazwischen zu laufen, war für die Kinder und Alten zu beschwerlich, sie mussten getragen werden. Also blieben Koffer und Taschen zurück. In Scharen standen die Plünderer bereit und stopften sich ganze Säcke voll. Sie hatten wieder einen guten Fang gemacht. Deshalb hielt der Zug schon hier! Das war pure Absicht. Wir waren ihnen wie Heringe in Fangnetze gespült worden.

»Anna, wo bleibst du denn?«

Meine Familie war schon weit vorausgelaufen, aber ich kam mit dem Kinderwagen kaum voran.

»Bitte wartet doch, ich schaffe es nicht alleine!« Ich weinte vor Erschöpfung.

Mit aller Kraft versuchte ich den Kinderwagen hinter mir

herzuzerren, aber er gab nur ein hässliches Knacken von sich.

»Vater! Hilfe!«

Doch Vater musste Mutter mehr tragen als ziehen, Marie hielt Ingrid und Günther an den Händen, Renate Lilli und Leo, und die alte Frau Schellenberg war nirgends mehr zu sehen!

Dann die Jagdflieger, die immer wieder im Tiefflug über uns hinwegschossen. In Todesangst blieb ich stehen.

Der Kinderwagen steckte fest, die Achse war gebrochen, Soldaten und Plünderer standen da und feixten.

Ich fühlte mich wie zwischen Schakalen und Wölfen: Die Russen und Polen griffen mich zwar nicht an, lauerten aber darauf, dass ich den Wagen stehen ließ.

In meiner Not riss ich mein schlaffes Kind aus dem Korbwagen und stolperte hinter den anderen her. Doch längst waren sie aus meinem Blickfeld verschwunden.

Im Kinderwagen waren meine allerletzten Habseligkeiten gewesen! Bis auf unsere Papiere, die ich am Körper trug, und die Geldscheine, die in meinen Gürtel eingenäht waren, war ich mittellos! Was, wenn ich meine Familie nicht wiederfinden würde?!

Schwindelig vor Angst stolperte ich mit Paula im Arm vorwärts, strauchelte, fiel aufs Knie und sah mich schon die steile Böschung hinabkullern. Paula fing nun auch jämmerlich an zu wimmern; fast war ich erleichtert über dieses Lebenszeichen. Sie hatte sicherlich schrecklichen Hunger und Durst! Ihre Windeln waren längst voll, und ich hatte keine frischen mehr. Ich presste meine Lippen auf ihre heiße Stirn.

Längst waren die letzten Flüchtenden verschwunden, selbst

die Soldaten waren zurückgeblieben. Ich war ganz allein auf der Welt! Laut weinend stolperte ich weiter.

»Lieber Gott, so hilf mir doch, hilf mir doch, hilf mir doch ...«

Da entdeckte ich einen Mann auf den Gleisen, der mir entgegeneilte. Vater war es nicht! Er sah groß und kräftig aus. In meiner panischen Angst blieb ich einfach wie angewurzelt stehen. Egal was er tun würde, er sollte es tun.

Wenn es nur schnell ginge. Paula und ich würden einander nicht loslassen. Ich zitterte heftig und sah meinem Peiniger wehrlos entgegen. Ein Russe? Ein Pole? Ein Deutscher?

Er kam näher und näher, mit wirrem Haar, das im kalten Wind wehte. Und da erkannte ich ihn und konnte es kaum begreifen: Was ich die ganze Zeit insgeheim gehofft hatte, wurde Wirklichkeit: Es war Karl Schellenberg! Seine Großmutter hatte ihn geschickt!

»Nicht weinen, Anna, nicht weinen.« Er zog mein verheultes Gesicht an seine Brust.

»Nicht, pscht, alles wird gut. Gib mir das Kind.«

Mit offenem Mund starrte ich ihn an. Er war sicherlich nur Einbildung? Gar nicht real?

»Komm, Anna, nicht stehen bleiben. Wir haben es gleich geschafft. Nur noch zwei oder drei Kilometer, dann sind wir am Ziel. Die anderen sind auch schon dort.«

Wieder donnerten Tiefflieger auf die Stadt zu, und wir taumelten weiter. Zur Not würden wir gemeinsam sterben, und das fühlte sich jetzt wie eine Erlösung an. Karl war bei mir. Und Paula. Der Rest war mir egal.

Er stützte mich und schaffte es, mich irgendwie bis zu einer großen hässlichen Baracke voller Einschusslöcher zu bringen.

»Umschlagbahnhof Frauendorf-Scheune« stand in verblichener Schrift daran und darüber bereits polnische Buchstaben.

»Ein Getreidelager. Von hier aus wurde das ›Gold der Äcker‹ aus der Kornkammer Europas in alle Welt verschickt.« Karl führte mich hinein. »Deine Leute sind da hinten, Großmutter ist bei ihnen.«

Sämtliche Leidensgenossen, die mich überholt hatten, saßen auf ihrem Gepäck oder auf dem nackten Fußboden dieses Getreidesilos. Hunderte von entkräfteten, müden Menschen. Kinder quengelten, Eltern versuchten verzweifelt, ihnen noch etwas zu essen oder zu trinken zu organisieren. Immerhin gab es einen Wasserhahn, vor dem sich lange Schlangen gebildet hatten. Jeder, der es geschafft hatte, bis zu ihm vorzudringen, hielt seinen Mund unter den Strahl und wollte gar nicht mehr weichen.

In einem noch weiter hinten liegenden Raum sah ich meine Familie kraftlos an der Wand lehnen.

Karl trug das apathische Kind, und ich mobilisierte meine letzten Kraftreserven, um meine Familie wiederzusehen.

Über Frau Schellenbergs runzeliges altes Gesicht huschte ein Lächeln.

»Da hat er dich also gefunden! Ich habe ihn gleich losgeschickt.«

Karl hielt sich nicht lange mit Erklärungen auf. »Kommen Sie?« Er hielt meinem Vater die Hand hin. »Wir holen den Kinderwagen, bevor es andere tun.« Wie umsichtig er war!

Die beiden Männer trabten davon.

»Das wäre wunderbar«, rief ich erschöpft hinter ihnen her. »Wenn auch sonst alles weg ist: Vielleicht ist ja noch eine Ersatzwindel drin!«

Bewaffnete Soldaten gingen ein und aus. Es waren die letzten verbliebenen Soldaten der Wehrmacht! Jeder, der drängelte oder sie mit Fragen bestürmte, bekam gleich eins mit dem Gewehrkolben übergebraten. Sie waren abkommandiert worden, hier für Disziplin zu sorgen. Es huschten allerdings auch Rotkreuzschwestern mit Wasserkannen und Verbandszeug zwischen den Wartenden herum; es wurden sogar Butterbrote gereicht. Auch wir konnten unseren Hunger stillen. Unsere Notdurft mussten wir draußen auf dem Vorplatz beziehungsweise in dem angrenzenden kleinen Park verrichten.

Schließlich kamen Vater und Karl wieder: Sie schleppten den Kinderwagen!

Gott sei Dank! Ich weinte vor Erleichterung und Dankbarkeit. Karl strich sich verlegen eine Strähne aus der Stirn, und ich bemerkte, dass er ein bisschen rot wurde.

Mit dem Wasser, das die Männer inzwischen organisiert hatten, konnte ich meine kleine Paula waschen. Die feuchten stinkenden Sachen, die ich ihr vom Körper zog, klebten regelrecht an ihrem wunden Rücken und Popo. Behutsam tupfte ich sie ab. Auch ihre ausgetrockneten Lippen benetzte ich mit Wasser.

Mein armes, unschuldiges Kind!

»Sie hat Fieber, sie braucht einen Arzt.« Frau Schellenberg hatte ihre faltige Hand auf den mit Pusteln bedeckten kleinen Kinderkörper gelegt. »Karl, du musst es versuchen!«

Aber es gab wohl kaum ein Kind, das nicht geschwächt, dehydriert und mit Ungezieferbissen übersät war. Ein Arzt war einfach nicht aufzutreiben! Trotzdem machte sich Karl auf den Weg.

»Wo willst du hier einen Arzt finden? Willst du etwa in

die brennende Stadt laufen?« Mit zitternden Fingern fummelte ich an meinem Gürtel herum und entnahm ihm die letzten Geldscheine. Bitte komm heil zurück!, flehte ich innerlich.

Es wurde schon wieder dunkel, und die bewaffneten Soldaten sperrten die Türen zu. Karl war noch nicht zurück. Mit uns lagerten noch mehrere andere Familien in dieser ehemaligen Kornkammer, zwei Babys waren auch dabei. Sie waren ebenfalls sehr krank und hatten Brechdurchfall. Die Luft in diesem fensterlosen Raum war zum Erbrechen. Würden wir hier drin nun alle ersticken? Stunde um Stunde verging, ohne dass wir ein Auge zutun konnten. Mutter ging es inzwischen miserabel, sie reagierte kaum noch und war grau im Gesicht. Sie starrte aus tief liegenden Augenhöhlen ins Nichts.

Paula war absolut lethargisch, wimmerte nur noch ab und zu, und ich flößte ihr verzweifelt tropfenweise Wasser ein.

Zwischendurch gellte mehrmals Fliegeralarm von der Stadt herüber, die Flugzeuge bombardierten erneut Stettin. Es toste und krachte, und wir hielten den Atem an, in Erwartung, dass Bomben auch dieses Gebäude treffen und in Brand setzen würden.

Betend klammerten wir uns aneinander, jeder Atemzug schien der letzte zu sein.

25

Frauendorf-Scheune bei Stettin, April 1945

Morgens um fünf wurden die Türen wieder von Wehrmachtssoldaten aufgerissen, und das Kommando hieß: Raus hier! Schnell!

»Ein Schiff liegt auf Reede, es legt für ein paar Stunden im Hafen von Stettin an!«

Von Karl fehlte immer noch jede Spur. Vor über zehn Stunden hatte er einen Arzt holen wollen. Bestimmt hatte ihn die deutsche Wehrmacht erwischt, und er war als Deserteur vor ein Kriegsgericht gestellt und kurzerhand erschossen worden. Oder aber er war im Bombenhagel dieses Hexenkessels umgekommen. Zum Nachdenken oder Grübeln blieb keine Zeit, ich ließ mich nur noch mitziehen von den Massen, mein fieberndes Kind an mich gepresst.

»Die Innenstadt steht unter starkem Artilleriebeschuss, wir müssen hier weg!«, brüllte man sich gegenseitig zu. Ein unsagbares Gedränge herrschte, Absperrungen wurden niedergetrampelt und die Menschen, die am Boden lagen, einfach überrannt.

Aber das Schiff stand bereit! An diesen letzten Strohhalm klammerten wir uns und trabten im Strom der Flüchtenden mit.

Tausende von Menschen drängten dem Ausgang zu und versuchten, als Familie zusammenzubleiben. Eine Mutter hatte fünf Kinder im Schlepptau, die sie sich mit einer dicken Schnur an den Leib gebunden hatte, das Kleinste trug sie, ihren Kinderwagen ließ sie stehen.

»Es ist ein ehemaliges Kreuzfahrtschiff. Wie viele Leute da wohl draufpassen?«

Ein Hoffnungsschimmer glomm auf. Wenn es ein ehemaliges Luxusschiff war, dann waren da vielleicht sogar noch Betten drauf? Oder zumindest Liegen? Kabinen? Mit Bad und Toilette? Sollte es so etwas noch geben?

Im Schweinsgalopp rannten wir durch den Ort, auf den Hafen zu. Marie hielt Ingrid und Günther fest an den Händen, Renate Lilli und Leo. Ihren selbst genähten Rucksack mit dem Federbett trug Renate nur noch auf einer Schulter, der andere Gurt war gerissen. Mitten im Gewühl schnitt ihr doch tatsächlich noch ein Gauner den zweiten Gurt mit dem Taschenmesser durch! So verlor sie auch noch ihr Federbett, auf dem ihre Kinder immer schliefen! Sie weinte und fluchte bitterlich, doch es war unwiederbringlich verloren.

Vater trug Mutter inzwischen huckepack; Frau Schellenberg packte bei mir am Kinderwagen mit an. Sie hatte ungeahnte Kräfte, diese alte, zähe Frau, die ich inzwischen so sehr ins Herz geschlossen hatte! Die Achse war ja gebrochen, und wir mussten ihn tragen. Unzählige Menschen drängten sich rücksichtslos und aggressiv an uns vorbei, jeder war sich selbst der Nächste!

Wieder musste ich höllisch aufpassen, dass meine kranke Paula nicht aus dem Wagen fiel. So stolperten wir mehr, als dass wir liefen, dem Hafen entgegen. Zwischendurch mussten Frau Schellenberg und ich immer wieder Pausen einlegen, traten an den Straßenrand und ließen die anderen Flüchtenden an uns vorbei. Wir werden keinen Platz mehr auf dem Schiff bekommen, ging es mir durch den Kopf. Wir werden die Letzten sein. Wieder verlor ich meine Familie aus den Augen. Nur gut, dass Oma Schellenberg noch bei mir war! Sie wich nicht von meiner Seite, bis wir den riesigen Hafen erreichten. Möwen kreischten über uns, dicke Wolken schoben sich über das aufgewühlte Meer. Es roch nach Freiheit.

Dann ein überwältigender Anblick: Ein riesiges Schiff stand im Hafen, weiß und stolz, doch es war bereits jetzt überfüllt!

Auf dem Bug prangte die Aufschrift »*Heimatland*« und darunter »*Kraft durch Freude*«.

Zurückgelassene Planwagen, Kinderwagen, Karren stapelten sich übereinander, Pferde lagen tot oder sterbend vor den Kutschen. Hunde irrten jaulend herum, doch niemand beachtete sie. Im Wasser trieben ebenfalls zerstörte Wagen, aufgedunsene Tiere. Käfige mit Hühnern, Hasen oder anderen Kleintieren standen unbeaufsichtigt herum, wurden umgerannt, fielen ins Wasser.

»Warte hier auf mich, Anna.« Frau Schellenberg sah mir eindringlich ins Gesicht. »Ich werde sehen, dass ich uns zwei Billetts besorge. Hast du noch Geld?«

»Ja, hier!« Mit zitternden Fingern pulte ich die letzten Scheine aus meinem Gürtel.

Das Gedrängel und Geschrei der Menschen war unbeschreiblich, und ich wurde ständig zur Seite gestoßen und hart angerempelt. Jeder wollte nun einen Platz auf dem Schiff ergattern. Es hieß, die *Heimatland* habe Platz für eintausend Menschen, aber im Hafen waren bestimmt dreimal so viele verzweifelte Flüchtlinge zusammengekommen. Bevor mir jemand anders die Geldscheine entreißen konnte, hatte Frau Schellenberg sie schon an sich genommen und unter ihre Jacke gestopft. Tapfer kämpfte sie sich durchs Gewühl.

Die *Heimatland* sollte nach Kopenhagen gehen, so viel

hatte ich aus Wort- und Satzfetzen inzwischen mitbekommen. Und dann? Wohin sollte es von da aus weitergehen? Nach Amerika vielleicht? Das waren unvorstellbare Dimensionen!

Neben mir stand verlassen ein Korbkinderwagen, der meinem ganz ähnlich sah. Vielleicht hatte er noch funktionierende Räder? Ob ich schnell tauschen sollte? Ich spähte hinein und prallte entsetzt zurück: Da lag ein Baby drin! Zwischen zwei Kissen, als ob es schliefe, lag da ein totes Kind, kaum älter als meine Paula!

Ich erstarrte. Hatte eine Mutter ihr totes Kind einfach hier stehen gelassen, um noch auf das Schiff zu gelangen? Oder hatte sie es im Gewühl verloren? Mein Gott, in welche Hölle waren wir geraten! Ich war so verstört, dass ich mich übergeben musste.

Ich klammerte mich an die Stange meines kaputten Kinderwagens und starrte wie betäubt in die Menge. An Deck wimmelte es von Menschen, die winkten und schrien und weinten. Sie standen dicht an dicht wie Sardinen in einer Büchse.

»Hallo Sie, sind Sie allein? Brauchen Sie ein Billett?«

Mit englischem Akzent sprach mich jemand an, und ich wusste nicht, wie ich reagieren sollte.

Ein Schwarzhändler?

»Ich weiß nicht, ich soll hier warten ...«

»Dann gehen Sie aus dem Weg, hier ist es gefährlich!« Jemand stieß mich beiseite. Irgendwo peitschten Schüsse. Gellend schrien die Menschen in Panik um Hilfe, aber niemand reagierte.

Ein alter Mann stand mit zwei Babys im Arm da und sah sich suchend um.

Zwei betagte Frauen saßen erschöpft auf Holzkisten, die von einer herrenlosen Kutsche einfach umgerissen wurden. Als ich wieder hinsah, lagen die Frauen schwer verletzt auf dem Boden, und die Menschen trampelten einfach über sie hinweg.

Wo ich auch hinsah, herrschten Chaos und unaussprechliches Leid.

Plötzlich sah ich weiter hinten Frau Schellenberg. Der Engländer sprach sie gerade an, und sie kramte ihre letzten Geldreserven aus den Strümpfen. »Ja, zwei Billetts bitte!«

Wir würden also an Bord gehen?! Obwohl schon alles völlig überladen war?

Ich suchte verzweifelt die Decks ab. Wie sollte ich unter so vielen Menschen meine Familie finden? Vielleicht war sie ja noch gar nicht an Bord? Krachend und scheppernd fiel das Absperrgatter um, das die Menge bändigen sollte. Hunderte von Menschen trampelten darüber hinweg und rissen mich mit. Ich klammerte mich an den Kinderwagen. Mit aller Macht stemmte ich mich gegen diesen Sog. Wir würden sonst noch ins Wasser fallen, die Hafenmauer war nur noch zwei Meter entfernt! Hilfe, lieber Gott, schickte ich ein Stoßgebet gen Himmel. Wo soll ich hin? Wo sind sie alle? Was soll ich nur tun? Ich warf einen Blick auf mein armes Kind, dessen Gesicht schon ganz grau war. Paula brauchte so dringend einen Arzt! Sollte ich mich mitreißen lassen, auf das Schiff, in der Hoffnung, dort Hilfe zu bekommen? Aber mein Kind würde es nicht schaffen, das spürte ich. Der kleine »Todesengel« vorhin in dem identisch aussehenden Kinderwagen war der Vorbote gewesen. Ich hatte keine Kraft mehr in den Beinen, und in meinem Kopf hämmerte das Blut. Plötzlich legte sich ein Arm um meine Schulter. In der unbändigen

Hoffnung, es würde Karl sein, fuhr ich herum und schaute in ein bekanntes Gesicht. Es war Egon. Mein Mann.

26

PAULA

Koszalin, Ende Juli 2004

»Koszalin befindet sich an der Grenze von West- und Mittelpommern, nur wenige Kilometer von der Ostseeküste entfernt. Es ist ein wichtiger Industriestandort und von größeren Waldgebieten umgeben. Aber nicht nur die Umgebung ist grün, sondern auch innerhalb des Stadtgebiets finden sich zahlreiche Parks und Grünanlagen, die fast vierzig Prozent ...« Sagt mal, hört ihr mir überhaupt zu?«

Rosa hockte mit ihren kurzen Jeans und ihren Flipflops auf der Rückbank und las vor, was Fabian ihr aus dem Internet über das heutige Köslin ausgedruckt hatte.

Tante Martha saß auf dem Beifahrersitz und schaute interessiert aus dem Fenster.

Wir hatten uns nach einem Übernachtungsaufenthalt in Berlin immer weiter Richtung Nordosten bewegt und befanden uns jetzt auf der europäischen Route der Backsteingotik.

»Aber Stettin will ich später auch noch sehen! Die Stadt interessiert mich viel mehr als diese hässliche Industriestadt!«

»Aber das ist doch keine Industriestadt«, wandte ich ein.
»Ja, zugegeben, der erste Eindruck wirkt ein bisschen trostlos mit den einheitlichen Hochhäusern in der Vorstadt, aber Mutter beschreibt Köslin als alte Hansestadt mit historischen Backsteinbauten!«

»Hier ist es deprimierend«, jammerte Rosa von der Rückbank. »Wann kommen wir ans Meer?«

Das war ein geflügelter Spruch von uns, da Rosa das schon als Kind immer gefragt hatte.

»Hier ist es ganz sicher nicht deprimierend, und außerdem will ich wissen, wo meine Mutter mit mir hochschwanger im Krankenhaus war und zu Fuß wieder zurückgehen musste. Und wo wir damals tagelang gehaust haben, als wir auf den Zug nach Stettin gewartet haben. Also Bublitz steht auch noch auf dem Programm! Rosa, schau mal auf deinem Handy nach, wie heißt das heute?«

Langsam näherten wir uns der Innenstadt von Köslin. Mein Herz klopfte immer heftiger.

»Schaut doch nur diesen tollen gotischen Dom an!« Während ich die Basilika mehrmals umkreiste, hielt ich nach einem Parkplatz Ausschau. »Den haben sie ja wirklich toll restauriert!«

Wir krabbelten aus dem Auto und bestaunten das imposante evangelische Gotteshaus.

»Die Basilika wurde in den Jahren 1300 bis 1333 erbaut«, las Rosa im Gehen vor, »und hat einen dreiseitig geschlossenen Chor sowie ein schönes Sterngewölbe.«

Ich spürte in mich hinein, ob ich mich an irgendetwas hier erinnern konnte. Diese Kathedrale wurde in Mutters Tagebuch nicht erwähnt. Bestimmt war alles zerstört gewesen, und Chaos und Elend hatten die eigentliche Schönheit überdeckt. Natürlich war ich damals auch noch viel zu klein gewesen, um wirklich etwas aus dieser Zeit behalten zu können, aber irgendwie hoffte ich doch auf eine Art Wiedererkennen, auf eine emotionale Verbundenheit mit meiner alten Heimat.

»Wartet, ich will ein Foto davon machen!« Tante Martha kramte schon in ihrer Handtasche. »Stellt euch mal davor, so, bitte recht freundlich.« Dann sprach sie einen Mann an, der mit einer Aktentasche des Weges kam: »Hallo? Können Sie uns mal fotografieren?«

»Tante Martha, das ist voll peinlich, der kann bestimmt kein Deutsch, und wir können doch auch ein Selfie machen.« Rosa zupfte verlegen an ihren fransigen Jeansbeinen herum.

Der Pole lächelte hilfsbereit, klemmte sich die Aktentasche zwischen die Beine und rief »*One, two, three!*«, um dann mehrfach den Auslöser zu drücken. Der Apparat meiner Tante war tatsächlich schon etwas altmodisch.

Wir betraten andächtig die Kirche, und angenehme Kühle und Stille schlugen uns entgegen.

Am Hauptaltar befanden sich Skulpturen, für die ich in meiner Aufregung fast kein Auge hatte. »Das fünfteilige Altarbild stammt aus dem Jahr 1512«, las Rosa vor. »Die barocke Orgel stammt aus dem Jahre 1899, und besonders wertvoll ist das Taufbecken aus dem 13. Jahrhundert.«

Der Rest ihrer Kirchenführung prallte an mir ab wie an einer unaufmerksamen Schülerin. Immer wieder lauschte ich in mich hinein. Brachte das hier irgendetwas in mir zum Schwingen? Hier waren meine Wurzeln! Fehlanzeige.

Nach einiger Zeit verließen wir die Kathedrale wieder und schlenderten durch die wirklich schön restaurierte Altstadt.

Es befanden sich noch weitere sehenswerte Kirchen in der Nähe, sogar eine alte Schlosskirche. Die gotischen Häuser aus rotem Backstein sahen einladend aus. In einem war das Stadtmuseum von Koszalin untergebracht.

»Sollen wir uns das anschauen?« Tante Martha zeigte auf das Schild an der Hausfassade.

Insgeheim trat ich nervös von einem Bein aufs andere.

»Nachdem ich hier keinerlei Heimatgefühle verspüre, zieht es mich ehrlich gesagt mehr in das Dorf, in dem ich geboren bin.«

Tante Martha überhörte mein kindliches Quengeln und schaute lebhaft in alle Gassen.

»Das kann ich mir gut vorstellen, dass Egon damals hier Urlaub gemacht hat!« Rosa schlenderte lässig durch die Stadt. Die Blicke der jungen Männer, die ihr folgten, schien sie gar nicht zu bemerken. »Nicht nur die Nähe zur Ostsee dürfte ihn gereizt haben, hier gibt es ja auch noch zwei Binnenseen! Oh, können wir nicht ein Strandbad suchen? Es ist so wahnsinnig heiß, und wir haben stundenlang im Auto gesessen!«

An jeder neuen Straßenecke horchte ich vergeblich in mich hinein. Auch das moderne, zweckmäßige Krankenhaus weckte nicht das Bedürfnis in mir, es von innen zu besichtigen.

»Rosa, ich kann verstehen, dass du an den See fahren willst. Du bist jung, du hast Ferien. Aber ich möchte in mein Heimatdorf fahren, und zwar jetzt! Sag mir nur, wie es heute heißt, damit ich es in das Navi eingeben kann.«

Rosa rang mit sich, ob sie allein einen Bus nehmen und sich für heute ausklinken sollte. Wir drei Frauen hockten nun schon seit Tagen zusammen im Auto, hatten auch immer wieder darüber gestritten, wer sich in Zukunft um Opa Karl kümmern sollte, und waren auf keinen grünen Zweig gekommen. Bestimmt wollte sie auch mal für sich sein.

»Wir treffen uns heute Abend im Hotel, das ist für mich in Ordnung«, versuchte ich, ihr die Sache schmackhaft zu machen. »Genieß den warmen Tag und den langen, hellen Abend! Es wird hier erst um dreiundzwanzig Uhr dunkel!«

»Nein, Mama, mitgefangen, mitgehangen.« Rosa machte auf dem Absatz kehrt und folgte uns zum Parkplatz zurück. »Ich will auch dein Elternhaus sehen und das Zimmer, in dem du geboren bist.«

Innerlich erwärmte es mich, dass meine Tochter ihre Bedürfnisse für mich zurücksteckte. Gleichzeitig überkam mich das schlechte Gewissen, dass ich genau das für meinen Vater Karl *nicht* tat! Wie aufopfernd er sich um meine Mutter und mich gekümmert hatte, obwohl er gar nicht mein Vater war!

Schweigend fuhren wir zum Dorf. Es war ziemlich schlecht ausgeschildert, aber nach zehn Kilometern sah ich den Kirchturm am Horizont erscheinen. Mein Herz klopfte heftig.

Hier also war meine Mutter aufgewachsen! Hier war ich geboren, von hier aus war sie mit mir hochschwanger zum Krankenhaus in Köslin gegangen und wieder zurückgekehrt, und von hier aus war an jenem fürchterlich kalten Abend im Februar 1945 die Flucht losgegangen. Da Rosa jetzt fuhr, saß ich auf der Rückbank und verrenkte mir den Hals nach jeder Scheune, nach jedem Stall und nach jedem Feldweg. Waren Mutter und Marie diesen Weg zur polnischen Behörde gegangen, um an die Wanderscheine zu kommen? War das dort hinten der Brunnen, in den sie hatte springen wollen? Und das Herrenhaus dort drüben, war das »die Villa« gewesen? Versteckte sich dort hinten im Wald irgendwo der Bunker?

Ich wollte hier stundenlang herumwandern und alles erkunden. Und dennoch beschlich mich ein seltsam beklemmendes Gefühl. Alles kam mir einfach nur fremd und abweisend vor. Als wäre ich nie hier gewesen.

Rosa hielt neben der kleinen Kirche an.

»Mama, hast du eine Adresse?«

»Nein. Heute heißt das ja alles anders, ist alles auf Polnisch beschildert.«

Zögerlich schälten wir uns aus dem Auto und sahen uns um. Hier wirkte alles verschlafen und verlassen, so als wäre die Zeit stehen geblieben.

»Wir müssen jemanden finden, der Deutsch spricht!« Tante Martha war schon vorausgegangen und klingelte einfach an einem Haus. »Schaut doch! Ein altes Backhaus, daneben ein Haus mit Dachgeschoss! Hier könnte sich Anna mit dir versteckt haben, Paula! Da oben, die winzige Dachluke in der Schräge! Das könnte das Haus meiner Großmutter gewesen sein!«

Mein Herz polterte, und ich starrte hinauf. Ja, das könnte es gewesen sein!

Die Tür öffnete sich, und eine ältere Frau mit Kopftuch starrte uns misstrauisch an.

»*Do you speak English?*«, versuchte es Tante Martha mit deutschem Akzent. »*I think this is the house of my grandmother! Katharina Schellenberg?!*«

Die Frau war keineswegs erfreut über den Überfall und knallte Tante Martha die Tür einfach vor der Nase zu.

»Okay, das war wohl nichts.« Ratlos und auch ein bisschen beschämt standen wir vor dem verfallenen, windschiefen Haus. Drinnen hörten wir die Frau auf Polnisch schimpfen. Nachdem wir an der verschlossenen Kirchentür gerüttelt hatten, spazierten wir ratlos auf dem kleinen Friedhof herum, um vielleicht noch einige bekannte Namen zu finden. Da öffnete sich die Tür des Hauses erneut, und ein etwa fünfzehnjähriger Junge im Trainingsanzug spähte durch den Spalt.

»*I can speak English a little bit.*«

»Oh!« Erfreut näherten wir uns wieder dem Hauseingang. Alles wirkte ein bisschen verwahrlost, und auch dieser Junge hätte mal ein paar neue Klamotten gebrauchen können, wie mir schien.

»*Do you know somebody who speaks German?*«

Wieder kam die ältere Frau an die Tür, seine Mutter vielleicht oder Großmutter, und ließ einen Schwall polnischer Sätze auf den Sprössling herabregnen. Er fragte sie schüchtern etwas, und sie verwies wenig herzlich auf ein Haus hinter der Kirche.

»*Old woman speaks German*«, sagte der Junge.

Ich zog dankbar einen Fünfzigzłotyschein aus der Handtasche und drückte ihm das Geld in die Hand, woraufhin er vor Freude errötete und eilfertig mit uns kam.

Seine wenigen Brocken Englisch reichten, um uns zu erklären, dass eine alte Frau da drüben im Haus des Kaufmanns Deutsch könne.

Die Ladenglocke bimmelte altmodisch, und wir standen in einem spärlich beleuchteten Tante-Emma-Laden, in dem es alles gab: vom Mückennetz bis zum Besenstil, von schrumpeligen Äpfeln bis zu geräucherten Würsten, die an Kordeln von der Decke hingen, von grellbunten Badehandtüchern bis zu aufblasbaren Schwimmflügeln.

Eine alte, rundliche Frau im Kittel schob sich durch eine Hintertür herein.

Der Junge erklärte ihr etwas und rannte davon.

»Wie kann ich helfen? Ich lebe hier seit die Vierzigerjahre, habe gearbeitet bei deutsche Familie!«

»Wir suchen das ehemalige Haus der Familie Olschewski!«

»Oh, das war die Familie, wo ich habe gearbeitet!« Die Ladenbesitzerin wischte sich die Hände an ihrer Kittelschürze ab und begrüßte uns herzlich.

»Ist das wahr? Walter und Margret Olschewski waren meine Großeltern, Frieda meine Tante ...«

»Jajaja, erinnere ich mich, sehr nette Frau, Vater war mehr streng, und die arme Frieda hat sich auf die Dachboden getötet ...«

»Sie sind aber nicht Dorota?«, entfuhr es mir.

»Doch, bin ich Dorota! Bin ich die Letzte in diese Dorf, was kann noch sprechen Deutsch!«

Wir konnten es nicht fassen! Volltreffer! Aus unserem herzlichen Händeschütteln wurde eine noch herzlichere Umarmung. Ich ließ mich an ihren weichen Busen sinken. Sie roch nach ihren runzeligen Äpfelchen und sah auch genauso aus.

»Wissen Sie, wer *ich* bin?« Ich musste ein Aufschluchzen unterdrücken.

»Ich weiß nicht, ich kenne Sie nicht, ich denke ...« Die kleine Frau war selbst aufgewühlt, ihre Augen hatten sich mit Tränen gefüllt. Sie rief etwas auf Polnisch nach hinten in die Wohnstube, und da erschien ein ebenso alter Mann, der auf ihre aufgeregten Worte hin mehr Licht machte.

»Ich bin Paula! Paula Olschewski, Annas Tochter!«

»Oh, das ich nicht kann glauben, ist das ja eine Wunder ...« Dorota und ich starrten einander minutenlang an. »Dass noch lebst du, freut mich so, warst du so ein liebes, aber so krankes Baby, so viel Hunger und so viel kalt.« Sie starrte mich kopfschüttelnd an, und dicke Tränen rannen ihr über die Wangen.

»Und das hier ist Martha Schellenberg, die Enkelin von Frau Schellenberg, die da drüben wohnte!«

Sie stutzte, dann überschlug sich ihre Stimme vor Begeisterung. »Oh, Sie sehen aus wie damals die alte Frau Schellenberg, aber in jung, reich und schön!« Sie lachte laut und herzlich. »Nix alt!«

»Sie ist aber so alt wie Oma Schellenberg damals!«, entfuhr es mir.

Wieder rief sie dem Mann aufgeregt etwas zu, der daraufhin in Pantoffeln ins Hinterzimmer schlurfte und eine Flasche Schnaps hervorholte.

»Kommt ihr mit in meine gute Stube, kommt herein, es ist nicht aufgeräumt, Franek gerade gemacht hat ein Schläfchen ...«

Auf dem durchgelegenen, aber heimeligen Sofa lagen noch die Wolldecke und die Zeitung, unter der der alte Mann eingeschlafen war.

Wir setzten uns auf knarrende Stühle an den dunklen Wohnzimmertisch, an dem Dorota anscheinend ein Kreuzworträtsel gelöst hatte.

»Es ist ja nix los in diese Dorf, kommt keiner um diese Zeit in den Laden, alle junge Leute sind in Ferien am Meer oder in große Stadt ...«

Nach dem ersten Schnäpschen wurde uns leichter ums Herz. Dorota erzählte, dass keine einzige deutsche Familie mehr hier lebte und dass ihre erwachsenen Kinder im Ausland arbeiteten: Der Sohn sei in Prag verheiratet, die Tochter Altenpflegerin in Regensburg.

»Aber die Leute nicht freundlich sind, sehr schwierige

Patient, Rita nicht gut verdient und will wiederkommen nach Polen, aber kann sie hier auch nicht verdienen Geld.«

Irgendwo in meinem Innern dockte etwas an mein überfordertes Gehirn an. Waren es die heiß ersehnten Schwingungen, war es ihre Stimme oder die heimelige, altmodische Atmosphäre in dieser Wohnung, die in mir so ein merkwürdiges Ziehen auslöste?

»Erinnern Sie sich an den weißen Pullover?«, fiel ich ihr ins Wort, weil sie gar nicht mehr mit dem Reden aufhören wollte. Franek, der kein Wort verstand, schaute zwischen der sehr gepflegten Tante Martha, meiner Wenigkeit und der sommerlich-freizügig gekleideten Rosa hin und her und blieb an ihren Zehen in den Flipflops hängen, an denen Ringe steckten. Rosa eben.

»Weiße Pullover?« Dorota musste nachdenken, stutzte, sah mich fragend an.

»Den meine Mutter Anna der Russin stricken musste? Der Verlobten des Kommandanten?«

Es arbeitete in ihrem Kopf, aber dann schlug sie sich vor die Stirn: »Jaaa, war lustig das, so eine schöne Pullover, ja die Fräulein Anna konnte stricken. Ah, wie wir haben gestanden in Schlafzimmer vor die große Spiegel und du süßes Baby das letzte Mal gelacht hast! Danach nicht mehr gelacht, nur noch geweint. Aber warst du ganz dunkel Haare und jetzt ganz blond ...«

Ja, dank Dani!, dachte ich. Das ist ja heutzutage keine Kunst mehr.

»Würden Sie mir mein Elternhaus zeigen?«, platzte es schließlich aus mir heraus.

»Wie? Jaaa, zeige ich Ihnen das, kommen Sie, sind zwei Kilometer, wollen laufen wir oder fahren?«

Und so kam es, dass wir vier so ungleichen Frauen kurz darauf im Auto hockten: ich mit der unaufhörlich plappernden Dorota auf dem Rücksitz, Rosa in kurzen Jeans am Steuer und Tante Martha im Sommerkostüm mit Hut auf ihrem heiligen Stammplatz, dem Beifahrersitz.

Ich starrte aus dem Fenster und versuchte, die Pfade und Wege meiner Mutter zu erkennen.

An diesem strahlend heißen Sommertag war keinerlei Ähnlichkeit zu den Schilderungen meiner Mutter festzustellen.

»Ist da.« Dorota hatte Mühe, sich aus dem Wagen zu schälen. »Kenne ich die Leute nicht sehr gut, aber kaufen sie in meine Lade.«

Tante Martha holte eine Tasche aus dem Kofferraum, in dem sich ein paar Geschenke für die Familie befanden, die nun schon seit mehreren Generationen in meinem einstigen Elternhause lebten: Pralinen, Kaffee, ein guter Whiskey und – passend oder nicht – einige Paare teurer Marken-Seidenstrumpfhosen. Tante Martha hatte es sicherlich gut gemeint. Warum hatte sie nicht gleich ein Chanel-Halstuch dazugelegt?

»Tante Martha, bist du sicher, dass diese Leute das nicht als Beleidigung auffassen?« Rosa wollte die Sachen am liebsten wieder in die Tasche stopfen. »Der Eiserne Vorhang ist schon lange offen!«

»Nein, ich bin davon überzeugt, dass solche Geschenke Herzen und Türen öffnen.«

Ich war mir auch nicht sicher, ob das passend war. Ach, wenn ich doch nur einen Blick in das Haus werfen könnte... Hier also stand meine Wiege beziehungsweise mein Kinderwagen!

Dorota klopfte an eines der unteren Fenster, und mein Herz wollte schier zerspringen vor Aufregung. *Das hier* war der prächtige Hof meiner Eltern gewesen? Dieses düster wirkende Haus mit der schmuddeligen Fassade, dem abbröckelnden Putz und dem ungepflegten Garten? Im Hof lag ausgeblichenes Plastikspielzeug herum; an einem zugewucherten Sandkasten lehnten ein paar rostige Kinderfahrräder. Dafür standen zwei recht neue Autos vor dem Hauseingang.

Neugierig verrenkte ich mir den Hals nach den Pferdeställen, der Scheune, dem Heuboden und dem Brunnen. Von alldem war eigentlich nichts zu sehen, stattdessen weitere, eher unbewohnt wirkende Gebäude im Hintergrund.

Am Fenster erschien ein dicklicher Mann um die vierzig, der offensichtlich gerade vor dem Fernseher gesessen hatte. Bläuliches Licht durchzuckte das abgedunkelte Zimmer.

Dorota erklärte ihm, wer wir seien und was wir wollten, und ich spürte ein Unwohlsein, denn eines war mir auf Anhieb klar: Hier waren wir nicht willkommen! Der Mann brüllte etwas nach oben, dort wurden zwei Fenster aufgerissen und zwei halbwüchsige Jungen bewarfen uns mit leeren Getränkedosen! Fassungslos konnten wir nur noch den Kopf einziehen und ins Auto springen.

Eine Episode aus dem Tagebuch meiner Mutter fiel mir ein: Als ihre Cousine Marie ihr einmal eine Nachricht überbringen wollte, war sie von den pubertierenden Bengels der Polenfamilie, die sich bei den Olschewskis einquartiert hatte, mit Steinen beworfen worden. Waren das jetzt die Nachkommen jener Bürgermeisterfamilie, die schon Marie gedemütigt hatten?

Mein Herz polterte vor Schreck und Enttäuschung. Waren wir so weit gefahren, um *das* zu erleben? Dabei hatten wir doch schon so viele nette, herzliche und hilfsbereite Polen kennengelernt! Dorota entschuldigte sich tausendmal wortreich und konnte sich gar nicht wieder beruhigen.

Nachdem wir Dorota mit herzlichen Dankesbekundungen vor ihrem Laden abgesetzt und Telefonnummern ausgetauscht hatten, hatte ich genug von diesem Dorf. Ich fühlte nichts als Demütigung, Trauer und Leere. Schweigend fuhren wir nach Köslin zurück, wo Rosa sich sofort das Auto nahm, um zum Badesee aufzubrechen, und Tante Martha dem Heimatmuseum zustrebte. Mir war danach, mich aufs Hotelzimmer zurückzuziehen und meine Gedanken und Gefühle zu ordnen. Seit Wochen hatte ich mich so auf die alte Heimat meiner Familie gefreut. Und nun stimmte innerlich gar nichts mehr.

27

ANNA

Im Hafen von Stettin, April 1945

»Anna! Endlich habe ich dich gefunden! Seit Tagen suche ich nach dir!«

»Egon?!« Mir blieb der Mund offen stehen.

»Dein Vater hat mir telegrafiert.«

Ja, das hatte er. Aber dass Egon mich in diesen Menschenmassen wirklich gefunden hatte ... Sprachlos starrte ich ihn an, unfähig, einen Gedanken zu fassen. Um uns herum herrschte heilloses Gewühl, Rennen und Ringen um die letzten Plätze auf der *Heimatland*. Vater hatte es bestimmt gut gemeint, er wollte, dass ich nicht mutterseelenallein auf dieser Welt übrig blieb. Ich hatte meine Familie in diesem Chaos verloren, ich würde vielleicht nie mehr mit ihr vereint werden, aber Egon war wirklich der Letzte, den ich in diesem Moment sehen wollte.

Egon schüttelte mich. »Anna, hast du Billetts?«

»Nein, ich …« Ratlos starrte ich ihn an. Aus den Augenwinkeln sah ich, dass Frau Schellenberg immer noch mit dem Engländer verhandelte. Ihr fehlte offensichtlich das Geld für ein zweites Billett. Bisher hatte sie erst eines ergattert, das sie fest umklammerte, um mir damit zu winken.

Egon schüttelte mich immer weiter. »Du *musst* mich mit aufs Schiff nehmen, Anna!«

Noch hatte er keinen einzigen Blick in den Kinderwagen geworfen.

»Egon, unser Kind stirbt!«, brüllte ich ihn an. »Wir brauchen einen Arzt! So hilf mir doch!«

Verzweifelt starrte ich auf unsere kleine Paula, die schon wächsern wie eine Puppe im Kinderwagen lag.

Egon schien sie gar nicht wahrzunehmen. »Wenn ich nicht auf dieses Schiff gehe, sterbe *ich*! Sie machen demnächst Jagd auf Nazis!« Er ballte die Faust, und an seinem Finger prangte der Totenkopf-Ring mit dem SS-Abzeichen.

Ich starrte ihn an. Was war er nur für ein Mensch!

»Hör zu, Anna. Ich muss so schnell wie möglich untertauchen! Die *Heimatland* fährt nach Dänemark, und von dort muss ich es nach Amerika oder Argentinien schaffen!«

Ich, ich, ich! Immer noch begriff ich kein Wort. Na und? Fahr doch, wohin du willst, du gehörst nicht mehr in unser

Leben!, hätte ich am liebsten geschrien, brachte aber keinen Ton heraus. Wir wurden beide ständig angerempelt, und hinter uns fielen schreiend Leute ins Wasser.

Da sah ich, wie sich Frau Schellenberg durch die Menge zu mir zurückkämpfte. In der Hand hatte sie nur das eine Billett, das sie mit Zähnen und Klauen verteidigte.

»Anna! Er sagt, es sei das allerletzte! Ein zweites hatte er nicht mehr! *Du* musst es schaffen, du und Paula! Hier, nimm das Billett, ich sterbe sowieso bald!«

»Ich fahre nicht, Frau Schellenberg!« Ich wollte ihr gerade erklären, dass Paula dringend einen Arzt sehen musste, aber sie ließ mich gar nicht zu Wort kommen.

»Ich bin alt, aber *du* kannst noch einmal ganz neu anfangen, Anna! Nun geh schon auf das Schiff, das bist du deinem Kind schuldig!«

»Ich kann nicht, ich ...«

»Denk an die Zukunft deines Kindes!«

»Anna«, brüllte Egon. »Hörst du nicht, die Alte will gar nicht! *Aber wir!*«

Da erst bemerkte sie Egon, der besitzergreifend den Arm um mich gelegt hatte.

»Wer sind Sie denn?«

»Ich bin ihr Mann.«

»Du hast einen Mann, Anna?« Ihre Züge erstarrten. »Na, dann bist du ja in den besten Händen!« Ihre Schultern strafften sich. »Geh mit ihm, Anna!«

In dem Moment griff Egon nach dem begehrten Billett und wollte es ihr aus der Hand reißen.

»Geben Sie schon her ...«

»Egon, bist du wahnsinnig, lass das!« Ich schämte mich so schrecklich für ihn!

»Auf die alte Schachtel wartet in Dänemark keiner mehr!«

Frau Schellenberg versuchte das Billett für mich zu retten, aber Egon war größer und stärker als sie. Und vor allen Dingen rücksichtsloser. Schon hatte er das begehrte letzte Billett in der Hand.

»Komm!« Er packte mich am Arm. »Los, worauf wartest du noch? Anna! Die müssen uns beide mitnehmen, wir sind schließlich verheiratet! Hast du deine Papiere dabei?«

»Ich kann nicht!« In mir drehte sich alles. Mein Kind, Frau Schellenberg, Karl ... Ich konnte doch jetzt nicht ... Nein, ich verabscheute diesen Mann!

Er zerrte an meiner Schulter. »Du musst bestätigen, dass ich dein Mann bin, dann lassen sie uns beide mit!«

Immer noch war ich wie versteinert. Plötzlich zuckten wir panisch zusammen. Das Schiffshorn tutete mörderisch laut und zerriss mir fast das Trommelfell. Jetzt war die Hölle los! Panik brach auf der Gangway aus, es fielen nicht nur Gegenstände, sondern auch Menschen ins Wasser. Es war ein einziger Albtraum! Ich konnte nicht hinsehen. Karl!, brüllten meine überreizten Nerven. Bitte, wo steckst du? Ich gehöre doch zu dir!!

»Wollen Sie noch mit?« Ein Matrose packte mich am Arm. »Haben Sie ein Billett?«

Ich hob Paula aus dem Wagen und presste sie an mich. Ihr Köpfchen fiel schlaff zur Seite.

»Sie stirbt, Egon!« Vor meinen Augen tanzten grelle Punkte. »Hilfe! Es ist doch auch *dein Kind*!«

»Anna! Jetzt oder nie!« Egon gab dem Kinderwagen einen Stoß, sodass er fast ins Wasser gefallen wäre. »Lass das Kind bei der Alten, die haben beide keine Chance! Wir fangen in Amerika von vorne an!« Er wollte mich mit sich zerren.

Ich konnte nicht fassen, was er da von mir verlangte. Reglos blieb ich stehen, zu keinem Gedanken fähig, mit weichen Beinen, die mich kaum noch zu halten vermochten, und einem entsetzlichen Rauschen im Kopf. Mir wurde schwarz vor Augen, wieder wurde ich angerempelt. Im Gedränge stürzten die letzten Flüchtlinge zu Boden, die noch auf die *Heimatland* wollten. Kleine Kinder wurden einfach überrannt. Das Schiffshorn tutete so ohrenbetäubend, als würde die Welt untergehen. Die Gangway drohte zu brechen, immer wieder fielen Gegenstände und Menschen hinunter ins Meer. In all dem Grauen entdeckte ich plötzlich den Menschen, auf den ich so sehnsüchtig gewartet hatte.

»Anna!« Durch die Menge kämpfte sich Karl auf mich zu. »Ich habe eine Ärztin gefunden.«

»Anna!«, brüllte Egon gleichzeitig. »Sie holen die Gangway ein!« Er stand schon mit einem Bein darauf. Matrosen ließen die Leinen los, das Schiff schob sich zentimeterweise von der Kaimauer weg. Zwischen mir und Egon befand sich schon ein Meter schwarzes Wasser.

Ein Sprung, und ich könnte es noch schaffen. »Anna!« Egon streckte den Arm nach mir aus.

Karl schaute mich eine Sekunde lang fragend an.

»Wer ist das?«

»Niemand ...«

»Anna, los, wir müssen nach Stettin, die Ärztin sitzt in ihrer Praxis und wartet auf uns ...«

Ich konnte nicht mehr. Das war alles zu viel für mich. Mir schwanden die Sinne, das Rauschen in meinem Kopf wurde zu einem Orkan, und ich knickte einfach um. Karl fing mich in letzter Sekunde auf.

Trotz der vor meinen Augen tanzenden Sterne konnte ich

gerade noch wahrnehmen, dass Egon, das Billett schwenkend, rücksichtslos die Gangway hinaufrannte, andere Passagiere zur Seite stieß und die Absperrung bei der Reling in letzter Sekunde überwand. Ein ohrenbetäubendes Tuten kündigte das Ablegen des völlig überladenen Schiffes an.

Als ich wieder zu mir kam, lag ich auf einer alten Wehrmachtsdecke irgendwo in einer Ecke. Der Hafen wurde beschossen, und Tausende Menschen, die es nicht mehr aufs Schiff geschafft hatten, suchten Zuflucht in dem überfüllten Hafengebäude. Um mich herum herrschte Panik: Menschen drängten sich auf notdürftig zusammengeschobenen Bänken, Kinder plärrten, alte Leute beteten. Die Sirenen des Fliegeralarms zerrissen mir fast das Trommelfell. Ständig heulten Flugzeuge über uns hinweg, schossen oder warfen Bomben. Ich schaute mich suchend um. Wo waren die anderen?

Der erste Blick galt dem Kinderwagen, der verbeult und beschädigt neben mir stand. Würde Paula tot darin liegen wie schon das andere Baby? Ich bündelte all meine Kräfte, um den Mut zu finden hineinzuspähen.

Er war leer! Verzweifelt rappelte ich mich auf, tastete mich mit den Händen an den Wänden entlang, von denen der Putz bröckelte. Niemand beachtete mich.

»Paula!«, brüllte ich wie ein angeschossenes Tier. Doch niemand nahm von mir Notiz. Viele Menschen suchten schreiend nach ihren Kindern, da war ich nicht die Einzige.

»Paulaaa!« Mir war so schlecht und schwindelig, dass ich mich kaum auf den Beinen halten konnte. Wenn sie weg war, dann war sie tot. Wo hatte man sie hingebracht?! Ohne mir Gelegenheit zu geben, von ihr Abschied zu nehmen!

Mehrere herumstolpernde Menschen rempelten mich an, doch keiner nahm von mir Notiz.

Ich war nicht die einzige verzweifelte Mutter, die im Bombenhagel nach ihrem Kind schrie!

Wo war mein Kind?! Die nackte Verzweiflung zerriss mich innerlich, in all dem Gewühl war ich der einsamste Mensch auf dieser Welt! Tränenüberströmt irrte ich laut weinend umher, während die Fenster klirrten und der Putz von den Wänden bröckelte. Sollte ich jetzt ganz allein hier sterben?

Plötzlich sah ich Karl mit wirren Haaren auf mich zukommen.

»Anna. Beruhige dich. Paula lebt.«

Ich brach in seinen Armen zusammen.

»Anna! Paula hat die Nacht überlebt. Jetzt bin ich ja bei dir!«

Er setzte mich wieder auf die Wehrmachtsdecke und nahm mich ganz fest in die Arme.

»Die Ärztin hat sich um Paula und Großmutter gekümmert. Sie haben es gerade noch geschafft. Ich komme gerade von dort. Sie sind in einem Luftschutzkeller, mitten in Stettin.«

»Was passiert hier, Karl?«

»Wir haben die schrecklichste Bombennacht erwischt, Anna! Wir sind eingekesselt, von allen Seiten! Stettin sollte diese Nacht dem Erdboden gleichgemacht werden! Alliierte von Westen, Russen von Osten, während die letzten Soldaten der Wehrmacht in irgendwelche Verstecke fliehen, aber immer noch Strafen gegen diejenigen verhängen, die die Stadt verlassen wollen!«

Wieder schlug eine Bombe ganz in der Nähe ein, und die

vergitterten Fensterscheiben klirrten. Ich zuckte zusammen und presste mir die Hände auf die Ohren.

»Ich will mit Paula zusammen sterben!«

Schon wieder wollte ich aufspringen und wehrte mich mit Händen und Füßen gegen Karl, der versuchte mich aufzuhalten. Ich schrie wie ein Tier und wollte Karl am liebsten in die Hand beißen! Wieso war mein Kind in einem anderen Luftschutzkeller? Wieso war mein Kind mitten in Stettin? Warum war ich nicht bei Paula, so wie ich es mir geschworen hatte?

»Ich habe dich nicht so weit tragen können, Anna! Ich musste dich zurücklassen, aber ich bin sofort wiedergekommen!«

Hatte sich Karl tatsächlich durch den Bombenhagel gekämpft, nur um wieder bei mir zu sein? Was für ein Unterschied zu Egon, der bloß an sich selbst gedacht hatte!

Karl wühlte in seinem Rucksack.

»Anna. Du musst etwas essen und trinken. Ich habe dir was organisiert.«

Er hielt mir eine Thermoskanne mit heißem Tee an die Lippen. »Du warst minutenlang ohne Bewusstsein, und dein Blutdruck war so abgesackt, dass Monika Wagner mir eine Medizin für dich mitgegeben hat. Sie ist hier drin.«

»Monika?« Ich schaute ihn über den Rand des Metallbechers hinweg an, aus dem mir das heiße Gebräu entgegendampfte. Es schmeckte furchtbar bitter.

»Das ist die Ärztin hier in Stettin. Sie hat selbst ein Baby, stell dir vor! Teile ihrer Praxis standen noch; sie hat Paula erstversorgt. Es geht ihr wirklich viel besser.«

Sollte ich das glauben? Oder erzählte er mir nur irgendwas, damit ich aufhörte, ihn hysterisch anzuschreien?

»Anna: Sie ist über den Berg. Vertrau mir!«

Aufatmend ließ ich den Kopf an seine Schulter sinken. Die kleinen Schlucke Tee belebten mich wieder etwas. Ich wollte nur noch zu meinem kleinen Mädchen.

»Ja, aber wie geht es denn jetzt weiter? Wo sollen wir hin?«

»Die Stadt steht unter Artilleriebeschuss, und die Bevölkerung will nur noch weg. Bisher war es für alle ohne Wanderschein unter Strafe verboten, die Stadt zu verlassen«, brüllte Karl gegen den Lärm an. »Ab jetzt ist es den Bewohnern Stettins offiziell erlaubt! Allerdings nicht den Ärzten.«

Verwirrt starrte ich ihn an.

Deshalb herrschte so eine panische Aufbruchsstimmung! Die Leute rannten noch während des Bombenangriffes hinaus auf die Straße!

»Karl! Ich will zu Paula!« Erneut wollte ich aufstehen.

Karl drückte mich wieder nach unten: »Hör mir zu, Anna. Du *musst* mir vertrauen. Paula schläft jetzt. Sie muss erst wieder zu Kräften kommen! Und wir beide sind hier in Sicherheit!«

Was redete er da von Sicherheit? So einen fürchterlichen Bombenangriff hatte ich vor anderthalb Jahren in Hannover erlebt, und jetzt hatte dieselbe Hölle Stettin erreicht!

»Die Ärztin darf Stettin also noch nicht verlassen«, brüllte Karl in den Lärm hinein. »Verstehst du? Sie muss für verwundete deutsche Soldaten zur Verfügung stehen.«

»Was geht uns die Ärztin an?«, blaffte ich zurück.

»Sie hat Paula das Leben gerettet! Sie ist mit ihrem Baby ganz auf sich gestellt, Anna. Ihre Eltern hat es letzte Nacht erwischt!«

»Was heißt das jetzt? Müssen wir hierbleiben?« Wieder

schlug in der Nähe ein Geschoss ein, und unter Geschrei und Gewimmer hielten sich die Leute die Ohren zu.

»Wir müssen ihr auf jeden Fall beistehen, ihr und ihrem Kind! Es ist gut, wenn wir zusammenbleiben!«

Er sah mich so eindringlich an, dass ich nicht mehr wagte zu widersprechen. Mein Zustand erlaubte es auch gar nicht. Matt und todmüde saß ich auf der Decke. Mir war so schwindelig und so schlecht. Aber Karl war da. Und Paula lebte. Ich musste es Karl einfach glauben.

»Wer war der Kerl, der sich mit deinem Billett aufs Schiff gedrängt hat?«

»Mein Mann.« Ich schluckte und senkte den Kopf. »Mein Vater hat ihm telegrafiert.«

In dem Moment heulte die Sirene Entwarnung, und die Leute strömten mit Sack und Pack aus dem Hafengebäude. Ich fasste mir an den Kopf, der schmerzte wie verrückt.

»Ich wusste nicht, dass du verheiratet bist, Anna...« Karl sprang abrupt auf. »Das ist ja auch deine Sache. – Ich glaube, wir sollten jetzt schleunigst weg von hier. Schaffst du es jetzt?«

»Bitte bleib bei mir«, flehte ich tonlos. Was sollte Karl jetzt nur von mir denken?

»Lass den Kinderwagen stehen, der ist hinüber, mit dem ist in den Trümmern kein Durchkommen mehr.«

Gehorsam raffte ich die letzten Habseligkeiten darin zusammen und presste sie an mich.

Karl stützte mich, und wir liefen durch die entsetzlich verwüstete Stadt. Auf den Straßen herrschte trotzdem lebhafter Verkehr. Militärfahrzeuge rasten durch das Chaos. Zerlumpt humpelte die geschlagene Armee durch die zerschlagene Stadt, während die Offiziere in Geländefahrzeugen davonrasten. Offensichtlich wollten sie sich noch in letzter Sekunde vor den einmarschierenden Russen in Sicherheit bringen. Fuhrwerke mit Flüchtenden, Mütter, die ihre Kinder auf Handkarren gepackt hatten, Fußgänger, Radfahrer, alles irrte panisch durcheinander und schrie sich Informationen zu, ob sie nun stimmten oder nicht. Im Strom der vielen Menschen rannten wir zum Fluss.

Die Bahnhofsbrücke am Schwedter Ufer war von Panzern versperrt, sodass die aufgebrachte Menschenmenge versuchte, mit Fähren über die Oder zu kommen. Alle wollten den Bahnhof erreichen, um aus dieser Stadt herauszukommen! Doch in den Trümmern mussten die meisten passen. Kein Stein stand mehr auf dem anderen. Als wir den Kaiser-Wilhelm-Platz erreichten, setzte schon wieder Artilleriefeuer ein.

»Halte dich hinter mir«, brüllte Karl, »wir versuchen, hinter einer Mauer in Deckung zu gehen!« Auf einem Ruinengrundstück suchten wir Schutz. Das Straßenschild mit der Aufschrift »Kronprinzenstraße« hing verbogen herunter, der Wind schlug es an eine mit Einschusslöchern übersäte Hauswand. Wir kauerten uns unter einen Mauervorsprung, als ich etwas Unheimliches auf uns zurasen sah. Es war eine riesige Granate!

»Karl!«, schrie ich in heller Panik. »Bleib bei mir!«

Instinktiv warf Karl sich schützend auf mich. Etwa zehn Meter vor uns prallte das Geschoss aufs Straßenpflaster. In Erwartung einer gewaltigen Explosion presste ich mich an Karl und war sicher, jetzt mit ihm sterben zu müssen. Aber immer noch besser, als mit Egon leben zu müssen! Doch sie detonierte nicht. Nach dem Aufprall flog das Geschoss weiter über die Straße und prallte gegen die Ladefläche eines

Lastwagens, auf dem bestimmt zwei Dutzend deutsche Soldaten saßen. Und da explodierte sie mit einem ohrenbetäubenden Knall. Menschenleiber wurden zerrissen und flogen in Fetzen gegen Häuserwände.

»Karl!«, wimmerte ich und spähte entsetzt zwischen meinen Fingern hindurch.

»Nicht hinsehen! Komm hier weg!« Karl riss mich hoch und zerrte mich um mehrere Ecken hinter sich her. Wir eilten Hand in Hand durch den Rosengarten, überquerten die Grüne Schanze und preschten über den Adolf-Hitler-Platz, bis mir vor Atemnot die Lungen stachen.

»Karl, ich kann nicht mehr, ich halte das nicht mehr aus!«

»Willst du zu deinem Baby oder nicht?«, brüllte er mich an. Brennende Zaunlatten kamen uns entgegen. »Es ist nicht mehr weit!«

Und so rannten wir weiter, Hand in Hand durch kleine Seitenstraßen, in denen sich der rauchende Schutt türmte. Es war wie damals in Hannover: Der Asphalt brannte. Überall lagen verkohlte Leichen, umgekippte Fuhrwerke mit toten Pferden, streunende Hunde schnupperten daran. In all dem Entsetzen irrten auch noch weinende und schreiende Kinder umher.

»Schau nicht hin!«

Karl zog mich hinter sich her, und endlich erreichten wir das kaputte Haus der jungen Ärztin, in dem sich immer noch ihre Praxis befand.

Die Frauen saßen quasi im Freien und schauten auf die noch rauchenden Trümmer einer Kirche. Wie ich später erfuhr, war es die Jakobskathedrale. Im Erdgeschoss befand sich eine zerstörte Apotheke. Hier hatte die Ärztin wohl noch die letzten lebensrettenden Medikamente für Paula aufgetrieben. Sie hatte meinem kleinen Mädchen das Leben gerettet. Wie konnten wir sie da alleinlassen!

Über eine Leiter kletterten wir in den ersten Stock.

In einer Ecke saß Frau Schellenberg, die mir noch mehr gealtert zu sein schien, ich glaubte den Tod schon mit der Sense hinter ihr stehen zu sehen. Aber sie hatte mein Baby im Arm! Ich stürzte zu ihr, fiel auf die Knie und weinte laut.

»Lebt sie?«

»Ja, sie hat wie durch ein Wunder alles überstanden.«

Ich konnte mich vor Schluchzen kaum halten: Da lag es, mein Kind, das offenbar ganz friedlich schlief, in all dem Grauen und Elend, auf dem Schoß der mageren alten Frau. Immer wieder hielt ich fassungslos mein Ohr an ihr kleines Näschen, und mir kamen sanfte, gleichmäßige Atemzüge entgegen. Während ich ohnmächtig im Hafengebäude gelegen war, hatten diese Menschen mein Kind gerettet!

Endlich nahm ich auch die Ärztin wahr, die sich um ihr eigenes Baby kümmerte. Das Kind war auch ein kleines Mädchen, deutlich jünger und kleiner als Paula, zart und blond und so zerbrechlich wie eine Puppe.

»Wie kann ich Ihnen danken?« Ich streckte die Hände nach ihr aus. »Sie müssen ein Engel sein ...«

»Ich habe ihr entzündungshemmende Tropfen gegeben, schauen Sie, sie hat schon wieder etwas Farbe im Gesicht.«

Tatsächlich war das wächserne Grau meiner Paula verschwunden; ihre Bäckchen leuchteten geradezu. »Hat sie noch Fieber?«

»Ja. Leider. Über neununddreißig.«

»Wir sollten es trotzdem riskieren.« Karl stand schon wieder auf, suchte nervös den Himmel ab. »Der nächste Angriff ist nicht mehr weit! Es heißt, am Güterbahnhof fahren noch Züge ab.«

»Der Hauptbahnhof brennt lichterloh!« Die Ärztin spähte besorgt über die Mauerreste ihrer Praxis hinweg. »Wir könnten versuchen, zum Hafen und dort auf ein Schiff zu gelangen ...«

»Nein, da kommen wir gerade her, das ist die Hölle! Der Hafen wird bombardiert, und die Schiffe sind so hoffnungslos überladen, dass die Kinder und meine Großmutter das nicht überstehen würden«, beschied Karl. »Letztlich müssen wir nach Südwesten. Die Ostsee ist ein nasses Grab!«

Während die beiden über Fluchtmöglichkeiten fachsimpelten, betrachtete ich überwältigt die beiden kleinen Mädchen, die diesen entsetzlichen Bombenangriff überlebt hatten. Trotz ihrer Unterernährung und Krankheit war meine Paula sichtlich kräftiger und größer als der Winzling der Ärztin. Gott, wie mochte sie das bloß allein geschafft haben bis jetzt!

Als Karl zum Aufbruch drängte, fing die Ärztin plötzlich an zu zweifeln.

»Ich darf die Stadt eigentlich nicht verlassen. Ich muss der deutschen Wehrmacht zur Verfügung stehen.«

»Ich werde Sie aber nicht hier alleinlassen«, beharrte Karl. »Und wie wollen Sie Soldaten retten, wenn Sie ein Baby haben? Wo wollen Sie es lassen? Hier allein in den Trümmern?«

»Ich weiß es nicht ... sagen Sie es mir ...« Verzweifelt sah sie Karl an.

»Sie kommen jetzt mit uns!«, beschied Karl. »Alles andere ist Wahnsinn.«

»Aber ich bin Ärztin und muss ...«

»Sie sind an erster Stelle Mutter«, mischte sich jetzt Frau Schellenberg ein. »Wir haben nur zwei Möglichkeiten: Entweder wir bleiben alle hier und kümmern uns um Ihr Kind, während Sie Notfälle behandeln. Oder wir verlassen alle zusammen die Stadt.«

»Das heißt aber auch, dass ich für Ihrer aller Leben verantwortlich bin, wenn ich bleibe!« Sie presste sich die Fäuste an die Schläfen. »Was soll ich nur tun! Ohne Sie bin ich aufgeschmissen!«

Prüfend schauten wir die Ärztin an. »Sie können auch unterwegs Erste Hilfe leisten«, flehte ich sie an. »Wenn wir hier überhaupt noch rauskommen, werden Ihnen genügend Verwundete begegnen! Aber hier sitzen wir auf dem Präsentierteller.«

Die Ärztin rang mit sich. »Wenn ich bleibe, ist das unser aller Tod. Also gehen wir!« Sie nickte entschlossen, wie um sich selbst Mut zuzusprechen. Dann füllte sie ihren Kinderwagen rasch mit Decken, Laken, Handtüchern und Windeln bis zum Anschlag, um anschließend die zwei Kinder obendrauf zu schnüren.

Schon wieder heulten die Alarmsirenen und trieben uns zum Aufbruch an.

Monika schob los, kam aber nicht weit.

»Allein kriege ich den nicht von der Stelle«, keuchte sie. Da die Treppe zerstört war, musste Karl den schweren Wagen die Leiter hinunterbugsieren. Folglich banden wir die beiden Babys los und hoben sie aus dem Wagen. Vorsichtig hangelte ich mich mit Paula im Arm hinunter, in Karls ausgebreitete Arme, dann folgte die alte Frau Schellenberg, und schließlich reichte uns Monika Wagner das andere kleine Mädchen, um selbst hinterherzuklettern. Es herrschte ein ohrenbetäubender Lärm, und für weitere Unterhaltungen war keine Gelegenheit.

Unter Sirenengeheul schleppten Karl und die Ärztin den Wagen durch die Trümmerlandschaft, während ich ihnen mit meinem fiebernden Mädchen im Arm nacheilte. Oma Schellenberg folgte uns, so schnell sie konnte. Ein paarmal rief sie, wir sollten uns durch sie nicht aufhalten lassen, aber Karl packte sie und lotste sie weiter durchs enge Straßengewirr. Er half uns durch das Chaos der vielen Flüchtenden hindurch, und Monika führte uns an, da sie sich hier auskannte.

»Nicht nur die Jakobskathedrale hat voll was abgekriegt!«, hörte ich sie schreien. »Das Schloss der Herzöge von Pommern ebenfalls. Wir können versuchen, über die Hakenterrassen Richtung Oder zu rennen ...« Aus dem Augenwinkel sah ich eine traurig dreinblickende Sonnenuhr, deren Ziffernblatt ein Gesicht war.

»Hier ist übrigens die Oper, in die mich Tante Else mitgenommen hat«, rief Karl mir in einem günstigen Moment zu. »Aber die hat es ebenfalls erwischt. Schade um das schöne Gebäude!«

Es war bereits Abend, als wir auf großen Umwegen den Güterbahnhof erreichten. Auch hier drängten sich die Menschen in heller Panik, alles schrie durcheinander, und niemand wusste, wann ein Zug in welche Richtung ging.

Karl verschwand in der Menge und holte die nötigen Informationen ein.

Es standen sogar mehrere Züge da, Personenzüge und Güterwagen. Sie waren alle voll besetzt. Hunderte von Menschen quetschten sich durch die Türen, sobald sie geöffnet wurden. Eltern hoben ihre Kinder durch Fenster, und fremde Hände nahmen sie entgegen.

Entsetzliche Szenen spielten sich ab, als einer dieser Züge plötzlich losfuhr und die Eltern ihre Kinder ohne sie davonfahren sahen. Manche sprangen noch auf die Trittbretter und klammerten sich an den Haltegriffen fest, bevor sie entweder von helfenden Händen hereingezogen wurden oder den Halt verloren und auf die Gleise geschleudert wurden.

Es war so grauenvoll, dass wir nicht hinschauen konnten.

»Kommen Sie, setzen wir uns dahinten an die Mauer!« Mit unseren zwei Babys und der sehr schwachen Frau Schellenberg schafften wir es in dem Gedränge nicht, gemeinsam in einen Zug zu gelangen. Karl wusste zu berichten: »Es geht morgen früh ein Zug nach Süden. Wir bleiben auf jeden Fall zusammen!«

Hoffentlich würde der Bahnhof in dieser Nacht nicht wieder bombardiert!

Während wir drei Frauen an der Mauer warteten, organisierte Karl etwas zu essen für uns. Er hatte sogar Milch für die Babys dabei!

»Wie heißt denn Ihre kleine Tochter?«, fragte ich die Ärztin, als wir unsere Kinder fütterten.

»Barbara.« In ihren Augen standen Tränen. »Meine Eltern haben sie Bärbelchen genannt.«

»Barbara ist ein schöner Name«, befand ich. »Und wie alt ist sie?«

»Sechs Monate.«

»Meine Paula ist ein knappes Jahr.«

»Ja, das habe ich mir gedacht, als ich sie untersucht habe. Sie hat ja schon einige Zähnchen.« Sie lächelte schwach. »Es kann auch sein, dass das Fieber daher kommt. In diesem Fall wird Ihre Paula schnell wieder gesund.« Sie nahm meine Hand und drückte sie tröstend. Ich beugte mich zu ihr und umarmte sie. Was für eine wundervolle, tapfere Frau. Sollte ich insgeheim noch mit Karls Entscheidung gerungen haben, sie und ihr Baby auch noch mitzuschleppen, schämte ich mich spätestens jetzt abgrundtief für diesen hässlichen Gedanken. Sie hatte meine Paula gerettet und war nun ganz allein auf sich gestellt!

Karl war so großartig, dass er sie einfach mit unter seine Fittiche nahm! Er ließ nie jemanden im Stich.

In dieser Nacht auf dem Güterbahnhof schloss ich die Ärztin endgültig ins Herz. Ich wünschte sie mir zur Freundin. »Wollen wir uns nicht duzen?«

In all dem Elend und grauenvollen Chaos versprachen wir, aufeinander aufzupassen und zusammenzubleiben – komme, was da wolle.

28

Am Bahnhof von Stettin, Ende April 1945

Am nächsten Morgen fuhr endlich quietschend und scheppernd ein Güterzug ein. Es gelang uns, eine Tür zu erreichen und zu öffnen. Auch hier war es wieder nur ein Viehwaggon, in den wir mit vereinten Kräften kletterten. Und auch dieser stank entsetzlich nach tierischen Hinterlassenschaften. Karl hatte drei alte Getränkekisten organisiert, auf die wir Frauen uns setzen konnten. Seine Großmutter hatte schon lange nichts mehr gesagt; die letzten Tage und Nächte hatten deutliche Spuren in ihrem Gesicht hinterlassen. Ganz so, als hätte sie noch einmal alles gegeben, sei jetzt aber einfach am Ende. Ihr schütteres Haar war schlohweiß. Das ausgemergeltes Gesicht mit der ledrigen Haut ähnelte einem Totenschädel. Ihre sonst so lebhaften Augen waren stumpf geworden. Karl flößte ihr Tee ein und hielt sie einfach nur im Arm.

Nach stundenlangem Warten und erneutem Ankoppeln mehrerer Waggons setzte sich der Zug schließlich in Bewegung. Ich hatte keinerlei Zeitgefühl mehr. Es war sicherlich schon wieder Nachmittag geworden. Völlig erschöpft versuchten wir zu schlafen.

Wir rumpelten dahin, und obwohl ich meine Familie schmerzlich vermisste, war ich einfach nur erleichtert, dass wir nun bei Karl waren. Und eine so liebe Ärztin dabeihatten. Da waren wir immer noch besser dran als viele andere.

Wir saßen abseits der Tür, immer auf der Hut vor Plünderern. Es schien mir, als führen wir das ganze Stück wieder zurück, das wir vor Tagen gekommen waren, aber es war mir egal. Die Kinder schliefen, ich hielt mein weiterhin stark fieberndes Töchterchen im Arm. So dösten wir apathisch vor uns hin, immer an der Grenze zum Einschlafen. Doch das wagten wir nicht.

Plötzlich hielt der Zug auf freier Strecke. Wir hatten keine Ahnung, wie spät es war und wo wir uns gerade befanden. Auf dem gegenüberliegenden Gleis stand ebenfalls ein Zug; voll mit verwundeten Soldaten. Ihr Gewimmer und Geschrei waren bis zu uns zu hören.

Die Tür wurde von außen aufgerissen, und wir waren in höchster Alarmbereitschaft. Wir Mütter umklammerten unsere Babys. Karl hatte die alte Frau Schellenberg gegen die

Wand gelehnt, sprang auf und stellte sich schützend vor uns. Plünderer? Vergewaltiger?

Es waren Wehrmachtssoldaten, die allerdings keineswegs unserem Schutz dienten! Sie waren selbst auf der Flucht vor der Roten Armee, und in ihrer Panik nahmen sie keine Rücksicht auf uns wehrlose Menschen.

Laut brüllend stürmten sie unseren Waggon. Ihre Stiefel knallten. Ich verstand nicht, was sie von uns wollten!

»Hier sind nur Frauen, Kinder und alte Männer auf der Flucht«, versuchte ein tatsächlich schon alter Mann, die Lage zu erklären, wurde aber beiseitegestoßen.

»Schnauze!« Die Soldaten leuchteten jedem ins Gesicht. O Gott! Wenn sie Deserteure suchten, dann war das jetzt unser Ende! Mir blieb die Luft weg. Wenn sie Karl erwischten, würde er aus dem Zug gezerrt werden! Hatten sie denn wirklich nichts Besseres zu tun, als Landsleute zu bestrafen?

Der Alte da vorn versuchte die Soldaten in ein Gespräch zu verwickeln. Alle hockten verängstigt auf dem kalten Fußboden und pressten ihre vor Angst wimmernden Kinder an sich.

»Bitte! Hier gibt es nichts zu holen! Lassen Sie uns doch in Frieden weiterfahren«, flehte der Alte den Kommandierenden an.

Die Soldaten stießen den alten Mann erneut zu Boden.

»Ist hier ein Arzt?!«

Wir hockten mucksmäuschenstill in unserer Ecke auf unseren Getränkekisten, unter denen wir unsere letzte Habe versteckt hatten, und senkten den Blick. Karl stand nach wie vor schützend vor uns. Nachdem er begriffen hatte, dass es Wehrmachtssoldaten waren, hatte er ihnen hastig den Rücken zugekehrt. Sein Gesicht war ganz dicht an meinem. Ich sah die Angst in seinen Augen, und seine Lippen zuckten.

»Wir brauchen dringend einen Arzt, verdammt noch mal! Kann doch nicht sein, dass hier *kein Arzt ist!*«

Jetzt waren sie bei uns angekommen.

»Sie sind Arzt?!«, herrschte einer Karl an.

»Nein. Ich bin Lehrer.«

»Was machen Sie hier?!«

»Ich bringe meine Großmutter und die beiden Frauen mit ihren Kindern in Sicherheit.«

»Wieso sind Sie in Zivilkleidung unterwegs?! Wieso sind Sie nicht versehrt? Wo ist Ihre Einheit? Wo haben Sie gedient? Können Sie sich ausweisen?«

In diesem Moment wurde mir klar, dass ein junger, unversehrter deutscher Mann in Zivil die ideale Zielscheibe für ihren Hass und ihre Niederlage war.

Karl stammelte irgendwas, und ich spürte, dass er in höchster Not war. »Mitkommen, Mann!«

»Hilfe, lieber Gott Hilfe!« War ich das, die da wimmerte? »Ich liebe diesen Mann doch!«

Instinktiv klammerte ich mich an Monika, und plötzlich spürte ich Monikas eiskalte Hand auf meiner. Sie drückte sie ganz fest, und ich verstummte.

»*Ich* bin Ärztin.«

Mein Herz setzte einen Schlag aus. Ich sah tausend tanzende Sterne, und in meinen Ohren rauschte das Blut. Hatte ich das soeben laut gesagt?

Monika drückte mir ihre winzige Tochter in den Arm. Jetzt hatte ich zwei kleine Wesen auf dem Schoß.

Ich wollte sie wieder zu mir herunterziehen, konnte aber die Babys nicht loslassen. Gleichzeitig spürte ich ungeheure

Erleichterung, dass die Wehrmachtssoldaten von Karl abgelassen hatten. Der Schein der Taschenlampe huschte von seinem Gesicht zu ihrem.

»Warum sagen Sie das nicht gleich!«, brüllte der Soldat sie an.

»Entschuldigung, ich hatte Sie hier hinten nicht verstanden …«

Warum hatte sie sich bloß gemeldet? Etwa, um von Karl abzulenken? Oder aus moralischer Überzeugung heraus? Ich wusste, dass Ärzte einem Ehrenkodex unterliegen, dass sie stets versuchen müssen, Leben zu retten. Andererseits: Hätten sie uns Karl genommen, wären wir wohl verloren gewesen.

»Mitkommen.«

Ehe ich es recht begriffen hatte, hatten sie Monika schon aus dem Viehwaggon gezerrt.

Ich saß mit den beiden Babys auf dem Schoß in der Enge auf der Bierkiste, aber Karl spähte durch den Luftschlitz, und ich sah, wie seine Beine zitterten.

»Der Kommandierende hat sie gepackt, sie muss in den Zug mit den Schwerverwundeten einsteigen!«

Ein Wehklagen und Seufzen ging durch den Waggon: »Sie hat doch ein Baby!«

»Was soll denn die arme Frau da drin ausrichten? So viele Todgeweihte, das ist doch nicht zu bewerkstelligen!«

»Ohne Medikamente, ohne die Möglichkeit zu operieren?!«

Wenn Monika nicht zurückkäme, dann … Ich traute mich nicht, den Gedanken zu Ende zu denken.

Plötzlich fuhr unser Zug langsam einige Meter zurück. Die Leute kreischten. »Die Ärztin ist noch nicht wieder da!«

»Sie stellen eine Weiche um«, schrie jemand.

»Was hat das zu bedeuten?«

»Dass der Zug mit den Kriegsverletzten Vorrang hat.«

Während sich eine grauenvolle Ahnung in mir ausbreitete, begannen die Leute in unserem stehenden Wagen zu streiten.

»Wieso behandeln unsere eigenen Soldaten uns so schlecht?«, beschwerte sich jemand.

»*Wir* haben doch nichts verbrochen, nur sie! *Sie* haben in Russland Millionen Menschen umgebracht und …«

»Halten Sie doch den Mund, Sie Idiot«, schrie ein anderer ihn an. »Wir wollen hier nur noch weg, und Sie vergiften auch noch die Atmosphäre!«

»Sie haben doch auch *Heil Hitler* geschrien, ich kenne Sie doch! Sie waren doch sogar noch beim Volkssturm!«

»Und Sie, Sie Opportunist? Haben Sie irgendetwas zur Verteidigung der Heimat beigetragen? Kein Wunder, dass wir jetzt alle fliehen müssen!«

Fast wäre in unserem Waggon auch noch eine Schlägerei ausgebrochen. Schützend umklammerte ich die beiden Babys, und Karl gab mir Rückendeckung. Er als Deserteur konnte es nicht wagen, sich in den Streit der alten Männer einzumischen. Inzwischen herrschte pure Anarchie, und jeder versuchte nur noch, seine eigene Haut zu retten, indem er andere anklagte und bezichtigte. Wir zählten die Minuten, die zu Stunden wurden, und hofften nur, dass sie uns Monika bald zurückschicken würden.

Wir standen eine Ewigkeit dort auf freier Strecke in der Kälte. Inzwischen brüllte die kleine Barbara wie am Spieß, und auch andere Kleinkinder und Babys stimmten in das jämmerliche Geschrei ein. Die Mütter weinten genauso angsterfüllt. Nur Paula war ruhig und schlief.

»Was ist denn da drüben los? Warum tut sich denn nichts?«

»Sie arbeiten da drin nur noch mit einer Taschenlampe«, meldete jemand, der an der Türe stand.

»Das ist doch der reine Wahnsinn!«

»*Was* in diesem Krieg ist *nicht* der reine Wahnsinn?!«, ging der Streit der alten Männer schon wieder los. »*Sie* haben doch vor Kurzem noch behauptet, der Endsieg sei nahe!«

»Alles Lüge und Betrug! Wir hätten die Stadt schon lange verlassen sollen, aber man hat uns hingehalten bis zum Schluss!«

»Jetzt reißen Sie sich aber alle mal zusammen«, hörte ich die bekannte Stimme der alten Frau Schellenberg in der Dunkelheit. »Wer von euch ohne Sünde ist, der werfe den ersten Stein!«

Das wirkte. Vereinzelt brummelten noch einige vor sich hin, andere versuchten zu schlafen.

Ich wiegte die brüllende Barbara und sang ihr leise was ins Ohr, während Karl, auf der anderen Bierkiste hockend, meine kleine Paula in den Armen hielt. Sie war wirklich verdächtig still. Ich betete, dass sie auch diese Höllennacht noch überleben würde. Und ich betete, dass Monika bald zurückkäme, um nach beiden Babys zu schauen.

Noch immer mühte sie sich dort drüben mit den Schwerstverletzten ab, als sich plötzlich ein Militärfahrzeug mit hoher Geschwindigkeit näherte und direkt vor uns zum Stehen kam.

Sofort sprangen einige auf und schauten durch den Luftschlitz. Vier mit Maschinenpistolen bewaffnete deutsche Soldaten hatten das Fahrzeug verlassen und rannten zu dem anderen Zug. An der Seite ihres Geländewagens war das Wort »Feldjäger« zu erkennen.

Karl war jetzt ebenfalls aufgestanden und spähte voll düsterer Vorahnung hinaus.

»Das sind Feldjäger, so was wie die Polizei bei den Soldaten. O Gott, das sieht nicht gut aus!«

»Was ist los, was ist passiert?«

»Monika wird von ihnen aus dem Waggon gestoßen, in einem blutverschmierten Kittel.«

Schreie übertönten ihn. Alle, die sehen konnten, was draußen passierte, stöhnten und jammerten gequält auf. »*Nein!*«

»Sie wird abgeführt!«

Ich hielt die Luft an, in Erwartung, peitschende Schüsse zu hören. Würden sie Monika hier erschießen? Während ich ihr Kind auf dem Schoß hielt? Ich kniff die Augen zusammen. Nein, lieber Gott, nein, das kannst du doch nicht zulassen, sie ist doch ihre Mutter …

Mein Herz polterte, und in meinem Kopf sirrte ein schriller Ton.

»Was passiert jetzt?«, wagte ich zu flüstern.

»Monika steht mit erhobenen Händen vor unserem Zug«, stieß Karl atemlos hervor. »Wenn ich ihr doch helfen könnte! Sie hat uns schließlich auch geholfen!«

Schon wollte er zur Tür, doch ich klammerte mich an sein Bein.

»Du darfst auf keinen Fall auf dich aufmerksam machen, Karl! Sie erschießen dich gleich mit!«

»Junge, mach dich nicht unglücklich«, krächzte Frau Schellenberg matt. »Du hast Verantwortung übernommen!«

Plötzlich wurde die Tür von außen aufgerissen. Monika stand mit erhobenen Händen auf dem Gleis. Sie weinte bitterlich.

»Wer gehört zu dieser Frau?!«

Wir hielten die Luft an, stellten uns tot.

»Sie hatte nicht die Erlaubnis, die Stadt zu verlassen«, brüllte einer der Feldjäger. »Als Ärztin ist diese Frau verpflichtet, für die Verteidigung der Festung Stettin zur Verfügung zu stehen!«

»Sie hat doch ein Baby!«, jammerten einige Frauen aus unserem Wagen. »So haben Sie doch Erbarmen!«

»Wo ist Ihre Genehmigung zum Verlassen der Stadt?«, herrschte der Feldjäger die arme Monika erneut an.

»Ich habe keine …«

»Dann leisten Sie ab sofort medizinische Hilfe, wo sie gebraucht wird, nämlich in der Stadt! Das ist ein Befehl!«

»Aber mein Kind! Das ist da noch drin!«

»Diese Frau hat Glück, dass wir sie nicht an Ort und Stelle als Deserteurin erschossen haben! Ist hier noch ein Deserteur im Waggon?«

Mein Herz raste, mein Mund war wie ausgedörrt.

Die Mündungen der Gewehre waren auf uns gerichtet.

Eisige Stille herrschte, nur unterbrochen vom Wimmern der Kleinkinder und dem beruhigenden Zischen der Mütter. Ich sah, wie Karls Gesicht aschgrau wurde.

»Mein Baby«, schrie Monika Wagner. Doch sie wurde bereits wieder in den anderen Zug gezerrt. »Sie leisten jetzt hier Ihre Pflicht, der Rest interessiert nicht! Über Ihr weiteres Schicksal wird das Kriegsgericht entscheiden!«

Ich sprang auf, arbeitete mich zur Tür vor, die kleine Barbara im Arm. Ich wusste selber nicht, was ich wollte. Sie ihr herausreichen?

In dem Moment fuhr der Zug auf dem gegenüberliegenden Gleis mit einem Ruck an. Ich hätte das Baby hinüberwerfen müssen, es wäre auf die Gleise gefallen. Ich musste es behalten!

»Ich kümmere mich um sie!«, schrie ich dem abfahrenden Zug hinterher. »Versprochen!«

Wie viele Stunden wir nun noch auf diesem Abstellgleis standen, weiß ich nicht mehr. Wir mussten noch weitere Züge mit Verwundeten abwarten, die alle direkt von der Front kamen und Vorfahrt hatten.

Die kleine Barbara war erschöpft auf meinem Schoß eingeschlafen, und auch Paula war still. Die nächsten Stunden verliefen ruhig. Viele versuchten zu schlafen.

Auch die alte Frau Schellenberg war tief in sich zusammengesunken, und Karl hatte immer noch meine schlafende Paula auf dem Schoß. Wie schmerzlich es für ihn sein musste, dass er der tapferen Frau, die Paula das Leben gerettet hatte, nicht hatte beistehen können. Ich ließ ihn in Ruhe. Es waren seine eigenen Wehrmachtskameraden gewesen, die Monika so behandelt hatten. Und sie hätten ihn nicht anders behandelt, wenn er sich eingemischt hätte.

Sie hätten ihn entweder vor ein Kriegsgericht gestellt oder schlimmstenfalls direkt vor dem Zug erschossen. Er hatte sich in Sekundenschnelle entscheiden müssen. Und er hatte sich für uns entschieden.

Irgendwann gegen Morgen des nächsten Tages fuhr unser Zug schließlich wieder an. Ich hatte das Gefühl, dass er in eine andere Richtung fuhr als vorher.

Völlig erschöpft lehnte ich mit geschlossenen Augen an der hinteren Wand des Viehwaggons und gab mich dem Gerumpel und Geratter hin. Meine Gedanken kehrten zu meiner Familie zurück, die ich im Hafen von Stettin aus den Augen verloren hatte.

Wo Vater, Mutter, Marie und die anderen jetzt wohl waren? Ob Mutter noch lebte? Ob Egon zu ihnen gestoßen war? Ob er sich um meine Familie kümmerte, so wie Karl es tun würde? Ich wagte es zu bezweifeln.

29

EGON

Auf hoher See, Ende April 1945

Es war tatsächlich das allerletzte Schiffsbillett, das Egon in Händen hielt, als er in letzter Sekunde die Heimatland *erstürmte.*

Was für ein Glück im Unglück, dass die Alte es noch ergattert hat!, dachte Egon.

Wer diese alte Frau war und was es mit dem Kind im Kinderwagen auf sich hatte, war ihm egal.

Mit einer Mischung aus Erleichterung und Euphorie kämpfte er sich als Letzter die Gangway hinauf und drängelte sich mit aller Macht zwischen den Menschenleibern hindurch. Auf allen Decks standen sie dicht zusammengepfercht, sogar auf Treppen und Durchgängen. Das Nebelhorn tutete ohrenbetäubend. Egon atmete tief durch und sah sich ein letztes Mal zum Hafen um.

Da unten stand seine verzweifelte Frau mit dem Kinderwagen, und ein großer kräftiger Mann mit wehendem Haar hielt sie in den Armen. Na bitte!, dachte Egon, dann ist sie ja in bester Gesellschaft. Sie hat sich schon mit einem anderen getröstet, und das Mindeste, was sie mir schuldet, ist dieses rettende Billett.

Er beschloss, sich einen günstigeren Platz auf dem Schiff zu sichern, denn es gefiel ihm nicht, an die Reling gepresst zu werden, von schreienden, stinkenden Leuten mit jammernden Kindern.

Durchsagen dröhnten aus allen Lautsprechern: »Achtung, Achtung! Das Schiff ist überladen! Freiwillige bitte zurück an Land! Passagiere im Besitz eines gültigen Billetts kommen automatisch aufs nächste Schiff.«

Na und!, dachte Egon. Das ist doch nicht mein Problem. Ich bin bestimmt kein Freiwilliger.

Rücksichtslos bahnte er sich einen Weg und ging unter Deck, denn draußen wurde es durch den aufkommenden Seewind schneidend kalt. Irgendwo musste doch die Offiziersmesse sein! Und dort gab es mit Sicherheit etwas Gutes zu essen für die tapfere Mannschaft!

Egon schlängelte sich über Treppen und Flure, eingehüllt in angenehme Wärme. Über der Tür zu einem Aufenthaltsraum für die Besatzung prangten die Buchstaben: »Kraft durch Freude«. Neugierig steckte er den Kopf hinein: Es war eine Art Turnsaal, in dem Geräte wie Barren und Sprungböcke standen. Der gesamte Raum war mit Gymnastikmatten ausgelegt, aber darauf lagerten dicht an dicht ganze Familien mit Kleinkindern. Nein, das Gebrüll und der Gestank gingen ihm auch hier auf die Nerven.

Endlich hatte er die Offiziersmesse gefunden, die Mensa für die Besatzung. Aber auch hier drängten sich Massen von Flüchtlingen auf den Holzbänken. Eine alte Dame thronte am Tischende; jemand hatte ihr einen gepolsterten Stuhl dorthin gestellt. Sie schien unfassbar erschöpft zu sein und starrte nur apathisch ins Leere.

»Mutter, du musst etwas essen!« Der alte Mann, der wohl zu

ihr gehörte, brachte ihr einen Teller Suppe, den er mühsam durch die Menge balanciert hatte. Die Hälfte davon war schon verschüttet. Der Alte kniete sich neben die Frau und versuchte sie zu füttern.

»Achtung, Achtung«, kam es entsetzlich laut aus den Lautsprechern. Wieder diese Durchsage: »Bitte begeben Sie sich zu den Beibooten! Freiwillige, im Besitz gültiger Billetts, werden an Land zurückgebracht! Die Billetts besitzen automatisch Gültigkeit für das nächste Schiff! Wir können sonst nicht starten! Das Schiff ist überladen!«

Die wenigsten Menschen reagierten darauf. Alle dachten genau wie Egon: Hier bin ich, und hier bleibe ich.

Nachdem sich Egon einen Teller Suppe organisiert und im Stehen gegessen hatte, beschloss er, sich einen Schlafplatz zu suchen.

Er öffnete verschiedene Kabinentüren, doch wohin er auch irrte: Jede Schlafkabine war bis auf den letzten Platz besetzt, in den Betten lagen jeweils drei bis vier Personen, und auf der Erde schliefen noch mehr Menschen. Oft ließen sich die Türen gar nicht mehr öffnen.

Nachdem Egon selbst auf den Gängen keinen freien Quadratmeter mehr gefunden hatte, stieg er hinunter in den Kohlebunker. Dort ließ er sich übermüdet und erschöpft ins schmutzige Stroh fallen.

»Achtung, Achtung«, kam es nun schon zum zehnten Mal aus den Lautsprechern. »Das Schiff ist überladen! Bitte begeben Sie sich zu den Beibooten! Wir können nicht ablegen ...«

Einen Teufel werde ich tun!, dachte Egon. Und zuckte zusammen, denn der Heizer wäre fast auf ihn getreten, als er mit seiner nächsten Kohlenladung auf der Schaufel ankam.

»He, Meister, was wäre, wenn es hier mal brennen würde?«, sprach Egon ihn an.

»Dann wären wir alle verloren. Aber im Moment ist das meine geringste Sorge.« Der Heizer kaute auf einem erloschenen Zigarettenstummel und schob sich die Mütze in den Nacken. »Dieses Schiff hat tausend Tonnen Getreide und vier Flugzeugmotoren geladen! Dazu fünftausend Passagiere, obwohl es nur für vierhundert Mann zugelassen ist. Tausend Leute könnte es gerade noch verkraften – aber ohne Ladung! Während wir hier auf Reede liegen, sind wir eine wunderbare Zielscheibe für die Russen.«

»Scheiße, da will ich lieber nicht drüber nachdenken«, murmelte Egon im Stroh.

Der Heizer schaufelte Kohle. »Wenn die Leute nicht aussteigen, dümpeln wir hier noch Tage rum. Der Anker wird nicht gelichtet, bevor wir das erlaubte Gewicht erreicht haben.«

»Ja, und was meinen Sie, wann wird das endlich sein?«

»Keine Ahnung, hoffen wir, nicht nachts. Der Kapitän muss ohne Beleuchtung fahren, aber dann laufen wir Gefahr, mit anderen Flüchtlingsschiffen zu kollidieren, die ebenfalls ohne Beleuchtung fahren.«

»Scheiße, da will ich auch nicht drüber nachdenken.«

»Und Sie wollen so gar nicht von Bord gehen?«

»Nur über meine Leiche«, sagte Egon.

Zwei sehr nette junge Damen erregten am nächsten Tag seine Aufmerksamkeit. Sie hatten mit ihren Kindern in der Turnhalle Platz gefunden. Sie kümmerten sich wirklich liebevoll um die vier Kleinen. Zwei Jungen und zwei etwas ältere Mädchen. Die Hübschere von beiden, ein keckes Frauenzimmer namens Marie, spielte auf engstem Raum Fußball mit den Buben, und die andere, eine Renate, deutlich robuster und mit Berliner Akzent, hatte den beiden Mädchen so nette Zöpfe geflochten und ihnen noch Schleifen aus Papierservietten darumgebunden. Egon hielt sich gern in ihrer Nähe auf und beobachtete sie. Die beiden waren Cousinen oder Schwägerinnen oder so was, und Männer, die zu ihnen gehörten, waren weit und breit nicht zu sehen.

Die beiden Frauen halfen dem Koch in der Kajüte abwechselnd beim Kartoffelschälen und bekamen dafür warmes Essen für sich und ihre Angehörigen.

Noch immer ertönten stoisch dieselben Durchsagen: »Achtung, Achtung, das Schiff ist überladen. Freiwillige gehen bitte von Bord!«

Wir sind immer noch nicht losgefahren!, dachte Egon. Wir dümpeln hier seit eineinhalb Tagen vor uns hin! Verdammt, Leute, so steigt doch schon aus! Man sollte die Bagage einfach von Bord werfen.

Die Zeit wollte einfach nicht vergehen. Gerade als Egon auf die große Uhr an der Wand der Turnhalle geschaut hatte, um zu überlegen, was er mit dem angebrochenen Abend noch anfangen sollte, wurde das Schiff plötzlich von einem gewaltigen Schlag erschüttert. Egon knallte mit dem Gesicht gegen den Stufenbarren, unter dem die Kinder auf ihren Matten bereits schliefen. Er musste wohl einen Moment ohnmächtig geworden sein, denn als er wieder zu sich kam, fühlte er mit der Zunge, dass seine Vorderzähne abgesplittert waren. Die Durchsagen waren verstummt, stattdessen tutete das Nebelhorn ohne Unterbrechung. Kreischend wurde zum Ausgang gerannt: Jetzt wollten plötzlich doch alle von Bord! Egon stolperte über am Boden kauernde Kinder und rannte zu einer Seitentür. Gott sei Dank, sie ließ sich öffnen! Mit aller Kraft zog er an der schweren Eisen-

tür, und hier draußen war das Nebelhorn noch viel ohrenbetäubender. Egon wollte sich die Ohren zuhalten und stolperte, rutschte über die nassen Außenplanken. Zwischen Wand und Reling hin und her schlingernd, kämpfte er sich über eiserne Treppen, an denen sich schreiende Menschen festklammerten, Richtung Gangway. »Halt! Ich bin ein Freiwilliger! Ich will von Bord!«

Doch da war keine Gangway. Man hatte in der Nacht wohl doch schon einige Kilometer Fahrt gemacht, um dann erneut vor Anker zu gehen. Die Menschen strömten zu den Beibooten, doch die waren alle schon überladen! Im Wasser schrien und strampelten Verzweifelte. »Wieder nach oben!«

Wenn das Schiff sinkt, dann sinke ich als Letzter!, nahm sich Egon vor. Mit einigen anderen starken Männern schaffte er es gerade noch, die eiserne Schottentür zu erreichen, dann fiel sie krachend hinter ihm zu. Er war gerade noch hindurchgeschlüpft. Ein unbeschreibliches Durcheinander empfing ihn im Bauch des Schiffes. Man konnte sein eigenes Wort nicht mehr verstehen. Da schrien Kinder nach ihren Müttern und irrten kopflos umher. Durch die beginnende Schieflage des Schiffes geriet Egon ins Taumeln. In der Offiziersmesse lag eine alte weißhaarige Frau, die von einem rot gepolsterten Stuhl gekippt war, mit dem Gesicht auf dem Boden. Andere eilten einfach über sie hinweg. Der Stuhl wurde mit vielen anderen Bänken und Tischen ans offene Bullauge gefegt, durch das bereits ein eiskalter Schwall Seewasser eindrang. Ein alter Mann, ein Greis, leichenblass im Gesicht, packte Egon am Arm: »So hilf meiner Frau doch auf! Sie ist verwirrt und hilflos, sie findet sich nicht mehr zurecht!« Warum duzte der ihn? Außerdem: Egon hatte nicht vor zu helfen, er war sich selbst der Nächste.

»Sie wollten ja unbedingt an Bord bleiben!«, brüllte er den alten Mann an.

Mit anderen Menschen, die sich an ihm und aneinander festkrallten, rutschte er über die sich senkenden Flure, die von eiskaltem Wasser überspült wurden. Dort, wo der russische Torpedo den Rumpf zerrissen hatte, schossen Wassermassen durch die meterweit aufklaffende Bordwand, hinein in sämtliche Kabinen und auch in die Turnhalle, in der Marie, Renate und die Kinder lagen. Sie klammerten sich an die fest verankerten Beine des Stufenbarrens und schrien um ihr Leben. Diesmal arbeitete er sich in die andere Richtung vor, wo sich auf halber Höhe zwischen den Decks noch Beiboote befanden. Sie schaukelten bedrohlich hin und her, knirschten so schauerlich, dass sie jeden Moment herunterkrachen würden! Egon hechtete über die Planken und bekam einen Rettungsring zu fassen. Damit drängte er sich durch die verstopften Gänge, auf der Suche nach Besatzungsmitgliedern, die ihn sofort an Land bringen sollten.

Doch die Kommandobrücke, wo Egon sie vermutete, war nur noch ein Trümmerhaufen. »He! Sie haben doch dauernd durchgesagt, dass man von Bord gehen soll«, brüllte er hysterisch hinein. »Ich bin ein Freiwilliger!«

Ein kleiner Junge kam ihm entgegen, er hatte eine Schwimmweste in der Hand.

Egon hielt ihn auf und wollte sie ihm entreißen, doch der Junge wich ihm geschickt aus. Die junge Frau, die Marie hieß, hatte die Szene mitangesehen. Angewidert schüttelte sie den Kopf. »Fressen und gefressen werden«, schrie sie, als sie auch schon von einer riesigen Welle erfasst wurde. Wie von unsichtbaren Händen gezogen, raste ihr Körper über das Deck und knallte gegen die Reling. Im selben Augenblick war sie auch schon in der Dunkelheit verschwunden. Noch immer brüllte *schauerlich das Nebelhorn. Egon stürmte aufs Oberdeck und sah diese Renate. Die Kinder und sie saßen wie versteinert auf einer Kiste und klapperten mit den Zähnen, wobei sie sich alle an einem einzigen Rettungsring festklammerten.*

Flammen tauchten das Oberdeck in blutroten Schein. Jetzt erkannte er kurz das Hafengebäude; es war höchstens zwei Kilometer entfernt. Das musste doch zu schaffen sein!

In diesem Moment riss eine Riesenwelle die Kiste mitsamt Renate und den Kindern Richtung Reling, sie erfasste auch Egon, und gemeinsam gingen sie alle über Bord.

Ohne Boden unter den Füßen sah er nur noch den leuchtend roten Himmel über sich und spürte dann den Sog des im Meer versinkenden Schiffes. Er musste schnell von ihm wegschwimmen, um nicht in die Tiefe gerissen zu werden! Das Schiff hatte sich nun endgültig auf die Seite gelegt, das dunkle Meer zerrte an ihm.

Egon spürte eiskaltes Wasser, das über ihm gurgelte, darin strampelnde Menschen, Möbel, zersplittertes Holz. Außerdem Menschen, unter ihnen Kinder und Babys, die nicht mehr strampelten, sondern nur noch mit dem Gesicht nach unten darin herumtrieben.

Egon kämpfte sich mit aller Macht wieder nach oben, hinauf zum blutroten Himmel. Er war ein guter Schwimmer. Er würde das auch so schaffen. Ihn empfing das Nebelhorn mit unaufhörlichem Tuten. Er bekam wieder Luft, röchelte, hustete, spuckte Salzwasser, paddelte um sein Leben.

Plötzlich sah er direkt vor sich einen Rettungsring und griff zu. Überall gellende Schreie, Hilferufe. Aus dem Wasser ragten Köpfe. Köpfe von Frauen, Männern und Kindern. Jemand klammerte sich an Egon fest. Es war ein Junge. Er war vielleicht zehn. War das nicht der Kleine mit der Schwimmweste? Die war ihm wohl zu groß gewesen, denn er hatte sie verloren. Als Egon sich von dem Jungen lösen wollte, rutschte der Kleine ab und versank im tiefschwarzen Meer.

Verschiedene Beiboote waren inzwischen vom Hafen zurückgekommen und suchten die dunkle Brühe ab. Egons Versuch, die Hand eines Helfers zu packen, scheiterte. Egon trieb Richtung Heck ab, wo sich die Schiffsschraube unablässig drehte. Das Wasser war zu einer weißen Gischt aufgeschäumt und brodelte im Sog der Schraube, die einen ohrenbetäubenden Lärm machte. Sie kreischte wie ein Wildvogel.

Egon konnte nichts mehr tun. Die unerbittlichen Wogen des schwarzen Meeres schlossen sich über ihm. Auch wenn er zwischendurch wieder auftauchte: Er konnte sich nicht mehr befreien. Wieder und wieder beanspruchte ihn die See für sich. Seine Lunge füllte sich mit immer mehr Salzwasser, und so starb Egon einen qualvollen Tod.

Mehrere Meter hinter der Schiffsschraube hatte Renate eine Kiste zu fassen bekommen und hielt sich mit aller Kraft daran fest. Bei ihr waren noch Lilli und Ingrid, die zu zweit ohnmächtig in dem Rettungsring hingen. Eines der Boote hatte inzwischen wieder beigedreht, auf der Suche nach letzten Überlebenden im eiskalten Wasser.

Renate schrie aus Leibeskräften: »Hier! Hilfe! Hier!« *Nach einer gefühlten Ewigkeit griffen zwei Matrosen mit starken Armen nach ihr und zogen sie ins Beiboot.*

»Meine Mädchen! Dahinten, sie treiben ab, schnell!!« *Der Rettungsring wurde von der Schiffsschraube angezogen. Die Matrosen ruderten, was das Zeug hielt.*

In letzter Sekunde, noch ehe der Sog den Rettungsring erfassen konnte, erhaschte einer der Matrosen die Schnur, die darum geschlungen war, und zog ihn zum Rettungsboot.

Die beiden Mädchen wurden geborgen; sie waren beide tot.

Renate wurde die Strickleiter hinaufgezogen, auf den Planken des Rettungsboots sackte sie in sich zusammen. Von der Mannschaft konnte sich im Augenblick niemand um sie kümmern. Alle waren im Einsatz, die letzten Menschen tot oder lebendig aus dem Wasser zu bergen. Sie waren nur einen, höchstens zwei Kilometer vom rettenden Hafen entfernt; von dem Hafen, in dem sie sich vor zwei Tagen unter Einsatz ihres Lebens aufs Schiff gedrängt hatten. Auf das Schiff, das niemals wirklich losgefahren war.

Völlig unter Schock lag sie da. Sie fror erbärmlich, ihre Zähne schlugen aufeinander, sie spuckte Salzwasser und kroch schließlich auf allen vieren Richtung schützende Bootswand. Dort saß schon ein kleiner Junge, in eine Decke gehüllt. Er starrte zitternd ins Leere und war weiß wie die Wand. Renate nahm ihn in den Arm: Es war Günther.

30

ANNA

Auf der Flucht nach Westen, Mai 1945

Seit Tagen ratterte der Viehwaggon mal schneller, mal langsamer durch die Gegend, und ich hatte mehr und mehr das Gefühl, wieder nach Osten zurückzufahren.

Die meisten der Menschen, die noch hier drin hockten,

waren nicht mehr ansprechbar. Noch einmal waren wir von Russen überfallen worden, noch einmal waren Frauen herausgezerrt worden, und Karl hatte zu meinem Schutz nichts anderes tun können, als mir den Eimer mit stinkenden Ausscheidungen der Mitreisenden über den Kopf zu kippen, damit sie mich in Ruhe ließen. Jetzt waren wir endgültig in der Hölle.

Es war ganz still im Zug, keiner sprach ein Wort, nur Rattern und Wind waren zu hören. Ab und zu schluchzte oder gluckste noch ein Baby, das von seiner Mutter leise murmelnd beruhigt wurde. Von Paula kam kein Ton mehr. Auch das Beten hatte aufgehört; nach diesen Erlebnissen glaubte wohl keiner mehr an Gott. Bestimmt lagen inzwischen einige Tote im Abteil. Karl hatte ein paar morsche Holzlatten aus der Waggonwand gebrochen, um die Luftzufuhr zu verbessern. Gleichzeitig hatte ich jetzt ein Sichtfenster.

Der Zug fuhr durch fast völlig zerbombte Städte und Dörfer. Wohin das Auge sah, nichts als Ruinen. Nur ganz selten dazwischen Häuser, die kaum zerstört waren. Überall irrten Menschen herum, die in den Trümmern nach ihrem Hab und Gut suchten. Menschen mit Karren und Koffern, Soldaten, die mithilfe primitiver Krücken durch das Chaos humpelten. Manche Ruinen brannten noch vom letzten Luftangriff. Leichen wurden herausgetragen. Ich sah das alles, ohne es richtig aufzunehmen: Wie eine Filmkulisse zog es an mir vorbei. Es schien, als würde das Grauen kein Ende nehmen.

Irgendwann hielt der Zug mit quietschenden Bremsen, und die Türen wurden aufgezogen.

Grelles Sonnenlicht schien herein und blendete mich. Ich hielt mir mit dreckverkrusteten, stinkenden Händen die Augen zu. Sie klebten und brannten.

Nach und nach stiegen die Menschen verstört aus und ließen sich einfach auf den Bahnsteig fallen.

Dem Stimmengewirr konnte ich entnehmen: »Lubin! Wir sind in Niederschlesien!«

»Dann sind wir ja immer noch nicht über die Oder!«

»Wir sind tagelang nach Südosten gefahren«, schimpfte einer der alten Männer. »Also der Front wieder entgegen! Was für ein Schwachsinn!«

Der Lokführer, der erschöpft und mit rußgeschwärztem Gesicht von seiner Lok gesprungen war, wurde mit Fragen und Vorwürfen bestürmt.

»Was soll denn das, warum sind wir tagelang im Kreis gefahren?«

»Wir mussten immer wieder ausweichen, wenn irgendwo der Schienenverkehr unterbrochen war«, erklärte er zu seiner Verteidigung. »Durch die Luftangriffe ist keine Direktverbindung mehr möglich. Immerhin sind wir ein gutes Stück weiter südlich. Hier ist schon Frühling.«

Auch ich taumelte apathisch auf den Bahnsteig und knickte in den Knien ein. Ich war eine lebende Kloake.

»Anna?« Sanft rüttelte mich Karl an der Schulter. »Hier gibt es Wasser!«

Er führte mich, zog den Kinderwagen mit der winzigen Barbara darin hinter sich her.

»Wo ist Paula?«

»Sie ist bei Oma Schellenberg. Du musst dich erst waschen.«

Die Sonne wärmte tatsächlich. Der unerträgliche Kot und Urin auf Haut und Haaren war schon eingetrocknet.

Wie von einem anderen Planeten kommend, schleppten sich die Leute aus unserem Waggon mit Kind und Kegel und Sack und Pack in das Bahnhofsgebäude.

Rotkreuzschwestern in hellblauer Schwesterntracht mit blütenweißer Haube verteilten heiße Suppe und Getränke, eilten zwischen den zerlumpten Wesen hin und her, die jegliche menschliche Würde verloren hatten.

»Der Waschraum ...«, stammelte ich. Das Gesicht dieser jungen Schwester sprach Bände, als sie mich die Treppe hinunterschickte.

Das verklebte Monster, das mir dort aus dem Spiegel entgegenstarrte, hatte ich noch nie gesehen. Meine Augen lagen in tiefen Höhlen, alles war mit Exkrementen benetzt.

Manisch ließ ich das eiskalte Wasser über Gesicht und Hände laufen. Ich riss mir die Kleider vom Leib und scheuerte an meinem Körper herum, bürstete und schrubbte, bis die Haut fast blutete. Auch meine langen, verfilzten Haare hielt ich unter den Wasserstrahl und drückte sie aus, bis keine braune Brühe mehr kam. Mehrere andere Frauen, die in den Waschraum kamen, prallten vor dem Gestank zurück. Aber auch sie hatten hässliche Wunden zu waschen und widerliche Spuren zu beseitigen. Schweigend stellten wir so etwas wie einen Hauch von Würde wieder her.

Die Rotkreuzschwestern hatten Handtücher und Wolldecken bereitgelegt, und so hüllte ich mich in eine der Decken und schlang mir ein Handtuch als Turban um den Kopf. Ich war bestimmt länger als eine Stunde dort unten gewesen. Als ich wieder in den Wartesaal hinaufstieg, fühlte ich mich wie beim Gang zum Schafott. Ich ahnte es, hatte es instinktiv schon lange gewusst, und doch setzte mein Herz aus, und meine Welt brach zusammen:

Meine Paula lag klein und wächsern in Karls Armen. Tränenüberströmt saß er auf einem Stuhl, vor sich eine Tasse mit etwas, das dampfte. Doch er hatte es nicht angerührt. Neben ihm stand der Kinderwagen mit der kleinen Barbara. Sie war wach und betrachtete staunend die Lichter an der Decke. Sie strampelte mit den Beinchen und brabbelte vor sich hin.

Doch Paula bewegte sich nicht. Sie schrie nicht, und sie weinte auch nicht. Schon seit Tagen hatte ich ihre Stimme nicht mehr gehört. Sie hatte es überstanden: Ihre kleine Seele weilte nicht mehr unter uns. Karl hatte ihr schon die grauen Augen geschlossen. Die Augen, die mich immer so ernst und dankbar angeblickt, die mir immer die Kraft gegeben hatten weiterzumachen.

Ich fiel auf die Knie und nahm ihre kleinen Hände. Sie waren eiskalt.

»Du musst jetzt ganz tapfer sein, Anna. Die kleine Paula hat es nicht geschafft …«

Ein Schrei gellte in meinem Innern und ließ mich fast ersticken. Doch es kam kein Laut aus meiner Kehle. Röchelnd rang ich nach Luft.

»Es tut mir so leid, Anna.« Karl drückte meine Schulter, doch ich spürte nichts.

»Ich möchte sie halten«, rang ich mir von den Lippen.

Karl stand auf und legte mir mein Töchterchen vorsichtig in die Arme. Er zog mich sanft auf seinen angewärmten Stuhl und legte mir eine weitere Decke um die Schultern, so sehr zitterte ich vor lauter Schock.

Da saß ich, versteinert, fassungslos und doch gefasst: Sie war in Oma Schellenbergs Armen gestorben. Bis zum Schluss hatte sie deren Wärme und Herzschlag gespürt.

31

PAULA

Koszalin, Ende Juli 2004

Mir blieb das Herz stehen. Die Welt hörte auf, sich zu drehen.

Die kleine Leselampe flackerte, und die Kladde fiel mir aus den Händen.

Fassungslos starrte ich an die Decke des Hotelzimmers.

Ich bin gar nicht Paula!, hämmerte es gegen meine Schläfen.

Ich bin nicht Paula.

Ich bin Barbara!

Barbara Wagner, die Tochter von Monika Wagner!

Ich bin nie hier gewesen!

Ich bin weder Karls noch Annas Tochter!

Da lag das Tagebuch, auf dem Gesicht, auf dem leicht ausgefransten rosa Bettvorleger.

Als würde es sich schämen, dieses Geheimnis verraten zu haben.

Mein Herz polterte. *Deshalb* hatte Anna das Tagebuch unter dem Wachspapier versteckt! Damit ich es wirklich erst nach ihrem Tod finden sollte!

Und Karl hatte immer alles gewusst. Gewusst und geschwiegen, gemeinsam mit ihr die unfassbar schwere Last dieses Geheimnisses um meine Existenz getragen.

Meine Augen brannten.

Mein Mund war wie ausgedörrt. Gab es hier irgendwo eine

Minibar? Fehlanzeige. Ich hätte mir jetzt alles hinter die Binde gekippt, Hauptsache, hochprozentig!

Eine Hitzewelle überzog mich, als hätte mich jemand in der Wüste ausgesetzt. Barfuß tappte ich im Halbdunkel zum Waschbecken. Drehte mechanisch den Wasserhahn auf, hielt den Zahnputzbecher darunter und trank in gierigen Zügen.

Dann betrachtete ich mein Gesicht im Spiegel.

Eine Frau von sechzig Jahren. Die plötzlich erfährt, dass sie schon lange tot ist. Ich betastete mein Gesicht. Lachfältchen, kleine Sommersprossen, hellblaue Augen, die fast immer strahlten vor Lebensfreude.

Mein Herz geriet aus dem Takt.

So lange hatte ich in diesem Tagebuch nicht mehr weitergelesen! Zuerst hatten wir das Haus ausgeräumt, dann waren über Wochen hinweg die Abiturprüfungen gewesen, und erst auf der Reise nach Polen, zu meinen Wurzeln, war ich dazu gekommen, die Lektüre fortzusetzen.

Ich starrte die Frau an, die ich auf einmal gar nicht mehr war.

Du lebst!, durchzuckte mich ein Gedanke.

Du lebst. Seit fast sechzig Jahren.

Denn du bist noch gar nicht sechzig!

Barbara ist sechs Monate jünger als Paula.

Da lachte ich fassungslos auf: Deshalb war ich immer die Kleinste in der Klasse! Ich war erst im November geboren! Ich war noch gar nicht sechzig!

Was hatte ich für eine schöne Kindheit und Jugend gehabt! Aber warum hatten sie es mir nie gesagt?

Eine weitere Erkenntnis ließ mich fast umkippen: Meine Mutter Monika Wagner könnte noch leben!

Warum hatten sie es *ihr* nie gesagt? Was ging in ihren Köpfen vor, dass sie ein fremdes Kind aufzogen und einfach bei sich behielten?

Hatten sie denn nie versucht, Monika Wagner zu finden?

Bestimmt hatten sie mich nicht wieder hergeben wollen, nach all dem Leid, das ihnen das Leben angetan hatte.

Ob Karl Anna bekniet hatte, Monika zu suchen? Oder ihr wenigstens eine Nachricht zukommen zu lassen? *Dein Kind lebt, wir sind alle wohlauf in Bamberg, komm uns doch so bald wie möglich besuchen!*

Aber ich kannte Anna. Sie hätte Karl die Augen ausgekratzt.

Und Karl mit seinem ausgeprägten Gerechtigkeitssinn musste mit schlechtem Gewissen weiterleben.

Ich stieß mir vor die Stirn: Er hatte es doch selbst zu mir gesagt: »Da bist du ja, mein Bärbelchen! Hast du schon nach Monika gesucht?« Er war gar nicht dement! Er machte Andeutungen! Jetzt, wo Anna tot war, die sich ihr Leben lang mit Händen und Füßen gegen die Wahrheit gewehrt hatte, wollte es Karl wenigstens noch tun.

Und ich hatte ihn für wirr im Kopf gehalten, dabei sandte er mir ständig Signale! Er wollte klare Verhältnisse schaffen!

Mein Gott, und genau das würde ich jetzt auch tun!

32

ANNA

Lubin, Mai 1945

Stundenlang saß ich da, mein totes Kind im Arm, und neben mir der Kinderwagen mit der winzigen Barbara, die einfach weiterlebte! Karl wich nicht von meiner Seite, sagte nichts, saß nur da und kämpfte selbst mit den Tränen. Irgendwann stand er auf und bat eine der Schwestern um eine Flasche Milch für das Baby. Während die Schwester Barbara versorgte, verschwand Karl für längere Zeit. Erst danach sollte ich erfahren, dass auch Oma Schellenberg die Fahrt nicht überlebt hatte. Karl musste sie aus dem Zug zu den anderen Toten tragen, für die ein Leichenwagen bereitgestellt wurde. Um ihre Beerdigung konnte er sich nicht kümmern, sonst hätte er Barbara und mich allein zurücklassen müssen.

Der Wagen wartete lange, er stand abseits am Ende des Bahnsteiges. Mir wollte nicht in den Kopf, dass er auch noch auf meine Tochter wartete! Auf meine kleine Paula!

Verrückt vor Schmerz saß ich da und wiegte mein kleines Mädchen in den Armen. Den ganzen Tag und die darauffolgende Nacht hielt ich sie fest und sang ihr leise Lieder vor, die Lippen an ihrem dunkelhaarigen Köpfchen vergraben. Sie war doch mein Schatz, mein Kind!

Maikäfer, flieg.
Der Vater ist im Krieg.
Die Mutter ist im Pommerland.
Pommerland ist abgebrannt.
Maikäfer, flieg!

Sie hatte doch schon so viel überstanden, sie war doch eine Kämpferin. Monika Wagner hatte ihr doch Medikamente gegeben und gesagt, dass sie es schaffen würde! Sie hatte mir sogar noch Hoffnung gemacht, das Fieber könnte nur wegen des Zahnens so hoch gewesen sein! Aber das war *vor* der tagelangen Zugfahrt im kalten Viehwaggon gewesen. Vielleicht hatte diese freundliche Frau mir auch einfach nur Mut machen wollen.

Irgendwann wollte Karl mir sanft mein Kind wegnehmen, aber ich reagierte nicht.

»Anna, der Wagen wartet nur noch auf sie. Die Menschen haben Abschied genommen und wollen endlich weiterfahren!«

Der Zug war inzwischen gereinigt worden; Soldaten und Freiwillige hatten ihn mit einem Wasserschlauch ausgespritzt. All das hatte ich vor dem Fenster des Wartesaals gesehen, aber es hatte mich nicht erreicht. Es war nicht echt, nicht real. Das hier war ein entsetzlicher Albtraum, und eines Tages würde ich daraus aufwachen und mein Kind würde leben, zusammen würden wir eine glückliche kleine Familie sein. Ich musste nur noch eine Zeit lang durchhalten, dann würde ich endlich geweckt, und alles würde für immer vergessen sein.

»Sollen sie doch weiterfahren, was geht es mich an! Fahrt ruhig weiter, ich will hier mit Paula sterben.«

»Anna, du musst loslassen. Dein kleiner Sonnenschein lebt nicht mehr.«

Ich konnte auch nicht weinen. Ich begriff nicht, was er sagte. Ich war nicht mehr bei Sinnen. Wie eine Löwenmutter verteidigte ich mein Baby.

»Lass mich hier sitzen, fahr du weiter, ich habe niemanden mehr außer Paula.«

»Doch, Anna. Du hast Barbara. Du hast es Monika versprochen, weißt du noch? Du hast es ganz laut aus dem Zug gerufen: ›Ich kümmere mich um sie, versprochen!‹ Du musst stark bleiben und nach vorn schauen! Und du hast mich, Anna. Vergiss das nicht.«

Während er vorsichtig die Arme unter Paulas kleinen Körper legte, nahm ich endlich das jämmerliche Weinen wahr, das schon seit Stunden aus dem Kinderwagen neben mir kam. Die kleine Barbara hatte Hunger!

»Anna, dieses Kind braucht dich auch. Du musst jetzt die Mutterstelle einnehmen, so wie Marie es bei Ingrid und Günther getan hat.«

»Ach Quatsch!«, herrschte ich ihn an, und zum ersten Mal spürte ich so etwas wie Wut.

»Das geht nicht so einfach wie Puppen austauschen! Das hier ist kein verdammtes Spiel!«

»Anna, es ist gut, wenn du jetzt zornig bist. So kehren deine Lebensgeister zurück.«

Ich griff nach Paula, die schlaff und leblos in seinen Armen lag. Das Köpfchen hing nach unten. Er wollte sie wegtragen. Betreten dreinblickende Rotkreuzschwestern standen an der Tür und hielten ein weißes Leintuch für sie bereit. Und draußen wartete der Leichenwagen nur noch auf sie. Auf meine kleine Maus.

»Neeeiiin!«, hörte ich mich schreien. »Verschwinde, lass mich, hau ab von hier!«

Ich schlug nach ihm, biss und kratzte.

Aufgescheucht durch mein hysterisches Geschrei kam eine der Schwestern herbeigeeilt, die von Karl bereits durch ein Kopfnicken instruiert worden war. Sie hatte eine Spritze in der Hand.

»Bleiben Sie ruhig, bitte. Ich gebe Ihnen jetzt etwas, damit Sie schlafen können ...«

Mit vereinten Kräften drückten sie mich auf den Stuhl, entblößten meinen Oberarm, und ich spürte den Einstichschmerz. Trotzdem nahm ich das alles nur wie durch einen Nebelschleier wahr. Ich spürte, wie sich meine Hände entkrampften, merkte, wie mein Schreien verebbte, wie mich eine Woge der Entspannung durchströmte. Mir wurde warm und wohlig müde: Die Welt war doch gar nicht so schlimm. Dann dämmerte ich dankbar weg.

33

PAULA

Koszalin, Ende Juli 2004

»Mama? Hast du schon geschlafen?«

Es hatte leise an meine Hotelzimmertür geklopft, und Rosa schob sich etwas zerzaust herein. Ihr Gesicht war gerötet, in der Hand hatte sie eine Flasche Wein.

»Ich habe noch Licht gesehen, und da dachte ich, wir trinken noch was zusammen. Ich muss dir was erzählen … Mama?«

Die schwarze Kladde in den Händen starrte ich meine Tochter an.

»Ich bin nicht Paula.«

»Mama, hab ich dich geweckt? Hast du schon geträumt?« Rosa sank kichernd neben mir aufs Bett. »Ich habe nette Leute kennengelernt, wir haben bis Mitternacht am See gequatscht, es wurde gar nicht richtig dunkel, und das war echt besonders, und wir haben … Mama?«

»Wie schön für dich …«

»Mama, was ist denn los?« Rosa schüttelte mich sanft. »Natürlich bist du Paula, sei froh darum, es gibt andere Sechzigjährige, die sehen wahrlich älter aus!«

»Rosa, ich habe weiter im Tagebuch meiner Mutter gelesen.« Die gar nicht meine Mutter war …

»Das war gegen unsere Abmachung! Wir wollten es doch zusammen lesen!« Jetzt war Rosa sichtlich sauer. »Du bist gemein, Mama! Das ist so, als würdest du eine Serie ohne mich weitergucken! Das ist voll unfair!«

Ich streckte die Hand nach meinem zeternden Kind aus und spürte, wie sehr mein ganzer Arm zitterte. Mein Gott, das war der Schock meines Lebens, und meine Tochter merkte überhaupt nicht, was in mir vorging!

»Rosa, ich hatte schon die ganze Zeit so ein Gefühl, dass ich hier noch nie war.« Ich schluckte trocken und sehnte mich nach dem Schluck Wein. »Wir sind die ganze Zeit auf einer falschen Fährte!«

Rosa war schon aufgesprungen und sah sich vergeblich nach Gläsern um.

»Was ich dir erzählen wollte, Mama: Die Leute, die ich kennengelernt habe, haben angeboten, uns zu begleiten, wenn wir noch mal zu deinem Elternhaus fahren wollen! Sie wollen mit den Bewohnern reden. Sie können natürlich Polnisch und einer davon sogar Karate. Die werden schön blöd aus der Wäsche gucken, wenn wir mit diesem Schrank von Kerl um die Ecke kommen!«

Mechanisch schüttelte ich den Kopf. »Nein, da will ich nicht noch mal hin.«

»Aber warum denn nicht? Die sagen, die Polen sind im Grunde total gastfreundlich und Deutschen gegenüber aufgeschlossen. Sie werden das für uns klären.«

»Weil es gar nicht mein Elternhaus ist.«

Rosa stutzte und starrte mich an. »Dann hat sich Dorota also geirrt?«

Ich hielt ihr meinen Zahnputzbecher hin. »Bis obenhin voll bitte. Ich muss dir was erzählen.«

34

ANNA

Lubin, Mai 1945

Als ich wieder aufwachte, lag ich an der Wand des Bahnhofrestaurants, man hatte mehrere Decken über mich gebreitet, und ein neuer Tag war angebrochen. Draußen schien die Sonne mild und warm, und die Vögel zwitscherten. Ich hatte mein Baby im Arm, und alles war gut! Es war alles nur ein Albtraum gewesen!

Das Baby gab maunzende Geräusche von sich, und seine weichen Härchen kitzelten mich sanft an den Lippen. Mit geschlossenen Augen sog ich seinen Duft ein, aber irgendwas stimmte da doch nicht ...

Ganz langsam kam ich zu mir: Sie roch anders als meine Paula. Sie *war* nicht Paula! Das war Barbara!

Mein Herz polterte. Ich rang nach Luft, hörte einen schrecklichen Pfeifton. Meine Finger krampften sich um ihren kleinen Körper. Ich verfiel in Schockstarre und sah tausend grelle Punkte vor den Augen.

Viel zu fest krallten sich meine Finger um ihre Beinchen, ich konnte nicht mehr loslassen!

Da wachte sie auf und lächelte mich an.

Dieses Lächeln war noch vollkommen zahnlos, aber voller Dankbarkeit und Vertrauen. Auch dieses Kind hatte die Hölle hinter sich. Die Mutter war der Kleinen entrissen worden, der Vater war im Krieg gefallen, und die Großeltern waren im Bombenhagel umgekommen, wie mir Monika erzählt hatte. Jetzt lag sie geborgen in meinen Armen und lächelte mich einfach nur dankbar an.

»Anna!« Plötzlich war Karl an meiner Seite. »Wie geht es dir, wie fühlst du dich?«

»Ich weiß nicht ... ich ...«

»Es war ein bisschen Opium im Spiel.«

Karl reichte mir eine Tasse heißen Kaffee, in die er zwei Stück Zucker hineingerührt hatte. »Trink. Lass dir diesen ersten Augenblick versüßen.«

»Wo ist Paula?!«, fragte ich nach wie vor verwirrt.

Karl hielt mich ganz fest.

»Sie ist bei Oma Schellenberg.«

Verwirrt starrte ich ihn an. »Oma Schellenberg ist doch … tot?« Ich erinnerte mich an den Leichenwagen, der stundenlang am Ende des Bahnsteigs gestanden hatte.

Seine Hände umklammerten meine wie ein Schraubstock.

»Anna. Es ist so, wie es ist. Der Krieg hat uns unsere Liebsten genommen. Hier ist niemand im Raum, der nicht verzweifelt um jemanden trauert. Du hast eine neue Chance bekommen, und das ist Barbara.«

Mein Atem ging stoßweise, ich hatte das Gefühl, mich sofort übergeben zu müssen.

»Schau sie dir an, Anna!«

Er legte mir die Hand in den Nacken und zwang mich, das kleine Mädchen anzuschauen, das immer noch lächelnd mein Gesicht betrachtete und mit seiner Hand nach meinen wirren Haaren griff.

Barbaras Augen waren hellblau und heiter. Sie musterten mich dermaßen vertrauensvoll und zuversichtlich, dass ich tief in meinem Innern ein schmerzliches Ziehen verspürte. Wie konnte das sein?

»Sie braucht eine frische Windel.«

Energisch zog Karl mich hoch, nahm mir das Baby ab und legte es auf die gefaltete Decke auf den Tisch. »Hunger hat sie auch. Ich habe alles Nötige besorgt.«

Und so wie er mir eine Aufgabe nach der anderen zuteilte, kam ich gar nicht dazu, über die unfassbare Situation nachzudenken: Mechanisch ging ich meinen Mutterpflichten nach.

Nach und nach nahm ich nun auch die anderen Menschen im Raum wahr: Alle Mütter hatten sich arrangiert, ihre

Kinder gesäubert und umgezogen, Kleidung gewaschen und zum Trocknen über Stuhllehnen gehängt. Die Schwestern verteilten Kaffee, verbanden Wunden und trösteten, ein Arzt kümmerte sich um die Verletzten.

Der Zug mit seinen Viehwaggons stand immer noch draußen auf dem sonnenbeschienenen Gleis, nur dass er jetzt gereinigt und mit frischem Stroh ausgelegt worden war.

Mechanisch setzte ich mich und gab Barbara die Flasche, die Karl besorgt hatte. Die Milch darin war warm. Jetzt irrte mein Blick durch das einst piekfeine Bahnhofsrestaurant: Die Wände, von denen jetzt der Putz bröckelte, waren mal mit rotem Samt bezogen gewesen. Doch die vielen Flüchtlinge hatten daraus vermutlich Decken oder Schlafunterlagen für sich gemacht. Die Kristallleuchter sahen aus wie eine vergessene Theaterkulisse, die sich niemand die Mühe gemacht hatte abzubauen. Überall standen kleine Öfchen, die den Raum heimelig warm hielten. Inzwischen waren meine Kleider und auch Barbaras Babywäsche getrocknet. Zum Befeuern hatte man alles genommen, was brannte. Auch Stühle, Tische und Schränke kohlten darin ihrem Ende entgegen.

Karl saß neben mir und beobachtete mich voller Sorge und Mitgefühl.

»Der Führer ist tot.«

Müde sah ich ihn an. Na und?, dachte ich. Um den ist es nicht schade. Was hat dieser Wahnsinnige nur angerichtet?

Karl lächelte traurig. »Er hat sich das Leben genommen, der Feigling. Und das werden wir nicht tun, hörst du?«

Konnte er meine Gedanken lesen?

»Du schaffst das, meine starke Anna.«

»Meinst du, die Fahrt geht bald weiter?«, fragte ich ihn, das Kind im Arm.

»Der Zug steht jedenfalls schon länger bereit. Ich glaube, wir warten alle nur noch auf dich.«

Er schenkte mir ein winziges Lächeln. »Das Schlimmste haben wir hinter uns. Der Krieg ist aus.«

»Glaubst du wirklich?« Wie seltsam, dass mich diese Nachricht kaum berührte! Meine Paula war tot!

»Wir sind ein gutes Stück nach Süden vorgedrungen, es wird schon Frühling, und wir sind schon viel näher an meiner Heimat Bamberg. Wir werden es schaffen, Anna. Du, Barbara und ich.«

Draußen rumpelten schwere Militärfahrzeuge. Wenig später wurden die Türen zum Bahnhofsrestaurant aufgerissen, und schon strömten Dutzende von verletzten Soldaten herein. Mit ihnen kam ein Schwall Kälte, Rauchgestank und Alkohol hereingeweht. Sofort rückten wir weiblichen Flüchtlinge ängstlich in einer der hinteren Ecken zusammen. Es waren wieder mal deutsche Soldaten, zum Teil schwer verwundet. Manche wurden auf improvisierten Liegen hereingetragen.

Spätestens jetzt musste ich wieder an Monika Wagner denken: Wo sie wohl jetzt war, falls sie denn noch lebte? Ob sie sich noch frei bewegen konnte? Ob sie tatsächlich vor einem Kriegsgericht gelandet war? Irrte sie nicht längst umher und suchte nach ihrem Kind? Sollten wir sie nicht benachrichtigen, dass es Barbara gut ging? Doch wie sollten wir das bewerkstelligen, wo wir jetzt gut und gern dreihundert Kilometer von ihr weg waren! Außerdem würde ich Barbara nicht wieder hergeben! Nicht auch noch dieses Kind! Wenn ich überhaupt am Leben blieb, dann für dieses kleine Mädchen, das da in meinen Armen lag, vertrauensvoll mit meinen Haaren spielte und mich mit seinen hellbauen Augen fixierte. Der Rest war mir egal.

Abrupt wurde ich aus diesen Gedanken gerissen: Ein älterer Stabsarzt hantierte mit einer Säge am zerfetzten Bein eines jungen Soldaten, dessen Schmerzensschreie mich aufs Brutalste in die grauenhafte Gegenwart zurückholten. Erneut stieg Übelkeit in mir auf, und ich wollte jetzt nur noch sofort in diesen gereinigten Zug steigen, wohin er auch fahren mochte: Hauptsache, weg hier.

Ich konnte das Elend einfach nicht mehr mitansehen, die Verwundeten, die so schrecklich zu leiden hatten. Der Krieg war aus? Jetzt ging das Elend doch erst richtig los! Wo sollten die denn alle hin, diese zerschundenen Kreaturen? Heimkehrer? Wohin wollten die heimkehren? Es stand doch kein Stein mehr auf dem anderen!

Und schon fuhr mir der nächste Schreck durch die Glieder: Ein stattlicher Offizier der deutschen Wehrmacht marschierte geradewegs auf uns zu, nahm den Stuhl, von dem Karl hastig aufgesprungen war, trat die Stuhlbeine ab und schleuderte sie ins Feuer.

»Bevor das den Russen in die Hände fällt, können wir uns ja wohl noch daran wärmen.«

Der Offizier ließ sich auf den anderen Stuhl fallen und kramte eine Zigarette aus der Brusttasche seines Mantels, dessen Ärmel blutig war. Wie ich erst jetzt bemerkte, machte er alles mit links: Der rechte Ärmel baumelte schlaff an seinem Körper herab.

»Hat mir ein russischer Partisan beigebracht.« Sein Ton war zynisch, gleichzeitig bemerkte ich, wie er sich um Tapferkeit bemühte. »Wir haben gekämpft bis zum letzten Mann.

Oder besser gesagt bis zum vorletzten.« Plötzlich froren seine Gesichtszüge ein. »Einer unserer besten Männer ist nämlich abgehauen.«

Karl näherte sich zögerlich und starrte den Offizier ungläubig an. »Rudi?«

»Karl? Bist du das? Ich spreche gerade von dir!«

Mein Herz setzte einen Schlag aus. Die beiden kannten sich? Waren die etwa gemeinsam an der Front gewesen? Drohte Karl jetzt die Verhaftung? Es war, als würde jemand in meinen Eingeweiden herumbohren.

»Rudolf«, stammelte Karl. »Jetzt hast du mich in der Hand.«

»Nee. Die ist ja ab.«

Scherzte der etwa mit Karl?

Schweigend starrten sich die beiden Männer an.

Was jetzt? Würde er ihn standrechtlich erschießen? Die Luft schien eingefroren zu sein.

»Karl!« Plötzlich brach die vorhin noch so schnodderige Stimme des Offiziers. Er streckte die noch vorhandene Hand mit der Zigarette aus und riss Karl an seine Brust, auf der einige Orden prangten. »Karli, Mensch, Karli!«

»Rudi. Mein alter Rudi.«

Die beiden Männer klopften einander auf dem Rücken herum. Karl hatte Tränen in den Augen, der andere schniefte auch bedenklich. Die schienen alte Freunde zu sein!

»Auf einmal warst du weg, du Hund.«

»Ich konnte nicht mehr, Rudi. Wir mussten kämpfen, niederbrennen, zerstören und töten. Wir haben Schreie gehört und Blicke gesehen, die wir nie wieder vergessen werden. Wir wissen jetzt, zu welchem Opfermut sich der Mensch erheben und in welch furchtbaren Abgründen er versinken kann. Wir kennen die Vernichtung in all ihren Facetten. Wir haben dem

Tod wieder und wieder in die leeren Augen geschaut.« Es brach regelrecht aus Karl hervor, und seine Augen füllten sich mit jedem Satz mit mehr Tränen.

Mein großer starker Karl, weinte er etwa?

»Ist ja gut, mein Freund«, tröstete ihn Rudi.

»Der Führer hat sich umgebracht.«

Rudi machte eine Bewegung hinter seinem Genick, als wolle er sich aufknüpfen.

»Auch wir haben Tote zu beklagen.« Karl wischte sich brüsk über die Augen.

»Deine Großmutter, von der du mir immer wieder vorgeschwärmt hast?«

»Gestern beerdigt.« Karls Stimme wurde immer brüchiger. »Hat bis zuletzt durchgehalten, wäre nächste Woche zweiundachtzig geworden. Sie war die tapferste Frau, die ich kenne.«

»Und wer ist diese junge Dame? Deine Frau und dein Kind? «

Karl schüttelte unter Tränen den Kopf. »Weder noch.« Als er mich anlächelte, zitterten seine Lippen. »Wir sind nur gute Freunde und Leidensgenossen.«

Hatte er nicht eben noch gesagt, ich sei *seine* starke Anna, und dass er immer bei mir bleiben würde?

Ich schluckte und schaute auf das süße kleine Kind, das schmatzend trank, die Händchen um die Flasche gelegt, und mich dabei nicht aus den Augen ließ.

»Wir wollten mit ein paar Leuten aus Annas Familie auf die *Heimatland* ...« Karl unterbrach sich, schaute sich um und senkte die Stimme. »Aber die Kleine war krank, und wir brauchten dringend einen Arzt ...« Er fuhr sich durchs Haar und drängte seinen Freund ans Ende des Raumes. Ich hörte bei all dem Lärm nur noch Gesprächsfetzen. »Dadurch sind wir in die Hölle von Stettin geraten und waren Tage unter Beschuss.«

Rudolf zog die Brauen hoch und stutzte. »Aber die habt ihr überlebt, im Gegensatz zu ...« Er biss sich auf die Lippen und warf einen vielsagenden Blick in meine Richtung. »Die *Heimatland?* Bist du sicher?« Der Offizier nahm Karl mit seinem noch vorhandenen Arm beiseite, und die beiden flüsterten erregt am zerschlissenen Vorhang miteinander.

»Die lagen Ende April vor Stettin auf Reede ... völlig überfüllt ... konnten nicht richtig ablegen ... Viertausend Flüchtlinge ... weigerten sich, mit Schlauchbooten zurückzufahren, wurden von russischen U-Booten angeschossen ...«

Ich sah die beiden heftig gestikulieren. Karl warf die Hände in die Luft, tigerte auf und ab und raufte sich die Haare. »Das kann ich ihr nicht sagen, das kann ich ihr nicht sagen, das verkraftet sie nicht, nicht auch noch das ...«

Ich konnte nicht aufnehmen, um was es ging. Dass das Schiff mit meinen Eltern und meiner gesamten Familie darauf gesunken sein sollte, hätte ich weder begriffen noch verkraftet. Deswegen legte sich mein armer Kopf seine eigene Version dieses Gesprächs zurecht.

Bestimmt machte Rudolf Karl Vorwürfe, dass er desertiert war, gab zu bedenken, welche Folgen das für ihn haben würde. Ob ich es wohl wagen konnte, den Offizier um Gnade für Karl zu bitten? Wenn das wirklich Freunde waren, konnte er Karl doch unmöglich dem Kriegsgericht ausliefern?

Während die Männer verhalten debattierten, kümmerte ich mich weiter um die kleine Barbara. Ich war so froh, dass ich etwas zu tun hatte, was mich vom Grübeln abhielt! Ich wusch sie routiniert in einer Schüssel mit warmem Wasser, die die Schwestern mir brachten, und zog ihr frische Sachen an, die ich in ihrem Kinderwagen gefunden hatte. Sie fühlte sich so anders an als gewohnt! So leicht, klein und zerbrechlich! Meine Paula war schon viel größer und schwerer gewesen.

Als Barbara sauber und zufrieden war, löffelte ich zum ersten Mal seit Ewigkeiten wieder eine heiße Suppe. Sie schmeckte einfach nur nach Wasser und Kräutern, aber ich fand sie himmlisch. So kam ich ein bisschen zu Kräften und aus meiner Lethargie heraus, die mich bisher komplett gelähmt hatte.

Ich würde den Offizier um Gnade für Karl bitten. In diesem Moment kamen sie zurück an meinen Tisch.

»Sie haben unfassbares Glück, Anna, dass Sie meinen besten Freund Karl getroffen haben. Er hat mir inzwischen alles erzählt.« Der Offizier setzte sich und fischte erneut eine Zigarette aus der Brusttasche. Geschickt zündete er sie an. »Wir haben neun Jahre im E.T.A Hoffmann-Gymnasium nebeneinandergesessen und dann bei der Wehrmacht an der Front gekämpft, bis er mich im Stich gelassen hat, der Hund.« Er rüttelte Karl an der Schulter. »Trotzdem ist er der anständigste Kerl, den ich kenne. Wollte sich um seine Oma und seine Großtante kümmern.«

Traurig sah ich die beiden an. »Werden Sie ihn jetzt vor ein Kriegsgericht stellen? Bitte tun Sie das nicht, er ist der einzige Mensch auf der Welt, den ich noch habe!«

»Offiziell muss ich das. Inoffiziell jedoch ...«

Rudolf schaute sich um, versicherte sich, dass uns auch niemand hörte.

» ... inoffiziell jedoch ist er mir durch die Lappen gegangen, der Hund.«

Sicherheitshalber steckten sie die Köpfe zusammen, und Rudolf zischte hinter vorgehaltener Hand: »Dieser Scheiß-Krieg war doch völlig sinnlos! Mensch, Karli, du und ich, wir haben es immer wieder gesagt! Wofür mussten all diese Menschen elendig krepieren? Millionen und Abermillionen! Für den Scheiß-Endsieg?«

Karl und ich starrten ihn an. Mir gefror das Blut in den Adern. Wenn das jemand mithörte! Unauffällig sah ich mich um, nahm all das Grauen in dieser Bahnhofshalle wahr. Wo man hinsah, nur Verletzte und Schwerverletzte, die hier notdürftig erstversorgt wurden. Die meisten mit frischen Schusswunden. Dieser Anblick und auch der Geruch waren längst nichts Neues mehr für mich. Immer noch war ich viel zu benebelt, um das Ausmaß auch nur ansatzweise begreifen zu können. Was mich schützte und weitermachen ließ, war das Lächeln des kleinen Mädchens im Kinderwagen.

»Ja, starrt mich nicht so an!« Rudolf wedelte mit seinem leeren Uniformärmel. »Aus sicherer Quelle kann ich euch sagen: Es ist so gut wie vorbei. Ja, wir haben diesen Scheiß-Krieg verloren. Es kann sich nur noch um wenige Tage handeln. Aber um welchen Preis! Dieser Wahnsinnige, der uns da alle mit reingezogen hat – wie gut, dass er tot ist! Der soll in der Hölle schmoren!«

»Rudolf, beruhige dich!«, raunte Karl. »Wir sind hier nicht allein! Nicht dass sie *dich* noch vor ein Kriegsgericht stellen!«

»Ach, scheiß drauf! Ich will nur noch nach Hause.« Er kam mit dem Gesicht ganz dicht an Karl heran.

»Unter vier Augen lass dir sagen: Du hattest recht abzuhauen. Wozu weiterhin russische Zivilisten totschießen, so wie ich es bis zuletzt getan habe?« Wieder an mich gewandt, flüsterte er mit zitternden Lippen: »Ich habe so viele Menschen in den Tod geschickt, die kann ich gar nicht mehr zählen. Frauen, Kinder, alte Männer, junge Bengels, die ihr Leben noch vor sich hatten ... und natürlich Partisanen. Bestimmt ein Dutzend. Die sich dann zur Genüge gerächt haben.« Wieder wedelte er mit seinem leeren Ärmel.

»Rudolf, keine Einzelheiten«, zischte Karl und nahm ihn beiseite, dennoch konnte ich noch hören: »Sie hat gerade den Tod ihrer kleinen Tochter zu verkraften.«

»Die sieht doch noch ganz munter aus?«

Rudolf verstand nicht, und Karl schüttelte nur mahnend den Kopf. Wieder flüsterten die beiden miteinander.

Eine Schwester kam mit einem Tablett vorbei, auf dem Messingtassen dampften. »Hier noch jemand Kaffee? Herr Oberleutnant, ich soll Ihnen ausrichten, der Zug steht jetzt bereit.«

»Danke, Schwester. Einen Moment noch.« Rudolf wandte sich wieder an uns. »Wo geht ihr jetzt hin?«

Wie meinte er das mit dem Gehen? Da stand doch der Zug! Wir fuhren hoffentlich weiter?

»Wir versuchen, nach Bamberg zu kommen. Hoffentlich lebt Martha noch. Bisher ist Bamberg noch vom Krieg verschont geblieben?«

Rudolfs Miene verhärtete sich sofort wieder.

Böses ahnend, blickte Karl ihn an.

»Die Amis haben unserer Bischofsstadt Ende Februar noch ordentlich eins auf die Mütze gegeben!« Rudolf zog einen Brief aus seiner Uniformjacke und strich ihn mit seiner verbliebenen Hand umständlich glatt. »Die amerikanischen Flieger hatten beste Sicht, als sie den Bahnknotenpunkt Bamberg anflogen. Allein vierundfünfzig Menschen starben in der Stollenanlage am Stephansberg. Auch die Innenstadt mit Obstmarkt, Langer Straße, Grünem Markt und Kesslerstraße wurde bombardiert. In der unteren Sandstraße steht fast kein Stein mehr auf dem anderen. Einschläge gab es auch am Marienplatz, in der Josefstraße, Klosterstraße, Gertraudenstraße, Hainstraße und am Priesterseminar. Einige Bomben unterbrachen die Bahnlinie nach Lichtenfels und fielen im Bereich des Aufseßhöfleins. Während die Erlöserkirche schwer getroffen und weitgehend zerstört wurde, grenzt es an ein Wunder, dass die fast fünfhundert Menschen, die im Keller Schutz gesucht haben, überlebt haben. Insgesamt haben wir in Bamberg zweihundertsechzig Menschenleben zu beklagen.«

Karl schlug die Hände vor das Gesicht: »Die untere Sandstraße? Da stand doch unser Elternhaus! O Gott, hoffentlich ist Martha nichts passiert!«

In dem Moment näherte sich von hinten ein Soldat und schlug die Hacken zusammen.

»Heil Hitler, Herr Oberleutnant. Melde, der Zug für die Verwundeten ist nun zum Einsteigen bereit.«

»Danke. Wegtreten!« Rudolf stand auf und nahm Haltung an.

Er schüttelte mir die Hand: »Passen Sie gut auf Karli auf – hat mich sehr gefreut!«

Wieder zog er Karl mit seinem noch existierenden Arm an sich und rüttelte ihn in männlicher Freundschaft:

»Tut mir leid, dass ich euch nicht mitnehmen kann. Wir haben ja quasi denselben Weg.«

Der Soldat von vorhin näherte sich wieder, schlug die Hacken zusammen und machte Meldung: »Die Leute wollen den Zug für sich beanspruchen, sie steigen schon wieder ein!«

Daraufhin sprang Rudolf auf und brüllte in den Raum hinein: »Alle mal herhören! Der Zug ist beschlagnahmt. Unsere tapferen Soldaten, die an der Front gekämpft und für den Endsieg ihr Leben riskiert haben, sind schwer verletzt und haben Vorrang.«

Die Flüchtlinge schrien und weinten schon wieder durcheinander. »Das ist unser Zug! Das könnt ihr doch nicht machen! Wir sind harmlose Zivilisten, wo sollen wir denn hin! Wir sind doch schon so lange unterwegs!«

»Diese Soldaten haben ein Recht darauf, versorgt zu werden«, schnarrte Rudolf in militärischem Tonfall. Es war, als hätte er eine Schallplatte aufgelegt. »Unsere tapferen Männer werden jetzt mit dem Zug weitertransportiert.«

»Aber ihr seid doch mit Militärfahrzeugen gekommen?«, wagte Karl einen Vorstoß. »Warum fahrt ihr nicht damit weiter?«

»Das Benzin wurde von den Scheißrussen beschlagnahmt. Sie haben uns buchstäblich den Tank unterm Arsch weggerissen. Und wenn wir jetzt nicht machen, dass wir weiterkommen, kommen wir als Kriegsgefangene für Jahre nach Sibirien.«

Damit erhob er sich; unser Privatgespräch war beendet. Vielleicht hatte er auch Angst, einer der anderen Soldaten könnte Karl erkennen. Sein warnender Blick sprach Bände.

»Keine Diskussionen mehr, Männer: *Einsteigen!*«

»Rudolf!« Karl hetzte ihm nach und nahm ihn bei der Schulter. »Sollen wir zu Fuß nach Westen weitergehen? Schau dir doch die Leute an, da sind Frauen und Kinder dabei, so hab doch ein Einsehen! Das überleben die meisten der Leute nicht, und das weißt du auch! Unser kleines Töchterchen ist schon gestorben, willst du ihr das andere Kind auch noch nehmen?«

»Wegtreten!«, schnarrte Rudolf, als ob er Karl noch nie gesehen hätte.

Der riss ihn am Ärmel und zischte: »Hast du nicht eben noch erzählt, wie viele Menschen du schon auf dem Gewissen hast?«

»Treten Sie zur Seite, sonst hat das sehr hässliche Konsequenzen für Sie!« Rudolf riss sich los und stiefelte auf den Bahnsteig hinaus.

Mir gefror das Blut in den Adern. Draußen machten sich die Rotarmisten an den Militärfahrzeugen zu schaffen. *Noch interessierten sie die Autos mehr als die feindlichen Soldaten. Es konnte sich nur noch um Minuten handeln, bis sie die ersten Kriegsgefangenen nahmen!*

Doch Karl gab sich nicht geschlagen. Er rannte hinter Rudolf her: »Herr Oberleutnant, bitte um Erlaubnis, wenigstens zwei Abteile für Frauen und Kinder in Anspruch nehmen zu dürfen! Ich gehe dann zu Fuß!«

»Was erlauben Sie sich!«, brüllte Rudolf seinen Freund an. »Wegtreten! Sonst vergesse ich mich!« Er zog seine Pistole aus dem Halfter und zielte damit auf Karls Gesicht.

»Rudolf ...«

»Diese Soldaten haben für das deutsche Vaterland gekämpft«, schnarrte Rudolf. Er stand so dicht vor Karl, dass ihm die Spucketröpfchen ins Gesicht flogen. »Wo waren *Sie*?!«

Als noch einige ältere Männer angelaufen kamen, um Karls Bitten zu unterstützen, schrie Rudolf: »Wer sich gegen meine Anordnung stellt, wird erschossen!« Mit weit aufgerissenen Augen richtete er seine Waffe auf jeden, der sich ihm in den Weg stellte.

Ich spürte, dass es ihm leidtat und dass er gleichzeitig nicht anders konnte.

Währenddessen wurden die vielen verletzten Soldaten auf ihren provisorischen Liegen in den Zug gebracht. Bei manchen waren fast keine Gesichter mehr zu erkennen, unter den blutverschmierten Verbänden Schusswunden, Brandwunden, Wundbrand, und da, wo Beine oder Arme gewesen waren, nichts als Leere.

Die armen Kerle schrien und stöhnten. Alle litten grausame Qualen. Jede Erschütterung tat ihnen weh, viele weinten nach ihrer Mutter wie kleine Kinder.

»Anna!« Karl kam wieder ins Bahnhofsgebäude gerannt. »Rudi konnte nicht anders, er hat es mir gerade noch mal unter vier Augen gesagt.«

»Ich weiß«, nickte ich verstört. »Sei froh, dass er dich nicht verraten hat.«

Die Militärfahrzeuge waren inzwischen davongefahren. Mit den Russen drin. Gott sei Dank. Trotz allem atmete ich auf.

»Kannst du helfen? Die Kleine schläft doch jetzt.«

»Natürlich. Was kann ich tun?« Rasch schob ich Barbara im Kinderwagen aus dem Gewühl an die Wand. Hoffentlich sollte ich nicht Verbände wechseln oder den armen Teufeln auf die Toilette helfen.

»Rudolf sagt, du sollst belegte Brote an die Soldaten verteilen. Dann können sie endlich abfahren.«

Ich kletterte in den Viehwaggon und reichte jeder dieser verstümmelten Kreaturen ein Butterbrot. Aber was sollten diese armen Menschen mit belegten Broten? Sie hatten kaum noch Münder, in die sie sie stecken konnten! Die wollten Morphium, die wollten zu ihrer Mutter, die wollten sterben!

Manche von ihnen beteten, andere schluchzten, wieder andere starrten apathisch an die Decke. Meine Aufgabe kam mir so sinnlos vor! Aber war nicht alles sinnlos, was wir seit Wochen und Monaten taten?

Endlich waren alle versorgt. Hier und da hatte ich immerhin eine Hand gehalten, über eine fiebrige Stirn gestrichen, ein Gebet mitgesprochen. Erschöpft ließ ich mich aus dem Waggon gleiten.

Wie viel kann ein Mensch verkraften? Wie in Trance ging ich die Treppe hinunter in den Waschraum und wusch mir lange und ausgiebig die Hände. Als ich wieder herauskam, standen Rudolf und Karl leise diskutierend in einer Ecke vor der Herrentoilette und rauchten.

»Da bist du ja, Anna.« Karl legte den Arm um mich, eine Geste, die mir ein bisschen Trost spendete. »Ich habe gerade Rudolf von ... Paula erzählt.«

Ich schluckte trocken.

»Es tut mir wahnsinnig leid, Anna«, sagte Rudolf und sah mich mitfühlend an. Jetzt lag wieder ganz viel Wärme in seinem Blick. »Aber so würde ich es an eurer Stelle wirklich machen.«

»Was würden Sie so machen?« Fragend schaute ich von einem zum anderen.

Oben pfiff der Zug, er war zur Abfahrt bereit.

»Ihr habt doch Paulas Papiere dabei.« Er drückte die Zigarette aus und wandte sich zum Gehen.

»Wie? Was meinen Sie? – Was meint er, Karl?«

Draußen pfiff erneut der Zug.

»Ich muss.« Im Davoneilen rief Rudolf noch: »Bevor ihr geht, müsst ihr eure Personalien beim Roten Kreuz hinterlegen!«

Wir eilten hinter ihm her, doch er sprang schon aufs Trittbrett, während der Zug anfuhr. »Haltet zusammen und bleibt stark! Ihr schafft das!« Er winkte.

Sein leerer Ärmel streifte mich wie eine Ohrfeige. Fröstelnd blieb ich stehen. Da fuhr unser Zug der neuen Heimat entgegen, nur leider ohne uns. Die Lichter am Horizont wurden kleiner und kleiner.

35

Lubin, Mai 1945

In den frühen Morgenstunden brachen wir zu Fuß auf; ein Treck aus etwa siebzig Menschen hatte sich uns angeschlossen. Karl übernahm automatisch die Führung; die Leute hatten ihn mit dem Offizier reden sehen und vertrauten ihm. Ich vertraute ihm auch, ja nicht nur das: Ich liebte ihn längst! Aber warum hatte er mich vor Rudolf verleugnet? Weil ich mit Egon verheiratet war? Irgendwann musste ich ihm all das erklären, aber jetzt war nicht der richtige Zeitpunkt dafür.

Noch immer hatte ich nicht wirklich begriffen, dass meine kleine Tochter nicht mehr lebte.

Die Strapazen des Fußmarsches ließen es nicht zu, dass ich über irgendetwas nachdachte, das man auch auf morgen verschieben konnte. Stoisch schob ich den Kinderwagen mit der kleinen Barbara darin vor mir her, die laut den vom Roten Kreuz abgestempelten Papieren nun Paula hieß. Karl trug unser letztes verbliebenes Gepäck und kümmerte sich um die

Mitreisenden. Auch sie zogen Handkarren, schoben Kinderwagen, trugen ihr weniges Hab und Gut auf dem Rücken. Viele Frauen hatten Kleinkinder vor den Bauch geschnürt, unter ihrem Mantel oder in eine Decke gewickelt. Wir waren alle so verstört und traumatisiert, dass wir nur noch stoisch einen Fuß vor den anderen setzten.

Es schien zwar die Sonne, aber es war immer noch kalt. Wir stemmten uns gegen schneidenden Wind. Karl hatte einen Kompass; offensichtlich ein Geschenk von seinem Freund Rudolf. Mit seiner Hilfe nahmen wir Kurs nach Westen auf. Wir kämpften uns über Felder und Wiesen und benutzten Nebenstraßen, auf denen wir keinen Militärfahrzeugen begegnen würden. Schon bald bildeten sich Gruppen; einige fielen zurück, weil sie nicht so schnell laufen konnten, andere beschlossen, in eine andere Richtung zu gehen. Irgendwann waren wir noch einunddreißig Personen, die Kinder mitgerechnet. Karl war der einzige unversehrte Mann unter siebzig. Immer wusste er Rat und packte ohne Zögern mit an, wenn eine helfende Hand gebraucht wurde. Ich marschierte einfach hinter ihm her, ohne nachzudenken, ohne Plan. Nachts suchten wir uns Viehunterstände oder Scheunen zum Schlafen, dicht aneinandergedrängt, damit uns warm wurde. Der klare Sternenhimmel verriet nichts von dem Elend, das sich nur wenige Kilometer weiter nordöstlich abspielte. Dennoch wurde ich die Bilder nicht los, die mir Nacht für Nacht den Schlaf raubten. Den anderen Flüchtenden ging es nicht anders: In ihren Albträumen schrien sie laut und wachten oft schweißgebadet auf.

Frühmorgens blieb uns nichts anderes übrig, als bei Bauernhöfen um ein bisschen Milch oder Mehl zu betteln. Es reichte gerade, um der kleinen Barbara ein Fläschchen machen zu können. Manche Bauersfrauen waren hartherzig, sie ahnten nicht, was wir durchgemacht hatten, und oft musste ich hören: »Wir haben nichts für hergelaufenes Polackenpack übrig!«

Früher wäre ich viel zu stolz zum Betteln gewesen, aber für die Kleine musste ich es tun.

Für sie sorgen zu dürfen, rettete mich wohl wiederholt vor dem Aufgeben. Ich hätte mich sonst einfach zum Sterben in den Straßengraben gelegt. Aber dieses kleine Mädchen brauchte mich. Manchmal stellte ich mir vor, es wäre Paula, die von einer fremden Frau aufgenommen worden wäre. Und dann schaffte ich es wieder ein paar Kilometer weiter.

Tag für Tag war es das Gleiche, wir liefen und liefen.

Immer wieder sausten mit ohrenbetäubendem Krach feindliche Bomber über uns hinweg, aber hier in der Einöde schien es kein lohnendes Ziel für sie zu geben. Die Ostfront begleitete uns hartnäckig. Mal überholte sie uns, dann war sie wieder hinter uns zu hören und zu spüren. Karl führte uns bewusst weitläufig um die Ortschaften herum, damit wir nicht noch einmal Ziel eines Luftangriffs wurden.

Nach einigen Tagen mussten wir aber aus purer Not eine größere Ortschaft anstreben.

Aus dem Asphalt ragte schief ein Ortsschild: Ebersbach, Kreis Görlitz.

»Das habe ich angepeilt.« Karl setzte den kleinen Jungen ab, den er getragen hatte. »Wir haben uns stetig Richtung Westen bewegt, ohne ins Visier von Tiefffliegern zu geraten.«

Das war eine Meisterleistung gewesen, und einige alte Männer klatschten anerkennend Beifall.

Erschöpft standen wir da, mit schmerzenden Gliedern und hungrig.

»Leute, ich wollte euch nicht zu früh Hoffnung machen, aber hier wohnt ein Cousin von mir«, verkündete Karl. »Sein Gut steht da hinten auf dem Hügel, ihr könnt es von hier aus sehen.«

Ein Raunen ging durch die Gruppe: Das war ein stattliches Anwesen! Und dies hier war bereits Sachsen!

»Ich habe keine Ahnung, ob mein Cousin noch dort ist oder ob das Gut nicht längst enteignet wurde«, raunte Karl mir zu. »Schlimmstenfalls ist er dort genauso zum Zwangsarbeiter geworden wie wir alle. Dennoch. Einen Versuch ist es allemal wert.«

Er schulterte den kleinen Jungen wieder. »Also? Schafft ihr die zwei Kilometer noch?«

Der Trupp setzte sich schweigend in Bewegung. Nur allzu bereitwillig folgten wir ihm wie einem Leitwolf. Keiner konnte wissen, wo und wie alles enden würde. Pläne und Wünsche waren aus unserem Bewusstsein schon lange gestrichen. Bamberg war noch so unendlich weit! Würde dieser Cousin, falls er denn überhaupt noch im Besitz seines Gutes war, dreißig Leute aufnehmen können? Wohl kaum. Dennoch trotteten wir in blindem Vertrauen Karl hinterher.

Nachdem wir durch den wie ausgestorben wirkenden Ort marschiert waren, erklommen wir in einem Waldstück mühsam den Hügel, auf dem das Gut stand. Wieder musste ich den Kinderwagen mit Karls Hilfe tragen, da der Weg steinig war.

Das Anwesen bestand aus mehreren Gesindehäusern und einer großen »Villa«. Das Herrenhaus erinnerte ein bisschen an das der Freifrau von Puttkamer. War hier die Welt noch in Ordnung? Oder trog der Schein?

»Wartet hier, ich peile mal die Lage.« Karl stiefelte den

breiten, von Hecken umsäumten Kiesweg hinauf. Am geöffneten Hoftor kam ihm ein hochgewachsener Mann mit einer Schubkarre entgegen. Er trug Arbeitskleidung und Gummistiefel und rauchte Pfeife. Er stutzte, dann huschte ein Lächeln über sein Gesicht. Das musste der Cousin sein! Die beiden umarmten einander herzlich. Sie besaßen sogar eine gewisse Ähnlichkeit, auch wenn der andere deutlich älter war.

Karl redete auf ihn ein und zeigte schließlich auf uns, die wir wie verirrte Schafe am Waldrand standen.

Der Cousin starrte auf die Horde ungewaschener und erschöpfter Menschen und vergrub die Hände in den Hosentaschen. In seinem Gesicht spiegelten sich Bestürzung und Mitleid, aber auch Ratlosigkeit. Bestimmt war er hier nicht mehr Herr im Haus und hatte nichts mehr zu entscheiden. Was, wenn er nur Karl aufzunehmen bereit war und uns andere wieder wegschickte?

Zögerlich kamen die beiden Männer auf uns zu. Karl stellte uns vor: »Dies ist meine Truppe, wir sind seit Tagen zusammen durch dick und dünn gegangen, und das ist mein Cousin Ludwig. Wir haben einen gemeinsamen Großvater, oder besser gesagt: Wir hatten.«

»Er ruhe in Frieden«, winkte der Cousin ab. »Hört mal her, Leute. Dieses Gut gehört mir nicht mehr, ich bin nur noch der Verwalter. Was ich im Moment für euch tun kann, ist, euch die Pferdeställe anzubieten. All unsere Pferde sind bereits von der Armee abgeholt worden und viele meiner Arbeiter ebenfalls. Meine Frau Gerda arbeitet als Krankenschwester beim Roten Kreuz, sie ist in der Stadt Görlitz und versorgt Flüchtlinge, die dort am Bahnhof festsitzen. Aber ich kann versuchen, dort anzurufen. Sie wird dann im Laufe des Tages kommen und sich um euch kümmern.«

Das war mehr, als wir zu hoffen gewagt hatten. Einige setzten sich direkt auf die Mauer, die das Gut umgab, und fingen an zu weinen. Sie konnten einfach nicht mehr.

Etwas verlegen wandte sich der Cousin nun wieder Karl zu:

»Du, Karl, bist natürlich Gast in meinem Haus; Gerda und ich bewohnen noch ein paar Räume, die früher die Gesindekammern waren. Davon können wir dir eine abtreten. – Gehört jemand von denen zu dir?«

Wie sehr ich hoffte, dass er sich zu uns bekennen würde! Wir hatten noch immer nicht über Egon und meine »Ehe« mit ihm gesprochen, die für mich schon lange keine mehr war. Er musste doch spüren, dass mein Herz nur noch für ihn schlug!

Doch Karl klopfte seinem Cousin dankbar auf die Schulter und schüttelte den Kopf.

»Wir brauchen keine Extrawurst. Das mit dem Pferdestall hört sich toll an, wir nehmen dankend an, bleiben aber zusammen.«

Und dann sagte er die Worte, die mich schockierten und gleichzeitig fast ein wenig glücklich machten: »Das ist übrigens Anna, meine Frau, und das ist unsere Tochter Paula.«

Waren wir jetzt ein Paar? Und Barbara war Paula? War auf einmal alles entschieden?

Darüber nachzudenken, blieb mir keine Zeit. Schon hatte sich der Trupp wieder in Bewegung gesetzt und trottete ergeben in Richtung Pferdeställe.

»Hier sind schon vor euch Hunderte von Flüchtlingen durchgekommen, die alle da übernachtet haben.« Ludwig öffnete die Tür, und sofort schlug uns Wärme und der typische

Geruch nach Pferd entgegen. »Gerda hat hier Feldbetten aufstellen lassen, es müssten genug für alle sein.«

In den ehemaligen Boxen standen Feldbetten mit grauen Wehrmachtsdecken darauf. Nach dem, was wir durchgemacht hatten, kam mir all das vor wie ein Luxushotel. An der Wand standen Waschtröge, und es gab Wasserschläuche. Ludwig und Karl besorgten Handtücher und Kannen mit Tee.

Weinend vor Erschöpfung und Dankbarkeit sanken die Menschen auf die Betten, zogen sich und ihren Kindern die schmutzigen Kleider aus und wickelten sich in die Decken. Noch bevor alle ihre Lager bezogen hatten, waren die ersten schon eingeschlafen.

Ich glaubte zu träumen, als ich die kleine Barbara aus dem Kinderwagen hob und von ihren schmutzigen Sachen befreite. Karl brachte mir eine Schüssel mit warmem Wasser. »Jetzt kannst du unsere Paula baden.« Ich schaute ihn lange schweigend an. Paula?!

Zum ersten Mal war ich in unserer Pferdebox mit der kleinen »Paula« allein.

Sie weinte jämmerlich. Ihr Popo war ganz wund, und ihre dünnen Ärmchen und Beinchen waren mit Ausschlag übersät.

Ganz vorsichtig tauchte ich den kleinen Körper in das warme Wasser. Ihr Gesichtchen verzog sich zu einem erschrockenen Staunen: Das war so angenehm! Sie konnte es gar nicht fassen! Behutsam streichelte und wusch ich das kleine Mädchen, das nun meine Paula sein sollte, und die Kleine fing an, mit ihren Beinchen zu strampeln und zu glucksen. Ihre Hände umklammerten meine Finger. Sie gab verzückte Laute von sich, und plötzlich strahlte sie mich zahnlos an und quietschte vor Vergnügen! Das war der Moment, in dem ich mich rettungslos in dieses kleine Wesen verliebte und ihm »verzieh«, dass es nicht Paula war.

Ab sofort war sie es. Sie konnte doch nichts dafür!

Irgendwann hatte ich die Kleine abgetrocknet, mit warmer Milch versorgt und unter das weiße Laken auf dem Feldbett gelegt. Sie schlief sofort ein. Auch ich konnte mich jetzt ausziehen und den Rest des warmen Wassers genießen. Ludwig hatte mir diskret eine Garnitur Wäsche von seiner Frau Gerda zurechtgelegt.

So schlüpfte ich zu meinem Kind unter die Decke, schmiegte mich an seine weiche Haut und schlief auf der Stelle ein. Die Kleine roch schon gar nicht mehr fremd: Ich hatte meine Paula wieder.

Als ich wieder aufwachte, standen mehrere Rotkreuzfahrzeuge im Hof, und es herrschte schon ein reges Treiben. Die groß gewachsene Frau in der Schwesterntracht, die das Essen austeilte, musste Gerda sein! Schüchtern ging ich auf sie zu.

»Guten Tag, ich bin Anna, die Frau ... die Begleitung von Karl.«

»Willkommen auf Gut Eigner. Karl hat uns schon das Wichtigste erzählt.«

»Das Wichtigste?« Ich schluckte. »Dann wissen Sie also, dass ...«

»Wir wissen, dass Sie drei zusammengehören und dass Sie viel durchgemacht haben. – Gut, dass Sie nicht auf die *Heimatland* gegangen sind, was? Sie verdanken der kleinen Paula Ihr Leben.«

Wie? Was meinte sie? Ich wollte es immer noch nicht hören, hätte das nicht verkraften können.

Die *Heimatland* war doch nach Kopenhagen unterwegs, ich hatte sie selbst ablegen gesehen. Aber wie sollte man auf die Schnelle einer Fremden die eigene Lebensgeschichte erzählen? Bestimmt hatte sie da was verwechselt, bei all den Leidensgeschichten und bei all dem Tumult.

Sie reichte mir einen Teller mit heißer Suppe: »Und jetzt stärken Sie sich erst mal.«

Es gab Kartoffeln und Brot für die Erwachsenen, Milch und Brei für die Kinder. Die anderen Flüchtlinge saßen schon auf den Holzbänken und fütterten ihren Nachwuchs. Nur eine Frau weinte bitterlich: Sie hielt ihr totes Kind in den Armen. Ich konnte es schon von Weitem sehen: so wächsern und grau wie das Kind war, so schlaff wie die Beine und Arme herabhingen. Das ist der schlimmste Moment im Leben einer Mutter, den man nie verkraften wird. Schweigend ging ich zu ihr und legte ihr die Hand auf die Schulter.

Sie reagierte nicht. Ich konnte sie so gut verstehen – sie stand unter Schock, wollte es nicht wahrhaben. Kein Trost der Welt hätte sie jetzt erreicht. Ich blieb einfach bei ihr sitzen, bis ich ein kleines Kind kläglich husten hörte. Das kam aus unserer Pferdebox! Das war unsere Paula! Bitte nicht!, flehte ich innerlich. Sie lebt doch wieder!

Ich sprang auf und rannte zu dem Lager, das ich ihr aus Decken und Kissen bereitet hatte. Apathisch lag sie da und hustete röchelnd. Ihre Augen glänzten fiebrig, ihre Stirn war heiß.

Nein! Nicht noch einmal! Ich riss die Kleine aus dem Bett und bot ihr das Fläschchen an.

Doch genau wie *die andere* Paula einige Wochen zuvor griff sie nicht mehr danach! Ihr Blick starrte leer an die Decke, und sie reagierte nicht mehr auf meine Worte, auf mein

Betteln und Flehen. Stattdessen rasselte ihr Atem. Sie schien zu ersticken!

Mich erfasste ein unbeschreiblicher Schmerz. »*Nein!*«, brüllte ich wie ein angeschossenes Tier. »*Nein!*«

Mit dem Kind auf dem Arm rannte ich suchend umher. »Karl!«, schrie ich in die Menge hinein.

»Er ist dahinten«, sagte jemand und zeigte in Richtung der Scheune. Ich fand ihn bei den Waschtrögen, wo er mit einem Wasserschlauch Schüsseln füllte.

»Karl, unsere Paula stirbt noch einmal!! Tu was! Bitte tu doch was!«

Mit einem Blick auf das röchelnde Wesen ließ er alles fallen und rannte mit mir zum Zelt des Roten Kreuzes, das inzwischen im Hof errichtet worden war. »Wo ist Gerda?«, brüllte er. »*Gerda!*«

Da kam sie auch schon angerannt, Besorgnis im Blick.

»Unsere Paula darf nicht noch einmal sterben!«

Sie untersuchte unsere Kleine und hörte ihre Lunge ab.

»Eure Tochter hat Keuchhusten. Eine Krankheit, die in dem Alter schwer zu behandeln ist. Doch jetzt, ohne Medikamente ... Da grenzt es schon an ein Wunder, wenn der kleine Wurm das schafft.«

Das überlebe ich nicht mehr, das übersteigt alles, was ich noch ertragen kann!, schrie es in mir.

»So helfen Sie mir doch, ich flehe Sie an ...« Ich fiel fast vor der Frau auf die Knie. Meine Verzweiflung war nicht mehr zu steigern. »Wenn sie stirbt, sterbe ich auch ...«

»Ludwig!«, schrie Gerda zum Gutshaus hinüber. »Funktioniert das Telefon noch?!«

»Ja, ich habe schon vor Stunden nach einem Arzt gerufen.« Er zeigte auf die arme junge Mutter, die ihr totes

Kind in den Armen wiegte. »Er müsste jeden Moment hier sein!«

Und wie aufs Stichwort hin fuhr ein Automobil in den Hof. Karl presste mich so fest an sich, dass mir fast die Rippen brachen.

»Alles wird gut, Anna. Alles wird gut. Paula wird das schaffen.«

Der alte Arzt hielt sich nicht lange mit Fragen auf. Er nahm unser Kind und eilte damit ins Wärmezelt. Als ich hinterhergerannt kam, gab er ihr bereits eine Spritze.

»Das war allerhöchste Eisenbahn. Sind Sie die Mutter?«

»Ja.«

»Geben Sie ihr viel zu trinken und halten Sie sie warm.«

»Danke, Herr Doktor, vielen Dank, Sie hat der Himmel geschickt ...« Ich hätte dem alten Mann am liebsten die Hände geküsst.

»Danken Sie nicht mir, sondern dem lieben Gott. Noch ist sie nicht über den Berg. Beten Sie, dass sie die Nacht übersteht.«

Karl und ich legten Paula zwischen uns. Die Betten hatten wir zusammengeschoben. Beteten wir? Jedenfalls nicht laut. Vielleicht betete jeder von uns stumm.

Wir schliefen keine Minute. Jeder von uns hatte ein Händchen genommen und streichelte es behutsam. So spürte die kleine Paula, dass sie nicht allein war. Und in dieser Nacht erzählten wir uns gegenseitig, wer wir waren und was wir erlebt hatten, bevor wir einander getroffen hatten.

36

Ebersbach, Kreis Görlitz, Mai 1945

Karl stammte aus Bamberg und war bereits Lehrer für Französisch und Englisch am E.T.A.-Hoffmann-Gymnasium, als er zur Wehrmacht eingezogen wurde. Damals war er knapp dreißig Jahre alt. Sein Vater, Karl Schellenberg senior, war sogar der Direktor dieser Schule gewesen. Er war sechzigjährig mit seiner gesamten Klasse von fünfzehn-, sechzehnjährigen Untersekundanern auch noch eingezogen worden und hocherhobenen Hauptes mit seinen Jungs an die Front gefahren. Karls kleine Schwester Martha war zehn Jahre jünger als er. Als Karl eingezogen worden war, hatte sie gerade eine Ausbildung zur Kinderkrankenschwester begonnen.

Die Mutter war schon lange an Krebs gestorben, Karl hatte sich zeitlebens um seine kleine Schwester gekümmert und sie quasi großgezogen. In den Ferien war er immer gerne nach Pommern zu seiner Großmutter und Großtante gefahren, für die er sich ebenfalls verantwortlich fühlte, besonders, nachdem sein Vater im Krieg gefallen war.

Mein Gott, warum habe ich dich nicht früher getroffen!, dachte ich, während ich im Halbdunkel heimlich sein Profil betrachtete. Karl hatte sich inzwischen einen Bart wachsen lassen und sah damit verwegen und wild aus.

»Wo hast du gedient?« Flüsternd hatte ich mich aufgerichtet und auf den Ellbogen gestützt.

»Ich war erst bei der Flugabwehr in Breslau, aber später musste ich auch an die Front in Russland.«

»Und dann bist du desertiert?«

»Ich habe es dort nicht mehr ausgehalten, Anna. Rudolf hat es ja schon angedeutet, und es stimmt: Wir haben zig Menschen auf dem Gewissen.« Flüsternd erzählte Karl weiter: Durch einen Trick war es ihm gelungen, sich von seiner Truppe abzusetzen. Auf abenteuerliche Weise hatte er sich bis nach Pommern zu seiner Großmutter durchgeschlagen. Von ihr erfuhr er dann, dass deren Schwester, Else von Puttkamer, in höchster Gefahr war, da die ehemaligen polnischen Zwangsarbeiter sie hängen sehen wollten. Und da machte er sich sofort daran, sie zu retten.

»Und da hast du mich getroffen. In der Schlucht, auf der Suche nach dem Bunker.«

»Ja. Und du hast mir so furchtbar leidgetan ...«

Karl strich mir ganz sanft über die Wange. »Immer wieder hast du behauptet, es gäbe gar keinen Bunker, und dabei mit den Zähnen geklappert vor Kälte und Angst.«

»Was wir seitdem alles erlebt haben, wird uns niemals jemand glauben.« Ich schmiegte meine Wange in seine Hand.

»Das Wunder in dieser grauenvollen Zeit war, dass ich euch getroffen habe.«

Karls Augen wurden weich. Liebevoll betrachtete er unser schlafendes Kind. »Dich und Paula.«

Ich schluckte. »Ja. Mich und *Paula*.«

Er sah mich eindringlich an. »Und so wollen wir uns daran erinnern, Anna. Wir können nicht weiterleben, wenn wir das andere nicht einfach vergessen.«

Ich fuhr hoch. »Ich soll meine Paula einfach vergessen?«

»Pscht, du musst, Anna! Sonst wirst du all das nicht überstehen.«

»Aber ich kann doch nicht mit so einer gravierenden Lüge weiterleben! Und was ist mit Monika Wagner?«

Karl musterte mich lange. Seine Kieferknochen mahlten, er suchte nach Worten.

»Anna, das Leben hat uns alle bestraft. Dich und mich, deine Familie und meine, die Deutschen, die Russen, die Polen und die ganze Welt. Was, glaubst du, wird werden, wenn nicht alle bemüht sind zu vergessen? Und sei es mithilfe einer barmherzigen Lüge?«

»Das heißt, ich soll es ihr nie sagen?«

Immer noch streichelte ich das schlaffe Händchen des schlafenden kleinen Wesens, das im Traum zuckte.

»Dass sie gar nicht Paula ist?«

»Sie *ist* Paula«, sagte Karl.

»Ist sie nicht! Sie hat doch ein Recht darauf zu erfahren, wer sie wirklich ist!«

Karl legte seine Hand auf meine, und ich verspürte trotz all dem inneren Aufruhr ein süßes Ziehen.

Und dann zitierte er etwas, das er noch oft zitieren würde und was unser beider Lebensmotto werden würde:

»Leicht will ich's machen, dir und mir. Leicht muss man sein, mit leichtem Herz und leichten Händen halten und nehmen, halten und lassen ... Die nicht so sind, die straft das Leben, und Gott erbarmt sich ihrer nicht.«

Diese Worte blieben lange im Raum stehen. Schließlich flüsterte ich in die Dunkelheit hinein: »Bleibst du bei mir, Karl?«

»Ja, Anna. Das versprech ich dir. Ich werde euch beide nie verlassen.«

Und in dieser Nacht küsste er mich zum ersten Mal.

37

PAULA

Szczecin, Ende Juli 2004

»Vor dem Königstor führt der Weg zur Oder über das Schloss der pommerschen Herzöge. Der am Steilufer der Oder entstandene Schlossbau stammt aus dem 15. Jahrhundert. Unterhalb des Schlosses, in dem sich auch die bei den Deutschen beliebte Oper befindet ... Mama, hier war Karl als junger Bursche mit seiner Tante Else im ›Rosenkavalier‹ und ist auf den teuersten Plätzen eingeschlafen«, unterbrach sich Rosa lachend. »Und hier lag einst die Altstadt Stettins. Im Krieg zerstört, ist sie nach 1945 nicht wiederaufgebaut worden.«

Rosa warf mir einen neugierigen Blick zu.

»Wie fühlst du dich, Mama, jetzt, wo wir tatsächlich in deiner Heimatstadt sind?«

Verwundert stellte ich fest, dass ich mich mit dieser modernen, pulsierenden Stadt an der Oder wirklich verbunden fühlte. Die bunten Fassaden der »jüngsten Altstadt Polens« hatten es mir ebenso angetan wie der Uhrenturm mit der Sonnenuhr, deren Ziffernblatt ein Gesicht war, wie die Oderpromenade mit ihren Schiffsanlegern, Märkten, Buden und den sich dicht aneinanderreihenden Häusern. Hier irgendwo hatte meine Mutter also ihre Praxis gehabt, und durch diese Straßen war sie mit mir im Kinderwagen gemeinsam mit Anna und Karl geflohen. Vor neunundfünfzig Jahren.

Ich fühlte mich hier wesentlich mehr zu Hause als in dem Dorf bei Köslin, in dem ich ja vorher tatsächlich noch nie gewesen war! Und mein Herz klopfte heftig bei der Vorstellung, dass meine Mutter möglicherweise noch lebte.

»Wie kommen wir denn jetzt zum Einwohnermeldeamt?« Tante Martha schaute sich suchend um. »Dort musst du doch im Geburtsregister eingetragen sein!«

»Wir sollten einen Taxifahrer nach dem Rathaus fragen!«

Wegen des heftigen Verkehrs hatten wir das Auto vor unserem Hotel in der Neustadt stehen gelassen und uns zu Fuß auf den Weg gemacht.

Mit dem Taxi erreichten wir tatsächlich unkompliziert das »rote Rathaus« im neugotischen Stil. »Czerwony Ratusz« stand in großen Buchstaben über dem Tor des dunkelroten Backsteinbaus mit den zwei schlanken Türmen.

»Dieses schöne Gebäude könnte doch auch in Lübeck oder Rostock stehen?« Rosa hielt uns die Tür auf. »Die Hanse lässt grüßen!«

Am Empfang saß eine junge Frau, und Rosa sprach sie auf Englisch an: »Wir wollen ein Melderegister einsehen, bitte!«

Die junge Frau hörte sofort, dass wir Deutsche waren, sprang hilfsbereit auf und führte uns in einen Raum, in dem ein Mann in meinem Alter saß.

»*Czy mówi pan po niemiecku?*«

»Landsleute?« Der Mann stand auf und schüttelte uns dreien die Hand. »Das ist aber schön. Willkommen in unserer Partnerstadt Stettin!«

»Sind Sie Deutscher?«, entfuhr es mir. »So ein Zufall!«

»Ich bin Kulturredakteur beim NDR und bereite eine Reportage über Stettin vor. Wie kann ich Ihnen helfen?«

»Wir würden gern ein Melderegister aus dem Jahr 1944 einsehen.«

Atemlos starrte ich den gut aussehenden Mann an, der mir

auf Anhieb sympathisch war. »Ohne Sie wären wir wohl aufgeschmissen!«

»Da müssen Sie zur Stadtverwaltung. Achthundert Räume birgt dieses gewaltige Gebäude und nebenbei noch die Philharmonie! Wenn Sie nichts dagegen haben, begleite ich Sie; ich muss da sowieso hin!«

Er ließ uns in seinen schwarzen Mercedes mit der Aufschrift »NDR« steigen und fuhr mit uns um zwei Ecken. »So, da wären wir. Und wen wollen Sie hier finden?«

Der grau melierte Journalist schritt bereits vor uns durch Gänge und Flure, und die Art, wie Mitarbeiter ihn erfreut begrüßten, bestätigte meinen ersten Eindruck: Er musste sehr beliebt sein.

»Mich!«

Der Mann wirbelte herum. »Entschuldigung, ich habe mich noch gar nicht richtig vorgestellt: Wolfgang Lenhardt. Chefredakteur des Kulturmagazins ›Impulse‹. Und Sie sind ...?«

»Paula Schellenberg, nein, falsch ... Barbara Wagner.«

Es war so ungewohnt, meinen eigentlichen Namen zu sagen, dass mir ganz schwindelig wurde. Ich musste mich an der Wand abstützen, und Tante Martha sagte zu dem freundlichen Menschen: »Sie hat gerade erst erfahren, dass sie gar nicht sie ist.«

»Meine Mutter ist buchstäblich in den Wechseljahren«, gab Rosa noch ihren Senf dazu.

Die Mundwinkel des Journalisten zuckten amüsiert.

»Brauchen Sie ein Glas Wasser?« Er führte uns in eine Cafeteria mit Blick über die Hakenterrassen. »Schauen Sie. Ist das nicht schön hier? Geht es wieder?«

»Wir sind Vertriebene«, erklärte ihm Tante Martha. »Das

heißt nicht wir, aber sie. Meine Großnichte, die allerdings gar nicht meine Großnichte ist.«

Der gut aussehende Chefredakteur schaute amüsiert von einer zur anderen.

»Das ist sicher ein heikles Thema.«

Er bestellte Wasser und Kaffee, und ehe wir mit unserem Anliegen herausplatzen konnten, hielt er uns bereits einen Vortrag über das heutige Stettin beziehungsweise Szczecin. Er sprach es eindeutig richtig aus, und meine Achtung vor diesem Mann stieg von Minute zu Minute. »Man ist sehr sensibel hier in Polen, was deutsche Ansprüche an polnische Grenzgebiete anbelangt. Vor der endgültigen Anerkennung der Grenzen waren polnische Politiker noch sensibler als heute. Nicht nur in Polen gibt es den Begriff ›Revanchismus‹ für bestimmte Strömungen in Deutschland, die tatsächlich solches Gedankengut pflegen – aber Vorsicht, meine Damen: In meinem Schulatlas stand sogar noch: ›Zurzeit unter polnischer Verwaltung‹.«

Tante Martha räusperte sich unbehaglich, und Rosa warf ihr einen warnenden Blick zu.

»Inzwischen hat das polnische Staatsgebiet seit schon fast sechzig Jahren seine jetzige Gestalt«, fuhr Herr Lenhardt fort, und obwohl ich alles, was er sagte, sehr interessant fand, hatte ich doch ein sehr dringliches privates Anliegen. Deshalb unterbrach ich seine Ausführungen, als er gerade einmal Luft holen musste. »Herr Chefredakteur, ich würde so gern wissen, wann ich geboren bin!«

»Mama, warte doch mal!« Rosa warf die Hände in die Luft und schüttelte den Kopf.

Herr Lenhardt zog die Augenbrauen hoch, ließ sich aber nicht beirren.

»Und das damalige Stettin war am längsten in der Schwebe: Lange wusste man nicht, ob es nicht doch der DDR zugeteilt würde. Erst gab es einen polnischen Stadtpräsidenten«, er nannte einen Namen, der an mir abprallte wie Regentropfen an einer imprägnierten Jacke, »dann wurde unter dem Druck der Amerikaner ein deutscher Bürgermeister eingesetzt. Der rief die Deutschen, die 1945 schon geflohen waren, noch einmal zurück, um beim Aufbau der Stadt zu helfen. Viele Tausende kehrten aus dem Westen zurück ... bis Stettin schließlich doch endgültig polnisch wurde. Da wurden die damaligen deutschen Bewohner zum zweiten Mal vertrieben. Das war für viele sehr bitter, und heute leben nur noch sehr wenige Deutsche in der Stadt.«

Gebannt hingen wir an seinen Lippen. Mein Herz polterte wie verrückt.

»Das wäre genau unser Thema, wir suchen nämlich Monika Wagner, meine Mutter! Sie müsste jetzt um die Neunzig sein.« So. Jetzt war es mit meiner Geduld endgültig vorbei.

Herr Lenhardt schaute mich zum ersten Mal so richtig aufmerksam an. »Die Sache beginnt mich zu interessieren! Kommen Sie mit!«

Wir tranken hastig unseren Kaffee aus und folgten ihm erneut durch Gänge und Flure, bis er den Raum mit dem Melderegister von 1944 gefunden hatte. Da er fließend Polnisch sprach, wurde ihm freundlichst weitergeholfen.

Ein junger Mann hinter einem gläsernen Schalter ließ sich von ihm unser Anliegen vortragen und schleppte nach endlosen Minuten ein dickes schwarzes Buch herbei, von dem er etwas verlegen den Staub blies. Er sagte lachend etwas zu unserem Helfer, und dieser übersetzte: »Das hat schon lange niemand mehr angeschaut, das ist der letzte Jahrgang, in dem auf Deutsch Buch geführt wurde, er wünscht uns viel Spaß dabei. Sie können sich alle Zeit der Welt nehmen!«

Fast feierlich trugen wir das schwere Ding zu einem Tisch am Fenster.

Zu viert nahmen wir daran Platz. Wolfgang Lenhardt schien auch nichts anderes vorzuhaben.

»Mama, du!« Rosa forderte mich auf, es aufzuschlagen. »Es ist deine Geschichte!«

Langsam und respektvoll blätterte ich durch die von Hand eng beschriebenen Seiten. Mein Finger, der vor Anspannung zitterte, glitt über zahllose Namen und Schicksale.

»Hier, Mama! Schau mal unter November 1944!«

Die Seiten verschwammen vor meinen Augen. Jeden Moment würde ich mein wahres Geburtsdatum und die Adresse meiner leiblichen Eltern erfahren!

»Ich kann nicht, ich habe nicht die passende Lesebrille dabei.« Hastig schob ich Rosa das Buch zu. Tante Martha legte ihre Hand auf meine.

Rosas Finger fuhr routiniert die Spalten entlang, bis er ruckartig innehielt. »Mama? Du bist überhaupt kein Maikäfer. Soll ich dir sagen, wann du geboren bist?«

Ich kniff die Augen zu und hielt die Luft an.

»Am 2. November 1944. Barbara Maria Wagner. So heißt du. Dein Vater war Johann Nepomuk Wagner, deine Mutter war oder ist Monika Maria Wagner, geborene Minst.«

Mein Herz hämmerte. Was ich da hörte, drang nur langsam bis zu mir durch. Hier stand, wann ich geboren worden war und unter welchem Namen. Bis vor ein paar Wochen hatte mir dieser Name nichts bedeutet, doch jetzt war er mein

Leben. Mein restliches Leben. Aber immerhin war ich noch nicht sechzig. Jetzt hatte ich es schwarz auf weiß.

»Dann bist du ja ein Allerseelenkind.« Tante Martha drückte mir die Hand.

»Alles klar, Mama?« Rosa tätschelte mir den Arm. »Allerseelenkinder werden an Karneval gezeugt. Deshalb deine fröhliche, zuversichtliche Art.«

»Wo habe ich gewohnt?« Ich schluckte nervös.

»Moment, hier steht's: Karlstraße 10.«

Wir drei Frauen starrten uns an und mussten laut lachen. »Nee, ne?«

»Was ist daran so lustig?« Der Journalist beugte sich interessiert vor.

»Mein Vater heißt Karl, und er ist schon während der ganzen Reise unser Lieblingsthema«, versuchte ich, es dem Mann zu erklären.

»Unser Lieblings-Streitthema«, fiel Rosa mir ins Wort. »Sie hat ihn nämlich ins Heim gesteckt.«

Und Tante Martha sagte gleichzeitig: »Er ist gar nicht ihr Vater. Ebenso wenig wie Egon. Was der Sache die Krone aufsetzt.«

Der Journalist musste nun auch lachen, er verstand nur noch Bahnhof.

Und während ich noch meine neuen Geburtsdaten verarbeitete, klärte Rosa den Mann in kurzen Sätzen über meine Geschichte auf.

»Dann lassen Sie uns die Karlstraße suchen«, schlug er vor. »Jetzt interessiert mich die Sache aber wirklich!«

Unser Dolmetscher und Stadtführer ging mit langen Schritten voran, und ich folgte ihm staunend. Die Adresse lag ganz in der Nähe der Jakobskathedrale, die jetzt Katedra Świętego Jakuba hieß.

»Schauen Sie, meine Damen. Die gewaltige Kirche ist eindrucksvoll, auch wenn der Turmhelm im Krieg schwer zerstört wurde. Die lange verschollene Schwedenglocke fand den Weg nicht zurück in den Turm, sondern wurde mit ihren fast sieben Tonnen Gewicht an diesem Holzgerüst neben der Kirche angebracht!«

»Mein Gott«, entfuhr es mir. »Hier in der Nähe hat meine Mutter mit mir als Baby gesessen, während diese Glocke im Bombenhagel runtergekommen ist!«

Das Haus mit der Nummer zehn musste früher mal wunderschön gewesen sein, man konnte es hier und da noch erahnen. Leider lag viel herabgefallener Putz herum, und auch hier hatte man die ehemals bunte Fassade mit brauner Kalkfarbe übermalt.

Das Haus war jedoch offensichtlich bewohnt. Wir suchten eine Klingel, fanden aber keine.

Plötzlich öffnete sich quietschend ein schmiedeeisernes Tor, das in seinen rostigen Angeln hing, und eine sehr alte, dünne Frau in einem schwarzen Kleid schaute uns fragend und keinesfalls freundlich an.

Mein Herz raste. Sollte das etwa meine leibliche Mutter sein? Monika Wagner?

Wolfgang Lenhardt sprach sie höflich auf Polnisch an und nannte diesen Namen.

Sie schüttelte nur den Kopf und erklärte etwas, das Wolfgang uns übersetzte.

»Sie ist es nicht. Sie sagt, dass sie erst 1947 hierhergezogen ist, das Haus wurde ihrer Familie zugeteilt. Eine Familie Wagner kennt sie nicht, das Haus war leer und nur notdürftig wiederaufgebaut, als sie aus Ostpolen hier ankam. Sie ist selbst eine Vertriebene.«

In seiner Stimme schwang Bedauern mit.

Neben Erleichterung machte sich auch Ernüchterung in mir breit. Es wäre auch zu einfach gewesen! Sich vorzustellen, diese Frau wäre meine leibliche Mutter gewesen! Es fühlte sich einfach nicht richtig an!

»Und was machen wir jetzt?«

Wolfgang Lenhardt hatte als Erster die Fassung wiedergewonnen.

»Lassen Sie uns ein paar Schritte gehen!«

Wir befanden uns ganz in der Nähe des Hauptbahnhofs, dessen Fassade mich eher trübsinnig stimmte. Der hatte damals lichterloh gebrannt.

Heute, sechzig Jahre später, war von den damaligen Gräueln nicht mehr das Geringste zu spüren. Viele Taxis standen in Reih und Glied vor dem Bahnhofsgebäude und warteten auf Kundschaft. Auf einem Busparkplatz standen ebenso ordentlich eine Menge Überlandbusse. Leute kamen und gingen, mit und ohne Koffer. Frauen mit Einkaufstaschen, Frauen mit Kinderwagen. Doch niemand rannte um sein Leben, so wie Anna es in ihrem Tagebuch geschildert hatte. Hier ging alles seinen alltäglichen Gang.

»Kommen Sie, ich zeige Ihnen noch ein wenig die Stadt!« Wolfgang Lenhardt nahm Tante Martha galant beim Arm und zog sie über die mehrspurige Straße. Aufmunternd sah Rosa mich an und zog mich hinter den beiden her.

»Ist der nicht süß?«, flüsterte sie mir zu. »Der wäre doch was für dich, Mama!«

»Als wenn ich jetzt den Kopf für so was frei hätte«, raunte ich zurück. Aber innerlich musste ich zugeben, dass dieser hilfsbereite, attraktive und kluge Mann mir schon gefiel.

Dass wir nach all den Strapazen ausgerechnet auf diesen gebildeten Menschen gestoßen waren, war schon mehr als ein Glück.

»Schauen Sie, hier hat man mit Farbe nicht gespart!« Wolfgang Lenhardt machte uns auf farbenfrohe Giebel aufmerksam. »Und diese Liebe zum Detail! Schauen Sie nur, dieses wunderschöne Kirchenportal mit den vielen Ornamenten und Figuren.« Der Mann hatte wirklich einen Blick fürs Detail, und da es ein wunderbarer heißer Sommertag war, genoss ich die frische Meeresbrise, die uns vom Haff entgegenwehte.

»Wie schaut's aus, meine Damen, haben Sie nicht Hunger?«

Wolfgang Lenhardt führte uns zur Oder-Promenade hinunter, wofür wir allerdings erst eine dreispurige Schnellstraße überwinden und an mindestens fünf Ampeln stehen bleiben mussten.

»Wie schade um das schöne Stadtbild«, konnte sich Tante Martha nicht verkneifen zu bemängeln. »Bei uns in Bamberg verschandeln wir unsere Flusszugänge nicht so!«

»Tante Martha, bitte!« Rosa warf ihr einen warnenden Blick zu. »Bamberg ist auch nicht andeutungsweise so schlimm zerstört worden.«

»Oh, ich würde auch gern mal einen Beitrag über Bamberg drehen«, kam es sehr freundlich von Wolfgang Lenhardt zurück. »Meine Damen, ich kann Ihnen hier den Rindersaftbraten mit Klößen und Rotkohl nach altpommerschem Rezept empfehlen.«

Er hatte wirklich Charme und holte uns dort ab, wo wir uns innerlich befanden, nämlich in der Vergangenheit. Nach einem köstlichen Essen im Freien auf den pulsierenden Hakenterrassen, wo junge Männer auf Skateboards um uns herumrasten, wilde Sprünge über Mäuerchen und Geländer machten und damit offensichtlich Rosa imponieren wollten, waren unsere Lebensgeister nach einem anschließenden Eiskaffee endgültig neu erwacht.

»Jetzt nähern wir uns dem beeindruckenden Stettiner Schloss, ehemalige Residenz der Herzöge von Pommern.«

Im großräumigen Innenhof waren mittelalterliche Marktstände aufgebaut, und zur Unterhaltung für die zahlreichen herumschlendernden Touristen spielten Musiker auf historischen Instrumenten.

»Na? Geht's wieder?«

Rosa stupste mich aufmunternd an.

»Du sahst eben aus wie Scheiße, Mama.«

»Ich hatte so eine Angst, dass diese unfreundliche Alte meine Mutter ist«, flüsterte ich ihr zu.

»Ja, das kenne ich«, konnte sich Rosa nicht verkneifen, mir unter die Nase zu reiben. »Aber meist bist du ja freundlich.« Sie stupste mich erneut in die Seite, und wider Willen musste ich lachen. »Warte nur, bis wir nach Hause kommen!«

Der Altstadtbummel führte uns weiter zum ehemaligen Rossmarkt. »Schauen Sie auf den Brunnen mit dem Adler von 1732«, ermunterte uns unser charmanter Stadtführer Wolfgang Lenhardt. »Damals endete hier die städtische Wasserleitung!«

»Entschuldigung, das ist wahnsinnig freundlich von Ihnen, aber ich würde gern weiter nach meiner leiblichen Mutter suchen«, unterbrach ich ihn.

»Das und nichts anderes habe ich die ganze Zeit im Kopf.« Er lächelte verbindlich.

»Haben Sie nicht erwähnt, dass Ihre Mutter eine Arztpraxis hatte und dass im selben Haus eine Apotheke war?« Er zeigte Richtung Jakobskathedrale, an der wir mit unserem Rundgang begonnen hatten. »Schauen Sie. Hier habe ich ein mittelalterliches Symbol entdeckt, das auf eine alte Apotheke hinweist, und daneben ist ein Praxisschild an der Hauswand angebracht. Die Adresse ist Ulica Karol 101. Meinen Sie, das könnte auch passen?«

Mein Herz machte einen bangen Freudensprung, als ich auf das vergilbte Praxisschild blickte:

»Dr. Monisia Wagski, Internista, und Dr. Pawel Smirnow, Internista.«

38

ANNA

Ebersbach, Kreis Görlitz, Mai 1945

»Leute, die Russen haben Gut Eigner besetzt, ihr müsst hier raus!« Ludwig schlug bereits am frühen Morgen Alarm, und da war es noch nicht mal hell. Nun war es also auch hier so weit. Die Rotarmisten hatten uns eingeholt. Das, was wir in der Villa Puttkamer erlebt hatten, wollten wir nicht noch einmal erleben. Was ich damals noch nicht ermessen, noch nicht mal erahnen konnte: Bis zu zwei Millionen Frauen wurden vergewaltigt, häufig mehrfach. Brutale Übergriffe, wie ich sie schon in Pommern erlebt hatte, fanden nun auch hier statt.

Kaum eine Nacht verging, in der nicht nachts wild an Türen gerüttelt wurde. Eine Frau, die in der Nachbarbox geschlafen hatte, hatte mir die grauenvollsten Dinge erzählt: Viermal war sie auf der Flucht vergewaltigt worden. Der Erste war ein widerlicher Typ gewesen, der seine Freude daran hatte, seinen Speichel auf sie herabtropfen zu lassen, während andere Kerle sie festhielten. Der Zweite war ein vergleichsweise höflicher Mann gewesen, der ihr anschließend auf die Beine half und ihr fast um Verzeihung bittend die Kleider zurechtzupfte. Der Dritte hatte sogar Interesse daran, sie näher kennenzulernen, und wollte zwischen den Übergriffen gemütlich mit ihr Karten spielen. Während ihr der Vierte einfach mit dem Gewehrkolben zwei Zähne ausgeschlagen hatte.

Mehr hatte ich mir beim besten Willen nicht anhören können, ich hatte mir die Decke über die Ohren gezogen und sie innerlich angefleht, den Mund zu halten.

Jetzt war diese Frau weg, geflüchtet vor den Russen. Nur wir waren noch da, weil ich wegen eines Schlafmittels so fest geschlafen hatte!

Hastig packten wir unsere Sachen zusammen. Ludwig half uns dabei.

»Schnell, ihr müsst verschwinden!«

Ich kam mir vor, als hätte man einen Film zurückgespult. Sollte dieses Grauen denn nie ein Ende haben?

»Aber wie?«

»Von Görlitz fahren noch Züge in den Westen. Gerda nimmt euch mit dem Rotkreuzfahrzeug mit zum Bahnhof und organisiert euch die nötigen Papiere.«

»Danke dir, Ludwig und auch Gerda – für alles, was ihr für uns getan habt.«

Wir umarmten uns und bedankten uns von Herzen. Meine

kleine Paula legte ich in den inzwischen sauberen und mit frischen Sachen gepackten Kinderwagen. Auch Milch und Proviant bekamen wir von unseren großzügigen Gastgebern reichlich zugesteckt. Unser Beten und unsere Liebe hatten geholfen: Paula war wieder gesund.

»Wir hoffen so sehr, dass ihr es über Thüringen bis nach Bamberg schafft! Grüß mir deine kleine Schwester Martha!«

Ludwig, der uns schon die Auffahrt hinunterbegleitete, nahm uns noch mal herzlich in den Arm.

Karl und ich sahen uns an.

»Falls sie noch lebt«, sagten wir im Chor.

Die Erde rumpelte, ein Dröhnen erfüllte die Luft. Am Horizont rollten schon die Panzer an. Die Russen schossen ein paarmal in die Luft, und wir stoben davon.

»Beeilt euch!«, rief Ludwig hinter uns her.

Atemlos rannten wir zum Tor, wo Gerda und das Rotkreuzfahrzeug bereits warteten.

Die Fahrt nach Görlitz verlief zum Glück ohne Zwischenfälle, und am Bahnhof stand schon ein Zug bereit. Diesmal war es ein richtiger Personenzug mit Holzsitzen! Ich traute meinen Augen kaum: Die Russen kamen, und wir hatten Sitzbänke?!

Gerda schaffte es im Nu, uns die nötigen Reisepapiere in die Hand zu drücken. »Gott sei Dank, ihr habt es gerade noch geschafft!«

Diesmal rollten wir nach relativ kurzer Wartezeit in unsere ungewisse Zukunft.

Das Schaukeln des Zuges beruhigte unsere Nerven, und schon bald war die kleine Paula eingeschlafen. Würde unsere schreckliche Flucht nun bald Vergangenheit sein?

Doch der Blick aus dem Fenster ließ uns vor Schreck erstarren: Zerstörte Orte und Städte, wohin das Auge sah, Ruinen ragten in den grauen Himmel. Bis hierher war die russische Front zwar nicht vorgedrungen, aber es hatte haufenweise Luftangriffe von den Alliierten gegeben. In Dresden angekommen, trauten wir unseren Augen nicht. Das Ausmaß des Entsetzens war nicht in Worte zu fassen. Dresden war ein Trümmerfeld, sogar die berühmte Frauenkirche, die ich von Bildern her kannte, war komplett zerstört.

»Wie viel Elend muss es hier gegeben haben«, murmelte ich tonlos. »Millionen Menschen sind in diesem Krieg grausam gestorben, die Überlebenden haben ihr Hab und Gut verloren, ihre Angehörigen, Freunde und Nachbarn. Ein ganzes Land liegt in Schutt und Asche, in Leipzig wird es nicht anders aussehen ... Und das alles nur, weil der Führer sich in seinem krankhaften Größenwahn ein Tausendjähriges Reich eingebildet hat! Wie konnten Millionen von Deutschen nur auf diesen kranken Blender hereinfallen?«

»Du darfst nicht darüber nachdenken, Anna. Wir müssen jetzt nach vorne schauen.«

Kaum hatte Karl das ausgesprochen, hielt der Zug mit einem Ruck, und wir flogen von unseren Sitzen. Der Kinderwagen machte sich selbstständig und rollte bis zur gegenüberliegenden Abteilwand. Reflexartig stolperte ich hinter ihm her und bekam ihn an der Stange zu fassen. Die arme kleine Paula hatte sich den Kopf gestoßen und fing jämmerlich an zu weinen. Die Leute saßen erschrocken auf dem Boden, viele sperrige Gegenstände waren aus den Gepäcknetzen gefallen.

»Alle raus aus dem Zug! Wir sind auf eine Mine gefahren!«
Bitte, lieber Gott, nicht schon wieder ...

»Wird diese Hölle denn nie ein Ende haben? Ich denke, der Krieg ist aus?«, rief ich.

In Windeseile rannten wir zu den Türen und flüchteten aufs freie Feld.

Da krachten auch schon Geschosse in unseren Zug, und er brannte lichterloh.

»Lauf, Anna, lauf!« Karl war hingefallen und richtete sich wieder auf.

Ich zog den Kinderwagen mit Paula über den Acker und rannte, bis ich bunte Kringel vor den Augen sah. Es stach in meiner Lunge. Beißender Qualm breitete sich aus und nahm mir die Luft zum Atmen.

»Karl!«

Ich konnte ihn nirgends sehen! Die Flammen züngelten am Zug entlang. Eine grässliche Hitze breitete sich aus, Menschen schrien um ihr Leben, viele fielen hin, andere robbten noch ein Stück ... Was machte er denn da? Holte er etwa noch Leute da raus?

»*Karl!*«, röchelte ich und musste fürchterlich husten. Reflexartig warf ich meinen Mantel über Paulas Gesicht, damit sie die giftigen Gase nicht einatmete. Ich bündelte all meine Kraft und zog den Kinderwagen weiter aus der Gefahrenzone.

Überall neben und hinter mir rannten und husteten Menschen, flüchteten weiter Richtung Wald. Mütter kreischten nach ihren Kindern und umgekehrt. Weinen und Wehklagen erfüllten die brennende Luft. Doch es blieben auch viele Leute einfach liegen: Wir waren auf einer Pferdekoppel gelandet, und die wenigen Tiere, die hier noch gegrast hatten, waren in wildem Galopp davongerast, hatten dabei Erwachsene und Kinder umgerissen, ja sogar zu Tode getrampelt.

Ich konnte nicht mehr. Ich wollte auch nicht mehr! Und wo war Karl?

Zitternd sank ich erschöpft zu Boden. In Windeseile suchte ich das kleine Mädchen am ganzen Körper nach Verletzungen ab. Die kleine Paula schrie wie am Spieß. War das ihr Blut, das mir da zwischen den Fingern hindurchrann?

Panisch suchte ich nach der Ursache und bemerkte eine hässliche Schnittwunde zwischen Daumen und Zeigefinger: aber an mir. Erleichterung überflutete mich: Nicht Paula blutete. Nur ich. Mit einem Taschentuch verband ich notdürftig die Wunde und hielt weiter nach Karl Ausschau.

Dann sah ich, wie er sich aus der schreienden Menge herausschälte und sich zu mir durchkämpfte. Noch immer hielt er sich die Schulter und schleppte sich mühsam vorwärts. Es hatte ihn erwischt! Er war verletzt!

»Karl!« In schrecklicher Vorahnung rannte ich ihm entgegen. »Was ist, was hast du?«

Er biss die Zähne zusammen vor Schmerzen: »Ich habe einen Splitter abbekommen, der steckt in der Schulter!«

Er drehte mir den Rücken zu, und da sah ich das spitze Eisenteil in der Größe eines Unterarms, das aus einem blutigen Loch in seiner Jacke herausragte. Mir wurde schlecht. Verzweifelt wollte ich daran ziehen, aber Karl brüllte: »Lass das, ich verblute sonst! Wir müssen ins Krankenhaus, sonst schaffe ich das nicht...«

»Karl, wir schaffen das auch so nicht!«

Ich schrie und weinte meine Verzweiflung hinaus. »Ich kann nicht mehr, und ich will auch nicht mehr! Warum hast du uns das auch noch angetan?!«

Ich trommelte mit den Fäusten an seine Brust, und er hielt meine Hände fest.

»Du blutest ja auch, Anna! Zeig her …«

»Ach, das ist gar nichts, ich habe mich irgendwo geschnitten.« Ich riss ihm die vom Taschentuch umwickelte Hand weg. »Aber *du! Bist! Schwer verletzt!* Jetzt sind wir am *Ende!*«

»Anna.«

Mit der gesunden Hand packte mich Karl am Arm.

»Hör mir zu. Schau mich an.«

Er hob mein Kinn und zwang mich, ihm in die Augen zu sehen. »Wir haben schon so viel geschafft, wir schaffen das jetzt auch noch. Wir sind schon kurz vor Leipzig, und wir geben jetzt nicht auf.«

»Ich will nicht mehr! Ich kann nicht mehr, Karl!« Heftige Schluchzer schüttelten mich. »Das ist doch alles nur noch die Hölle, aus der wir nie und nimmer entkommen werden!«

»*Anna!*« Er rüttelte mich, dass mir Hören und Sehen verging. »Du reißt dich jetzt zusammen, nimmst unser Kind und kommst mit! *Hast du mich verstanden?!*«

Wie in Trance lief ich hinter ihm her. Karl stolperte mehr, als er lief, den Hügel wieder hinunter Richtung Bahngleise. Blut tropfte ihm aus der Jacke.

»Wenn wir den Gleisen folgen, müssen wir in die nächste Stadt gelangen, und da wird es ein Krankenhaus geben.«

Was blieb uns auch anderes übrig!

Mit uns taten das noch einige andere Leute.

»Du trägst Paula, und ich ziehe den Kinderwagen.«

Ohne eine weitere Widerrede von mir zu dulden, zog Karl den Korbwagen hinter sich her. Ich folgte ihm im Laufschritt, das Kind an mich gedrückt. Paula brüllte immer noch wie von Sinnen, ich spürte aber, dass es Schreck war, kein Schmerz. Inzwischen konnte ich ihr Weinen gut interpretieren.

Wir liefen bestimmt fünf Kilometer die Schienen entlang, bis wir am Horizont eine zerstörte Stadt ausmachen konnten.

»Wo sind wir hier?«, schrie Karl einem Mann mit einer Schiebermütze auf einem Fahrrad zu.

»Grimma«, rief der im Vorüberfahren.

»Gibt es hier ein Krankenhaus?«

Da war er schon weitergeradelt. Er ignorierte die vielen Menschen, die ihm verstört entgegentaumelten und verzweifelt um Hilfe riefen. Wahrscheinlich hatte er diesen Anblick jeden Tag und war schon genauso abgestumpft wie wir.

Eine Frau, die unweit der Schienen in ihrem Garten arbeitete, half uns weiter: »Da drüben ist das Krankenhaus, aber da werden Sie keinen Arzt mehr antreffen, die sind alle abgezogen und nach Leipzig ins Lazarett verpflichtet worden!«

Das sagte sie in einem solch starken sächsischen Akzent, dass wir Mühe hatten, sie zu verstehen.

Doch wir rannten weiter und fanden das Krankenhaus. Karl riss die Tür auf.

»Hallo? Ist hier jemand?!«

Es wirkte menschenleer.

Nach einer Weile kam ein älterer Mann im weißen Kittel die Treppe hinuntergehumpelt und hielt sich dabei am Geländer fest. Er war selber kriegsversehrt!

Karl rannte auf ihn zu und verstellte ihm einfach den Weg. »Bitte helfen Sie mir, ich habe einen Splitter in der Schulter!«

»Er hat schon viel Blut verloren!«

Während ich hinter ihm hergerannt war, hatte es aus seiner Jacke ständig auf den Boden getropft.

»Kommen Sie mit.«

Der alte Arzt humpelte vor uns her: »Eigentlich ist das Krankenhaus geschlossen, aber mein Zuhause ist ausgebombt, und meine Frau ist tot. Da habe ich mich hier häuslich eingerichtet.« Er führte uns in ein Behandlungszimmer: »Lassen Sie mich mal sehen. Ich kann den Splitter entfernen, aber ich habe keine Betäubungsmittel mehr. Alles von unserer glorreichen Armee mitgenommen.«

»Dann muss es auch so gehen.«

Mit zusammengebissenen Zähnen versuchte Karl, seine Jacke auszuziehen. Ich musste mich fast übergeben, als ich das blutdurchtränkte Hemd und das Ausmaß der klaffenden Wunde sah.

»Ich warte draußen.« Schnell stürzte ich hinaus und suchte für Paula und mich einen Waschraum.

Kurz darauf hörte ich einen tierischen Schrei durchs Krankenhaus gellen. Es ging mir durch Mark und Bein. Jetzt musste ich mich tatsächlich übergeben. Und nun? Wenn mein Karl das nicht überlebte, was würde dann aus Paula und mir?

»Untere Sandstraße 10«, murmelte ich manisch vor mich hin. Das war die Adresse seines Elternhauses in Bamberg. »Untere Sandstraße 10.«

Nervös ging ich auf dem Gang auf und ab, schuckelte beruhigend den Kinderwagen. Paula hatte ich eine Flasche gemacht und sie gesäubert und frisch gewickelt. Die Schreie waren verebbt, da drin operierte der alte Arzt. Warum war es so still? War Karl in Ohnmacht gefallen? Ich konnte es nur für ihn hoffen.

Gefühlt vergingen Stunden. Wann würde ich endlich aus diesem Albtraum aufwachen?

Endlich öffnete sich die Tür, und der alte Arzt stand im

blutverschmierten Kittel da. Es sah aus, als wäre ein Metzger bei der Arbeit gewesen.

»Ihr Mann hat es überstanden. Der Splitter steckte zehn Zentimeter tief in seiner Schulter und ist knapp neben der Lunge zwischen den Rippen stecken geblieben. Er hat unglaubliches Glück gehabt. Wollen Sie ihn sehen?«

»Wie, den Splitter?«

Ich stand sichtlich neben mir.

»Nein, Ihren Mann.«

Ich stürzte hinein, und da lag Karl, bleich wie die Wand, auf dem Operationstisch, die Schulter frisch verbunden. Tränen liefen ihm über das Gesicht. Aber er sagte tapfer: »Alles wird gut, Anna. Danke, dass du durchgehalten hast.«

Ich beugte mich zu ihm und küsste ihn auf die schweißnasse Stirn. »Danke, dass *du* durchgehalten hast!«

Karl versuchte sich aufzurichten, sank aber stöhnend wieder auf die Seite.

»Bleiben Sie noch liegen, das kann ordentlich nachbluten, und Ihr Kreislauf ist komplett im Keller.«

Der Arzt wusch sich die Hände und legte seinen blutdurchtränkten Kittel ab.

»Das war nicht mein erster Eingriff ohne Betäubungsmittel, das können Sie mir glauben. Ihr Mann braucht jetzt mindestens ein paar Tage Ruhe. Besser wäre eine Woche.«

»Aber wo sollen wir denn hin?« Verzweifelt blickte ich den alten Mann an.

»Sie können gerne hier übernachten.« Der Arzt räumte sein Chirurgenbesteck zusammen. »Suchen Sie sich ein Zimmer aus, Betten stehen hier genug rum.«

»Wirklich?« Ich konnte es kaum fassen. »Danke, das ist wirklich sehr großzügig.«

»Ich wollte mich ja eigentlich schon umbringen, aber jetzt habe ich mich doch noch nützlich gemacht. Wenn was ist: Ich bin in Zimmer neun.«

Mit diesen Worten humpelte der alte Arzt davon.

39
PAULA

Szczecin, Ende Juli 2004

Wolfgang Lenhardt drückte auf die Klingel, und wir betraten das dunkle Treppenhaus. Rechts neben dem Eingang befand sich die bereits geschlossene Apotheke, die Arztpraxis war im ersten Stock.

Hier konnte es sein! Hier *musste* es sein! Mein Herz raste wie eine Dampflok, als wir uns die Treppe hinaufschoben. Tante Martha war schon etwas erschöpft vom langen Stadtrundgang, ließ sich aber nichts anmerken.

Das gleiche Praxisschild wie unten empfing uns auch im ersten Stock dieses Altbaus.

Wir klingelten, ein Summer ertönte, und wir konnten die Tür aufdrücken. Der typische Geruch nach Desinfektionsmitteln kam uns entgegen.

Es war inzwischen später Nachmittag, und es saßen keine Patienten mehr im Wartezimmer. Das war mit Holzstühlen und mehreren Tischen, auf denen abgegriffene Zeitschriften lagen, recht schmucklos eingerichtet.

Die ältere Dame mit der Hochsteckfrisur an der Rezeption wirkte ein wenig ungehalten, als wir immerhin zu viert eintraten.

»Haben Sie einen Termin?« Ihr erster Blick galt Tante Martha, die sich mit einem Fächer Luft zufächelte.

Wolfgang Lenhardt übernahm es, ihr zu erklären, in welcher Mission wir hier waren.

»Wir suchen Frau Dr. Monisia Wagski.«

»Oh, die ist schon lange nicht mehr in der Praxis«, übersetzte er das, was ihm die ungehaltene Helferin mitteilte. »Das Schild ist schon so alt, dass wir ganz vergessen haben, es zu erneuern. Allerdings praktiziert ihr Sohn immer noch hier.«

»Ist das Dr. Pawel Smirnow?«

Rosa zappelte vor Ungeduld.

»Das wäre dann immerhin dein Bruder, Mama!«

»Lebt sie noch?«, platzte es aus mir hervor. »Ich meine, äh, Monisia Wagski!«

»Allerdings.« Sie zog die Brauen hoch. »Zu wem wollen Sie denn nun?«

»Ist er noch da?« Ungeduldig trat ich von einem Bein aufs andere.

O Gott, sie lebte noch! Meine Mutter lebte noch! War ich bereit für einen Bruder? War ich bereit für *meine Mutter*?

In diesem Moment öffnete sich die Tür zum Sprechzimmer, und ein hochgewachsener grauhaariger Arzt um die Ende fünfzig prallte zurück. »Habe ich noch Termine, von denen ich nichts weiß?«

Seine Stimme klang freundlich. Er sprach Deutsch, er hatte uns wohl schon reden gehört!

Vor Aufregung konnte ich keinen klaren Gedanken mehr

fassen. Er sah nett aus, sympathisch. Er hatte ein Stethoskop um den Hals hängen und mehrere Karteikarten in der Hand. Das war mein Bruder! Ich fühlte es sofort! Ich musste mich bremsen, ihm nicht sofort um den Hals zu fallen, gleichzeitig scheute ich wie ein Pferd vor dem Sprung über die Hürde.

Wolfgang sprach ihn auf Polnisch an, der Name unserer Mutter fiel, dann eine Jahreszahl, das Wort Krieg und dann mein Name: Barbara Maria Wagner. Ich hatte Wahnsinnsherzklopfen, meine Beine gaben nach. Rosa nahm meine Hand, und wir drückten einander ganz fest. Diese Innigkeit hatte ich mir während unseres Streits um Karl so sehr gewünscht, und jetzt war sie plötzlich da. Wir waren dabei, unser Familiengeheimnis zu lösen ...

Und dann ging alles ganz schnell.

»Meine Mutter hat mir oft von meiner Schwester Barbara erzählt«, sprudelte es nur so aus dem Arzt heraus, während wir im Wartezimmer überwältigt auf die Stühle sanken.

Ich musste meine schweißnassen Hände unauffällig an meinem Sommerkleid abwischen. Er war *mein Bruder!* Meine Augen wurden feucht.

»Meine Mutter hat wieder und wieder von dir gesprochen!« Jetzt kämpfte auch er mit den Tränen. »Sie hat mir erzählt, dass sie noch von der deutschen Wehrmacht abkommandiert und sogar vor ein Kriegsgericht gestellt wurde, in den allerletzten Tagen! Und dass sie ihre kleine Tochter in einem Zug verloren hat! Sie ist nie darüber hinweggekommen!«

Ganz im Gegensatz zu Anna hatte Monika also immer wieder darüber gesprochen.

Was war nur in meinen Eltern vorgegangen, dass sie Monika

solchen Seelenqualen ausgesetzt hatten? Sie hätten doch wissen müssen, dass meine wahre Mutter ein Leben lang nach mir suchen würde! War es Grausamkeit, Egoismus, oder hatte sie auch das *einfach verdrängt*?

Erst jetzt konnte mich mein Bruder so richtig wahrnehmen. »Barbara, bist du das wirklich? Barbara, meine Schwester?! Mutter hat überall nach dir gesucht und immer gesagt, dass sie nicht sterben will, ehe sie dich wiedergefunden hat!« Seine Stimme schwankte bedenklich.

Tante Martha hatte nichts Eiligeres zu tun, als ihren altmodischen Fotoapparat hervorzukramen. »Bitte mal herschauen! Bitte recht freundlich!«

Und schon lagen wir uns in den Armen, mein Bruder Pawel und ich. Es war ein unbeschreibliches Gefühl: Er roch vertraut, und es fühlte sich absolut richtig an!

»Und du bist die Tochter?«, wandte er sich an Rosa. »So eine schöne Nichte kommt mir da hereingeschneit!«

Die beiden umarmten sich ebenfalls.

»Das wird meinen Roman, der mein Sohn ist, freuen: dass er eine so schöne Cousine hat!«

»Und was ist jetzt mit ...« Ich musste schlucken vor Aufregung, bevor ich es aussprechen konnte. »... mit unserer Mutter?« Mein Herz raste, und mein Mund war wie ausgedörrt.

»Sie ist oben in der Wohnung.«

Pawel stand auf. Auch er war völlig aus der Bahn geworfen, seine Hände zitterten, und er hatte rote Flecken am Hals.

»Sie ist achtundachtzig Jahre alt, und wir sollten es ihr schonend beibringen.«

Bewegt rief er seiner Helferin etwas auf Polnisch zu. Diese kam mit rotem Kopf hinter ihrer Rezeption hervor und schlug die Hände über dem Kopf zusammen.

»Sie sagt, sie wird sterben vor Freude.«

Auf einmal begann die soeben noch so unfreundliche Frau zu weinen. Sie stieß halb schluchzend, halb lachend Satzfetzen hervor, riss mehrere Papiertücher aus dem Spender und schnäuzte sich hemmungslos.

Auch diese Frau musste von dem vermissten Baby wissen, sonst wäre sie nicht so aufgewühlt!

Endlich straffte sich Pawel. »Ich gehe erst mal alleine rauf und messe ihr den Blutdruck. Und dann bring ich es ihr schonend bei.«

Er hängte seinen Kittel an den Haken und verließ die Praxis.

Mir liefen die Tränen, Rosa hielt nach wie vor meine Hand, und Tante Martha strich mir zärtlich über den Kopf. Wolfgang Lenhardt tätschelte mir die Schulter.

Und während wir im Wartezimmer ungeduldig auf Pawels Rückkehr warteten, servierte uns die Arzthelferin dezent ein Gläschen Schnaps.

Eine gefühlte Ewigkeit später erschien er wieder in der Praxis.

»Ihr könnt jetzt raufkommen, sie ist stabil.«

Mir zitterten die Beine so sehr, dass ich mich kaum erheben konnte. Wolfgang Lenhardt stützte mich, als mir Rosa auch schon zur Hilfe kam.

»Ich denke, ab hier ist das Ihre Privatsache.«

Wolfgang Lenhardt verabschiedete sich dezent und schnell. Noch ehe ich es richtig begriffen hatte, war er auch schon die Treppe hinuntergeeilt, und ich hörte unten die Haustür zufallen. Doch vorher hatte er Rosa noch seine Karte zugesteckt.

»So. Und wir gehen jetzt noch eine Etage rauf.«

Mein *Bruder*, ich konnte es immer noch nicht begreifen, führte uns durchs Treppenhaus. »Wenn ich vorgehen darf?«

Mit wackligen Knien mühte ich mich die Stufen hinauf. Rosa und Tante Martha gingen für alle Fälle dicht hinter mir her. Wir waren alle extrem aufgewühlt.

»Soll ich euch auch alleine lassen? Ich gehöre schließlich nicht zur Familie …«

»Quatsch, Tante Martha! Du bist Karls Schwester! *Natürlich* gehörst du zur Familie!«

»Bereit?« Schon standen wir vor der angelehnten Wohnungstür.

»Ich weiß nicht …« Ich zitterte so sehr, dass meine Zähne aufeinanderschlugen.

»Los, Mama, du hast doch ein Schnäpschen intus!«

Sanft schob mich Rosa hinter Pawel her.

»Mama, wir sind da!«, rief er auf Polnisch.

Ich fühlte mich wie auf der Schwelle zu einem anderen Leben, als ich durch die Wohnung hinter ihm herschlich.

Pawel klopfte sanft an die Wohnzimmertür und drückte sie auf.

Und da stand sie.

Meine Mutter.

40

ANNA

Grimma, Mai 1945

Von mir gestützt schleppte sich Karl ins nächstbeste Krankenzimmer, in dem tatsächlich zwei weiß bezogene Betten standen. Ich staunte. Es gab sogar ein Waschbecken im Zimmer, einen Tisch und zwei Stühle! Wir richteten uns dort häuslich ein und waren unendlich dankbar, mal wieder Glück im Unglück gehabt zu haben. So konnten wir auch unserer Paula noch einmal eine längere Pause gönnen. In sauberen Laken zu schlafen, uns jeden Tag waschen zu dürfen und auch noch ein richtiges Frühstück zu bekommen – das überstieg unsere kühnsten Erwartungen.

Der alte Arzt klopfte jeden Morgen an unser Zimmer und balancierte auf rührende Art ein Tablett mit einer Kanne Kaffee, zwei Tassen, Brot und Marmelade – offenbar aus einer Ration für verwundete Soldaten.

»Das war meine eiserne Reserve, aber ihr habt es nötiger als ich.«

Dankbar nahmen wir das Frühstück entgegen.

»Wie geht es Ihrer Schulter?«

»Oh, viel besser«, behauptete Karl tapfer. Noch immer suppte sein Verband.

»Na, den wechseln wir dann besser noch mal.«

Diesen Arzt hatte uns wirklich der Himmel geschickt. Oder der Himmel hatte uns zu ihm geschickt! Während er mit Jod und frischem Mull an meinem armen Karl herumhantierte, erzählte er, dass Frau und Tochter bei einem Luftangriff ums Leben gekommen seien, die Söhne an der Front vermisst würden. »Ich habe keine Menschenseele mehr, wollte meinem Leben mit Morphium ein Ende setzen, doch es gab keines mehr. Wirklich, es macht mir große Freude, dass Sie hier hereingeschneit sind.«

»Sie werden noch gebraucht, Herr Doktor.«

Er lächelte mich an und schaute fürsorglich nach unserem Töchterchen.

»Sie ist eine kleine Kämpferin«, befand er, nachdem er ihre Lunge abgehört hatte. »So eine Lungenentzündung mit Keuchhusten übersteht nicht jedes Kind. Und schon gar nicht im Krieg.«

»Nein.« Ich musste einen dicken Kloß herunterschlucken. »Ich weiß. Meine kleine Tochter ...« Ich konnte nicht weitersprechen. »Sie ist ... Sie hat auch nicht ...«

Karls Hand übte sanften Druck auf meinen Rücken aus. Er warf mir einen mahnenden Blick zu, und ich verstand: *Mit leichten Händen halten und nehmen, halten und lassen ... Die nicht so sind, die straft das Leben, und Gott erbarmt sich ihrer nicht.*

»Ja, unsere Tochter ist eine Kämpferin«, stieß ich tapfer hervor. »Wir sind sehr stolz auf sie.«

Fünf Tage blieben wir noch in diesem kleinen Krankenhaus, und in dieser Zeit kamen Karl und ich uns zum ersten Mal näher. Trotz seiner verletzten Schulter schlief er sehr zärtlich mit mir, und unsere Liebe wurde noch inniger.

So etwas hatte ich mir immer erträumt! Wie sehr ich mich heute schämte, wenn ich daran zurückdachte, wie ich damals als trotzige junge Frau bei meinen Eltern am Tisch gesessen und darauf bestanden hatte, Egon zu heiraten, aus Angst, eine alte Jungfer zu werden.

»Und nun kann ich mich noch nicht mal scheiden lassen, weil sich mein Mann aus dem Staub gemacht hat! Ich habe überhaupt keine Ahnung, ob er inzwischen in Dänemark oder schon in Amerika ist.«

Da war es für Karl an der Zeit, mir schonend beizubringen, dass sein Schiff bereits vor Wochen gesunken war. Er hatte es ja von seinem Kameraden Rudolf erfahren, aber bisher nicht übers Herz gebracht, es mir zu sagen.

»Die *Heimatland* ist wenige Kilometer vor Stettin von einem sowjetischen U-Boot torpediert worden. Es waren achtmal so viele Menschen drauf wie zugelassen. Deshalb konnte es nicht wirklich losfahren und lag ewig auf Reede. Man wollte die Menschen dazu überreden, wieder von Bord zu gehen und auf das nächste Schiff zu warten, aber kaum jemand wollte das tun! Diejenigen, die sich haben überreden lassen, haben vielleicht überlebt, aber ein Großteil der Menschen ist mit dem Schiff untergegangen.«

41

PAULA

Szczecin, im Novotel, Ende Juli 2004

Mit Schwung klappte ich das Buch zu. Das war jetzt aber wirklich zu viel für mich!

Erst vor wenigen Tagen hatte ich meine Mutter wiedergefunden und jetzt das! Wegen akuter Schlaflosigkeit hatte ich nachts im Tagebuch weitergelesen, ob das Rosa nun passte oder nicht. Wir hatten zwar verabredet, gemeinsam weiterzulesen, doch ich konnte jetzt einfach nicht mehr aufhören! Meine Gefühle fuhren Achterbahn.

Das Wiedersehen mit meiner Mutter war ein so bewegender Moment gewesen, dass ich meine Gedanken gar nicht ordnen konnte.

Wir hatten uns ganz behutsam in die Arme genommen und einander betrachtet wie seltene Schmetterlinge. Sie war klein und zart, ganz filigran. Vollkommen anders als meine robuste Mutter Anna, die im Alter recht füllig geworden war.

Meine leibliche Mutter Monika hatte mein Gesicht gestreichelt, mein Haar. Sie hatte meine Hände betrachtet und meine Größe bewundert, bis wir alle lachen mussten. Dann hatte sie immer wieder gestammelt:

»Ich wusste es, ich wusste es, dass ich dich eines Tages wiedersehen werde, aber dass ich fast neunzig werden musste, bis sich mein Lebenstraum erfüllte – das wusste ich zum Glück nicht.«

Es war so ergreifend gewesen, so berührend und innig. Vom ersten Moment an fühlte sie sich vertraut an, vom ersten Moment an spürte ich, dass meine Geschichte sich jetzt mit ihrer verbinden würde. Und die hellwache alte Dame begann zu erzählen.

42

MONIKA

Stettin, Ende Mai 1945

»Erna! Komm schnell, hier ist noch einer!«

Hin- und hergerissen zwischen dem Bedürfnis, wieder mal zum Bahnhof zu laufen und beim Roten Kreuz nach meinem verlorenen Bärbelchen zu fragen, und dem Pflichtbewusstsein, als Ärztin zu helfen, war ich durch das Militärkrankenhaus geirrt, das gespenstisch leer wirkte.

Erna war eine deutsche Krankenschwester, die im Gewirr der letzten Kriegstage auch ihre Familie verloren und hier im Krankenhaus Unterschlupf gefunden hatte.

Ein deutscher Soldat lag sterbend in einem der zerstörten Krankenzimmer und wimmerte um Hilfe.

»Warten Sie, beruhigen Sie sich, die Schwester kommt.«

Ich legte die Hand auf seine schweißnasse Stirn, sie glühte vor Fieber.

»Ich will zu meiner Mutter«, jammerte der Soldat und umklammerte meine Hände.

Erna stürmte herein: »Wir haben kein Verbandszeug mehr!«

»Nehmen wir das Bettzeug!«

Energisch begann ich, eines der Laken in Längsstreifen zu reißen, und Erna half mir dabei.

Der Mann brüllte und wimmerte, als wir seinen blutenden Beinstumpf damit verbanden. Die Blutung wollte sich einfach nicht stoppen lassen.

»Wasser! Bitte, so gebt mir doch Wasser!«

Ich hielt seinen Kopf, während Erna dem armen Kerl Wasser einträufelte. Wir sahen beide in seine Augen und wussten, dass er die nächste halbe Stunde nicht überleben würde.

»Meinst du, du könntest bei dem Sterbenden bleiben?«, flüsterte ich. Ich warf einen Blick aus dem Fenster und stellte fest, dass es draußen noch hell war. »Dann könnte ich auf einen Sprung zum Bahnhof ...«

»Tu das nicht, Monika! Da draußen wimmelt es von Russen! Wir sind Freiwild, das weißt du doch!«

»Aber ich muss einfach nach meinem Baby fragen ...«

»Monika, sei doch vernünftig! Wie lange ist es jetzt her, dass die fremden Leute im Zug mit deinem Baby ins Ungewisse gefahren sind?«

»Fast vier Wochen.«

»Du glaubst doch nicht, dass irgendjemand über den Verbleib dieses Zuges Bescheid weiß?«

Erna sah mich mitleidig an, während sie dem armen Teufel die Hand hielt.

»Was haben sie dir nicht alles schon gesagt: dass der Zug wieder nach Osten gefahren ist ... Aber niemand konnte dir eine konkrete Auskunft erteilen. Dann hieß es wieder ›nach Süden‹, und wieder andere haben ›nach Schlesien‹ gesagt oder Stein und Bein geschworen, dass der Zug bombardiert wurde und ausgebrannt ist. ›Es gab keine Überlebenden‹, haben sie versichert. Ganz andere haben behauptet, der Zug sei von der Wehrmacht beschlagnahmt worden.«

»Ja, und eben deswegen muss ich jeden Tag wieder zum Roten Kreuz gehen und nach meiner Bärbel fragen!«

In diesem Moment krachten Schüsse durchs Gebäude.

»Russen!«

Der Sterbende setzte sich mit letzter Kraft noch einmal auf.

»Lauft, Mädchen, lauft!«

Mit einem Satz war ich am Fenster und spähte entsetzt hinaus. Er hatte recht!

Mit Gegröle und Gepolter stürmten die neuen Siegermächte das Krankenhaus. Sie zerrten deutsche Soldaten aus ihren Verstecken und trieben sie in den Keller. Ich hörte, wie geschossen wurde.

Es klang, als würden dort gezielt Menschen hingerichtet!

Würden wir jetzt auch an die Wand gestellt werden?

Mein Herz setzte einen Schlag aus. Hilflos standen wir bei dem armen Teufel, der gerade sein Leben aushauchte, in der Notambulanz, als auch schon mehrere Rotarmisten die Kellertreppe hocheilten. Die Tür flog auf.

»Du, Frau! Du auch! Stehen bleiben! *Stoi!*«

Lüstern packten sie mich, die erschöpfte Ärztin, um mir den blutverschmierten Kittel vom Leib zu reißen. Wie ausgehungerte Tiere stürzten sie sich zu viert auf mich.

Als Erna mir zu Hilfe eilen wollte, wurde sie zu dem Sterbenden aufs Bett gezerrt. Sie warfen sie wie einen Sack auf den armen deutschen Soldaten, dessen Augen starr an die Decke gerichtet waren.

»Der hier soll zusehen!«

In Gegenwart des Todes sollten Erna und ich hier vergewaltigt werden! Ich stand schon nackt vor ihnen und hatte schützend die Arme vor der Brust verschränkt.

In dem Moment peitschte ein Schuss, und der ohnehin schon kaputte Spiegel zerbarst in tausend tränengroße Scherben.

Ein hoher russischer Offizier stand in der Tür. Er sah, was seine Soldaten da gerade anstellten, stampfte mit dem Stiefel auf, herrschte sie auf Russisch an und bellte Befehle, sodass sie erschrocken davontaumelten.

Erna saß weinend auf dem Boden, ihr hatte man bereits Leid angetan. Der Offizier half ihr auf die Beine und warf ihr eine Decke über.

Ich stand zitternd an der Wand und starrte ihn an. Wollte er sich nun allein an uns vergehen?

Der Offizier riss wütend eine weitere Decke vom Bett und reichte sie mir.

»Entschuldigung. Wir sind nicht alle so. Das wird Konsequenzen für die Männer haben.«

Er sagte es in gebrochenem Deutsch.

Geschockt zog ich mich hinter einem Paravent wieder an und knöpfte mir den Kittel zu.

»Ich bin Kollege.«

Der Offizier reichte mir die Hand und stellte sich ganz höflich vor:

»Mein Name ist Viktor Smirnow. Ich bin Arzt und der neue Leiter dieses Krankenhauses.« Er gab auch Erna die Hand.

Ich starrte ihn an, mein Kinn zitterte.

»Entschuldigung, noch mal.«

Er wandte sich an uns beide.

»Ich verletze keine Frauen. Ich will Leben retten, genau wie Sie.«

Er sah uns mitfühlend an.

»Sie haben hier die Stellung gehalten und Patienten versorgt, davor habe ich großen Respekt. Es tut mir ausgesprochen leid, was Ihnen da gerade widerfahren ist, und es wird nicht wieder vorkommen. Sie beide stehen ab sofort unter meinem Schutz.«

Und genau das hatte ich mir in den letzten Wochen, die ich mit Erna im Krankenhaus arbeitete und mich täglich vor den Russen fürchtete, vorgenommen: Mir unter den Wölfen einen Beschützerwolf zu suchen. Jemanden, der weit oben in der Hierarchie stand, einen Offizier, einen Kommandanten, einen General ... Was ich eben kriegen konnte.

Weil ich ja nicht wusste, ob er bloß ein Wolf im Schafspelz war, hakte ich vorsichtig nach.

»Sind wir jetzt Ihre Gefangenen, Herr Major?«

»Sie sind eine Ärztin und eine Krankenschwester. Sie sind nicht geflohen, obwohl Sie es gekonnt hätten. Mit solchen Kolleginnen möchte ich hier etwas aufbauen.«

Der hochrangige Mediziner war noch nicht fertig.

»Wenn Sie hier weiterhin arbeiten wollen, unter meiner Leitung, sind Sie sicher. Wenn Sie fliehen wollen, werde ich Sie nicht daran hindern, aber glauben Sie mir: An der nächsten Straßenecke könnten Sie von Rotarmisten nicht nur festgehalten und vergewaltigt, sondern auch als Zwangsarbeiterinnen nach Sibirien geschickt werden. Die Lastwägen und Züge stehen schon bereit.«

Ich hatte schon gehört, was bereits vor ein, zwei Jahren in Pommern und Ostpreußen mit jungen Frauen passiert war: Alle im Alter zwischen siebzehn und siebenundzwanzig wurden in Arbeitslager geschickt, oft in Bergwerke, wo sie jahrelang bis zu tausend Meter unter Tage im Kohle- oder Uranabbau schuften mussten. Die jungen Frauen mussten die Arbeit der Millionen von gefallenen russischen Arbeitern erledigen. Als Sühne für den Krieg mussten sie härteste Männerarbeit verrichten. Das alles wusste ich bereits, aber Dr. Smirnow erklärte es uns noch einmal mit Nachdruck.

»Ich brauche hier deutschsprachige Kolleginnen, und ich versichere Ihnen: Sie stehen unter meinem Schutz.«

Und so blieb ich, Monika Wagner, in diesem Krankenhaus in Stettin und bewohnte mit Erna, der Krankenschwester, gemeinsam ein Zimmer.

Wir wurden enge Freundinnen, aber Dr. Smirnow hatte ein Auge auf mich geworfen. Wir arbeiteten im Operationssaal Seite an Seite, im wahrsten Sinne des Wortes Hand in Hand.

Im Lauf der Zeit waren es kaum noch deutsche Patienten, sondern russische oder polnische, die hier in Stettin ihre psychischen und physischen Wunden zu heilen versuchten.

Viktor und ich verstanden einander blind, und ich merkte schnell, dass mich der Arzt nicht als Besiegte oder Feindin, sondern als geschätzte Kollegin und Frau betrachtete.

Eines Abends lud er mich in sein Zimmer ein, er hatte sogar irgendwo eine Flasche Wein aufgetrieben.

»Sie leisten hervorragende Arbeit, Frau Kollegin, aber Ihre Augen schauen immer so traurig ...«

Wessen Augen taten das in dieser Zeit nicht?

Der Alltag war von verhärmten Gesichtern und verzweifelten Mienen geprägt, was angesichts der herrschenden Not und Unsicherheit wenig verwunderlich war.

Aber ich stand unter dem Schutz dieses einflussreichen Russen, der sich mir gegenüber stets korrekt verhielt. Nun wollte er sogar wissen, was mich bedrückte.

Und so erzählte ich dem Mann, zu dem ich Vertrauen gefasst hatte, meine Geschichte.

Mangels Stuhl und Tisch saßen wir beide auf meiner Bettkante, während sich Erna taktvoll in einen Nebenraum verzogen hatte. In der Hand hielten wir beide das Glas Wein, an dem wir zögerlich nippten.

»Ich habe ein Baby, das könnte vielleicht noch am Leben sein. Ich musste meine kleine Tochter fremden Leuten anvertrauen – bitte lassen Sie mich nach ihr suchen«, flehte ich, und zum ersten Mal, seit ich Viktor begegnet war, kamen mir die Tränen. »Geben Sie mir nur wenige Tage frei, ich komme auch ganz bestimmt zurück!«

Der russische Arzt hörte mir besorgt zu, und auch seine Augen waren feucht geworden. Dennoch konnte oder wollte er mir die Erlaubnis zum Verlassen der Stadt nicht geben.

»Monika, Sie sind schon einmal ohne Erlaubnis eigenmächtig aus der Stadt geflohen: Machen Sie das nie wieder! Es kann Sie das Leben kosten, und das wissen Sie! Sie stehen unter meinem Schutz, aber eben nur hier.«

Einerseits konnte und wollte der Arzt auf mich, seine tüchtige Kollegin, nicht mehr verzichten. Andererseits liebte er mich längst, das spürte ich genau. Er hatte einfach Angst, mich für immer zu verlieren.

Und eines Abends – diesmal war ich in seinem Zimmer, und dort gab es sogar einen Stuhl und einen Tisch – erzählte mir Viktor seine Geschichte: Er war in Moskau verheiratet gewesen und hatte zwei kleine Söhne, als er zur Armee musste. Jahrelang kämpfte er gegen die Deutschen. Als er in Moskau nach seiner Familie suchte, fand er nichts als Trümmer und Leichen ...

Er hatte also ein ähnliches Schicksal wie ich, und das schweißte uns zusammen.

Ich würde Bärbelchen jetzt nicht finden können. Und so fügte ich mich und blieb.

Einige Zeit später wurde aus dem Militärkrankenhaus in Stettin wieder ein ziviles Krankenhaus unter polnischer Leitung. Und eines Tages kam auch die erste junge Frau zur Entbindung.

Eine junge Polin, die nach der Konferenz von Jalta hierher zwangsumgesiedelt worden war. Sie lebte irgendwo in der notdürftig wieder aufgebauten Stadt.

»Monika, du begleitest die Geburt«, beschied Viktor. »Niemand ist so einfühlsam wie du.«

Und so stand ich stundenlang bei der Gebärenden im Kreißsaal, hielt ihre Hand, redete ihr gut zu und wischte ihr den Schweiß von der Stirn.

Nachdem ich das kleine Mädchen aus dem Schoß der jungen Frau gezogen hatte und dieses atmete und schrie, legte ich es der fassungslosen jungen Mutter in die Arme.

»Sie soll Monika heißen«, stieß die junge Frau überwältigt hervor. »Nach Ihnen, Frau Doktor!«

»Bitte nennen Sie sie Barbara!«

Ich stand da mit Tränen in den Augen, betrachtete das junge Mutterglück und das kleine, gesunde Mädchen und konnte ihr doch nicht erklären, warum.

»Dann soll sie Barbara heißen«, versprach die junge Mutter.

Viele der frisch geborenen Mädchen auf dieser Station hießen Barbara ...

Viktor war gerührt. Es gab Abende, da tröstete er mich zärtlich, versprach, eines Tages mit mir in Westdeutschland nach meinem Kind zu suchen. Dann wieder sprach er davon, mich mit nach Moskau zu nehmen, wo er mich heiraten und eine Familie mit mir gründen wollte.

Er war ebenso wie ich schwer traumatisiert, einsam und voller Zukunftsängste.

Eines Tages hielt Viktor um meine Hand an, und wir heirateten in aller Stille.

Als es wieder bergauf ging mit der Stadt, die inzwischen den polnischen Namen Szczecin trug, bezogen Viktor und ich eine kleine Wohnung. Dort kam dann wenig später unser gemeinsamer Sohn Pawel zur Welt. Erna war seine Patentante und kümmerte sich rührend um ihn.

Zuerst arbeiteten wir noch gemeinsam in der Klinik, später kauften wir gemeinsam die Praxis zurück, die mein Vater vor dem Krieg betrieben hatte.

Die Suche nach meinem Bärbelchen gab ich nie auf. Immer wieder fragte ich beim Roten Kreuz nach. Tag für Tag ging ich zum Bahnhof und studierte die vielen Vermisstenanzeigen, und natürlich hängte ich selbst an allen Bahnhöfen Suchplakate auf. Aber es wurden unfassbar viele Kinder vermisst, unzählige Eltern irrten verzweifelt umher, ja unzählige Menschen blieben im wahrsten Sinne des Wortes »auf der Strecke!«.

43

PAULA

Szczecin, Ende Juli 2004

Meine Mutter musste sich einen Moment sammeln, und Pawel reichte ihr ein Glas Wasser.

»Ich hatte noch in Erinnerung, dass Karl und Anna nach

Bayern wollten. Als es dann Telefon gab, habe ich immer wieder in allen Gemeindeämtern Bayerns nachgefragt, ob dort eine Barbara Maria Wagner lebt, geboren am 2. November 1944! Doch ich bekam jahrelang die Mitteilung, dass dort kein Mädchen dieses Namens registriert ist. In vielen anderen deutschen Städten habe ich nachgefragt, Jahr um Jahr. Auch den Suchdienst vom Roten Kreuz habe ich immer wieder in Anspruch genommen. Sie haben alle Kindergärten und Schulen nach deinem Jahrgang durchforstet. Doch du bliebst verschwunden.«

Fassungslos betrachtete sie mich und strich mir immer wieder mit zittriger Hand behutsam über den Kopf. »Kunststück, wo du gar nicht Barbara Wagner heißt!«

»Meine Eltern haben es einfach nicht übers Herz gebracht, mich wieder herzugeben«, mutmaßte ich unter zentnerschweren Schuldgefühlen. »Ich kann dir gar nicht sagen, wie schwierig das für mich ist.«

Plötzlich regte sich auch Tante Martha, die während der Erzählungen meiner Mutter so tief im Ohrensessel verschwunden war, dass ich schon dachte, sie schliefe.

»Ich habe Karl inzwischen danach gefragt.«

»Wie?« Ich schnellte herum. »Du hast deinen Bruder im Altersheim angerufen?«

»Karl hat ein Leben lang mit sich gerungen, ob er nach Monika Wagner suchen soll. Er hat Anna immer wieder erklärt, dass die leibliche Mutter ein Recht auf ihr Kind hat. Aber Anna wollte das nicht mehr. Sie hat sich an dich geklammert, Paula, und sie wäre lieber gestorben, als dich wieder herzugeben!«

»Und wie ging es meinem Vater damit?«

»Er hat darunter gelitten wie jemand, der ein schweres

Verbrechen mit sich herumträgt. Aber letztlich hat er die Entscheidung deiner Mutter akzeptiert. Ansonsten hätte es eure Familie nicht nur auseinandergerissen, sondern endgültig zerstört.«

Tante Martha blickte Monika Wagner schuldbewusst an. »Glauben Sie mir, Frau Wagner: Mein Bruder ist ein ehrenwerter Mann. Er hat das so nie gewollt.«

»Wie viele Geheimnisse Menschen in dieser Zeit wohl mit sich herumgeschleppt und niemals preisgegeben haben!«, mischte sich jetzt auch Pawel ein, der die ganze Zeit schweigend zugehört hatte. »Die Menschen wollten vergessen und noch einmal von vorn anfangen – ob in Deutschland oder Polen, England, Frankreich oder Russland.«

»Und jetzt haben wir uns doch noch gefunden!«

Meine alte Mutter erhob sich aus ihrem Sessel und kam auf mich zu. Wieder umarmten wir uns lange und innig.

Pawel hatte eine Flasche Champagner entkorkt, und nach und nach entspannten wir uns.

Tante Martha und Rosa hatten den Ausführungen meiner Mutter mit Tränen in den Augen gelauscht, und Tante Martha musste jetzt natürlich wieder mit ihrem altmodischen Apparat Fotos machen.

Pawels Sohn Roman, ein junger Mediziner, kam auf den Anruf seines Vaters hin von seinem Dienst in der Uniklinik. Und nachdem der Abend immer gemütlicher wurde, beschlossen die beiden jungen Leute, gemeinsam in das Nachtleben von Stettin einzutauchen. Es war eine dieser herrlich lauen, klaren Sommernächte, in denen es einfach nicht dunkel werden wollte.

»Guten Morgen, Tante Martha, guten Morgen Rosa, na, ausgeschlafen?« Ungeduldig hatte ich am Frühstückstisch auf meine beiden Reisebegleiterinnen gewartet.

Tante Martha war schon im Gym gewesen und hatte eine Stunde trainiert.

»Wie schaffst du das bloß?«, fragte ich völlig entgeistert.

»Na, ich hab geschlafen wie im Himmel. Dein Bruder sollte mir öfter diese Tropfen geben ...«

»Was denn für Tropfen?«

»Na, er hat Monika und mir beim Abschied ein paar Melatonin-Tropfen in den Champagner getan.«

Meine Tochter hingegen machte einen recht verkaterten Eindruck, und tatsächlich:

»Ich brauch erst mal einen Kaffee, Leute! Roman hat mich durch sämtliche Clubs geschleift, und ich habe gefühlt hundert supersympathische junge Polen und Polinnen kennengelernt, mit denen ich jetzt auf Facebook befreundet bin!«

Nur ich hatte fast kein Auge zugetan. Während im Hintergrund die Klimaanlage surrte, hatte sich mein Gedankenkarussell gedreht und gedreht. Und irgendwann war mir die alte Frau in Danis Friseursalon wieder eingefallen. Die so lange mit den Einkaufstüten in der Tür gekämpft hatte. Und plötzlich hatte es bei mir ganz laut »Kling!« gemacht, im Ton der Ladenglocke.

Jetzt konnte ich es kaum erwarten, mit dem herauszuplatzen, was ich heute Nacht in Annas Tagebuch gelesen hatte.

Nachdem wir uns alle beim Frühstücksbüfett bedient hatten, sagte ich: »So, aber jetzt: alle aufnahmefähig?«

»Wieso, was gibt es jetzt schon wieder Neues?«

Rosa musterte mich staunend.

»Ich habe im Mai, kurz vor der Feier zu meinem angeblichen sechzigsten Geburtstag, beim Friseur eine alte Amerikanerin kennengelernt. Und die hat von ihrer Flucht aus Berlin erzählt!«

»Ja. Und?«

»Sie hieß Renate, und ihr Sohn hieß Gunther! Und sie sind von Stettin aus Anfang Mai auf ein Schiff gestiegen, das *Heimatland* hieß! Kurz vor Kriegsende, das habe ich mir genau gemerkt.«

»Ja. Und?«

»Das kann doch kein Zufall sein!«

Ich bekämpfte eine akute Hitzewallung und riss mir die Jacke vom Leib.

»Kann ich noch folgen?«

Rosa löste sich eine Brausetablette in einem Glas Wasser auf.

»Das muss die Schwägerin meiner Mutter gewesen sein, besser gesagt, Annas Schwägerin, die in ihrem Tagebuch vorkommt. Und Gunther ihr Sohn Günther!«

Tante Martha schaute ratlos von einer zur anderen. »Da komme ich jetzt nicht mehr mit ...«

»Können wir das später noch mal in Ruhe besprechen?«

Rosa massierte sich stöhnend die Schläfen.

Hastig kramte ich in meiner Handtasche.

»Sie hat mich ein bisschen an Inge Meysel erinnert. Sie hat mir doch ihre Karte gegeben! Da stand die Adresse drauf. Die machen in Immobilien oder so was!«

Wo hatte ich die nur wieder hingesteckt, ohne einen genaueren Blick darauf geworfen zu haben?«

»Schau im Futter nach. Da steckt so was meistens.«

Ja! Hier! Mein Herz klopfte bis obenhin.

Montecito – Coast Brokerage
Gunther Olschewski Jun.

8469 Coast Village Rd.
CA 93108 Montecito
USA

Inge Meysel aus Kalifornien hieß Renate Olschewski!

»Das ist *der* Günther, Annas Geburtsname war Olschewski!« Ich starrte auf die Karte.

»Aber Günther war doch der Sohn von Frieda und Ansgar!« Rosa setzte ihr Glas Wasser ab und spielte erneut mit ihrer Frisur. »Die hießen doch nicht Olschewski mit Nachnamen? Früher hießen doch Frauen nach der Heirat so wie ihre Männer, in diesen uncoolen Zeiten!«

Ich kratzte mich am Kopf. Da hatte sie recht. Wie Ansgar mit Nachnamen hieß, war nie erwähnt worden.

»Renate muss Günther adoptiert haben! Er war der Einzige, der von den Kindern überlebt hat!«

Diese Erkenntnis traf mich mit solcher Wucht, dass ich minutenlang mit der Karte in der Hand dasaß und vor mich hinstarrte. Wie hatte Pawel gestern noch gesagt? »Wie viele Geheimnisse Menschen in dieser Zeit mit sich herumgeschleppt und niemals preisgegeben haben …«

»Wirklich, ich bin mir sicher, dass sie die alte Dame beim Friseur war!«, beharrte ich.

»Wenn du die Nummer hast, dann ruf sie doch an!«, schlug Rosa vor.

Ich spielte nervös mit der Visitenkarte.

»Wird die sich denn überhaupt an mich erinnern? Die Amerikaner sind ja bekannt dafür, leichtfertig Einladungen auszusprechen, vergessen sie aber genauso schnell wieder.«

»Also jetzt mal Schluss mit diesen bescheuerten Vorurteilen!« Rosa schüttelte tadelnd den Kopf. »Polen klauen Autos, und Amis sind oberflächlich oder was?!«

»Du hast recht. Schwachsinn.«

Hastig rechnete ich den Zeitunterschied aus: In Kalifornien war es jetzt Mitternacht.

Nein, den Anruf mussten wir auf heute Abend verschieben.

Rosa köpfte mit Schwung ihr Ei.

»Und was tun wir jetzt?«

»Auf jeden Fall besuchen wir Monika Wagner noch mal, ich möchte ihr einen Riesenblumenstrauß bringen, es müssen mindestens sechzig weiße Rosen sein, für jedes Jahr, das sie mich vermisst hat, eine. Und außerdem möchte ich mich noch bei Wolfgang Lenhardt bedanken, ohne den wir meine Mutter wohl nie gefunden hätten.«

»Mein Gott, Paula, was hat das Tagebuch deiner Mutter da nur zutage gefördert?« Tante Martha stocherte aufgeregt in ihrem Obstsalat herum. »Stell dir vor, du hättest diese alte Küchenkommode nie ausgeräumt. Dann hättest du das alles nie erfahren!«

»Nur weil ich Karl ins Heim gesteckt habe. Aber ein bisschen Strafe muss sein«, scherzte ich lahm. Denn was meine Eltern Monika Wagner durch ihr fast sechzig Jahre langes Schweigen angetan hatten, war auch mit ein paar Monaten Pflegeheim nicht wiedergutzumachen.

Ich presste die Lippen zusammen und schaute Rosa an.

»Wisst ihr eigentlich, wie leid es mir tut, dass ich Opa Karl ins Heim gesteckt habe? Nach allem, was ich über ihn gelesen habe? Er hat mich Bärbelchen genannt, weil ich Bärbelchen *bin*!«

»Und er hat gesagt, dass du Monika hinter der Oder suchen sollst. Jetzt, wo Anna tot ist, konnte er dir den Auftrag erteilen!«, sagte Rosa.

»Und wie er auf Egon reagiert hat!«, staunte ich rückblickend. »›Und des Matrosen allerliebster Schatz bleibt weinend steh'n am Strand!‹«

»Zumindest Letzteres stimmt. Der ist nicht dement«, bestätigte Tante Martha. »Karl hat damals doch miterlebt, wie Egon mit dem letztem Billett aufs Schiff gestürmt ist, oder nicht?!«

»Doch. Das waren lauter Hinweise«, gestand ich.

»Also holen wir ihn wieder nach Hause?«

Tante Martha und Rosa sahen mich hoffnungsvoll an.

»Aber das würde bedeuten, dass ich den Schuldienst quittieren muss ...«

»Oder du, Rosa.« Tante Martha zeigte mit einem aufgespießten Apfelschnitz auf ihre Großnichte. »Du bist doch sonst immer so für Gerechtigkeit.«

»Und was ist, wenn *du* bei Opa Karl einziehst?«, spielte Rosa den Ball zurück. »Du bist doch kaum achtzig und fit wie ein Turnschuh!«

»Hahaha«, kam es von Tante Martha zurück. »Leute, denkt doch mal ein bisschen nach. Es gibt noch eine weitere Möglichkeit.«

»Und die wäre?«

»Habt ihr eigentlich Dorota zugehört?«

»Wieso?«

»Ihre Tochter ist Altenpflegerin in Regensburg, wo sie nicht gut verdient und nicht gut behandelt wird. Da könnten wir ihr doch ein besseres Angebot machen!«

»Mensch, Tante Martha! Das ist das Ei des Kolumbus!«

Rosa rammte ihren Löffel in die leere Eierschale.

»Gib mir mal dein Dings, dein Handy.« Tante Martha streckte schon die Hand nach Rosas Mobiltelefon aus. »Ich ruf die Dorota jetzt an.«

Und am Abend desselben Tages, nachdem wir noch mal meine Mutter Monika und meinen Bruder Pawel besucht und dort einen riesigen Strauß weißer Rosen abgeliefert hatten, tätigten wir den Anruf nach Amerika.

Inzwischen war Wolfgang Lenhardt wieder bei uns, und wir saßen in einem Restaurant beim Essen. Das Herz schlug mir bis zum Hals, denn ich wollte mich vor Wolfgang Lenhardt nicht blamieren, andererseits konnte ich auch nicht mehr länger warten.

»*Montecito Coast Brokerage, how may I help you?*«, ertönte die Stimme einer freundlichen Dame.

So cool wie nur irgend möglich versuchte ich ohne fränkischen Friseurinnen-Akzent:

»*Hello, my name is Paula Schellenberg, and I would like to speak to Mr. Olschewski.*«

»*Senior or junior? Gunther or Frank?*«

»*Gunther Olschewski, please!*«

Auch ich sprach das Ü wie ein U aus, was mir ein Lächeln von Wolfgang Lenhardt einbrachte. Rosa schnaubte, und Tante Martha kramte schon wieder nach ihrem Fotoapparat. Wehe, sie würde mich jetzt fotografieren, wo ich doch gerade puterrot geworden war! Und warum führte eigentlich Rosa das Gespräch nicht, wenn sie es besser konnte?

Es knackte und rauschte eine Weile, dann wurde eine sanfte Musik eingespielt. Schließlich meldete sich der Mann, der möglicherweise Annas Neffe war.

»Hello? Gunter is speaking. I wish you a wonderful morning. What can I do for you?«

Haha. Bei uns war es ja schon Abend, und wir saßen beim Wein. Egal.

»Hello, my Name is Paula Schellenberg.«

Ich räusperte mich und fasste mir an den Hals.

Warum starrten mich denn alle so an?

»My mother's name was Olschewski. Anna Olschewski.«

»Oh, that sounds interesting. I heard about an aunt named Anna Olschewski!«

»Can we speak German? I'm calling from Poland, former Germany!«

Eine Hitzewallung überrollte mich dermaßen brutal, dass ich es aufgab, cool und mehrsprachig erscheinen zu wollen. Mit der Speisekarte fächelte ich mir Luft zu.

»Ach was!«, kam es verwundert aus der Leitung. »Aus der ganz alten Heimat? Da bin ick ja uffjewachsen. Also bis ick fünf war. Wer sind Sie noch mal, juhte Frau?«

»Ich bin Paula Schellenberg, das heißt, ich habe gerade erfahren, dass ich *nicht* Paula Schellenberg bin, aber das tut jetzt nichts zur Sache.«

Ich räusperte mich, während Tante Martha, Wolfgang Lenhardt und Rosa grinsend den Kopf schüttelten. »Verwirre ihn nicht mehr als nötig!«, zischte mir meine Tochter zu.

Ich spürte, dass ich selbst den Faden verlor.

»*Whatever*, ich lese jedenfalls gerade die Aufzeichnungen meiner Mutter, die sie mir nach ihrem Tod hinterlassen hat, über ihre Flucht 1945 aus Köslin in Pommern.«

Mein Herz schlug so laut, dass ich mich unterbrechen musste. Tante Martha und Rosa hingen an meinen Lippen, und Letztere gab mir ständig Zeichen, dass ich das Gespräch auf laut stellen sollte. Ich winkte allerdings ab, aus Angst, das Gespräch stattdessen aus Versehen zu beenden. Wolfgang Lenhardt hatte sich mit verschränkten Armen lächelnd zurückgelehnt.

»*Well*, das ist ja interessant«, kam es vom anderen Ende der Welt. »Pommern, sagense. Det is ja lange her. – Kennense det: Maikäfer, flieg ... Det hat mir meene Mutter immer vorjesung.«

Mein Herz polterte wie verrückt.

»Ich möchte Ihnen nicht zu nahe treten, aber ich bin mir ziemlich sicher, dass Ihre Mutter Renate in diesem Tagebuch vorkommt. Wollten Sie im Mai 1945 mit der *Heimatland* aus Stettin fliehen?«

»Det ist ja wirklich 'n Ding«, kam es wie aus der Pistole geschossen. »Ja, daran erinnere ick mir janz jenau. Aber det Schiff is jesunken, det war ja völlig überladen! Ewig is det uff Reede jeleegen, det war ja wie 'ne Einladung für die Russen! Keena wollte da wieder runta, und denn hamse uns abjeschossen.«

Ich schluckte trocken.

Er war es, er *war es!!* Mein Herz schlug einen Purzelbaum, und ich machte gegenüber Tante Martha, Rosa und Wolfgang Lenhardt nervös das Daumen-Hoch-Zeichen.

Da riss mir Rosa das Handy aus der Hand und stellte auf laut.

»Auch Sie finden Erwähnung im Tagebuch meiner Mutter«, fuhr ich fort. »Ihre Schwester hieß Ingrid, nicht wahr?«

»Ja, det ist korrekt, meine Schwester hieß Ingrid, die war damals acht, aber die hat es nicht überlebt.«

Ich weiß, dachte ich. Ich weiß. Jetzt weiß ich das alles. Endlich.

»Es gab noch eine Cousine Lilli und den kleinen Leo?«

»Ja, det istja 'n Ding«, staunte er Bauklötze. »Welsche Rolle spielen *Sie* in diese Familie?«

Köstlich, wie er vom Berliner Akzent in den amerikanischen wechselte, vor lauter Überraschung.

Ich schluckte. Ja, welche Rolle spielte ich? Eigentlich *keine!* Neuerdings überhaupt keine mehr! Ich gehörte ja gar nicht zu dieser Familie! Das war aber auch alles kompliziert! Wusste Gunther überhaupt, dass er nicht Renates leiblicher Sohn war? Als sie damals mit ihm übrig blieb und nach Amerika ging, hatte sie ihn da schon als ihren Sohn ausgegeben?

»Hello? Sind Se noch inne Leitung?«, fragte der Berliner Amerikaner.

Ich rang nach den passenden Worten. Wolfgang Lenhardt beugte sich vor und schob mir sein Glas Wein hin. Hastig nahm ich einen Schluck daraus, ohne richtig wahrzunehmen, was für eine private Geste das war.

»Ja, Entschuldigung.« Ich räusperte mich verlegen und wusste nicht, wie ich weitermachen sollte.

»Ihre Mutter Renate war im Mai dieses Jahres in Bamberg beim Friseur, kann das sein?«

»*Well,* wir haben eine Flusskreuzschifffahrt gemacht, det war Anfang Mai, da haben wir unser jemeinsames Überleben jefeiert. Wir wollten eigentlich erst zum sechzigsten Jahrestag nach Europa fliegen, aber meene Mutta meente, wat wa ham, dat hamwa.«

»Ihre Mutter hat mir Ihre Karte gegeben, weil ich erwähnt habe, dass ich mit meiner Tochter eine Amerikareise plane.«

»*Well,* das ist ja eine Riesen-*Coincidence*«, polterte er jetzt lachend los. »Wennse sowieso meene Cousine sind, denn kommse uns besuchen! Sie sind natürlich einjeladen!«

Rosa und Tante Martha nickten begeistert. Wolfgang Lenhardt grinste, und ich spürte, wie ich rot wurde.

Ich war zwar gar nicht Gunthers Cousine, aber das führte jetzt zu weit.

»Wie geht es Ihrer Mutter?«, versuchte ich dranzubleiben.

»Renate? *Well, she is doing fine!* Die macht ihren *morning walk* an der *beach*, kommt aber später in de *office*, die hat hier ja noch alle Finger im Spiel. Mein Sohn Frank will übernehmen, aber die Oma mit de preußische Disziplin lässt ihn nicht!« Jetzt lachte er dröhnend. »Wie, sagten Sie, ist Ihr Name?«

»Paula Schellenberg. Ich bin das Baby, das damals bei der Flucht dabei war. Annas Tochter.«

Also eigentlich auch wieder nicht!, ratterte es in meinem Kopf, aber das ließ sich jetzt nicht alles am Telefon klären.

»Denn komm se uns in Kalifornien besuchen«, wiederholte er seine Einladung. »Und bringse Ihre janze Mischpoke mit! Ach, denn könn wa ja jetz auch Du sagen, wa?«

Ich schluckte. »Ja. Klar. Dann danke, du. Ähm. Gunther.«

Wolfgang Lenhardt schnellte plötzlich vor und kritzelte etwas auf die Speisekarte. Hastig schob er sie mir hin. Ich konnte auch ohne Lesebrille entziffern, was da stand.

»Tolle Story! Darf ich mit?«

44
ANNA

Grimma, Ende Mai 1945

Noch immer hielten Karl, das Baby und ich uns im Krankenhaus auf, umsorgt von dem alten, einsamen Arzt. Trotz aller Sorgen und aller Ungewissheit: Unsere Liebe gab uns Kraft.

»Anna, wenn wir es je nach Bamberg schaffen, werde ich dich bitten, meine Frau zu werden. Jetzt kann ich es noch nicht.« Das waren seine Worte, in einer der Nächte, als wir mit unserem Baby aneinandergeschmiegt im Dunkeln lagen.

Die Liebe zu Karl. Und zu Paula. Die Hoffnung auf ein gemeinsames Leben in Frieden ließ mich durchhalten.

Für den Arzt sah es anders aus. Er hatte uns inzwischen seine Zyankali-Kapsel gezeigt: Sobald wir ihn nicht mehr brauchten, wollte er sie schlucken. Er hatte nichts und niemanden mehr auf dieser Welt.

Und irgendwann war es dann so weit: Der alte Arzt kam mit der Nachricht, dass von Leipzig aus ein Zug Richtung Erfurt fahre. Karl und ich wechselten zweifelnde Blicke. Sollte jetzt die letzte Etappe unserer Flucht beginnen? Paula ging es wieder gut; sie hatte immer Hunger und lächelte uns beim Trinken dankbar an. Auch Karls Schulter hatte aufgehört zu eitern, und er fühlte sich stark genug, den Rest der Reise anzutreten. Aber durften wir den Arzt einfach so seinem Schicksal überlassen? Er drängte uns regelrecht zum Aufbruch.

»Macht es gut, ihr jungen Leute, ihr habt alles noch vor euch! Macht euch um mich keine Sorgen, ich habe mein Leben gelebt.«

Schweren Herzens verabschiedeten wir uns von unserem väterlichen Freund, der uns noch alles Glück der Welt wünschte. Er hatte sogar noch ein paar Lebensmittel und frisches Verbandszeug für uns aufgetrieben, die er uns in den Kinderwagen stopfte. Gerührt und dankbar umarmten wir den alten Mann. Schon als wir zum Bahnhof liefen, wussten wir, dass er seinem Leben ein Ende gesetzt hatte.

Nach einem mehrstündigen Fußmarsch erwartete uns am Bahnhof von Leipzig das gewohnte Chaos. Menschenmassen schoben sich durch Unterführungen, ein nicht enden wollender Flüchtlingsstrom aus Tausenden und Abertausenden von Menschen.

Natürlich war der Zug noch nicht da; wir übten uns mit den anderen in Geduld. Nach vier Stunden traf er schließlich ein; es hatte wieder kaputte Gleise gegeben. Die Menschen hingen in Trauben an Türen und Fenstern, standen sogar auf den Puffern zwischen den Waggons; auch auf dem Dach saßen die Leute, ihr Pappköfferchen oder ihren Rucksack an sich gepresst.

»Diesmal musst du einen Platz für uns erkämpfen.« Karl hielt sich die schmerzende Schulter.

Mit der Kraft einer Löwin boxte ich mich zwischen den Menschen hindurch und schaffte es, für Karl und Paula einen Sitzplatz zu ergattern. Wir hatten keine Chance, den Kinderwagen mitzunehmen, also ließen wir ihn schweren Herzens auf dem Bahnsteig stehen. Da war er nicht der einzige; keiner hatte es geschafft, seinen Kinderwagen in den Zug zu hieven. Aber wir hatten vorher unseren Proviant herausgenommen und in Karls Rucksack gestopft. Wegen seiner verletzten Schulter trug ich ihn nun. Aufatmend ließ Karl sich mit der Kleinen auf der Holzbank nieder. Das trug ihm zwar bitterböse Blicke ein, aber er war ja wirklich verletzt! Ein dicker Schulterverband bezeugte das. Doch das rührte und kümmerte hier niemanden. Ich stand im Gang, hielt mich an einer Schlaufe fest und betrachtete die beiden Menschen, die mir noch geblieben waren.

Irgendwann erreichten wir Chemnitz und warteten dort auf einen Zug nach Plauen. Über Hof und Bayreuth gelangten wir schließlich in Karls fränkische Heimat Bamberg. Es dauerte fast eine Woche. Karls Augen wurden immer feuchter, seine Nervosität immer größer. Der Bahnhof seiner Heimatstadt war seit dem Bombenangriff im März völlig zerstört, deshalb hielt der Zug auch weit vor der Stadt. Und wieder mussten wir laufen.

Von einem Rotkreuztransporter wurden wir aufgelesen und konnten bis kurz vor Bamberg mitfahren. Welch ein Glück! Den Rest mussten wir zu Fuß gehen. Wir konnten es nicht fassen, dass unsere Odyssee noch heute oder spätestens morgen ein Ende haben würde. Aber noch wussten wir ja nicht, was uns erwartete. Ich trug den schweren Rucksack, der alles enthielt, was wir drei noch besaßen, und Karl hatte sich unsere Paula vor die Brust gebunden. Da seine Wunde doch wieder stark eiterte, mussten wir immer wieder Pausen einlegen. Irgendwann schaffte Karl es nicht mehr, das Kind zu tragen, und so band ich sie mir vor die Brust und schleppte auch noch den Rucksack. Schmerz drückte Karl und Erschöpfung mich zu Boden. Das Wissen um das bevorstehende Ende unserer Flucht verlieh uns immer wieder neue Energie, sodass wir uns aufrafften, zwei oder drei Kilometer weiterzugehen. Inzwischen war Frühsommer, aber es dämmerte bereits, und Karl musste zugeben, dass wir sein Elternhaus heute nicht mehr erreichen würden. Wir wankten die Bahnhofstraße hinauf Richtung Altstadt, aber schon weit vor der Brücke über die Regnitz mussten wir feststellen, dass hier kein Weiterkommen mehr war. Panzer der amerikanischen Besatzung versperrten den Weg, die Brücke war nicht mehr passierbar.

Wir irrten über Schutt und Asche, und Karls Schritte wurden immer schwerer.

»Es sieht alles so anders aus; ich weiß nicht, ob ich mein Elternhaus überhaupt noch wiederfinde.«

»Wie weit ist es noch, glaubst du?«

Ich sehnte mich so sehr nach einer Schüssel mit Wasser, nach einem Bett und nach ein bisschen Privatsphäre! Ich hatte nach langer Zeit wieder meine Periode und konnte mich nicht reinigen.

»Luftlinie vielleicht noch zwei Kilometer, aber bei den zerstörten Straßen könnten es auch wesentlich mehr werden.« Inzwischen war es richtig finster geworden, und weit und breit funktionierte keine Straßenlaterne, nur die Sterne leuchteten am Himmel.

Da man die Hand vor Augen nicht mehr sah, schlug Karl vor, in einer Ruine zu übernachten.

Was blieb uns anderes übrig?

»Lass es uns morgen bei Tageslicht versuchen. Ich hoffe so sehr, dass es unsere letzte Nacht im Freien sein wird.«

Er zog mich in eine unheimlich wirkende Häuserruine hinein, und ich balancierte im Dunkeln vorsichtig über Steine, kaputte Fensterrahmen und herumliegende Türen und Möbel, Paulas Köpfchen mit den Händen schützend.

»Vorsicht, fall nicht runter, da ist eine Kellertreppe. Versuchen wir es da unten!«

Schritt für Schritt tasteten wir uns hinab. Es roch nach alten Kartoffeln und modriger Feuchtigkeit.

»Karl, ich habe Angst ...«

»Hier ist niemand!«

Während ich mich mit Paula erschöpft an eine Kellerwand lehnte, machte er sich mit seiner schmerzenden Schulter vorsichtig auf die Suche nach etwas Essbarem. Tatsächlich fand er irgendwo ein paar Einmachgläser, von denen wir in der Dunkelheit nicht wissen konnten, was drin war.

Karl zog am Einmachglas-Gummiring, und zischend kam uns der Geruch nach sauren Gurken entgegen. Heißhungrig stopften wir sie in uns hinein. Im nächsten Einmachglas waren Kirschen. Die schaufelten wir uns ebenfalls in den Mund. Die kleine Paula trank den Fruchtsaft direkt aus dem Glas.

Dann suchte Karl nach einer passenden Unterlage, damit wir nicht auf dem harten Steinboden übernachten mussten. Er fand ein paar alte Kartoffelsäcke, die uns in unserer hoffentlich letzten Nacht auf der Flucht als Lager dienten.

»Versuch zu schlafen, Anna. Du bist die tapferste Frau der Welt. Ich liebe dich.«

»Ich dich auch, Karl.«

Eng aneinandergekuschelt lagen wir da. Unsere kleine Paula musste noch einmal in nassen, schmutzigen Windeln ausharren, und ich hoffte sehr, dass sie nicht die ganze Nacht brüllen würde. Doch das tapfere Kind schlief ganz zufrieden in meinen Armen. Ich streichelte das kleine blonde Köpfchen und lauschte auf ihre gleichmäßigen Atemzüge. Wie beruhigend!

Dafür knirschte und knackte es unheimlich, wahrscheinlich waren Ratten am Werk! Blindlings schlug ich um mich, als ich das Gefühl hatte, dass etwas auf mir herumkrabbelte. In dieser Nacht machte ich kein Auge zu. Auch Karl blieb wach und verscheuchte alles, was kreuchte und fleuchte. Mehrmals streifte mich eine Fledermaus.

Aber die Hoffnung auf ein halbwegs intaktes Zuhause ließ uns auch diese Nacht überstehen.

In der Morgendämmerung trieb es uns weiter. Kaum waren wir aufgestanden und zur Treppe zurückgepirscht, deren obere Stufen unter freiem Himmel lagen, schraken wir zurück. Wir blickten in den Lauf eines Jagdgewehrs und sahen uns drei blutjungen, uniformierten Kerlen gegenüber, die aussahen wie Lehrlinge von der Reichsbahn. Sie hatten sich diese Uniformen wohl selbst zugelegt. Sie trugen eine Armbinde mit der Aufschrift »Deutscher Volkssturm Wehrmacht«.

Hatten die denn noch nicht mitgekriegt, dass der Krieg vorbei war?

»Halt! Was macht ihr hier?!«

Die Bengels waren vielleicht vierzehn, fünfzehn Jahre alt. Voller Pickel und noch im Stimmbruch. Der Finger des einen ruhte bereits auf dem Abzug.

»Wir haben hier nur übernachtet«, beteuerte Karl mit erhobenen Händen. »Wir haben es gestern nicht mehr bis nach Hause geschafft.«

»Papiere, Ausweise! Wo wollt ihr hin, wo kommt ihr her?«

»Wir wollen nach Hause, wir sind aus Bamberg.«

Karl redete mit seinem fränkischen Akzent beruhigend auf sie ein. »Kommt, Jungs, lasst uns einfach durch, wir haben nichts verbrochen. Ihr seht doch: Wir haben ein Baby dabei.«

»Papiere!«, brüllte der Kleinste von ihnen.

Ich hatte den Rucksack schon aufgesetzt, und Karl wühlte darin, wobei er sich die schmerzende Schulter hielt.

»Kleinen Moment, die Herren. Papiere, frisch abgestempelt vom Roten Kreuz ...«

»Schnauze, Mann!«, kiekste der Zwerg und entsicherte das Gewehr. Mir stellten sich sämtliche Körperhärchen auf. Wir hatten es bis hierher geschafft und sollten jetzt noch sterben? Durch die Hand eines dummen Bengels, der Krieg spielte? Dann sollte es wohl so sein.

Mit eingezogenem Kopf umklammerte ich Paula vor der Brust, in Erwartung eines Schusses.

Der Kleine mit dem Gewehr versetzte mir einen Stoß, sodass ich auf den Hintern fiel, mitsamt meinem Baby im Arm.

»Her mit dem Rucksack!«

Die beiden anderen rissen ihn mir von den Schultern und leerten den gesamten Inhalt auf dem Steinfußboden aus.

»Was habt ihr da drin? Gestohlene Sachen? Wehe, wenn wir euch beim Plündern erwischt haben!«

»He, Jungs, jetzt beruhigt euch mal«, versuchte Karl, die Wogen zu glätten. »Der Krieg ist aus!«

»Schnauze, Mann! Plünderer werden erschossen!«

»Wir haben hier nur übernachtet, und die Sachen im Rucksack gehören uns.«

Es waren kostbare letzte Hygieneartikel, Verbandsmaterial und Essensrationen von dem netten alten Arzt aus Grimma, die nun allerdings im Dreck lagen.

»Und was ist das hier?«

Der mit den Pickeln hielt uns die schmutzigen Kartoffelsäcke unter die Nase.

»Die wollen wir nicht mitnehmen, die haben wir nur hier gefunden.«

»Also doch geplündert!«, kreischte er. »Gegen Plünderer gibt es nur eine Maßnahme: Erschießen!«

Er baute sich vor uns auf, die Waffe im Anschlag.

Ich war fassungslos: Die spielten hier Räuber und Gendarm und machten sich wichtig, während unser Leben am seidenen Faden hing?

Paula brüllte wie am Spieß, beim Sturz hatte sie sich wehgetan. Ihr Köpfchen war ganz rot, und ihr lief der Rotz aus der Nase. Es war zum Verzweifeln! Wir wollten doch nur noch einen letzten Kilometer lebend hinter uns bringen!

»Leute, beruhigt euch!« Karl half mir auf die Beine. »Ich bin doch einer von euch, das müsst ihr doch hören«, redete er auf sie ein. »Wir wollen nur noch nach Hause!«

»Und warum bist du nicht bei den Kameraden an der Front?« Der mit der Waffe baute sich vor Karl auf und spuckte in den Dreck. »Siehst doch gesund aus, Mann!«

Karl zeigte ihm die verletzte Schulter und zog seine Jacke so weit aus, dass der blutige Verband zu sehen war.

»Na und? Mein Vater hat den rechten Arm verloren, und der würde alles drum geben, wieder zu seinen Kameraden zurückzukehren und für unser Vaterland zu kämpfen!«, kreischte der Junge. »Sieg Heil!«

»Ja, sagt mal, Jungs, habt ihr es immer noch nicht kapiert? Der Führer ist tot, und der Krieg ist aus!«

Karl wollte nach dem Gewehr greifen.

Der Junge hatte schon ausgeholt, um Karl mit dem Gewehrkolben auf die verletzte Schulter zu schlagen, als ihm sein Gefährte die Waffe wegriss. Ein Schuss löste sich. Die Kugel prallte gegen die Wand, Putz bröckelte ab. Der ganze

Keller erbebte, und mein Trommelfell schien zu platzen. Die arme kleine Paula schrie um ihr Leben, mit weit aufgerissenen Augen, in Todesnot. Wann würde dieser Terror endlich aufhören und dieses unschuldige Kind in Ruhe aufwachsen dürfen?

»Seid ihr wahnsinnig, ihr Bengels?«

Karl hatte als Erster die Fassung wiedergewonnen. Er packte die Waffe, die zu Boden gefallen war, und sicherte sie gekonnt. »Das ist ein Jagdgewehr, was fuchtelt ihr damit herum?«

»Sind *Sie* das, Herr Schellenberg?« Der Junge war durch den Rückstoß gegen die Wand geflogen und rappelte sich verlegen wieder auf.

Ich schnappte nach Luft und wiegte meine brüllende Paula auf den Armen.

»Ja, allerdings, du Bengel. Und wer bist du?«

»Na, ich bin doch der Albert! Ich war bei Ihnen in der Klasse, als Sie Referendar waren!«

Karl stutzte. »*Du* bist der kleine liebe Albert, der so schön singen konnte?«

»Ja, und Sie haben mir Rechnen und Schreiben beigebracht! Die Zeit mit Ihnen war die schönste!«

Plötzlich strahlte der picklige Bengel meinen Karl an. »Konnte ich echt nicht wissen, dass Sie das sind, Herr Lehrer. Die langen Haare und der Bart und alles ... Ich habe Sie jetzt nur an der Stimme erkannt.«

Der Schreck saß uns viel zu tief in den Gliedern, um jetzt über die Sache lachen zu können.

Karl packte den Jungen am Kragen und schüttelte ihn:

»Habe ich dir *das* beigebracht, Albert? Unschuldige Leute zu bedrohen und mit einem geladenen Gewehr rumzufuchteln?«

Ehe er sichs versah, hatte Karl ihm eine saftige Ohrfeige verpasst.

Ich hielt die Luft an. Sie waren zu dritt! Sie würden Karl zusammenschlagen, die Halbstarken! Er war verletzt, er konnte sich nicht wehren, uns nicht beschützen!

Doch Albert hielt sich nur die brennende Wange:

»Es tut mir sehr leid, Herr Lehrer!«

Er fing fast an zu heulen, fing sich dann aber sofort wieder.

»Als Sie weg waren, bekamen wir einen anderen Lehrer, und der wollte uns flink wie Windhunde, zäh wie Leder und hart wie Kruppstahl!«

Er warf sich in die magere Brust.

»Wir waren die Hitlerjugend, und wir haben hier Sicherungsaufgaben zu erfüllen! Wir führen nur Befehle aus!«

»Na komm, ist ja nichts passiert.«

Karl riss den Bengel an sich, es war eine Mischung aus Züchtigung und Zärtlichkeit, und man spürte die Vertrautheit zwischen den beiden.

»Wie geht es deiner Mutter, Albert? Und ist dein Bruder von der Front zurück?«

»Mein Vater und mein Bruder sind beide im Dienst des Vaterlandes gefallen«, schnarrte der Bengel, und Stolz schwang in seiner Stimme mit. Er wusste es einfach nicht besser!

Mit Alberts Hilfe sammelten wir unsere Habseligkeiten wieder ein und stopften sie in den Rucksack. Endlich durften wir ins warme Tageslicht eines Frühsommermorgens hinaustreten.

Erst jetzt sah ich die Schönheit der zu weiten Teilen noch erhaltenen Stadt, die in der Morgensonne leuchtete. Im gleichen Moment begann eine Amsel zu singen.

»Herr Lehrer, ich weiß, wo Sie wohnen, ich führe Sie hin!« Albert war eifrig bemüht, seinen einst angehimmelten Lehrer wieder friedlich zu stimmen. »Die nächste Brücke über die Regnitz ist von Ami-Panzern versperrt, aber ich weiß einen Schleichweg mit der Fähre!«

»Steht denn mein Elternhaus noch?«

Albert klopfte sich den Dreck von den Klamotten und zog mich aus dem gruseligen Trümmerloch, in dem wir übernachtet hatten.

»Das weiß ich nicht, aber ich finde hin! Hinter der kleinen Kirche am Fluss!«

Er pfiff durch die Zähne, und seine beiden Kumpels, die sich schon verdrücken wollten, tauchten hinter geborstenen Häuserwänden wieder auf. »Los, wir geben den Personen Geleitschutz!«

An uns gewandt kiekste der Dreikäsehoch ganz stolz: »Es ist hier zu gefährlich geworden, überall lauern Plünderer.«

Wir stiefelten los, tatsächlich unter dem Geleitschutz der drei Jugendlichen, die sich sehr wichtig vorkamen.

Auf der größeren Straße, die wir bald erreichten, herrschte Chaos; eingestürzte Gebäude machten sie kaum passierbar.

»Erst vor drei Monaten hat hier der Ami losgeschlagen«, berichtete der Dreikäsehoch, fast stolz darauf, an diesem Weltgeschehen teilgenommen zu haben. Mitten in der zauberhaften Altstadt klafften in der Tat einige Lücken. »Insgesamt sind dabei zweihundertsechzig Menschen umgekommen. Aber jetzt schenken sie uns Schokolade, Kaugummis und Zigaretten!«

Das war für die drei Burschen das Nonplusultra.

Wir hasteten hinter ihnen her, vorbei an Menschen, die für ein bisschen Wasser Schlange standen oder mit Handkarren Trümmer beseitigten. Barfüßige Kinder streunten umher und stocherten mit Stöcken in Ruinen herum. Die Schulen waren geschlossen. Aber es lagen wenigstens keine Leichen mehr herum!

Albert schlängelte sich zielstrebig zwischen Hindernissen hindurch, kletterte über umgestürzte Mauern und fand zahlreiche andere Schleichwege, wobei er weltmännisch paffte.

»Da ist die Regnitz!«

Karl strahlte mich plötzlich an. »Schau! Eines der kleinen Häuser dahinten am anderen Ufer muss es sein! Sie stehen noch! Wie Spielzeughäuser!«

Die Kirschbäume blühten rosafarben, und es duftete nach Frieden. Begierig saugte ich diese unerwarteten Eindrücke ein, und in mir regte sich ein Hauch von Zuversicht.

Karls Schritte wurden fester, sein Gang aufrechter, und sein Blick hellte sich auf.

»Bamberg ist vom Schlimmsten verschont geblieben!«

Es war, als würde ich aus einem entsetzlichen Albtraum langsam erwachen. Sollten wir tatsächlich weiterleben dürfen? Wie warm es war, wie hell, wie mild!

»Hier bin ich aufgewachsen, Anna. Ich erkenne die Gegend schon am Geruch.«

Karl nahm mich an die Hand, und ich spürte seine innere Anspannung.

»Da hinter der kleinen Kirche steht mein Elternhaus... und ich hoffe so sehr, gleich meine kleine Schwester Martha gesund und munter vor mir stehen zu sehen!«

Karl beschleunigte seine Schritte, er fing fast an zu rennen. Ich kam nicht mehr hinterher. Wir waren einen so weiten Weg zusammen gegangen. Der Rucksack und die Last unseres Kindes schienen mich immer mehr zu Boden zu drücken.

»Karl!« Ich blieb stehen. »Du hast versprochen, mich nicht alleinzulassen!«

Karl drehte sich um und kam zu mir zurück.

»Verzeih mir, Anna. Wie konnte ich so egoistisch sein. Wir bleiben zusammen, bis zum letzten Schritt.«

Er nahm mich an die Hand.

»Da ist es! Untere Sandstraße 10! Und da, neben der Schule der Kiosk, so wie ich ihn in Erinnerung habe. Mein Gott, es sieht wirklich noch genauso aus wie damals.«

Karl blieb stehen, legte den Arm um mich und sagte mit bewegter Stimme: »Willkommen zu Hause.«

45

PAULA

Bamberg, Anfang August 2004

»Willkommen, Karl. Also, Vater. Willkommen zu Hause.«

Mir wackelte die Stimme, als die Sanitäter den Rollstuhl aus dem Wagen schoben.

»Gott, es sieht ja noch genauso aus wie damals!«

Vater gab den beiden jungen Männern ein Zeichen, dass sie einen Moment anhalten sollten.

»Sogar Mutters Kiosk steht noch neben der Schule!«
Allerdings hing ein Schild daran: »Zu verkaufen«.

»Aber ja, Vater, es hat sich nicht so viel verändert, du warst ja nur vier Monate weg!«

Verlegen legte ich ihm die Hand auf die Schulter und streichelte seine schlecht rasierte Wange.

Vater sah mich von schräg unten an, und ein schmales Lächeln umspielte seine Lippen.

»Ich weiß es noch, als wäre es gestern gewesen, mein Bärbelchen. Da warst du sechs Monate alt.«

Wir standen da, und er schmiegte sich in meine Hand.

»Es ist gut, dass du das Tagebuch endlich gefunden hast.«

»Warum habt ihr die arme Monika Wagner nie kontaktiert? Wisst ihr, was ihr der armen Frau damit angetan habt?«

Vater nickte schuldbewusst.

»Mutter und ich haben uns damals geschworen, all unsere Kriegserlebnisse für uns zu behalten. Es hatte ja keinen Zweck, noch darüber zu sprechen. Wir hatten es geschafft und wollten ein neues Leben anfangen. Es tut mir dennoch unendlich leid, dass wir es dir und auch Monika Wagner nie gesagt haben. Mutter hat diese Schuld mit ins Grab genommen.«

Er senkte reumütig den Kopf.

»Ich wollte schon so lange, dass du deiner leiblichen Mutter begegnest! Und nun ist es gelungen.«

Er wischte sich eine Träne aus dem Augenwinkel.

»Ich danke dem Herrgott, dass sie noch lebt und dass du sogar einen Bruder hast.«

Nun schluckten wir beide schwer an unseren Tränen. Was der Krieg selbst nach fast sechzig Jahren noch für Spätfolgen hatte!

»Es tut mir unendlich leid, dass wir es dir nie gesagt haben!«, wiederholte er immer wieder.

»Vater, und *mir* tut es unendlich leid, dass wir dich kurzfristig ausquartiert haben.« Ich steckte den Sanitätern einen Fünfzigeuroschein zu und schob Vater weiter. »Aber diese Zeit haben wir gebraucht, um das Haus behindertengerecht für dich umzubauen.«

»Ach, so behindert bin ich eigentlich gar nicht, ich hatte im Heim bloß keine Lust mehr zu laufen ...«

Die Sanitäter reichten mir einen Wisch zur Unterschrift, bestiegen den Rotkreuzwagen und fuhren davon.

»Schau, wir haben hier eine Rampe gebaut ...«

Schon wollte ich ihn mit Schwung zur Haustür fahren, als diese sich auch schon von innen öffnete.

»Willkommen, Herr Schellenberg!«

Rita, unsere neue Pflegerin, stand strahlend im Türrahmen und streckte beide Hände nach Vater aus.

»Ich freue mich sehr, Sie kennenzulernen!« Ihr polnischer Akzent erinnerte mich an ihre Mutter Dorota. Sie war eine dralle rothaarige Frau um die fünfzig und trug einen sommerlich kurzen Rock. Herzlich schüttelte sie meinem Vater beide Hände. »Darf ich Ihnen behilflich sein?«

»Ja, das dürfen Sie.«

Und ehe ich michs versah, hatte er ihre Hände ergriffen und wuchtete sich mit ihrer Hilfe aus dem Rollstuhl.

»Vater, Vorsicht, schaffst du das denn?«

Erschrocken fasste ich ihn am Arm. Ich hatte ihn seit Monaten nur noch im Rollstuhl gesehen!

Vater hangelte sich nur wortlos ins Haus, und ein seliges Lächeln breitete sich in seinem Gesicht aus.

»Das habt ihr aber schön gestaltet!«

»Na ja, wir haben eigentlich nur einen Großputz gemacht und dein Schlafzimmer nach unten verlegt...«

»Ich meine die schönen Blumen!«

Vater arbeitete sich schon zum Tisch vor, den Rita liebevoll gedeckt hatte.

»Und es gibt Kuchen! Wie komme ich denn zu der Ehre?!«

»Ach Vater, du wohnst doch ab heute wieder hier, es ist doch dein Haus!« Ich musste schlucken.

»Und wohnt diese schöne Frau auch hier?«

Gemeint war Rita, die schon mit der Tortenschippe bereitstand und vor Verlegenheit rot geworden war.

»Wenn Sie nichts dagegen haben, Herr Schellenberg? Ich habe mich oben häuslich eingerichtet.«

»*Home, sweet home.*«

Mit einem zufriedenen Seufzen ließ sich Vater auf dem Küchensofa nieder.

»Jetzt, wo alle die Wahrheit kennen, fühle ich mich um zehn Jahre jünger.«

Und mit einem schelmischen Blick auf Rita: »Ein Kaffee wäre jetzt nicht schlecht. Aber bitte nicht aus der Schnabeltasse.«

46

ANNA

Bamberg, Frühsommer 1945

Karl wischte sich die Tränen aus den Augen, als wir vor seinem Zuhause standen. Auch dieses schmucke Einfamilienhaus, ehemals gelb und mit grünen Fensterläden, zeigte Kriegsspuren: Einschusslöcher, kleine Löcher im Dach und zerborstene Fenster. Aber es stand. Umgeben von einem verwilderten Garten, in dem sich wilde Rosen und Lupinen ausgebreitet hatten. In den blühenden Hecken sangen Amseln.

Das Schönste aber war ein Kirschbaum, der in seinem zartrosa Blütenkleid so frisch und unschuldig aussah wie eine Braut. Und hinter diesem Garten floss munter die Regnitz. Eine Schwanenfamilie glitt auf dem Gewässer dahin; vorne der Vater, dann das flauschige graue Küken und dahinter die Mutter … oder vielleicht auch in umgekehrter Reihenfolge.

Sie wirkten so friedlich, als hätte der Zweite Weltkrieg nie stattgefunden.

Karl klopfte an die Haustür. Seine Kiefermuskeln mahlten vor Anspannung.

Auch ich zitterte – vor Erschöpfung, vor Fassungslosigkeit, dass unsere Flucht nun tatsächlich ein Ende haben sollte. Dieses Haus wirkte so einladend! Würde ich wirklich darin wohnen dürfen? Gehörten wir jetzt für immer zusammen? Ich sah Karl mit brennenden Augen an. Er strich mir mit bebenden Fingern über die Wange und lächelte mich aufmunternd an. In diesem Moment liebte ich ihn mehr als mein Leben. Er hatte mich sicher hierhergebracht. Mich und Paula.

Oben öffnete sich ein Fenster, und jemand beäugte uns misstrauisch.

Es kam mir wie eine Ewigkeit vor, bis wir schließlich Schritte auf der Treppe hörten, sich durch die Milchglastür ein Schatten näherte und endlich von innen der Schlüssel im Schloss gedreht wurde. Die Kette wurde vorgelegt, und die Tür öffnete sich nur einen Spalt:

»Wer ist da?«

»Martha, bist du das? Ich bin's, Karl!«

»*Karl?!*«

Die Kette rasselte, dann flog die Tür weit auf, und eine junge, bildschöne Frau mit einer dunkelblonden Helmfrisur flog meinem Karl um den Hals.

Minutenlang, so schien es mir, umarmten sich die beiden Geschwister. Seine jüngere Schwester wollte ihn überhaupt nicht mehr loslassen. Beide weinten vor Freude.

Schließlich pflückte Karl seine Schwester von sich ab:

»Ich habe dir noch jemanden mitgebracht: Das ist Anna, meine Frau. Und das ist unsere kleine Paula.«

Er schob dem Kind das Mützchen ein wenig aus dem Gesicht, und die Schlafende gab ein maunzendes Geräusch von sich.

»Oh, ihr habt eine Tochter?«

Martha klatschte in die Hände und sprang vor Begeisterung auf und ab. »Ich bin Tante geworden ... so was erfahre ich immer als Letzte!«

Sie fiel auch mir um den Hals.

»Ich freu mich so, dich kennenzulernen, Anna! Was für eine Überraschung! Da zieht mein großer Bruder in den Krieg und kommt mit Frau und Kind zurück! Andere kommen mit einem appen Bein oder appen Arm ...«, scherzte sie übermütig.

Sie zog uns ins Haus, in dem es heimelig nach frisch aufgebrühtem Kaffee roch.

»Danke, dass du mir meinen Bruder zurückgebracht hast, Anna! Mit allem Drum und Dran! Dafür bekommst du von mir einen Orden!«

Die junge Frau jubelte so herzerfrischend, dass ihre Freude ansteckend war.

In der Küche befreiten wir die kleine Paula aus ihren Decken.

»Oh, ist die süß!« Martha schmolz fast dahin. »Die hat von euch beiden was! Von dir, Karl, die Nase und die hohen Wangenknochen und von dir, Anna, die Augen!«

Karl und ich sahen uns kurz an. Er nickte mir unmerklich zu.

Leicht will ich's machen, dir und mir ...

»O Gott, darf ich sie baden?«

Martha hatte schon den Kessel mit Wasser aufgesetzt.

»Ich mache ja gerade die Ausbildung zur Kinderkrankenschwester ... Ich hole nur schnell die Wanne aus dem Keller ...« Unter aufgeregtem Geplapper eilte sie die Kellertreppe hinunter.

Wir standen da, völlig geschafft, schauten uns an und schwiegen einvernehmlich.

Ich wusste genau, woran Karl dachte und was er nicht mehr in Worte fassen musste:

Leicht will ich's machen, dir und mir. Leicht muss man sein, mit leichtem Herz und leichten Händen halten und nehmen, halten und lassen ... Die nicht so sind, die straft das Leben ...

Plappernd und überglücklich schwirrte Martha um uns herum, badete mit geübten Griffen unser Kind, das sich wohlig im warmen Wasser ausstreckte und kräftig mit den Füßchen planschte. Dabei staunte die Kleine mit offenem Mund über diese unerwartete Labsal und gluckste vor Vergnügen.

»Wie heißt sie noch mal, die Süße?«

»Paula«, sagten Karl und ich wie aus einem Munde.

»Und wie alt ist sie?«

»Gerade ein Jahr alt«, entfuhr es mir. Verschämt sah ich Karl an. Das stimmte doch gar nicht! Sie war deutlich jünger, höchstens sechs Monate!

»Genau«, sagte Karl ruhig und hielt meinem Blick stand. »Sie ist fast ein Jahr.«

»Echt? Die sieht aber winzig aus.« Martha zog die Stirn in Falten. »Mein Gott, was der Krieg mit so armen kleinen Wesen macht!« Mit dem Schwamm fuhr sie zärtlich über den warmen Kinderkörper. »Dann bist du ja ein Maiglöckchen. Oder ein kleiner Maikäfer?« Ganz selbstvergessen plauderte sie mit unserem kleinen Mädchen. Und begann dann leise zu singen:

»Maikäfer, flieg. Der Vater ist im Krieg. Die Mutter ist im Pommerland ... «

Und leise stimmten wir ein, Karl und ich: »Pommerland ist abgebrannt. Maikäfer, flieg!«

Nachwort der ersten Protagonistin

Da ich sehr gerne Talkshows sehe, hatte ich das Glück, Hera Lind in einer solchen erleben zu dürfen. Sie ermunterte die Zuschauer, ihr erlebte Geschichten zuzuschicken. Da fiel mir die Lebensgeschichte meiner inzwischen verstorbenen Mutter wieder ein, die sie nach den Kriegserlebnissen und ihrer Flucht in einer »Kladde« festgehalten hatte, ohne je mit mir darüber zu sprechen.

27 Jahre hatte diese Geschichte in einer Schublade gelegen, und nun fasste ich den Mut, sie Hera Lind zu schicken.

Ich staunte nicht schlecht: Schon wenige Tage später kam ein Anruf von Frau Lind. Sie erzählte, dass sie von den Aufzeichnungen meiner Mutter sehr angetan sei und darüber einen Roman verfassen wolle. Ich war damit einverstanden, und seitdem hatten wir viele nette Gespräche am Telefon.

Hera Lind ist eine unheimlich sympathische Frau, auch meine Familie ist begeistert von ihr.

Liebend gern würde ich sie persönlich kennenlernen, das wäre noch ein Highlight.

Nun freue ich mich über einen wunderbaren Roman, von einer wunderbaren Frau geschrieben.

Nachwort der zweiten Protagonistin

Meine Geschichte habe ich aufgeschrieben, weil so eine Zeit nicht vergessen werden sollte. In den Geschichtsbüchern stehen nur Fakten und Zahlen, aber keine Familienschicksale.

2005 habe ich angefangen, die Ereignisse und Geschehnisse von damals niederzuschreiben.

Natürlich wollte ich, dass auch andere das lesen können, aber die Verlagswelt ist so undurchdringlich, dass ich meine Geschichte nach ein paar Versuchen der Kontaktaufnahme doch wieder in die Schublade legte.

2018 sah ich zufällig eine Talkshow, in der Hera Lind zu Gast war. Eine so sympathische Frau!

Am Ende der Gesprächsrunde rief sie dazu auf, ihr interessante Lebensgeschichten zu senden, da sie sich seit einiger Zeit auf Tatsachenromane spezialisiert habe.

Ich fühlte mich angesprochen und holte meine Geschichte wieder hervor. Frau Linds Adresse war dank Internet schnell ausfindig gemacht, doch viel Hoffnung hatte ich eigentlich nicht. Einen Versuch war es trotzdem wert.

Und sie antwortete, dankte mir für die Einsendung und fand meine Geschichte sehr gut! Da sie sich im Moment noch mit anderen Projekten befasse, werde sie später auf mich zukommen.

Und so landete meine Geschichte ein zweites Mal in der Schublade.

Zwei Jahre später, 2020, meldete sich Frau Lind zum zweiten Mal. Sie habe inzwischen eine ähnliche Geschichte bekommen und wolle beide Erzählungen miteinander verbinden.

Was sie daraus gemacht hat, ist großartig. Hera Lind kann die Leser abholen und mitten in die Geschichte hineinnehmen. Sie ist einfühlsam und kann die Entscheidungen der Protagonisten verständlich und nachvollziehbar schildern.

Die Zusammenarbeit war einfach toll. Hera Lind war offen, wenn man kleine Anmerkungen hatte, und tauschte sich über viele Ideen auch in persönlichen Gesprächen mit mir aus. Leider konnten wir uns nicht persönlich treffen – »Corona sei Dank«. Aber vielleicht lässt sich das noch nachholen. Man weiß ja nie!

Nachwort der Autorin

Diese Geschichte hat mich so unendlich berührt, dass ich während des Schreibens Mühe hatte, in den Alltag zurückzufinden. Was für ein seltener Schatz zwischen all den Einsendungen, die mich fast täglich erreichen!

Die Vorlage dazu sendete mir Frau Gisela M. mit den handschriftlich beigefügten Zeilen:

Sehr geehrte Frau Lind,
ich habe nach dem Tod meiner Mutter, die schon lange verstorben ist, in ihrem Küchenschrank anliegendes Manuskript gefunden, allerdings war es handschriftlich in einer »Kladde« notiert worden, und ich habe es abgetippt. Es sind Aufzeichnungen vom Krieg, von der Flucht und von vielen traurigen Erlebnissen, die meine Mutter hatte, als ich noch ein Baby war. Ich würde mich freuen, wenn Sie etwas daraus verwenden können, und würde gerne von Ihnen hören.
Mit freundlichen Grüßen ...

Schon während ich die etwa siebzig getippten Seiten las, sprang der Funke über, und ich wusste, dass ich diese Geschichte unbedingt machen wollte. Was für ein Geschenk, das die Mutter ihrer Tochter und die Tochter *mir* da gemacht hatte! Und damit hoffentlich auch Ihnen, meine lieben Leser*innen!

In einer Zeit, in der die letzten Zeitzeugen des grauenhaftesten Kapitels in der deutschen Geschichte langsam versterben, müssen solche Lebensgeschichten unbedingt noch erzählt werden!

Deshalb verschob ich andere, schon länger geplante Projekte und rief Frau M. an.

Ihre freundliche Stimme und ihre unkomplizierte, herzliche Art machten es mir leicht, mit dem bedrückenden, schweren Stoff zu beginnen: »Machen Sie mal, Frau Lind!«

Ich wollte unbedingt eine Rahmengeschichte dazu erfinden, nämlich die der »heutigen« Tochter, die fest im Berufsleben steht und selbst eine Tochter hat. Die ihren Vater Karl erst mal ins Heim gibt, bevor sie durch die Tagebuchlektüre begreift, dass familiärer Zusammenhalt das Wichtigste im Leben ist.

Dazu brauchte ich »Grünes Licht« von der Protagonistin, die mit der »heutigen« Romanfigur nicht identisch ist. Außerdem musste ich die Gegenwarts-Geschichte ins Jahr 2004 zurückverlegen, weil ich die Heldin in der Zwischengeneration ansiedeln wollte, um ihr die Auseinandersetzung mit dem noch lebenden Vater und der erwachsenen Tochter zu ermöglichen. Dies alles erklärte ich Frau M., und sie sagte immer wieder, dass sie mir vertraue: »Frau Lind, Sie sind Profi, Sie machen das schon.«

Coronabedingt konnten wir uns nicht persönlich kennenlernen; trotzdem waren wir uns sicher, einander vertrauen zu können.

Ich fragte Frau M. im Laufe einiger Telefonate, wie ihre Geschichte denn weitergegangen sei.

In Wirklichkeit hat Frau M. (die zum Glück als Baby nicht gestorben ist!) mit ihrer Mutter und ihren Verwandten ein Schiff nach Travemünde bestiegen und ist dort ohne Probleme angekommen. Das Schiff ist nicht beschossen worden und nicht gesunken. Es war nur schrecklich überladen. In Travemünde, so das Tagebuch der verstorbenen Mutter, habe man sich schon morgens um vier vergeblich beim Bäcker gedrängelt: Diesem Ansturm von ausgehungerten Flüchtlingen mit Kleinkindern war man auch dort nicht gewachsen.

Auf Umwegen gelangte die Familie dann in den Raum Hannover, wo Frau M. mit Mann und Sohn heute noch lebt.

Ich schrieb Frau M., ganz altmodisch per Post, denn sie hat kein Internet, und fragte: Gab es ein Wiedersehen mit der Heimat? Schloss sich der Kreis?

Denn das ist mir für einen gelungenen Roman sehr wichtig: dass eine Geschichte ein befriedigendes Ende hat. Die Leser*innen sollen am Ende alle Fäden, die ich ausgeworfen habe, vollständig wieder in der Hand haben. Keine Figur darf sich einfach so verlieren.

Frau M., die Figur der Paula also, schickte mir noch mal einen langen Brief, in dem sie mir ihre sorglose Kindheit, ihre Schulzeit und ihre spätere Heirat mit ihrem heutigen Mann schilderte. Ihr Sohn hat ihnen einen Enkel beschert, und sie sind glücklich und zufrieden.

»Nach der Grenzöffnung wollte ich gerne in meine Heimat fahren, um zu wissen, wo ich geboren bin. 1990 sind wir zu meinem Geburtsort bei Koszalin gefahren. Wir sind zum Grundstück meiner Großeltern gegangen, in Begleitung eines Dolmetschers. Meine Mutter hatte Schokolade, Kaffee und Strumpfhosen in der Tasche, sie wollte das alles der Familie schenken, die dort wohnte. Es war eine junge Polenfamilie, die Polin hat uns mit Schimpf und Schande vom Hof gejagt – das war's.«

Diese Botschaft wollte ich ungern so stehen lassen, auch um weitverbreiteten Vorurteilen der polnischen Bevölkerung gegenüber keine Nahrung zu geben: Eine Medaille hat bekanntermaßen immer zwei Seiten, wie ich Rosa im Roman sagen lasse: »Polen klauen Autos, und Amis sind oberflächlich oder was?!« Ich möchte ausdrücklich keine Vorurteile schüren, egal über welche Gruppe von Menschen ich schreibe.

So überlegte ich lange, wohin ich diese Geschichte führen könnte, ohne die Polen grundsätzlich als böse Besatzer und die Deutschen generell als Opfer dastehen zu lassen. Während meiner Recherche las ich das mir von meinem Verlagsleiter empfohlene Buch »Wolfszeit. Deutschland und die Deutschen 1945–1955« von Harald Jähner. Daraus ergaben sich überaus spannende Einblicke in das durch den Krieg entstandene Chaos.

Und plötzlich eröffnete sich mir die Möglichkeit, die Geschichte der Frau M. weiterzuführen.

Schon länger davor hatte mich eine andere Einsendung über eine Flucht 1945 erreicht: die Geschichte von Frau Christiane C., deren Eltern aus Schlesien geflohen waren. Und in dieser Schilderung schafft das Kind die Flucht nicht. Die Eltern nehmen sich eines anderen kleinen Mädchens an, das erst als erwachsene Frau erfährt, dass sie gar nicht die leibliche Tochter ihrer Eltern ist. Sie macht sich auf die Suche nach ihrer wahren Identität und findet ihre noch lebende Mutter tatsächlich in einem Ort in Polen. Die Mutter hat die polnische Staatsangehörigkeit und eine polnische Familie gegründet. Auch diese Geschichte reizte mich schon seit Jahren, sie handelte aber hauptsächlich von der Suche nach der leiblichen

Mutter und weniger von der Vergangenheit. Aber jetzt hatte ich den wunderbaren zweiten Teil meines Tatsachenromans!

Würden beide damit einverstanden sein, wenn ich aus zwei Geschichten eine machte?

Mit beiden Damen telefonierte ich einige Male, und beide erwiesen sich als offen und neugierig auf den Teil der anderen Protagonistin. Wie auch schon bei »Über alle Grenzen« und »Grenzgängerin aus Liebe« ließen sich die Damen vertrauensvoll auf meine Idee ein, beide Geschichten zu vereinen und mit einer Rahmenhandlung aus dem Jahr 2004 zu verquicken. Dieses geschenkte Vertrauen macht einen solchen Roman überhaupt erst möglich, und ich bin überaus dankbar dafür!

Um die Familie von Frau M. im Roman sterben zu lassen, musste ich das Schiff sinken lassen, auf das Frau M.s Familie im Mai 1945 gestiegen war! Denn Frau M.s Angehörige waren ja nicht mehr identisch mit denen von Frau C.! Ich recherchierte gründlich im Internet und fand viele Personenschiffe, Kreuzfahrtschiffe, Frachter und Fähren, die dem Ansturm der verzweifelten Flüchtlinge von damals alle nicht gewachsen waren. Manche schafften die Überfahrt nach Dänemark, England, Amerika oder eben wie in Frau C.s Fall nach Travemünde, andere wurden beschossen und gingen unter. Das Schiff mit der traurigsten Berühmtheit war die Wilhelm Gustloff: Auf ihr kamen über 9000 Personen ums Leben, obwohl das Schiff nur für 1900 Passagiere zugelassen war. Zeitzeugenberichte der wenigen Überlebenden fand ich im Internet und konnte mir so ein Bild von dem unfassbaren Chaos machen. Daher verfrachtete ich Frau M.s Familie, die in Wirklichkeit nicht ertrunken ist, auf ein erfundenes Schiff namens »Heimatland«.

Ich habe mich deshalb für diesen erzählerischen Weg entschieden, weil ich denjenigen nicht zu nahe treten wollte, deren Vorfahren wirklich auf einem realen Schiff gesunken sind. Die »Heimatland« hätte es geben können. Aber sie ist frei erfunden.

Wenn Sie beim Lesen nicht bemerkt haben, dass im Hafen von Stettin die zweite Geschichte die erste ablöst, dann ist dieser erzählerische Weg gelungen. Es ist ja ein *Roman* nach einer wahren Geschichte beziehungsweise in diesem Fall nach *zwei* wahren Geschichten.

Ich bedanke mich von Herzen für die beiden tollen Vorlagen der großartigen Protagonistinnen, für ihre Flexibilität und ihr Vertrauen in meine kreative Schreib«kunst«, die ich eher als ein professionelles Handwerk ansehe.

Schwierig war für mich auch die virtuelle Reise nach Szczecin, dem damaligen Stettin.

Sollten nicht alle geschichtlichen Daten, Straßen und Adressen übereinstimmen, bitte ich, mir diese »künstlerische Freiheit« nachzusehen. Mein Tatsachenroman legt den Fokus auf ein persönliches Schicksal und hat weniger den Charakter einer Dokumentation.

Nun hoffe ich, dass dieser Tatsachenroman Sie genauso berühren und faszinieren kann wie mich und dass Sie mit mir der Überzeugung sind, dass Geschichten aus dieser Zeit nie in Vergessenheit geraten dürfen.

Sollten auch Sie eine Geschichte zu erzählen haben oder eine in der Schublade finden, die nicht vergessen werden soll, schreiben Sie mir bitte unter

heralind@a1.net

Oder schicken Sie mir Ihre Unterlagen *(keine Originale bitte!!!)* an meine

> Romanwerkstatt
> Universitätsplatz 9
> A-5020 Salzburg

Hier finden auch meine Schreibseminare statt, über die Sie sich gerne unter www.heralind.com/schreibseminar informieren können.

Dank gilt auch meiner Lektorin Britta Hansen, mit der ich zwanzig Tatsachenromane realisieren durfte. Darauf blicke ich mit Dankbarkeit und Respekt zurück.

Ein ganz besonders liebevolles *Danke* an meinen Mann, der nie müde wurde, sich den Stand der Entwicklung wieder und wieder anzuhören, und der mich in Zeiten des Lockdowns jeden Abend mit zehn Sätzen Tischtennis in die heutige Wirklichkeit zurückgeholt hat.

Das allergrößte *Danke* gilt jedoch wie immer meinen Leser*innen, die mich durch ihre Treue und ihre wundervollen, ermutigenden Zuschriften immer wieder zu neuen Geschichten inspirieren.

Hera Lind, aus meiner Romanwerkstatt im Herzen Salzburgs, März 2021

LESEPROBE

»Die Angst saß mir ständig im Nacken.
Sie nahm mir die Luft zum Atmen.
Mein Vater war wie eine tickende Zeitbombe,
die jeden Moment explodieren konnte.«

Der neue Tatsachenroman von
SPIEGEL-Bestsellerautorin Hera Lind
über die Abrechnung einer mutigen Frau

ISBN 978-3-453- 29229-1
Auch als E-Book erhältlich

DIANA

Über das Buch
Saras Kindheit ist geprägt von Gewalt. Ihre Mutter hat es nie geschafft, sich von ihrem cholerischen Mann zu trennen, obwohl er nicht nur ihr Leben, sondern auch das der kleinen Sara massiv gefährdete. Jahre sind seitdem vergangen. Als Sara das von der Großmutter geerbte Haus in direkter Nachbarschaft zu ihrem Vater bezieht, bemüht sie sich zunächst, ein halbwegs friedliches Verhältnis zu ihm aufzubauen. Aber irgendwann kommt es wegen einer Banalität zum Eklat: Der Vater schlägt seiner erwachsenen Tochter mit der Faust ins Gesicht. In Sara erwacht die Löwenmutter. Werden ihre Kinder die Nächsten sein? Es muss doch jemanden geben, der dem Vater einen Denkzettel verpasst! Eine Zufallsbekanntschaft scheint vorerst zum gewünschten Ziel zu führen. Doch dann läuft alles aus dem Ruder. Sara steht ihrem Peiniger vor Gericht gegenüber, jedoch nicht als Opfer. Die Anklage gegen sie lautet: Versuchter Mord.

1

Großstadt, 21. Juni 2017

Nebenan laufen die Lokalnachrichten im Radio.

»Heute beginnt der Prozess gegen die drei Angeklagten, die Ende letzten Jahres einen einundsiebzigjährigen Senior gemeinschaftlich schwer körperlich verletzt haben. Die Anklage lautet ›versuchter Mord‹. Es handelt sich um eine Auftragstat, und eine der Angeklagten soll die Tochter des Opfers sein.«

Das Radio führt mir die Realität vor Augen.

Es ist so weit.

Der Prozess beginnt.

Der Prozess gegen drei Straftäter. Und einer davon bin ich. Ich bin die Tochter des »Opfers«.

Dabei bin ich, Sara, selbst das Opfer. Er war immer der Täter.

Meine beste Freundin Marea fährt uns nach Großstadt. Mein Lebensgefährte Daniel soll als Zeuge aussagen. Ist er überhaupt noch mein Lebensgefährte? So wie er sich aus der Affäre gezogen hat? Diese entsetzliche Tat hat nicht nur gerichtliche Folgen, viel schlimmer sind die emotionalen. Ich habe nicht nur meinen Vater verloren, sondern auch meine Schwester, meinen Freund, meine Würde.

Und jetzt betrete ich doch tatsächlich die große weiße Treppe des Gerichtsgebäudes in Großstadt.

Auf der anderen Seite der Treppe befindet sich ein Zimmer, eine Art Wartezimmer. Ich sehe Stühle, die sich die Wand entlangreihen. Auf einem von ihnen sitzt meine Schwester. Sie schaut mich nicht an. Schließlich handelt es sich bei dem lebensgefährlich verletzten Opfer um unseren Vater. Sie ist als zweite Zeugin geladen. Die Angst, hier und jetzt meinem Vater zu begegnen, überwältigt mich, und ich werfe einen Blick auf die große Wanduhr. Neun Uhr, es ist an der Zeit, in den großen Saal zu gehen. Ich nehme den Glücksbringer meiner Freundin Marea entgegen. Sie drückt mir fest die Hand und lächelt mir aufmunternd zu. Sie wird im Publikum sitzen. Es tut gut zu wissen, dass sie da ist. Der einzige Mensch, der noch zu mir steht. Außer meinen Kindern, aber die halte ich da raus. Im Moment sind sie bei Freunden.

Ein letztes Mal atme ich tief durch, genauso wie damals an jenem kalten Winterabend, bevor ich meine Zelle betrat. Als sie mich aus meiner Wohnung geholt und abgeführt hatten. Wegen des Verdachts auf Anstiftung zum Mord. An meinem Vater.

Mein Anwalt öffnet die Tür zum Verhandlungssaal, und wir gehen zusammen hinein.

Der Saal ist groß. Links befinden sich die Reihen für die Zuschauer. Vorne sehe ich die Plätze für die Richter auf einem Podest. Drei Richter und zwei Schöffen werden sich meiner Geschichte annehmen. Sie sind noch nicht da, die Stühle noch frei. Hoffentlich sind es nicht nur Männer. Hoffentlich sind Frauen dabei, die mich verstehen können.

Mein Herz setzt einen Schlag aus. Da sitzt er. Heinz Hartmann, mein Vater. Neben ihm sein Anwalt. Mit dem Rücken zu den riesigen Fenstern. Die Sonne taucht ihn in helles Licht wie einen Heiligen.

Dabei war er das nie. Im Gegenteil. *Er* war der Täter, und Mutter und ich die Opfer.

Doch *ich, Sara,* bin angeklagt. Und Helga, seine bisherige Lebensgefährtin. Wir beide haben das gemeinsam ausgeheckt. Und die Sache ist komplett aus dem Ruder gelaufen.

Rechts vor den Richtern befindet sich die Anklagebank. Helga und ihr Anwalt sitzen bereits. Die Anklagebank besteht aus zwei Reihen. Die hintere ist ebenfalls erhöht. Wir gehen zügig an allen vorbei, und ich sehe ein Schild mit meinem Namen. Helga und ich werden mit unseren Anwälten in der ersten Reihe sitzen, Marius hinter mir in der zweiten Reihe. Marius hat die Tat ausgeführt. Brutal und hinterhältig. Aber wir wollten das nicht. Nicht so. Sein Anwalt ist schon da. Hinter der Anklagebank befindet sich ein Aufzug. Gleich werde ich auf Marius treffen, der nur meinetwegen heute hier ist. Nur weil ich ihn in diese Situation gebracht habe. Er wollte mir einen Gefallen tun. Er wäre sonst längst auf seiner lang ersehnten Weltreise, mit dem Motorrad, auf das er so lange gespart hat. Nun drohen ihm viele Jahre Haft. Meinetwegen. Oder weil die Sache so aus dem Ruder gelaufen ist. Wegen meines Vaters!

Mein Anwalt tritt einen Schritt zur Seite und lässt mich auf meinen Platz. Er trägt einen schwarzen Talar, der ihm bis zu den Knien reicht. Darunter trägt er Jeans und ziemlich lässige Schuhe. Links sind zwei Plätze frei, dann kommt der Platz von Helgas Anwalt, dann ganz außen Helga. Sie hat verweinte Augen und weicht meinem Blick aus.

Mein Vater beobachtet das Geschehen seelenruhig. Wie er immer alles, das er angerichtet hat, seelenruhig an sich hat abprallen lassen. Als wohnte er einem interessanten Schauspiel und seinen überraschenden Folgen bei. Er spricht mit seinem Anwalt, der nickt. Ich hänge meine Jacke über die Stuhllehne. Ich trage ein weißes T-Shirt, eine Bluejeans und schwarze Stiefeletten. Ich werde etwas langsamer in meinen

Bewegungen, um mich auf so viel wie möglich zu konzentrieren. Die Anwälte begrüßen sich mit Handschlag und ein paar launigen Bemerkungen, und meiner beginnt, sein mir bekanntes Köfferchen auszuräumen und seinen Laptop hochzufahren. Für ihn ist das ein Job. Für mich der Dreh- und Angelpunkt meines Lebens: Vielleicht komme ich ins Gefängnis.

Ich bin Mutter zweier kleiner Kinder. Sie haben nur noch mich. Ich will nicht ins Gefängnis!

Eher tue ich mir etwas an.

Und dann ist es endlich so weit. Hinter mir setzt sich ratternd der Aufzug in Bewegung. Mein Herz rast. Die Aufzugtüre gleitet auf. Marius wird von zwei Beamten hereingeführt. Er trägt Handschellen und schaut stur auf den Boden. Ich lasse ihn nicht aus den Augen. Marius, bitte schau mich an. Nur ein kurzer Blick, Marius. Ich weiß, dass du das, was du getan hast, nicht mit Absicht gemacht hast.

Die Beamten und die Anwälte begrüßen einander, und Marius schaut stur zu Boden. Ich bin nervös, ich möchte ihn ansprechen, aber ich weiß nicht, ob ich das darf, also bleibe ich stumm. Ich stehe da und starre ihn an, und plötzlich hebt er seinen Blick. Wir schauen uns in die Augen, und sofort senkt er die Lider wieder. Ich versuche zu verstehen, zu interpretieren, aber da gibt es nichts zu verstehen, nichts zu deuten. Wieder schaut er mir in die Augen und dann gleich wieder auf den Boden, wie ein kleines Kind, das man zur Strafe in eine Ecke verbannt hat. Oh, bitte, lass mich wissen, wie es dir geht!, flehe ich innerlich. Ob du böse auf mich bist, ob du mich jetzt hasst, ob du es bereust, mich jemals kennengelernt zu haben, ob du mir insgeheim Rache schwörst.

Ein Beamter nimmt ihm die Handschellen ab, und Marius

setzt sich neben seinen Verteidiger. Ich setze mich auch, direkt vor ihn. Wirst du mich jetzt mit Blicken erdolchen, Marius? Mein Anwalt setzt sich neben mich. Ich schaue geradeaus. Da sitzt er, mein Vater, mit verschränkten Armen. Vor und hinter mir sitzen die Täter, die mich selbst zur Täterin gemacht haben. Vorne haben zwei Männer Platz genommen. Das müssen die Gutachter sein. Behutsam überfliege ich die Zuschauerreihen. Ich sehe meine Marea. Ihre dunklen Haare glänzen im Neonlicht. Sie nickt mir unmerklich zu. Ich drücke ihren Glücksbringer. Weiter hinten sehe ich drei Männer aus dem Dorf. Sie sind mit meinem Vater befreundet. Einer von ihnen war sogar bei ihm zu Besuch, als er aus dem Krankenhaus kam. Er hat tatsächlich noch Freunde?

In der vordersten Reihe sitzen drei Leute von der Presse. Sie sind mit Zettel und Stift ausgestattet sowie mit einer Kamera. Hinter ihnen hat ein älteres Paar Platz genommen, das ich gar nicht kenne. Dann sehe ich noch zwei Frauen, die mir ebenfalls fremd sind.

Ich hole die Unterlagen aus meiner Tasche, die ich in den letzten Monaten angesammelt habe, und ein Päckchen Traubenzucker. Wie auf Kommando springen die drei von der Presse auf und fangen an, Fotos von uns zu machen. Mein Anwalt reicht mir ein Blatt Papier, das ich mir vors Gesicht halten soll. Mein Herz klopft stark. Solche Szenen kannte ich bisher nur aus dem Fernsehen, von Gerichtsverhandlungen, bei denen es um Mord oder Vergewaltigung ging. Ich sehe, dass Marius sich mit einem Heft behilft. Auch Helga hält sich ein Blatt Papier vors Gesicht.

»Warum hören die denn nicht auf?«, flüstere ich meinem Anwalt zu. »Die müssen doch merken, dass wir das alle drei nicht wollen!«

»Weil sie es dürfen.« Herr Wied bemüht sich um Gelassenheit. »Die dürfen jetzt so lange fotografieren, bis die Richter reinkommen.«

Die Penetranz der Fotografen macht mich wütend. Akzeptiert man es nicht, wenn jemand nicht fotografiert werden möchte? Als hätte ich nicht schon genug Adrenalin im Körper!

Plötzlich öffnet sich hinter den Richterstühlen eine Tür. Drei Richter, zwei Schöffen, der Staatsanwalt und eine Gerichtsschreiberin kommen herein und stellen sich an ihre Plätze. Die Fotografen sind in ihren Bereich zurückgeeilt, und alle erheben sich.

Es sind tatsächlich ausnahmslos Männer, bis auf die Protokollantin. Und die hat nichts zu entscheiden.

Mein Herz zieht sich schmerzhaft zusammen. Werden die Männer mich verstehen?

»Guten Tag«, begrüßt uns der Vorsitzende Richter in der Mitte. Alle nehmen wieder Platz.

»Wir verhandeln heute die Strafsache gegen Marius Gersting, Sara Müller und Helga Bender wegen versuchten Mordes und/beziehungsweise Anstiftung zur gefährlichen Körperverletzung.« Er schaut in die Runde und kontrolliert die Anwesenden. Er beginnt mit den Richtern, den Schöffen, dem Staatsanwalt, der Nebenklage, nämlich meinem Vater und seinem Anwalt, erwähnt und begrüßt Marius, mich und Helga mit unseren jeweiligen Anwälten und stellt uns die beiden Herren vor, die vor meinem Vater sitzen, die beiden Gutachter, die zur Einschätzung der Schuldfähigkeit von Marius gekommen sind. Alles Männer!, hämmert es panisch zwischen meinen Schläfen. Wer von denen wurde jemals zusammengeschlagen?

Der Richter übergibt das Wort an den Staatsanwalt, der aufsteht und die gesamten siebzehn Seiten der Anklageschrift vorliest. Er ist etwa fünfundfünfzig Jahre alt und sieht nicht wirklich streng aus, was mich insgeheim leicht beruhigt. Ich kenne die Anklageschrift nahezu auswendig, so oft habe ich sie mir durchgelesen. Immer wieder habe ich sie zu Hause studiert, um zu verstehen, was geschehen ist. Ich schaue mir die Zuschauer an. Alle beugen sich auf ihren Plätzen nach vorn, um besser verstehen zu können, was der Staatsanwalt verkündet. Als er fertig ist, ergreift der Vorsitzende Richter wieder das Wort. Er wendet sich meinem Vater zu. Mein Vater ist Nebenkläger und gleichzeitig auch Zeuge. Es steht ihm somit frei, den Saal bis zu seiner Zeugenaussage zu verlassen oder zu bleiben. Er verlässt den Saal, was mich ein wenig erleichtert. Immer wenn er den Raum verließ, war ich erleichtert. Schon als kleines Kind.

Nun wendet sich der Richter Marius zu. Er soll sich vorstellen, von sich erzählen, wie er aufgewachsen ist, wie er von Hamburg in unsere Gegend kam und was er genau beruflich gemacht hat. Marius erzählt, dass sein Vater Seemann war und nur sehr selten zu Hause. Seine Mutter habe als Barfrau auf der Reeperbahn gearbeitet und hatte oft Herrenbesuch. Marius musste sich dann immer verstecken. Selbst als er krank war, hat sich die Mutter nur wenig um ihn gekümmert. Sein Vater versuchte später, ihm einen Job auf einem Frachtschiff zu vermitteln, mit dem Marius dann auch für ein paar Monate unterwegs war. Marius kam aber weder mit der harten Arbeit noch mit den Gezeiten zurecht. Unter Deck wurde ihm immer schlecht, und Alkohol vertrug er auch nicht. Er wurde ausgelacht und gemobbt, und es kam zu Schlägereien, bei denen er immer das Opfer war. Daraufhin begann er, regelmäßig in der Muckibude zu trainieren, und verließ schließlich Hamburg, um woanders neu anzufangen.

Letztlich landete er als Gerüstbauer bei der Dachdeckerfirma, die mein Dach neu deckte. Um auf seinen großen Traum, einmal auf dem Motorrad die Welt zu umrunden, zu sparen. Und dann begegnete er mir. Sein Traum ist nicht nur geplatzt, er ist zum Albtraum geworden.

Die Atmosphäre im Saal ist recht entspannt. Einmal lachen die Leute sogar, als Marius von seiner Seekrankheit berichtet und dass er keinen Alkohol verträgt. Der Richter scheint aufrichtig an Marius' Geschichte interessiert zu sein. Er fragt, wie er mich kennengelernt hat und was für eine Art Beziehung wir zueinander gehabt haben.

Marius beantwortet seine Fragen gefasst. »Sie war freundlich und hat mir Tee angeboten. Morgens hat sie immer auf ihrem Balkon geraucht. Da haben wir uns ein paarmal flüchtig unterhalten.«

»Und wie kam es dann zu dem Plan? Wer hatte die Idee?«

Marius senkt den Blick.

Ich hatte die Idee!, möchte ich rufen. Aber mein Anwalt legt mir die Hand auf den Arm.

Alles war an diesem Morgen wie immer, nur ich nicht. Ich stand rauchend auf meinem Balkon, als Marius auf dem Gerüst auftauchte, um mir Hallo zu sagen. Angst, Verzweiflung, Demütigung, Zorn, Wut nahmen mir in diesem Moment die Luft zum Atmen. Wie konnte Marius das ahnen? Marius war der Unschuldigste von allen.

2

Großstadt, Juli 2008

»Nebenan wohnt mein Vater!« Mit gemischten Gefühlen starrte ich den Notar an, der mir soeben das Testament meiner jüngst verstorbenen Großmutter vorgelesen hatte.

»Meine Enkelin Sara ist Alleinerbin meines Hauses in Pützleinsdorf, Am Sonnigen Hügel 9«, zitierte er aus dem Dokument. Kopfschüttelnd zog ich am Kinderwagen meiner drei Wochen alten Tochter, um zu schauen, ob sie noch schlief. Mein kleiner Sohn, der noch nicht mal zweijährige Moritz, spielte mit einem mitgebrachten Plastiktrecker auf dem Boden des piekfeinen Notarbüros, auf dem sich gerade auch mein Hund Tommy ausgestreckt hatte.

»Aber das ist doch eine sehr hübsche Adresse!« Der ältere Notar zog eine seiner buschigen Augenbrauen hoch und lächelte mich gütig und irgendwie nachsichtig an. »Und dass Ihr Herr Vater in der Nähe wohnt, ist doch umso schöner!«

Mein *Herr Vater!*

Erinnerungen, die ich aus Selbstschutz längst verdrängt hatte, durchzuckten mich wie grelle Blitze. Ich sah, wie seine Faust auf mich niedersauste. Ich sah, wie seine Schuhe auf mich eintraten. Ich sah, wie er mit beiden Fäusten meine zarte blonde Mutter die steile Marmortreppe hinunterprügelte, bis sie winselnd vor der Haustür liegen blieb.

Kopfschüttelnd starrte ich ins Leere. Nein, nie wieder. Diesem

Mann wollte ich nie mehr begegnen. Aber sollte ich seinetwegen auf das wunderbare Haus meiner Großmutter und die damit verbundene Lebensqualität verzichten? Ich hatte doch schon seinetwegen auf den Rest meiner Kindheit verzichten müssen. Er konnte so brutal sein, so aufbrausend, so gemein.

Andererseits sah ich ihn auch am Grab meiner Mutter bitterlich weinen. Er hatte seine Brigitte trotz allem geliebt. Mein Vater hatte zwei Gesichter, und man wusste nie, welches man gerade vor sich hatte.

Ich schluckte trocken und starrte geistesabwesend an die Wand. Das Einerseits verschwamm mit dem Andererseits. War er denn immer nur böse? Er hatte doch auch gute Seiten.

Als Mutter mit Krebs im Endstadium im Sterben lag, besuchte er sie jeden Tag und weinte an ihrem Bett. Nach ihrem Tod durfte im Haus nichts geändert werden. Sogar altmodische Deckchen auf dem Wohnzimmertisch durften nicht entsorgt werden: »Nein, das gehört der Brigitte.« Er hatte meine Mutter geliebt. Und mich wahrscheinlich auch. Aber eben auch wie Dreck behandelt.

Das gemütliche Haus meiner Großmutter nebenan, in dem Mutter und ich uns oft vor Vater versteckt hatten, sollte ich nun erben. Dort roch es nach frisch gebackenem Kuchen, nach tröstlichem Kakao, nach ihrem altmodischen Parfum, nach Beruhigungszigaretten. Und immer noch hörte ich Großmutters Worte, die sie nach jedem Angriff auf meine Mutter und mich gebetsmühlenartig wiederholte: »Halte durch. Du kannst ihn nicht verlassen. Eines Tages wird er milder werden.«

War er jetzt milder geworden? Konnte ich mit meinen zwei kleinen Kindern ins Nachbarhaus ziehen? Ich sehnte mich so nach Geborgenheit, Ruhe und Frieden!

Die beiden Häuser lagen auf zwei großen Grundstücken

direkt nebeneinander. Mein ehemaliges Elternhaus, in dem sich die schrecklichsten Dramen abgespielt hatten, und das meiner Großmutter. Die Gärten grenzten aneinander, und meiner Erinnerung nach gab es nie einen Zaun. Ich war als Kind fröhlich spielend hin und her gelaufen. Das sollten meine Kinder doch auch dürfen! Auch für den Hund wäre ein Garten wunderbar.

Ich sah die vermeintliche Idylle wieder vor mir, als wäre ich erst gestern dort gewesen. Betrat man mein einstiges Zuhause durch die Garage, befand sich gleich rechts vom geräumigen Flur eine Treppe aus blauem Marmor. Während im Erdgeschoss Wohnzimmer, Küche, Bad, Schlafzimmer und das Büro lagen, waren oben die früheren Kinderzimmer, eine Hausbar und das Bügelzimmer meiner Mutter. Es kam selten vor, dass mein Vater die zwölfstufige Marmortreppe hinaufkam, aber wenn, verhieß das nichts Gutes.

Die von Außenstehenden wahrgenommene heile Großfamilie war in Wirklichkeit ein grauenvolles Gefängnis gewesen, aus dem ich schließlich mit dreizehn Jahren ausgebrochen war. Das Jugendamt hatte mich abgeholt.

Und meine Mutter? War erst vor Kurzem elendiglich gestorben.

Im Dezember 2007 brachte ich meine Mutter ins städtische Klinikum Großstadt, mit dem Verdacht auf Burn-out. Sie schlief nur noch und hatte keine Kraft mehr. Wie sich herausstellte, waren es Lungenkrebs im Endstadium und ein Gehirntumor.

Damals standen mein Vater und ich wortlos am Bett meiner armen Mutter, und alle drei hatten wir Tränen in den Augen. Sie würde entlassen werden, um zu sterben.

Damals starrte ich meinen Vater fassungslos an. Warum weinte er? Er hatte sie doch so oft schlecht behandelt, schikaniert, gequält und getreten!

Meine Gedanken überschlugen sich, während der Notar weiter die Erburkunde verlas.

»Frau Müller? Können Sie meinen Ausführungen noch folgen? Sie erben auch noch das Achtparteien-Mietshaus Ihrer Großmutter in Großstadt. Von den Mieteinnahmen können Sie und Ihre Kinder in Zukunft unbesorgt leben!«

Die Worte des Notars prallten an mir ab wie Tischtennisbälle an einer Wand.

Unbesorgt? Hatte er unbesorgt gesagt?

Vaters Unberechenbarkeit drohte stets über das Idyll unserer hügelig-sonnigen Wohnstraße in dem kleinen Dorf in Baden-Württemberg hereinzubrechen, wie ein Gewitter über die Weinberge. Niemand wusste, ob sich die Sonne doch wieder durch den Nebel seiner Launen kämpfen konnte oder ob es mit Blitz und Donner zu einem entsetzlichen Desaster kommen würde. Dann gingen die Fäuste mit ihm durch, dann verlor er jede Selbstkontrolle, dann drosch und trat er auf uns ein, und es flossen Tränen, viele Schmerzens-, aber auch Verzweiflungstränen. Aber er konnte eben auch nett und witzig, aufgeräumt und großzügig sein! Wenn es nach seinem Willen ging. Und den konnten wir oft nicht erahnen.

Ich knetete die Hände und starrte apathisch vor mich hin. Es würde mich viel Mut kosten, dieses Erbe anzunehmen. Denn ich erbte meinen Vater als Nachbarn mit.

Aber hatte ich denn eine Wahl? Ich stand inzwischen selbst kurz vor dem Burn-out.

Dieses Jahr war ein Jahr der Katastrophen gewesen.

Vor wenigen Monaten war mein Mann bei einem Autounfall ums Leben gekommen. Er hatte unsere einzige Angestellte dabeigehabt, die schwer verletzt überlebt hatte.

Ich fragte mich, ob zwischen den beiden mehr gelaufen war, was sich später bestätigte.

Jetzt war ich alleinerziehend, Ende zwanzig und selbst ein nervliches Wrack, am Rande meiner Kräfte. Zwei kleine Kinder, finanziell hoch verschuldet durch das geplatzte Restaurant-Projekt, das ich mit meinem Mann vor zwei Jahren so hoffnungsvoll begonnen hatte. Das konnte ich unmöglich alleine durchziehen. Das Erbe meiner Großmutter würde uns aus dieser unerträglichen Situation befreien ... Aber wie frei konnte man sein, wenn man neben einem Menschen wie meinem Vater wohnte?

»Na, Frau Müller! Was grübeln Sie denn so lange? Wo drückt der Schuh?« Aufmunternd sah mich der Notar an.

»Für die Kinder wäre es das reinste Paradies, in einer verkehrsberuhigten Spielstraße, Kindergarten und Schule in der Nähe, mit großem Garten am Waldrand, dazu der herrliche Blick über die Hügel und die Nähe zu den Weinbergen ...« Ich redete wie ein Wasserfall, um bloß nicht in Tränen auszubrechen. Ich spürte, wie mir das Kinn zitterte.

Nach außen hin war meine Kindheit paradiesisch gewesen.

Ich presste die Lippen zusammen. Mich an meine Kindheit zu erinnern, überforderte mich. Ich hatte nicht mit diesem Aufwallen von Erinnerungen gerechnet.

»Mein Vater kann sehr heftig reagieren, oft aus dem Nichts heraus, und ich habe Angst, meine Kinder solchen Situationen auszusetzen.«

Der Notar zögerte kurz, und ich registrierte das milde, professionelle Lächeln.

»Aber Ihr Herr Vater dürfte sich nach all den Jahren doch geändert haben? Wie alt ist er denn inzwischen?«

Ich rechnete. »Er müsste jetzt Anfang sechzig sein ... Moritz, bitte nicht in die Steckdose fassen.« Angespannt zog ich meinen herumkrabbelnden Sohn aus der Gefahrenzone. Noch nicht mal für diesen wichtigen Termin hatte ich einen Babysitter gefunden. Ich starrte meinen Zweijährigen an. Er wirkte etwas mitgenommen, ihm lief die Nase, und seine Haut war ganz blass. Das Schicksal hatte ihn schon genug gebeutelt: Als plötzlich die Polizei vor der Tür stand und seiner Mama vom Unfalltod seines Papas berichtete, war ich schon schwanger mit Romy und in tiefster Verzweiflung. Dann starb meine Mutter, und ich war erst recht in tiefer Trauer. Kurz darauf kam dann sein Schwesterchen auf die Welt. Und drei Wochen später sollte ich nun dieses wunderschöne Haus meiner Großmutter erben. War das nicht ein Geschenk des Himmels?

Ich musste dieses Erbe annehmen! Damit würde ich nicht mehr arbeiten müssen und mich rund um die Uhr um meine beiden Kinder kümmern können. Meine finanziellen Sorgen würden in weite Ferne rücken, und ich würde endlich wieder Zeit haben, zu mir zu kommen und den Kindern eine gute Mutter zu sein. Das schuldete ich ihnen!

»Sie wirken sehr besorgt.« Der ältere Notar legte seine Hand auf meine, die angefangen hatte, heftig zu zittern. »Es kommt hier selten vor, dass jemand so panisch reagiert, wenn er zwei so prächtige Häuser erben soll!« Er zupfte sich die Krawatte gerade. »An Ihrer Stelle würde ich nicht lange nachdenken! Ihre Großmutter hätte es so gewollt.«

Er reichte mir seinen edlen Füllfederhalter, und ich unterschrieb.

Und dann fühlte ich nichts mehr. Keine Trauer, keine Angst. Nur Ruhe.

Eine Frau kämpft um ihre Würde, die Freiheit und die Liebe

Hera Lind, *Die Frau zwischen den Welten*
ISBN 978-3-453-29227-7 · Auch als E-Book

Die junge Ella erfährt mit brutaler Härte, was es heißt, nach 1945 als Tochter einer Deutschen in der Tschechoslowakei aufzuwachsen. Revolutionsgarden erschlagen ihren Vater, die Mutter muss sich mit ihrem neugeborenen Sohn in einem tschechischen Dorf verstecken. Ella erträgt immer neue Schicksalsschläge: Klosterschule, Kommunismus, die Ehe mit einem Egozentriker, Psychiatrie – bis sie endlich in Prag der großen Liebe begegnet. Mit dem jüdischen Arzt Milan ist sie zum ersten Mal glücklich. Beide haben nur noch einen Wunsch: zusammen mit Ellas kleiner Tochter in den Westen fliehen. Doch der Geheimdienst ist ihnen dicht auf den Fersen ...

Leseprobe unter diana-verlag.de

DIANA

Einmal Freiheit und zurück

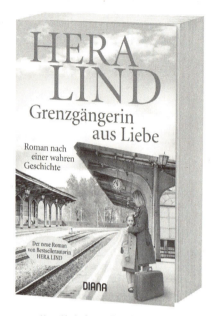

Hera Lind, *Grenzgängerin aus Liebe*
ISBN 978-3-453-29228-4 · Auch als E-Book

Spiegel-Bestseller-Autorin Hera Lind über eine wagemutige Grenzgängerin, die ihr Schicksal in der ehemaligen DDR herausfordert:

»Eine Geschichte, die mich emotional tief berührt und in ihren Bann gezogen hat. So wird es Ihnen mit Sicherheit auch gehen!«

Viel Freude beim Lesen,
Ihre
Hera Lind

Leseprobe unter diana-verlag.de